韩国学中央研究院"海外韩国学研究项目"
（项目编号：AKS-2022-R-049）

非遗视域下中韩傩文化的现场研究

Field Study of Chinese and Korean Mask Culture from the Perspective of Intangible Cultural Heritage

高静 著

上海大学出版社

图书在版编目(CIP)数据

非遗视域下中韩傩文化的现场研究 / 高静著 . —上海：上海大学出版社 , 2024.6
ISBN 978-7-5671-4965-6

Ⅰ.①非… Ⅱ.①高… Ⅲ.①傩文化-文化研究-中国、韩国 Ⅳ.① K892.24 ② K893.126.24

中国国家版本馆 CIP 数据核字（2024）第 077493 号

责任编辑　庄际虹
封面设计　缪炎栩
技术编辑　金　鑫　钱宇坤

非遗视域下中韩傩文化的现场研究
高　静　著
上海大学出版社出版发行
（上海市上大路99号　邮政编码200444）
（https://www.shupress.cn　发行热线 021-66135112）
出版人　戴骏豪

*

南京展望文化发展有限公司排版
江阴市机关印刷服务有限公司印刷　各地新华书店经销
开本 710 mm × 1000 mm　1/16　印张 23.25　字数 392 千
2024年6月第1版　2024年6月第1次印刷
ISBN 978-7-5671-4965-6/K・284　定价　98.00元

版权所有　侵权必究
如发现本书有印装质量问题请与印刷厂质量科联系
联系电话：0510-86688678

한중 탈춤 비교연구의 새 지평
韩中傩舞比较研究的新篇章

◎임재해
[韩] 林在海

  한국 학계에서 한중문화 비교연구는 아직 낮은 수준의 단계에 머물고 있다. 한중 고전문학 비교연구는 제법 이루어졌으나 민속 분야의 비교연구는 논문 몇 편이 고작이다. 특히 한중 탈춤처럼 토착적인 민속문화의 비교연구는 거의 첫걸음에 해당된다. 그런데 이 책은 단편적 연구의 논문이 아니라 방대한 연구를 집대성한 단행본이어서 한중문화 비교연구의 큰 분기점을 마련할 것으로 기대된다.
  在韩国学术界，韩中文化比较研究尚停滞于较低水平。虽然韩中古典文学比较研究相当成功，但民俗领域的比较研究只限几篇论文而已。特别是像韩中傩舞这类原生性民俗文化的比较研究更近乎空白，本书可以视为这一领域迈出的第一步。本书不是短篇的研究论文，而是集庞大研究于一体的学术专著，期望此书能成为韩中文化比较研究的里程碑。
  한중 탈춤 비교연구가 단행본 차원의 성과를 이룰 수 있었던 것은 저자의 특별한 노력과 경력, 문제의식에 기반을 두고 있다. 하나는 한중 비교연구의 학술적 자질이다. 저자는 한국에 유학 와서 대학원 석사, 박사 과정을 수학하는 동안 한국 문화 경험을 풍부하게 했을 뿐 아니라, 민속학 전공 박사학위를 취득하는 과정에 주기적인 민속조사 작업을 기반으로 한중 탈춤 비교연구를 주제로 학위논문을 작성함으로써 한중 비교연구의 자질을 충분히 갖추었다. 그리고 이 저술을 위해서 다시 한국 서울대학에 객원교수로 와서 1년 동안 연구생활 경력을 쌓았다. 그러므로 한중 비교민속 연구의 자질과 경력을 제대로 갖추었다고 할 수 있다.

韩中傩舞比较研究之所以能在专著层面上取得成果,取决于作者特别的努力和经历以及问题意识。

一是韩中比较研究的学术素养。作者来韩留学攻读硕士、博士期间,不仅积累了丰富的韩国文化阅历,而且在攻读民俗学专业博士学位过程中,以周期性民俗调查为基础撰写了韩中傩舞比较研究方向的毕业论文,从而充分地提升了韩中比较研究的学术素养。不仅如此,为了完善本书,作者再次以访问学者的身份来到韩国国立首尔大学,积累了一年的研究生活经历。可以说,作者充分地具备了韩中比较民俗研究的素养与履历。

둘은 민속학 전공자답게 장기간의 현장조사 노력을 기울였다. 민속학은 안락의자형 서재의 학문이 아니라 민속자료를 현장에서 직접 참여관찰하고 조사 연구하는 현장의 학문이다. 저자는 한국에서 3년 동안 탈춤 조사를 하는 한편, 중국 광서지역의 여러 탈춤 현장을 5년 동안 참여 관찰하면서 다양한 유형별 전승양상을 포착했다. 따라서 이 책에는 발품 팔고 땀내 나는 저자의 오랜 조사활동 노력이 갈무리되어 있다. 방대한 현장조사 자료의 체계적인 보고만으로도 학술적 성과로 평가할 만하다. 그러므로 장기간에 걸친 풍부한 현장조사 활동은 민속학자로서 가장 큰 미덕을 갖추었다고 하지 않을 수 없다.

二是作为一名民俗学者,作者长期致力于现场调查。民俗学不是安乐椅型的"书斋学问",而是需要置身现场直接参与观察民俗资料从而进行调查研究的"现场学问"。作者不仅曾在韩国进行了三年的傩舞调查,而且利用五年的时间考察了中国广西地区的多个村庄的傩舞现场,从而捕捉到了多种多样的傩舞传承实态。可以说,本书承载着作者长期田野调查活动中的奔波足迹与辛勤汗水。将庞杂的现场调查资料梳理成系统性的报告,本身就是极具价值的学术成果。因此,长期丰富的现场调查活动无疑是民俗学者具备的最大美德。

셋은 비교연구의 수준과 유용성이다. 저자의 비교연구는 한중 탈춤 자료의 단순한 비교에 집착하지 않았다. 비교연구 과정에서 '사실 비교'가 첫째 단계라면, '원인 비교'가 둘째 단계이며 '유용성 비교'가 셋째 단계인데, 저자는 사실 비교 단계에서 유용성 비교 단계로 나아갔다. 둘째 단계까지 연구가 순수한 학술연구라면, 셋째 단계는 실제 문화정책에 이바지하는 기능적 연구에 해당된다. 실제로 이 저서는 한중 탈춤 민속의 단순한 비교에 머물지 않고 무형유산의 보존과 전승, 그리고 자원화 과정과 문제점을 비교해서 서술함으로써 양국 무형문화재 정책에 실질적인 이바지를 하게 되었다.

三是比较研究的水准与有用性。作者的比较研究并没有执着于对韩中傩舞资料的单纯比较。在比较研究过程中,如果说"事实比较"是第一阶段的话,那么"原因比较"是第二阶段,"有用性比较"是第三阶段。本书作者已经从"事实比较"阶段走向"有用性比较"阶段。如果说第一阶段与第二阶段的研究是纯粹的学术性研究,那么第三阶段无疑是助力现实文化政策的实用性研究。实际上,本书并没有停留在对韩中傩舞民俗的单纯比较之上,而是对非物质文化遗产的保护和传承、资源化过程和存在问题进行了比较论述,力图对两国的非物质文化遗产政策做出实质性贡献。

이 저서는 상·중·하 3편으로 구성되어 3단계의 학술적 지평을 보여주고 있다. '상편'에서는 탈춤이 있는 한국 마을굿의 통시적 전개 양상과 문화재화 과정을 추적했다. 주민주도형의 농촌별신굿인 하회마을 별신굿과 무당주도형의 어촌별신굿인 동해안 별신굿, 그리고 장시별신굿인 강릉단오굿을 대상으로 문화재 지정과 축제화의 성과를 변별적으로 다루었는데, 그 위상과 현상은 제각기 다르다.

本书由上、中、下三篇组成,体现了上述三个研究阶段的学术思维。"上篇"通时性地考察了具有傩舞元素的韩国村落祭祀发展样态与遗产化过程。分别以村民主导型的农村别神祭——"河回别神祭"和巫师主导型的渔村别神祭——"东海岸别神祭"以及集市型别神祭——"江陵端午祭"为对象,论述了其遗产化过程和庆典化成果,凸显各自地位与现象的不同之处。

하회별신굿은 국제적 탈춤축제로 성공한 반면, 강릉단오굿은 세계문화유산으로 등재되었지만 내부적으로 원형주의와 복원주의 확산에 의해 축제로서 성공은 불안정한 상황이다. 어촌별신굿은 마을축제 수준에서 벗어나지 못하고 있다. 다른 별신굿과 달리 하회별신굿의 축제화 성공은 굿으로서 종교적 제의보다 극적 탈춤이 축제성을 띠고 있는 까닭이라 하겠다. 실제로 하회별신굿보다 하회탈과 하회탈춤이 더 세계화되어 있다.

河回别神祭是国际傩舞庆典开发的成功典范,而江陵端午祭虽被列入世界文化遗产名录,但由于内部原形主义和复原主义的扩散,致使其作为庆典的成功处于不稳定的状态。渔村别神祭则尚未摆脱村落庆典的格局。与其他别神祭不同,河回别神祭之所以庆典开发取得成功,是因为与宗教性浓厚的祭仪相比,其戏剧性傩舞更具庆典开发价值。实际上,相较于河回别神祭,河回傩面和河回傩舞更具世界知名度。

'중편'에서는 탈춤이 있는 중국 광서지역 탈춤을 한국 탈춤과 같은 시각으로 다루되, 저자가 직접 참여관찰을 하였다. 연행 주체에 따라 무당주도형 탈춤과 주민 주도형 탈춤으로 나누어서 조사 보고하고 대조적으로 분석했다. 무당주도형은 노래와 춤이 풍부하게 연행되고 정교한 나무탈을 사용한 반면, 주민주도형은 가무오신 형태보다 사냥놀이를 하거나 지신밟기 형태에 머물고, 탈의 조형술도 아주 조악해서 사람탈과 짐승탈을 구별하기조차 어

렵다는 사실이 상대적으로 포착되었다.

"中篇"采用韩国傩舞的考察视角,对傩文化丰富的中国广西地区傩舞进行参与观察。根据傩舞演行主体的不同,划分为巫师主导型傩舞和村民主导型傩舞两类,分别展开调查分析并进行对比研究。作者研究发现:巫师主导型傩舞以歌舞演行为主,面具造型细腻精致;村民主导型傩舞则不采用歌舞娱神的形式,而是以狩猎或游街形态为主,面具造型粗犷奔放呈现亦人亦兽的杂糅性。

이 가운데 특히 무당주도형 탈춤인 "영산(靈山) 한족(漢族) 도영두(跳嶺頭)"는 한국의 동해안 별신굿과 비교하고, 주민주도형 탈춤인 "융수(融水) 묘족(苗族) 도망까(跳芒蒿)"는 한국의 하회별신굿과 비교하여, 한중 탈춤의 연행구조와 연행요소를 구체적으로 비교분석함으로써 상대적 해석을 진전시켰다. 흥미로운 것은 한중 무당주도형은 모두 가무오신 굿으로서 무가 사설이 풍부한 공통점을 지닌다. 그러나 탈의 경우는 서로 반대 현상을 이루고 있다. 중국에서는 무당주도형의 나무탈이 정교한데, 한국에서는 오히려 주민주도형인 하회탈이 나무탈로서 정교하다. 하회탈 제작자는 변증법적 미학을 터득한 훌륭한 조각가로 추론된다.

其中,作者对中国巫师主导型傩舞"灵山汉族跳岭头"与韩国东海岸别神祭,中国村民主导型傩舞"融水苗族跳芒蒿"与韩国河回别神祭分别进行了比较分析,通过对韩中傩舞演行结构和演行要素的具体比较,在对比性文化诠释方面取得进展。有趣的是,韩中巫师主导型傩舞均为歌舞娱神形式,因而都呈现出巫歌唱词丰富的共同点。然而,两者在傩面造型上却呈现截然不同的样态。在中国,巫师主导型傩舞中使用的傩面极其精巧;与此相反,韩国村民主导型的河回傩面则做工极为精巧。也因此,河回傩面的制作者被推定为领悟辩证美学的杰出雕刻家。

중편에서 '사실 비교'를 마치고 '하편'에서는 '유용성 비교'로 나아갔다. 무형문화유산으로서 탈춤의 유용성을 한중 양국의 문화재 지정과 민속 자원화 문제를 집중적으로 다룬 것이다. 한국의 경우 탈춤의 문화재화와 자원화 과정을 3 주체인 정부와 지식엘리트, 상업자본의 역할과 상호작용 속에서 고찰하는 한편, 중국의 경우에는 무형문화유산에 따른 원형의 은둔과 민속학의 부재로 문화재 지정과정에서 민속적 요소가 결여된 구조적 문제를 검토했다.

继"中篇"的"事实比较"阶段之后,"下篇"进入"有用性比较"阶段。这部分对傩舞作为非物质文化遗产的有用性,即韩中两国的文化遗产认定和民俗资源开发问题,进行了集中探讨。一方面考察了韩国傩舞文化遗产认定和资源开发过程中政府、知识精英和商业资本等三大主体的独立角色与相互作用;另一方面探讨了中国在非物质文化遗产政策影响下,文化原形的隐遁问题与民俗学失语下非物质文化遗产认定过程中文化要素缺失的结构性问题。

한국의 문화유산 보호와 문화적 활용 사례를 참조하여 중국 문화유산 보호 체제의 개선 방안을 모색하고 전통적인 탈춤을 보존하는 한편, 탈춤의 예술성과 학술성, 향토성의 가치를 살려나가는 방안을 제시했다. 따라서 무형문화유산을 온전하게 보존하는 동시에 현대 중국사회에 긴요한 문화자원이 되도록 할 뿐 아니라, 문화산업 발전에 이바지하는 길을 모색함으로써 연구의 유용성을 확보했다고 할 수 있다.

本部分参考韩国文化遗产保护和文化资源开发案例，探索中国文化遗产保护政策的改善方案，提出了在保存传统傩舞文化原真性的同时，彰显傩舞艺术性和学术性、乡土性价值。可以说，本书在关注傩舞的非物质文化遗产保护的同时，进一步探索傩舞作为现代中国的重要文化资源，乃至助力文化产业发展的路径，以此确保研究的有用性。

이 저서는 한중 탈춤과 마을굿의 비교 이해라는 사실 수준의 대조에 머물지 않은 것은 물론, 비교를 위한 비교연구에 만족하지 않았다. 서로 같고 다른 문화유산을 대조적으로 인식함으로써 상대적 이해를 높이는 데서 한 걸음 더 나아가, 한중 두 나라의 문화재 정책과 문화산업 현실을 비교하여 제3의 대안 마련을 최종 목표로 삼았다. 따라서 문화유산으로 지정하고 보존하는 현실 문화정책과 함께 현대적인 문화자원으로 활용하는 여러 가지 산업화 방안을 구체적으로 모색하고 있다. 그러므로 한중 민속학자들은 물론 두 나라 문화정책 입안자들도 제각기 참고할 만한 비교연구의 새 지평을 개척했다고 높이 평가할 수 있다.

本书不仅没有停留在韩中傩舞和村落祭仪的比较性阐释这一事实性的对比分析，而且也没有满足于为比较而比较的研究。通过对韩中文化遗产的相同点和不同点的对比分析，提高两国文化层面的相互理解。在此基础上更进一步将韩中两国的文化遗产政策和文化产业现实进行比较，为探索新对策而努力。因此，本书不仅探讨文化遗产认定与保存的现实文化政策，而且积极探索傩舞活用为现代文化资源的多种产业化方案。可以说，本书是开创比较研究的新篇章，值得韩中民俗学者和两国文化政策的制定者阅读参考。

2024년 4월 10일
한국 안동에서

目 录

前言 ·· 1

上 篇　　韩国傩文化的现场研究

第一章　韩国别神祭的文化地位 ·· 3
第一节　别神祭的历史意义 ·· 3
第二节　别神祭的概念新释 ·· 8
第三节　别神祭的类型划分 ··· 12

第二章　村民主导的农村型别神祭 ····································· 15
第一节　河回别神傩舞祭的仪式构成 ···································· 16
第二节　"国宝"河回傩的造型艺术 ······································ 22
第三节　河回别神傩舞祭的复原过程 ···································· 26
第四节　河回别神傩舞祭的庆典开发 ···································· 31
第五节　河回傩面中神兽造型之新解 ···································· 35

第三章　巫师主导的渔村型别神祭 ····································· 49
第一节　东海岸别神祭的历史脉络 ······································· 49
第二节　东海岸别神祭的仪式构成 ······································· 53
第三节　东海岸别神祭的社会功能 ······································· 73

第四节　东海岸别神祭的傩戏表演……………………………… 75
　　第五节　东海岸别神祭的庆典开发……………………………… 83

第四章　巫师主导的集市型别神祭……………………………… 86
　　第一节　江陵端午祭的历史追溯………………………………… 87
　　第二节　江陵端午祭的复原开发………………………………… 94
　　第三节　江陵端午祭的文化原形………………………………… 96
　　第四节　江陵端午祭的原形解构………………………………… 112

中　篇　　中国傩文化的现场研究

第五章　巫师主导型傩文化的传承实态………………………… 126
　　第一节　灵山汉族巫傩仪式……………………………………… 126
　　第二节　环江毛南族还愿仪式…………………………………… 175
　　第三节　罗城仫佬族依饭仪式…………………………………… 196
　　第四节　广西境内其他傩文化…………………………………… 209

第六章　村民主导型傩文化的传承实态………………………… 219
　　第一节　安陲苗族芒蒿仪式……………………………………… 219
　　第二节　安太侗族帽告仪式……………………………………… 242

第七章　中韩傩仪演行结构与要素的异同……………………… 250
　　第一节　巫师主导型傩仪演行结构与要素的比较……………… 253
　　第二节　村民主导型傩仪演行结构与要素的比较……………… 270

下 篇　韩国傩文化的非遗保护及其启示

第八章　韩国傩文化的保护开发实践 ………………………………… 282
第一节　韩国"巫俗传统论"话语体系的建构 ………………… 283
第二节　韩国"无形文化财制度"的历史发展 ………………… 294
第三节　民俗资源化中韩国民俗学的定位探索 ………………… 307

第九章　韩国傩文化保护开发经验对广西的启示 …………………… 320
第一节　广西傩文化非遗保护及其瓶颈 ………………………… 320
第二节　傩文化非遗保护方式的多元化 ………………………… 337

参考文献 …………………………………………………………………… 345

前　言

2005年的"中韩端午祭之争"加快了我国对巫傩文化的遗产化保护步伐。相对于时间跨度达半个多世纪的韩国"非遗时代"，中国的"非遗时代"尚处在探索阶段，特别是"对于徘徊在'传统文化'与'封建迷信'边缘的巫傩文化如何进行保护？从长远来看，非遗政策的介入会对巫傩文化产生怎样的影响？巫傩文化的资源开发是否具有可行性？"这三个难题亟须解决方案。韩国从20世纪60年代开始着手对巫傩文化进行政策性保护，90年代开始对巫傩文化进行资源开发，21世纪初爆发非遗政策批判热潮的实践历程对中国的非遗探索具有重要的借鉴意义。

1962年起，韩国政府颁布《文化财保护法》等一系列法令，以国家的名义对传统文化予以制度性保护，巫傩文化作为"民族文化的精神内核"成为无形文化财制度的保护对象。1964年，"扬州别山台傩舞"成为首个傩舞类无形文化财；1966年，"恩山别神祭"成为首个巫仪类无形文化财。截至2022年6月，韩国指定的国家级无形文化财有153项，其中巫傩类无形文化财有近30项，占总数的近1/5。由此可见，巫傩文化是韩国无形文化财制度的早期受益对象，也是受益较多的。然而，在经历过儒家文化熏陶与近代文明洗礼的韩国社会，中央政府能摈弃"迷信""落后"等消极标签，将巫傩文化大量纳入无形文化财制度的保护体系之中，这一现象多少有些令人费解。

20世纪初，朝鲜半岛逐渐沦为日本殖民地，朝鲜爱国文人为抵制日本殖民政府的精神侵略，重新凝聚涣散的民心，先后发动了"檀君神教运动"与"文化民族运动"。在这两场反殖民运动中，具有本土性与基层性的巫俗传统被知识精英塑造为民族始祖"檀君"开创的"国教"，成为民族文化的象征符号。20世纪中后期，经济飞速发展的韩国爆发了青年知识分子主导的"民众文化运动"。

这场反西化、反独裁的文化运动中,具有固有性与边缘性的巫傩文化成为知识精英创造"民众性"新文化的母体。总之,近百年以来伴随韩国社会的动荡,巫傩文化作为知识精英反殖民、反西化、反独裁的"抵抗文化"多次登上历史舞台,进而固化为凸显民族性与民众性的传统文化代言人。也因此,巫傩文化的宗教价值在不被认可的情况下,依然凭借历史价值、学术价值、艺术价值被纳入无形文化财制度的保护体系。

韩国巫傩类无形文化财的认定程序主要有三步:首先,在全国民俗艺术竞演大会中获得较好名次;其次,履行无形文化财申报流程,文化财委员撰写调查报告;最后,文化财厅按照调查报告对申报项目进行视频记录,国家通过指定"人间文化财"及建立"保存会"等形式对无形文化财进行保护。在这样的流程中,全国民俗艺术竞演大会无疑承担起无形文化财"产房"的角色。其实,全国民俗艺术竞演大会是1958年李承晚政府为纪念"大韩民国成立10周年及解放13周年"而举行的偶发性庆典活动。1961年,朴正熙将其确定为每年定期举行的例会,并将其宗旨修订为"挖掘和培育全国各地的民族固有民俗艺术,使其得到长期的保存与发展"。1962年起,兼任文化财委员会委员的学者开始担任全国民俗艺术竞演大会的评审委员,在"原形性"与"艺术性"的原则指导下,对各种经选择集中与嫁接合成的"舞台化民俗"进行级别评定,进而挖掘有价值的无形文化财。在全国民俗艺术竞演大会与无形文化财制度的影响下,各地政府与民间的乡土文化爱好者在学者的指导下,纷纷开始复原在日本殖民时期被迫中断的地方民俗,因此20世纪60年代"江陵端午祭"得以复原,80年代"河回别神傩舞祭"得以复原。

20世纪90年代,韩国正式施行地方自治制度,各地方政府基于经济薄弱的现实,为发展地区经济、提高地区知名度,不约而同地将目光聚焦于前期资本投入较少的民俗资源旅游开发上。被认定为国家无形文化财的巫傩文化成为地方旅游庆典开发的对象,这一时期的"江陵端午祭"、以"河回别神傩舞祭"为主题开发的"安东国际傩舞庆典"等,在文化体育观光部的培育资助与各地政府的筹划宣传下,被打造成为具有较高知名度的旅游品牌。20世纪末,在工业化与全球化的冲击下,韩国农业逐渐丧失了第一产业的地位,各级政府开始重视农村空间的多元开发,进而推出了"创建农村事业",于是以农村自然景观与民俗文化为资源开发对象的"Green Tourism(绿色旅游)"如火如荼地发展起来。在城市的"庆典开发潮"与农村的"Green Tourism潮"影响下,巫傩文化逐渐进入商品化的大潮之中。

"无形文化财化"与"旅游资源化"的双重语境中,巫傩等民俗文化的社会价值与经济价值得到极大肯定,但无形文化财制度的"原形主义"与旅游资源开发引发的"复原主义"却逐渐成为阻碍民俗文化脉络化传承的新枷锁。因此,21世纪初韩国民俗学者对"无形文化财制度引发的'伪民俗'取代'真民俗'现象""已认定无形文化财的过度舞台化现象""复原主义引发的'不可知论'现象"等展开了犀利的批判。无形文化财制度的学界评价也从初期的"挖掘培育传统文化的积极方案"转变为当下的"国家意志统一进行文化管控的消极之策"。近半个多世纪以来,虽然韩国无形文化财制度的实践历程功过参半,但这一实践历程中折射出的韩国各级政府、文化学者、地区居民为传统文化的复原保护与新文化的创造培育而做出的探索努力,无疑是值得肯定与借鉴的。

中国的非物质文化遗产保护制度较韩国起步晚,但发展极为迅猛。自2006年国务院公布第一批国家级非物质文化遗产名录后,至2022年,已认定了1557项国家级非遗项目,是韩国60年间指定国家级无形文化财总量的10倍之多。相对于韩国无形文化财制度的循序渐进,"后起之秀"的中国非遗保护运动呈跃进之势。非物质文化遗产保护开发需要学者的智库支撑与政府的行政作为相结合,韩国巫傩文化的无形文化财保护开发正是基于本土学者历经百年建构而成的"巫俗传统论"以及在这一话语体系下对巫傩现场的资料收集与学术研究。与此相反,中国主流知识分子自20世纪初的新文化运动以来,历经20世纪六七十年代的"文化大革命",直到21世纪初非物质文化遗产保护运动的兴起,百年间在创造现代思想体系过程中坚持"破旧立新",而不是通过传统、借助传统创造新文化①。因此,长期以来被污名为"封建迷信"的巫傩文化,在缺乏必要的学术研究积淀之下,随着中国非遗运动的到来,极短时期内实现了身份逆转。这一突如其来的转向,难免使政府与传承人在面临巫傩文化非遗保护的具体问题上产生困惑。也正因此,与中国巫傩文化在人文地理环境、传承历史、演行结构、演行要素等方面存在相似之处的韩国巫傩文化非遗保护开发经验对我们具有一定的借鉴意义。

本书通过对选定巫傩个案的民俗志式深描,微观呈现遗产化与资源化两大进程给中韩两国巫傩文化传承带来的实际影响,特别是借助比较民俗学分析方法,在探讨两国巫傩文化演行结构与要素的异同基础上,思索韩国非遗保护经

---

① 高丙中,《对节日民俗复兴的文化自觉与社会再生产》,《江西社会科学》2006年第2期。

验的中国借鉴可能性。为此,本书分为上、中、下三个篇章展开论述。"上篇"以韩国巫傩文化的现场研究为主,选取韩国巫傩文化中最具代表性的"别神祭",结合历史资料、现场图片、传承人访谈等,从仪式的内涵(历史意义、仪式结构)到仪式的外延(复原保护、资源开发)进行详细解读,以期细节化地呈现"非遗时代"韩国巫傩文化的传承保护与资源开发过程。别神祭按演行主体与传承地区的不同,可以划分为以"河回别神傩舞祭"为代表的"村民主导的农村型别神祭"、以"东海岸别神祭"为代表的"巫师主导的渔村型别神祭"、以"江陵端午祭"为代表的"巫师主导的集市型别神祭"三种类型。

河回别神傩舞祭被韩国学界评价为韩国国内最古老的傩舞祭祀,1928年因日本殖民政府的文化高压而传承中断。1964年河回别神傩舞祭中使用的木制面具"河回傩面"被指定为"国宝",受此鼓舞,20世纪70年代起安东地区的乡土文化爱好者与民俗学者开始尝试复原河回别神傩舞祭。虽然复原后的河回别神傩舞祭已经脱离了原有的传承脉络,但作为重要的传统文化"标本",于1980年被指定为国家无形文化财。20世纪90年代韩国掀起的"庆典开发热潮"中,以河回别神傩舞祭为主题打造而成的"安东国际傩舞庆典"取得巨大成功。也因此,河回别神傩舞祭逐渐从村民传承的"村落祭祀仪式",发展成为地区和国家乃至世界共享的公共民俗资源。

东海岸别神祭是传承于东海岸一带渔村的大规模歌舞娱神祭祀仪式。日本殖民统治期间曾大规模投资海上航路,渔民因势利导将"别神祭"更名为"丰渔祭",因而躲过了殖民当局的严厉取缔得以维持脉络化传承,并于1985年凭借杰出的历史价值与艺术价值被指定为国家无形文化财。东海岸别神祭由世袭巫师主导,以巫歌吟诵与巫舞(剧)表演为主要表演形式,至今仍然发挥信仰功能。东海岸别神祭筹备举办过程中体现出的村落内部各社会组织的合作关系、村落共同体与巫师集团的关系维护方式,别神祭仪式结构中呈现出的并立神观,以及巫歌内容中蕴含的多样巫祖神话等,共同交织出韩国农村社会共同体性祭仪的文化生态。因为东海岸渔民对别神祭尚存敬畏之心,所以对过度商业化与娱乐化的资源开发存在抵触情绪,也因此东海岸别神祭至今未被打造成有影响力的旅游节庆。

江陵端午祭被韩国学者评价为韩国国内历史最悠久、规模最庞大的共同体祭祀仪式。江陵端午祭的前身被认为是中断于日本殖民时期(1909年)的"大关岭山神祭"。20世纪60年代在无形文化财制度的影响下,地方政府与地区居民在民俗学者的指导下,对江陵端午祭进行了复原再现。复原后的江陵端午祭1967年被认定为国家无形文化财,1994年被打造成为"韩国十大代表性庆典"之一,2005年成为世界非物质文化遗产。但随着申遗的成功,"原形至上"的复原主义在江陵端午祭传承现场愈演愈烈,甚至出现了"民俗知识逆转现象",即掌握更多文本原形知识的学者取代地区居民成为江陵端午祭的真正传承人,这也最终引发了部分学者对江陵端午祭原形的反思,进而开始了对江陵端午祭的解构研究。解构研究证明:1966年复原再现的江陵端午祭(无形文化财的记录原形)实质上是学者基于当地老人的记忆碎片二次创造的文化产物,本身充满太多不确定性,因而奉行"原形至上"的复原主义只会导致"不可知论"现象的出现,应摆脱对原形的执念,从建构主义重新认识江陵端午祭的当下。

本书的"中篇"则以中国广西壮族自治区的巫傩文化现场为考察中心。广西巫傩文化历史悠久,早在南宋时期就出现过桂林制傩技艺举世闻名的盛景。广西境内拥有壮、汉、瑶、苗、侗、仫佬、毛南、回、京、彝、水、仡佬等12个世居民族,是全国少数民族人口聚居最多的地区。民族的多元化成为孕育巫傩文化多样性的天然母体,汉族的跳岭头、满月除煞、跳南堂、跳泰山、除灵释服、刀山火炼祭,壮族的跳蚂拐、丧葬仪式,毛南族跳肥套,仫佬族依饭节,瑶族盘王节,苗族跳芒蒿,侗族跳帽告等形式各异的巫傩仪式至今盛行在农村地区。2005年国务院办公厅颁发《关于加强我国非物质文化遗产保护工作的意见》之后,"仫佬族依饭节""毛南族肥套""瑶族盘王节""苗族系列坡会群(含跳芒蒿)"等大批广西巫傩文化入选"国家级非物质文化遗产代表性项目名录"。因此,以广西地区为切入点,不仅有助于理解中国巫傩文化的多样性,而且对于思考中国巫傩非遗保护实践具有聚焦意义。

广西巫傩文化依据演行主体不同,总体呈现巫师主导型与村民主导型两种类型,这里的"巫师"主要包括道公、博公、师公三类,三种类型都是土著巫俗信仰与原始道教结合的产物。巫师主导型与村民主导型的巫傩仪式均以木鼓、铜锣等打击乐器伴奏,但巫师主导型多以歌舞祈愿型展演为主,有手抄唱本,面具造型细腻精致,多讲究古典对称美,如灵山汉族跳岭头、环江毛南族肥套仪式、罗城仫佬族依饭节、金秀瑶族盘王节等。村民主导型多以狩猎驱逐型游街为主,无唱本,面具造型粗犷奔放,呈现亦人亦兽的杂糅性,如融水苗族跳芒蒿、融安侗族跳帽告等。基于广西巫傩文化现场的考察基础,按照"巫师主导型"与"村民主导型"两大类型划分,笔者选取人文地理环境相似、传承历史相近的巫师主导型

"广西灵山汉族跳岭头仪式"与"庆尚北道东海岸别神祭",村民主导型"广西融水苗族芒蒿仪式"与"庆尚北道河回别神傩舞祭"两组个案,围绕中韩巫傩文化的演行结构与演行要素(傩面与唱本)展开比较分析。

  本书的"下篇"则以理论分析为主。首先,系统阐释"韩国巫傩文化保护话语体系的建构历程""韩国无形文化财制度的发展过程""民俗资源化中韩国民俗学定位"三个主题,从而全面呈现韩国巫傩文化遗产化与资源化中知识精英、政府权力、商业资本的独立角色与相互作用。其次,就中国非遗保护开发中的瓶颈问题,主要围绕"非遗法中保存与保护双重措施导致的文化原形隐遁问题""民俗学失语下非遗认定过程中文化要素的缺失问题"展开具体论述,进而反思中国非遗保护实践的结构性问题。最后,借鉴韩国非遗保护实践的经验,笔者谨慎地提出自己尚未成熟的建议。

上篇 韩国傩文化的现场研究

非遗视域下中韩傩文化的现场研究

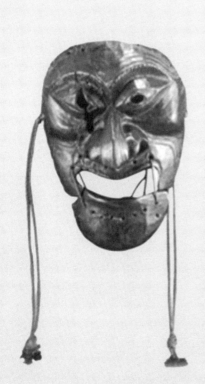

第一章
韩国别神祭的文化地位

韩国众多巫傩文化事象中,本书选取"别神祭"作为研究对象的原因主要有三点:第一,别神祭是底层民众世代传承的村落共同体性祭仪,能反映传统社会韩国民众的普遍性信仰诉求;第二,别神祭采用傩舞、巫歌、农乐等多种表演形式,是融信仰、政治、娱乐、艺术等功能为一体的大型庆典仪式,被韩国学者视作韩国民族庆典传统的原始形态,具有重要的历史价值;第三,别神祭在经历无形文化财指定与旅游资源开发等"去魅化"机制过滤后,具有神秘色彩的宗教性已极大弱化,艺术性与历史性是其主要价值所在。

第一节 别神祭的历史意义

别神祭是韩国传统社会村民向村落保护神祈求农(渔)业丰产与村落安宁,以三年、五年、七年、十年等为周期,或村内突发瘟疫等异常情况时,自发举行的规模盛大的歌舞娱神型共同体祭祀仪式。不同于统治阶级执礼的气氛静肃的儒家祭仪,别神祭大多由底层民众主导,采用傩舞、巫歌、农乐、集体游戏等多种表演形式,是融信仰、政治、娱乐、艺术等功能为一体的开放性庆典仪式。别神祭被韩国学者视为古代祭天传统的历史延续,被定义为反映民族固有庆典传统的活化石[①]。

由于缺乏相关文献记录,别神祭的历史起源尚不明确。韩国学者在分析别神祭歌舞娱神仪式结构的基础之上,结合中国正史中对朝鲜的零星记录,推定其

---

① 〔韩〕韩阳明,《庆典传统的传承与变化》,《实践民俗学研究》1997年第1期。

雏形为三国时代的祭天仪式与季节性祭祀仪式。《三国志(卷三十)·魏书·乌丸鲜卑东夷传第三十》中《夫余传》《高句丽传》《涉传》《韩传》中分别对古代祭天仪式与季节性祭祀仪式进行了如下描述:

《夫余传》:以殷正月[①]祭天,国中大会,连日饮食歌舞,名曰迎鼓,于是时断刑狱,解囚徒。……行道昼夜无老幼皆歌,通日声不绝。有军事亦祭天,杀牛观蹄以占吉凶,蹄解者为凶,合者为吉。[②]

《高句丽传》:其民喜歌舞,国中邑落,暮夜男女群聚,相就歌戏。……以十月祭天,国中大会,名曰东盟。……其国东有大穴,名隧穴,十月国中大会,迎隧神还于国东上祭之,置木隧于神坐。[③]

《涉传》:常用十月节祭天,昼夜饮酒歌舞,名之为舞天,又祭虎为神。[④]

《韩传》:常以五月下种讫,祭鬼神,群聚歌舞,饮酒昼夜无休。其舞,数十人俱起相随,踏地低昂,手足相应,节奏有似铎舞,十月农功毕,亦复如之。[⑤]

上述文献中记录的扶余"迎鼓"、高句丽"东盟"、涉"舞天"、韩"五月祭""十月祭"都是统治阶级主导的祭祀仪式,即"国中大会"。每年定期举行的"国中大会"并不只是统治阶级实践政治理念的社会机制,也是被统治阶级载歌载舞向神灵祈愿的共同体庆典仪式。而这种"男女群聚、连日歌舞"的"国中大会"与当今歌舞娱神的别神祭传承现场颇为相似。然而,"国中大会"的歌舞娱神元素,在经历高丽王朝佛教文化与朝鲜王朝儒家文化的洗礼后,逐渐被统治阶级所摒弃而沉降于民间。

村落共同体延续三国时代的"国中大会"遗风,以"洞(村)中大会"的形式,

---

① 韩国学者对"太殷历"的解释:"太殷历"是殷朝末年的历法,采用一年有365日来计算,丑月作为岁首,现在历法的12月相当于殷历正月(大韩民国文教部国史编纂委员会,《(国译)中国正史朝鲜传》,天丰印刷株式会社,1986年,第31页)。
② (晋)陈寿撰,陈乃乾点校,《三国志(卷三十)·魏书·乌丸鲜卑东夷传第三十》,中华书局,1982年,第840页。
③ (晋)陈寿撰,陈乃乾点校,《三国志(卷三十)·魏书·乌丸鲜卑东夷传第三十》,中华书局,1982年,第843—844页。
④ (晋)陈寿撰,陈乃乾点校,《三国志(卷三十)·魏书·乌丸鲜卑东夷传第三十》,中华书局,1982年,第849页。
⑤ (晋)陈寿撰,陈乃乾点校,《三国志(卷三十)·魏书·乌丸鲜卑东夷传第三十》,中华书局,1982年,第852页。

即"别神祭"的形式,载歌载舞祭祀各自的村落保护神①。朝鲜王朝时期受儒家思想熏陶的统治阶级,将歌舞娱神的别神祭定性为"左道""淫祀",曾试图将其改良为"读祝告祀型"的儒家式祭仪。然而,被统治阶级只是对别神祭的仪式程序进行适当调整,在迎神部分增加了儒家式祭祀环节,别神祭的歌舞娱神内核并没有改变。

朝鲜王朝后期,随着农(渔)业生产力的提高与商品经济的发展,村落别神祭的规模呈现壮大化趋势,甚至出现多个村落联合举办别神祭的情况,别神祭中的傩舞、巫歌等表演形式也在这一时期日趋成熟②。20世纪初朝鲜半岛沦为日本殖民地后,殖民当局疯狂进行经济掠夺的同时,还以维持社会治安为由,颁发了诸如《警察犯处罚规则》等一系列法令,禁止朝鲜民众夜间聚众饮酒歌舞。也因此,村落传承的别神祭逐步因经费问题与治安管制,在日据时期传承萎缩,甚至中断。

虽然韩国学界对别神祭的溯源问题基本达成共识,即别神祭源于古代国中大会,但就"别神"两字的具体含义却仍存在分歧。迄今为止,所发现与"别神"有关的最早文字记录,是撰写于朝鲜王朝肃宗41年(1715)的《大同刱溪》。这份资料是全罗南道长兴郡夫山面虎契村举办别神祭时,记录祭官选定、经费使用情况的民间文书③。该资料的祝文中将"别神之神"与"田祖之神"并列作为献祭对象,祝文具体内容如下④:

祝文1:
维
岁次干支　某官姓名　敢昭告于
别神之神
二气迭旋　三阳宣和　天地交泰　舍生品汇　造化之迹　有鬼有神
盛矣其德　佑我烝民　丁斧寅剑　驾风鞭霆　驱厉逐魔　廓清四方
视听吾人　诞降吉祥　有诚必格　有祷必应　时维孟春　万和方畅
日吉辰良　齐沐告诚　俯伏就位　星斗定中　牲肥尊洁　三酌礼成
神既醉饱　百灵俱享　赐我白福　惟日不足　家无疾疫　野登麦菽
焚香拜祝　静息清明　用伸处告

---

① 〔韩〕崔正如,《新罗的祭仪》,《新罗文化祭学术发表论文集》1984年第5期。
② 〔韩〕韩阳明,《庆典传统的传承与变化》,《实践民俗学研究》1997年第1期。
③ 〔韩〕罗景洙,《全南长兴郡夫山面虎契里别神祭调查研究》,《民俗学研究》2002年第10期。
④ 〔韩〕罗景洙,《全南长兴郡夫山面虎契里别神祭调查研究》,《民俗学研究》2002年第10期。

神其
尚飨
晚守斋　仁川　李敏琦　撰

祝文2：
田祖之神
嗟我民事　非谷何食　夏月作苦　稻粱麦稷　金飚届节　农既告曰
雨雨果果　五征乖错　孽芽其间　排螽非○①　着叶涂茎　如糠如秕
萃烂将尽　瓯篓污邪　四郊雷同　名以灭吴　细甚蚊虻　害逾狼虎
农家有事　祷于田祖　豚蹄壶酒　齐人之禳　秉畀炎火　曾孙之祝
今以吉辰　择净为坛　牲酒既洁　齐沐且诚　所特虽狭　所欲即奢
伏惟田祖之神　钦兹鉴兹　扫妖虫投　诸淇渤禾　稼登熟岁　有大年
尚飨
晚守斋　仁川　李敏琦　撰

祝文3：
维
岁次干支　某官姓名　敢昭告于
别神之神
二气迭旋　三阳宣和　天地交泰　舍生品汇　造化之迹　有鬼有神
盛矣其德　佑我蒸民　丁斧寅剑　驾风鞭霆　驱厉逐魔　廓清四方
视听吾人　诞降吉祥　有诚必格　有祷必应　每岁元望　三里崇祀
民至于今　实赖是佑　于何今岁　怪气致疹　板里不净　死亡间仍
恐或元望　祭礼不诚　众心危惧　以仲夏晦　更择良辰　齐沐告诚
俯伏就位　星斗定中　牲肥尊洁　三酌礼成　神既醉饱　百灵俱享
赐我白福　惟日不足　家无疾疫　野登麦菽　焚香拜祝　静息清明
用伸处告
神其
尚飨

---

① 原文中就是用○表示的,因为韩国村落的汉字资料有很多是缺字、错字、漏字的。

甲寅仲夏晦日　小柏清州　金基权　撰

上述祝文中两次出现"别神之神"的描述，但"别神"的含义到底为何，众说纷纭。日韩学者们试图借助别神祭的祭祀场所、表演形式、"别神"两字的发音等，来解读"别神"的意义。日本学者赤松智城指出："别神祭的祭祀场所大多是临时搭建的祭坛，不能被视作常设的'圣所'。'别神'两字正是指不同于常设祭祀的特殊场所。"①日本学者秋叶隆则认为："别神祭是职业巫师主导的歌舞娱神祭祀，不同于村民主导的读祝式（儒家祭仪）洞祭。因此，别神祭是表演形式特殊的大祭。"②

朝鲜民俗学者宋锡夏曾在马山金浦发现"星神"牌位，进而推论："别神两字可能只是'星神'的临时性借音标记，因为'别'字的发音与'星'字的固有词发音相同。"③朝鲜历史学者李能和则主张，别神祭是城隍祭祀的一种，属于歌舞娱神的"特别神祀"④。国乐学者李惠求通过对比别神祭与古代"别祈恩"仪式的相似之处，指出别神祭可能是高丽时期"别祈恩"的变形⑤。巫俗研究者金泰坤根据别神祭的巫歌构成指出："别神是指代痘疫之神，因为别神祭多在村里发生大规模水痘瘟疫时举行。"⑥民俗学家林在海根据《三国志》中"别邑"的记录⑦，认为："别神是指'别邑之神'，即古代农耕社会举行祭祀的神圣区域——苏涂所供奉的神灵。"⑧韩国民俗学者曹鼎铉结合东海岸别神祭的传承集团——世袭巫师

---

① 〔日〕赤松智城、秋叶隆，《朝鲜巫俗的研究（下）》，朝鲜印刷株式会社，1938年，第128页。
② 〔日〕秋叶隆，《朝鲜巫俗的现地研究》，养德社，1950年，第111—112页。
③ 〔韩〕宋锡夏，《韩国民俗考》，日新社，1960年，第28页。
④ 李能和在《朝鲜巫俗考》中对别神祭做过如下记录："别神祀"俗语称谓别神（Pyuel Sin）朝鲜古俗　各地市场都会之处　每于春夏之交　择定期日〔或三日　或五日〕行城隍神祀　人民聚会　昼夜饮酒　恣行赌博　官亦不禁　名曰别神　盖特别神祀之缩称也　其仪立大木　设神位　饼果酒食　供在桌上　聚巫觋　歌舞以妥其神〔巫歌招呼山川神祇〕盖巫觋歌舞以赛神者曰妥灵　今俗呼歌曲为"打令"者　本于此者欤〔打令与妥灵音相同〕南孝温秋江集　岭东民俗　每于三四五月中　择日迎巫　极办水陆之味　以祭山神　富者驮载　贫者负戴　陈于鬼席　吹笙鼓瑟　嬉嬉连三日　醉饱然后下家　始与人买卖　不然则尺席不得与人云云　按此即别神事也（〔韩〕李能和著，徐永大注解，《朝鲜巫俗考——透过历史看韩国巫俗》，创批出版社，2008年，第608页）。
⑤ 〔韩〕李惠求，《别祈恩考》，《艺术论文集》1964年第3期。
⑥ 〔韩〕金泰坤，《成造信仰考》，《后进社会问题研究论文集》1969年第2期。
⑦ 《三国志（卷三十）·魏书·乌丸鲜卑东夷传第三十》的《韩传》中有如下记录：信鬼神，国邑各立一人主祭天神，名之天君，又诸国各有别邑，名之为苏涂。立大木，县铃鼓，事鬼神。诸亡逃至其中，皆不还之，好作贼。其立苏涂之义，有似浮屠，而所行善恶有异。〔（晋）陈寿撰，陈乃乾点校，《三国志》，中华书局，1982年，第843页〕。
⑧ 〔韩〕林在海，《河回别神傩舞祭中出现的古代祭仪痕迹与别邑传统》，《安东文化》1993年第14期。

的口述,指出:"别神祭是具有特殊时间性与目的性,解决小型洞祭仪式无法解决的信仰问题或社会问题的特别神祀。"①

尽管日韩学者从不同角度对"别神"的含义进行解读,但总体看来,除宋锡夏之外的大部分观点,都将"别神"中的"别"字解读为"特别"之意。由于缺乏有力的资料支撑,各家之言至今都未能获得共识成为通说。笔者更认同宋锡夏的观点,认为"别神"应理解为训民正音(韩文)创制以前"星神"的汉字借音标示。接下来,笔者结合《后汉书》《三国志》中出现的"高句丽祠灵星"记录、中国两汉时期的"祠灵星制度"、最早出现"别神之神"记录的祝文"大同㭉溪"以及当今韩国别神祭的传承现场,来详细论证这一观点。

第二节　别神祭的概念新释

《后汉书(卷八十五)·东夷列传(第七十五)》中《高句骊》篇:武帝灭朝鲜,以高句骊为县,使属玄菟,赐鼓吹伎人。其俗淫,皆洁净自憙,暮夜辄男女群聚为倡乐。好祠鬼神、社稷、零星,以十月祭天大会,名曰"东盟"。②

《三国志(卷三十)·魏书(三十)·乌丸鲜卑东夷传(第三十)》中《高句丽》篇:高句丽在辽东之东千里,……其俗节食,好治宫室,于所居之左右立大屋,祭鬼神,又祀灵星、社稷。……涓奴部本国主,今虽不为王,适统大人,得称古雏加,亦得立宗庙,祠灵星、社稷。③

以上是《后汉书》与《三国志》中对高句丽"祠灵星"的相关记载,不过前者标记为"零星",后者标记为"灵星"。对此清朝进士刘宝楠在《愈愚录》中曾指出:灵星,即龙角星,亢也,故又曰角星;龙属为大火,故又曰火星;辰为农祥,又曰天田星;星色赤,又曰赤星;灵通作零,又曰零星④。也就是说《后汉书》的"祠零星"与《三国志》的"祀灵星"应该是指相同祭祀。"祠灵星"是贯穿中国两汉时期的重要农事祭典。那么灵(零)星祭到底是怎样的祭祀呢?

---

① 〔韩〕曹鼎铉,《别神祭的传承力与祝祭性的演行原形》,安东大学博士学位论文,2007年,第48页。
② (宋)范晔撰,(唐)李贤等注,《后汉书》,中华书局,1965年,第2813页。
③ (晋)陈寿撰,陈乃乾点校,《三国志》,中华书局,1982年,第843页。
④ 王健,《祠灵星与两汉农事祀典的几个问题》,《中国农史》2008年第4期。

俗说县令问主簿："灵星在城东南何法？"主簿仰答曰："唯灵星所以在东南者，亦不知也。"《汉书·郊祀志》：高祖五年，初置灵星，祀后稷也，驱爵簸扬，田农之事也。谨按：祀典既以立稷，又有先农，无为灵星复祀后稷也。左中郎将贾逵说："以为龙第三有天田星。灵者，神也，故祀以报功。"辰之神为灵星，故以壬辰日祀灵星于东南。①

以上内容是东汉时期应劭在《风俗通义》中对灵星祭的记录，文中对灵星祭的形成时期、祭祀对象、祭祀形态进行了简单介绍。大意是说，灵星祭形成于汉高祖时期，主要以再现农耕场景的舞蹈祭祀农神②。对于汉朝已有致祭后稷与先农的祭祀，为何又将灵星作为农神进行单独祭祀的原因，贾逵解释道，灵星是苍龙星座的第三颗星宿，又叫作天田星，是掌管农事的星神，因而这一祭祀主神的身份与掌管谷物的后稷与先农有所不同。从贾逵的见解可以看出，灵星是与龙星有关的农神。至于"灵星要壬辰日祀于东南"的原因，范晔在《后汉书·祭祀志》中给出了如下解释③：

旧说，灵星谓天田星也。一曰，龙左角为天田官，主谷。祀用壬辰位祀之，壬为水，辰为龙，就其类也。

从上述描述可知，灵星祭祀的时间与龙星的属性有关，祭祀的方位跟龙角的位置有关。对于灵星、龙神、农神的具体关系，王充在《论衡》卷二十五

---

① （东汉）应劭著，吴树平校释，《风俗通义校释》，天津古籍出版社，1980年，第300—301页。
② 《后汉书（志第九）·祭祀下》记载："汉兴八年，……立后稷之祀，于是高帝令天下立灵星祠。……舞者用童男十六人，舞者象教田，初为芟除，次耕种、芸耨、驱爵及获刈、舂簸之形，象其功也。"明朝朱载堉根据汉朝的这一记载，编制出《灵星舞》与《灵星队赋》。灵星队赋的内容如下：灵星雅队，汉朝制作，舞象教田，耕种收获。击土鼓，吹时苇籥，时人皆不识，呼为村田乐。乐器不须多，却宜从简便，只用钟一口，鼓一面，靴一柄，版一串，双管一两副，小曲七八遍（即豆叶黄）。秋夜迎寒，春昼逆暑，祭蜡以息老物，祈年以御田祖。歌声有节，舞容有谱。童男十六人，两两相对舞。手持各执事，从头次第数。第一对教芟除，手执镰舞。第二对教开垦，手执镢舞。第三对教栽种，手执锹舞。第四对教耘耨，手执锄舞。第五对教驱爵，手执竿舞。第六对教收获，手执杈舞。第七对教舂枱，手执连枷舞。第八对教簸扬，手执木锨舞。教田即毕，农事已成，讴歌舞蹈，答谢神明。（吹《金字经》）右绕一周，致语八句，大禹圣人，谟训有云：德惟善政，政在养民。民惟邦本，本固邦宁。春祈田祖，秋报灵星。不同俗乐，是为雅队。斯可以与《豳风》并行而不相悖。（彭松、冯碧华，《中国古代舞谱－拉班舞谱（3）》，中国舞蹈出版社，1989年，第105页）
③ （东汉）应劭著，吴树平校释，《风俗通义校释》，天津古籍出版社，1980年，第301页。

中给出如下说明①：

> 灵星之祭，祭水旱也，于礼旧名曰雩。雩之礼祈谷实也。……龙星二月见，则雩祈谷雨；龙星八月将入，则秋雩祈谷实。……灵星者，神也；神者，谓龙星也。

王充指出"灵星"即"龙星"，灵星祭属于祈雨祭中的"雩祭"。根据龙星出现的时间（二月）与消失的时间（八月），分别举行播种礼仪"春雩"与谷物成长礼仪"秋雩"，龙神通过降雨影响农事。尽管灵星祭是否等同于"雩礼"尚值得商榷②，但"灵星祭源于龙神信仰，并与农事有关"这一点毋庸置疑。

在基本厘清"灵星"的属性后，再来解读"别神"，有些问题就迎刃而解了。如果把别神祭中"别"字解读为汉字"星"的临时借音标记的话（因为两字的韩语发音相同均为〔Byul〕），那么"别神"之意就可以解读为指代"灵星"的"星神"。据此，也就能解释最早的"别神"记录《大同㴍溪》里《祝文1》与《祝文3》中，将"别神之神"与"星斗定中""野登麦菽"等词汇共同罗列的原因。因为作为"星神"的灵星与农事相关，故祝文中向星神祈求谷物丰收。不仅如此，《大同㴍溪》里《祝文2》中将"田祖之神"与"别神之神"共同列为祭祀对象的问题也得到解释。宗教祭祀中历来有把历史人物配享于自然神的传统③，所以后稷配享食星④，田祖作为后稷的后代⑤自然也不能配享独祭，因而与星神共同接受祭祀。

---

① （东汉）应劭著，吴树平校释，《风俗通义校释》，天津古籍出版社，1980年，第300—301页。
② 王健曾对"祠灵星"做过深入的分析，他指出王充混淆了"灵星祭"与"雩礼"，因为二者虽都具有祈雨的功能，但祭祀的对象不同。他认为灵星信仰是周秦两汉以来古人信仰世界中星神体系日趋完善的背景下，古代农业神（谷神）——"稷神"在星宿体系中选择苍龙七宿中的天田星作为象征的结果（王健，《祠灵星与两汉农事祀典的几个问题》，《中国农史》2008年第4期）。
③ 王健，《祠灵星与两汉农事祀典的几个问题》，《中国农史》2008年第4期。
④ 《后汉书（志第九）·祭祀下》中记载：汉兴八年，有言周兴而邑立后稷之祀。于是高帝令天下立灵星祠，言祠后稷而谓之灵星者，以后稷又配食星也。[（宋）范晔撰，（唐）李贤等注，《后汉书》，中华书局，1965年，第3204页］。
⑤ 《山海经》中对田祖的身份有如下说明："蚩尤作兵伐黄帝……黄帝乃下天女曰魃，雨止，遂杀蚩尤。魃不得复上，所居不雨。叔均言之帝，后置之赤水之北。叔均乃为田祖（《大荒北经》）"；"后稷是播百谷。稷之孙曰叔均，是始作牛耕（《海内经》）"；"有西周之国……有人方耕，名曰叔均。帝俊生后稷，稷降以百谷。稷之弟曰台玺，生叔均。叔均是代其父及稷播百谷，始作耕（《大荒西经》）"（李白，《"田祖""田畯"考》，《学术交流》2009年第10期）。

"别神"与星神、龙神、农神的呼应关系,在韩国别神祭传承地区的文化传统中也可以得到辅证。韩国河回村是世代传承别神祭的内陆村落。这个村落在1928年别神祭中断之前,每五年或十年以及突发瘟疫或村落保护神托梦显灵时,都会举行持续半月的别神祭仪式。河回村村民为祈求农业丰产与家庭平安,历来有供奉"龙坛子"的习俗,即把大米或稻谷放入瓦罐做成"龙坛子",再将其放在厨房或库房[1]。不仅如此,河回村民在初辰日(正月初六)为预测当年谷物的产量会举行占岁仪式;在插秧结束后作为播种礼仪与祈雨仪式,会将年糕摆放在田埂举行"龙祭"仪式[2]。"谷物制作龙坛子""辰日占岁卜谷""插秧祈雨祭龙"的习俗在别神祭传承地——河回村盛行的现象,与《后汉书·祭祀志》中"灵星为龙星左角,主谷"描述中折射出星神、龙神、农神三者的关系异曲同工。

"别神"与星神、龙神、农神的呼应关系,在当下传承的别神祭仪式结构中也可以得到印证。当今韩国东海岸别神祭的仪式构成中,"龙王巫歌"是必不可少的表演环节。巫俗研究者尹东焕曾对龙王巫歌的特点作过分析:江原道的高城、束草、襄阳、江陵、东海、三陟一带渔村举行别神祭时,巫女在演唱龙王巫歌过程中会表演"登龙坛"仪式,即巫女手持神竿站到名为"龙坛子"的瓦罐上,向村民传达神灵的旨意[3](图1[4])。庆尚北道蔚珍郡、浦项市沿海渔村举行别神祭时,巫女在演唱龙王巫歌过程中不表演登龙坛仪式,但龙王巫歌结束后紧接着举行"接神竿"仪式,即渔民代表手持神竿在巫女的帮助下直接接神,之后传达神意[5](图2[6])。不管是龙王巫歌表演过程中嵌入"登龙坛"仪式,还是龙王巫歌结束后紧接举行"接神竿"仪式,两种情况都反映出龙神信仰在渔村别神祭中的特殊地位。究其原因是沿海渔民为祈求出海平安与捕鱼顺利,将龙王视为海神的结果。[7]

---

[1] 〔韩〕林在海等,《河回村的世界》,民俗苑,2012年,第222—223页。
[2] 〔韩〕金宅圭,《韩国农耕岁时的研究》,岭南大学出版社,1991年,第281—282页。
[3] 〔韩〕尹东焕,《东海岸巫俗的持续与创造性继承》,《民俗苑》,2010年,第188—232页。
[4] 图1为2012年庆州市阳南面水念里举行东海岸别神祭时,巫女孙英曼在龙王巫歌演唱过程中表演登龙坛仪式。此照片是2012年7月27日韩国安东大学研究教授田成熙拍摄,并提供给笔者使用。
[5] 笔者2013年与2015年参与观察的蔚珍郡竹边村别神祭现场,以及尹东焕提供的东海岸别神祭传承人——金长吉的证言(尹东焕,《东海祭的传承与变化》,高丽大学博士论文,2007年,第128页),都发现接神竿仪式紧接于龙王巫歌之后。
[6] 图2为2014年12月7日笔者在釜山市海云台区青沙浦举行东海岸别神祭时拍摄的照片。
[7] 〔韩〕林在海,《通过空间范畴看巫仪的传承形态与现实意识的伦理》,金泰坤等,《民俗文学与传统文化》,博而精出版社,1997年,第267页。

图1　2012年庆州水念里别神祭时的登龙坛仪式　　图2　2014年釜山青沙浦别神祭时的接神竿仪式

万物有灵观念盛行时期，人们把农作或出海的某个时间节点与星体的某个位置偶然地联系在一起，久而久之开始相信星体会影响农（渔）业的产量[①]，因而星体逐渐被神格化，于是星神信仰与农神信仰、海神信仰逐渐融为一体。韩国别神祭广泛分布于韩国内陆农村与沿海渔村，虽然在传承主体、表演形式、仪式结构等方面存在显著差异，但都被命名为"别神祭"，这其中的主要原因可能就源于"星神信仰"的普遍性。

韩国现在使用的表音文字——训民正音产生于朝鲜王朝时期的1446年，在此之前只能通过"吏读""乡札"等方式借用汉字的音或义来标记韩国固有的地名、人名、仪式名。表示"星宿"的韩语固有词发音为〔byul〕，与汉字"别"的发音相同，故用汉字"别"来标记韩国固有名词"星"，用"别神"来表达韩国固有神灵名称"星神"。换而言之，"别神祭"即为"星神祭"，而韩国民众口中的"星神祭"源头应该就是中国史书《后汉书》《三国志》中描述的"高句丽祠灵星"仪式。

第三节　别神祭的类型划分

20世纪初朝鲜彻底沦为日本殖民地之前，别神祭曾广泛分布于全国各地。韩国学者曹鼎铉曾根据日本学者村山智顺撰写的《部落祭》与《朝鲜的乡土娱乐》、

[①] 柴尔德曾做过这样的论述：当经验提醒你，你应该把你的谷物种下去时，在天空中居于一处重要位置的，是某几颗星子或星座；当你期望有雨来使你们的谷物成熟时，在天空中居于重要位置的，又是另外一些了。这么利用星子来指导，人类可能会相信真是这些星子影响了地下的事情，你这就把时间的联系与偶然的联系混同起来了（柴尔德著，周进楷译，《远古文化史》，上海文艺出版社，1990年，第95页）。

秋叶隆撰写的《朝鲜民俗志》等资料,将全国别神祭划分为"首尔—京畿道圈""中原—忠清道圈""江陵—江原道圈""安东—庆尚道圈""长兴—全罗道圈""北韩地区"等六个文化圈[①]。韩国学者尹东焕则依据村山智顺《部落祭》的相关记录,按照举行目的的不同,将别神祭划分为洞(村落)别神祭与场(集市)别神祭两种类型,前者由村民主导强调信仰性,后者由集市商人主导重视商业性[②]。曹鼎铉的"别神祭文化圈论"与尹东焕的"洞别神与场别神二元论"都侧重对别神祭的历时性考察,但根据传承主体与表演形态对别神祭进行共时性考察则更为常见。

别神祭按照传承主体的不同,可以划分为村民主导型与巫师主导型两种类型;按照表演形态的不同,可以划分为傩舞型与巫歌型两类;按传承区域的不同,可以划分为内陆农村型、沿海渔村型、商贸集市型三类。总体看来,三种划分标准存在一定的对应关系:即内陆农村地区传承的别神祭多为村民主导的傩舞类型,典型代表为河回别神傩舞祭;沿海渔村地区传承的别神祭多为巫师主导的巫歌类型,典型代表为东海岸别神祭;商贸集市地区传承的别神祭是商人为招揽顾客、繁荣市场而出资举办,是融巫歌、傩舞、游艺杂耍等多种表演形式于一体的庆典仪式,典型代表为江陵端午祭。

内陆村落与商贸集市地区传承的别神祭,在日本殖民统治期间大多中断。一方面,日本殖民政府的疯狂经济掠夺,使村民与商人无力承担别神祭的费用支出;另一方面,日本政府先后颁布《警察犯处罚令》(1908)、《犯罪即决例》(1910)、《警察犯处罚规则》(1912)等法令,禁止朝鲜民众夜间聚众饮酒歌舞。因此,1909年之后江陵端午祭中断传承,1928年之后河回别神傩舞祭中断传承。当今作为无形文化遗产与观光资源的"江陵端午祭"与"河回别神傩舞祭"分别是20世纪60年代与80年代重新复原的产物。例外的是,渔村别神祭在日本殖民时期得以延续。这是因为日本殖民政府当时大力开拓航路发展远洋渔业,沿海渔民将"别神祭"更名为"丰渔祭",与殖民当局的渔业拓展目的存在契合性,因而避免了被取缔的命运。也因此,别神祭在东海岸一带渔村至今仍作为村落共同体的信仰仪式发挥作用。

韩国农村型别神祭——河回别神傩舞祭、渔村型别神祭——东海岸别神祭、集市型别神祭——江陵端午祭三个典型案例中都融入了傩文化元素,20世

[①] 〔韩〕曹鼎铉,《别神祭的传承力与祝祭性的演行原形》,安东大学博士学位论文,2007年,第60—77页。
[②] 〔韩〕尹东焕,《别神祭的历史性展开与庆典性》,《比较民俗学》2010年第42期。

纪80年代时都已成为国家或地方认定的无形文化财,20世纪90年代都成为地方政府资源开发的对象。复原再现的河回别神傩舞祭与江陵端午祭是解读韩国无形文化财制度影响与地区庆典资源开发实效的生动案例;未经历中断危机的东海岸别神祭则是理解韩国传统共同体祭仪结构与功能的切入点。笔者利用2013—2016年的前期田野调查与2021年后期补充调查所收集的现场资料与文献资料,从仪式结构、复原过程、傩文化元素、庆典开发等方面对河回别神傩舞祭、东海岸别神祭、江陵端午祭进行具体解读[①]。

[①] 这章论述的部分内容来源于笔者已发表的该项目阶段性成果《从原形解构看韩国学术界对江陵端午祭的认识论转变》(《文化遗产》2016年第3期)、《中韩乡傩仪式中面具造型的美学解读》(《民族论坛》2018年第2期)、《文化遗产的公共民俗化》(《民族艺术》2018年第2期)、《韩国东海岸别神祭的民俗学解读》(《民族论坛》2019年第4期)四篇学术论文。

第二章
村民主导的农村型别神祭

河回别神傩舞祭[①]是村民主导的农村型别神祭的典型代表,也被韩国学界评价为本土最古老的傩舞祭祀,1928年因日本殖民政府的文化高压而传承中断。1962年韩国政府颁布《文化财保护法》开始对传统文化进行抢救,1964年河回别神傩舞祭中使用的木制面具"河回傩面"被指定为"国宝"(第121号)。20世纪70年代起安东地区的乡土文化爱好者开始尝试复原河回别神傩舞祭中的傩舞表演,复原后的傩舞表演被称作"河回别神祭傩舞游戏"[②]。虽然复原后的河回别神傩舞祭已经脱离了原有的传承脉络,但作为重要的传统文化"标本",于1980年被指定为国家重要无形文化财(第69号)。

1995年韩国全面推行地方自治制度,各地政府为提高地区知名度发展旅游经济,在国家旅游开发政策的支持下开始对当地的民俗资源进行选择性集中开发。在这一背景下,1997年以河回别神傩舞祭为主题的"安东国际傩舞庆典"诞生,这一庆典发展至今已成为韩国"代表性文化庆典"。河回别神傩舞祭在经历了"复原再现"与"庆典开发"后,随着传承主体的交替,其属性也发生了变化,逐步从村民传承的"村落祭祀仪式",发展成为地区和国家乃至世界共享的公共民俗资源。

河回别神傩舞祭世代传承于韩国庆尚北道安东市洛东江边的河回村。这一村落于2010年7月被收录为世界文化遗产(第1324号),是联合国教科文组织(UNESCO)在韩国收录的首批活态遗产(living heritage)。活态遗产又称作

---

① 韩文标示:하회별신굿。
② 韩文标示:하회별신굿탈놀이。

混合遗产（mixed heritage），是指"文化的独特性、固有性、多样性保存完好，经济与社会以及文化和谐发展的传统生活共同体"①。河回村独特的建筑文化（朝鲜时代建成的瓦房群和草房群）与多样的信仰文化（巫教和佛教以及儒家思想共存）是其成为活态遗产的"硬件条件"；20世纪90年代起安东市地方自治政府对河回别神傩舞祭中的傩舞进行资源开发，从而构建起河回村共同体经济、社会、文化的共赢体系，则是其成为活态遗产的"软件条件"。可以说，河回村被收录为世界活态文化遗产是韩国政府将河回别神傩舞祭作为村落灵魂而进行资源开发的成功之作。

第一节　河回别神傩舞祭的仪式构成

河回别神傩舞祭在1928年中断之前，是河回村底层民众（佃户和奴隶）为祭祀村落保护神——自杀身亡的17岁未婚少女金氏，每五年或十年以及有特殊状况发生时②，于除夕到正月十五期间举行的集体性巫俗祭祀仪式。这一祭祀由山主主持。山主是神灵通过托梦的方式，在柳氏以外的男性村民中选出，终生担任③。关于山主的产生过程，1936年日本学者村山智顺在朝鲜半岛作民俗调查时，曾采访当时河回村的山主朴学伊（1865年生），并留下以下记录：

1924年11月17日傍晚朴学伊去附近朋友家串门，正巧朋友不在。朴氏在等朋友回来时，睡了过去。一位年纪约四五十岁的夫人出现在朴氏的梦里，跟他说："我有重要的事情要跟你说，这是别人家我不便开口，你赶快回到你自己家里。"朴氏说："这是我朋友家，不用担心，有什么话您可以在这里说。"夫人说："我选定你作为今后的山主！"朴氏由于当时生活困窘，所以希望神灵能找其他更合适的人选，但是神灵说："你是作为山主的最佳人选，除你之外其他人都不可以！"于是，朴氏答应了夫人的要求，接着朴氏从梦中醒来。

---

① 〔韩〕曹鼎铉，《收录为世界文化遗产后河回村的变化和村民的对应方式》，《民俗研究》2015年第31期。
② 特殊情况是指保护神托梦要求举行祭祀的情况，以及村里突发瘟疫，或是村里频繁出现精神异常者的情况。
③ 〔韩〕国立文化财研究所，《重要无形文化财第69号——河回别神傩舞游戏》，彼我出版社，2006年，第44～45页。

山主每月初一和十五向村落保护神做祷告，十二月十五向保护神询问是否举行别神祭。如果保护神要求举行别神祭，那么山主则和村里底层民众商量，并正式告知村里的统治阶级——柳氏两班，要求他们提供祭祀费用①。河回村从高丽末年逐渐成为柳氏宗族村②，柳氏成为掌握村里政治和经济特权的统治阶级，其他姓氏多为依附于柳氏的奴隶或佃农，属于被统治阶级。受儒家思想"淫祀论"的影响，柳氏两班并不参与别神祭。但如果柳氏家族拒绝为别神祭提供经济支援，山主则警告村里会出现大灾难。柳氏作为河回村土地的所有者，自然希望村落安宁、农业丰收，因此出于自身经济利益以及缓和阶级矛盾的考虑，大多会同意提供祭祀费用。也正因为河回别神傩舞祭由柳氏之外的底层民众主导，所以傩舞表演对两班的虚伪与各种社会不公进行犀利讽刺和批判。

　　河回别神傩舞祭的缘起，据说与当地广为流传的"许道令传说"有关。这一传说的具体内容如下③：

　　从前河回村生活着一名姓许的公子，在梦中受到村落保护神的授意，开始独自制作傩面。因为傩面制作需要秘密进行，所以许公子为防止别人乱入在门口拉起了禁绳④。许公子每天斋戒沐浴，虔诚而专注地制作傩面。有一天，一直爱慕许公子的金氏少女，由于无法抑制对爱人的思念，悄悄地穿过禁绳，偷窥了正在房内制作傩面的许公子。当时许公子正在制作最后一个傩面的下巴，但由于金氏少女违背禁忌突然闯入，许公子当场吐血而亡，留下一个尚未完成下巴的傩面，也就是现在河回别神傩舞祭中使用的"傻瓜傩面⑤"。金氏少女对许公子的死深感内疚，不久以后自杀身亡。

　　河回村民为化解金氏少女的怨气，将她奉为城隍神安置在村口花山半山腰的女城隍堂（当地称为"上堂"，图3⑥），将许公子的灵魂安置在花山山脚的男城隍堂（当地称为"下堂"，图4⑦），村中的百年榉树则被奉为金氏少女的婆婆——

---

① 〔韩〕国立文化财研究所，《重要无形文化财第69号——河回别神傩舞游戏》，彼我出版社，2006年，第44—45页。
② 参考河回村官方网站信息：http://www.hahoe.or.kr/。
③ 〔韩〕安东文化研究所，《安东文化的谜团》，知识产业社，1997年，第167—168页。
④ "禁绳"是指稻草搓成的绳子，挂在门口表示所圈区域神圣不可随便闯入，其功能类似于中国农村产妇门口的红绳。
⑤ "傻瓜傩面"的韩文标示：이매탈，图片可参照图14中造型。
⑥ 图3是2015年3月5日（阴历正月十五）笔者参与河回村村民举行的洞祭时拍摄。
⑦ 图4是2015年3月5日（阴历正月十五）笔者参与河回村村民举行的洞祭时拍摄。

图3 位于河回村口花山半山腰的上堂

图4 位于河回村口花山山脚的下堂

图5 位于河回村中央的三神堂

三神堂(当地又称为"国师堂",图5[①]),每五年或十年以及村里突发瘟疫时,为安慰女城隍神而举行大规模别神祭。

"许道令传说"[②]被视为河回别神傩舞祭的起源传说,故事中"许公子"的身份不详,只是河回村世代流传一种说法"许氏建地盘,安氏树家门,柳氏摆宴席"[③]。意思是说"许氏最早开辟了河回村,之后安氏取代许氏在河回村家门兴旺,最后柳氏又取代了安氏在河回村发展壮大"。据此分析,许公子应该是河回村最早开拓者中的一员或是其后代[④]。作为故事主人公的许公子吐血而亡后,仅被村民奉为辅神——城隍神的配偶神;而自杀身亡的金氏少女则被奉为村落保护神——城隍神,享祀洞祭(每年的正月的小型读祝式儒家祭祀)与规模盛大的别神祭。

---

① 图5是安东河回村管理事务所网站提供的照片,网址:https://www.andong.go.kr/hahoe/contents.do?mId=0307000000。
② "许道令传说"的韩文标示:허도령 전설。
③ 安东文化研究所,《安东文化的谜团》,知识产业社,1997年,第168页。
④ 许氏建立河回村的具体时间无法考证,但根据韩国国学振兴院保存的"壬癸契会图"来看,壬辰倭乱(1592—1598)前后许氏已经在河回定居(安东大学民俗学研究所,《河回村的世界》,民俗苑,2012年,第4页)。

河回别神傩舞祭由"洞祭迎神—傩舞演出—巫师送神"三部分构成①,前两个环节都由村民主导,巫师只负责送神环节。"洞祭迎神"是指腊月的最后一天山主带领男性村民到村口的女城隍堂(位于河回村口花山的半山腰),以贡献祭品、焚香烧纸、虔诚祈祷等方式恭请女城隍神降临的仪式(图6②)。山主将铜铃系在一根长竹竿(或松树树干),即所谓"降神竿"上,如果铜铃发出响声则表示神灵已经降临。之后,山主解下铜铃将其系在一根短竹竿,即所谓"城隍竿"上。这根城隍竿则代表女城隍的神体。女城隍堂祭祀结束后,山主一行扛着城隍竿来到花山山脚下的男城隍堂进行简单的祷告仪式,之后回到村里的洞舍准备傩舞演出(图7③)。韩国民俗信仰中盛行神木思想④,即认为天神是通过神木降临人间的,所以在巫俗祭祀中常把松树、枫树、竹等作为神木的象征,用作神灵降临的媒介⑤。

图6 山主在上堂为女城隍焚香烧纸　　　图7 山主一行扛城隍竿下山

---

① 韩国学者们对1928年之前河回别神傩舞的具体过程有不同的看法,本书依据1980年河回傩舞被指定为国家重要无形文化财时的调查报告([韩]李杜铉、沈佑晟,《无形文化财指定调查报告书第133号河回别神傩舞游戏》,文化管理局,1980年)和2006年韩国国立文化财研究所对国家重要无形文化财的记录材料(国立文化财研究所,《河回别神傩舞游戏》,彼我出版社,2006年)以及2014年笔者对河回村洞祭的现场调研材料对河回别神傩舞的祭祀过程进行叙述。
② 图6是2015年3月5日(阴历正月十五)笔者参与河回村村民举行洞祭时拍摄。
③ 图7是从韩国国立无形遗产院的无形遗产数码数据库中选取。该影像资料系2005年国立文化财研究所对重要无形文化财第69号——河回别神傩舞游戏的影像记录。网址:https://www.iha.go.kr/service/record/getFolderView.nihc?contentid=10399。
④ [韩]林在海,《河回别神傩舞祭祀中体现的古代祭祀痕迹和别邑传统》,《安东文化》1993年第14期。
⑤ 至今活跃在韩国东海岸渔村的"东海岸别神巫舞"以及各种个人的"驱邪巫舞"都会将"竹"作为人与神沟通的媒介。巫事活动的当事人或巫师手握竹竿,通过观察竹竿的摇动方向和频率,来解读神的旨意。

傩舞演出由男性村民佩戴木制面具进行,表演顺序为:① 阁氏乞粒;② 神兽净场;③ 屠夫杀牛;④ 老妇诉苦;⑤ 和尚破戒;⑥ 两班·士大夫争论;⑦ 新婚同房,其中①②⑦为宗教仪式剧,③④⑤⑥为社会讽刺剧。宗教仪式剧均为哑剧,以此来烘托祭祀的神秘性。阁氏乞粒中的"阁氏"是河回别神傩舞祭的主神"女城隍"的象征。为凸显其神圣,阁氏扮演者以肉傀儡的形象站立于他人肩膀之上,手拿小瓢向村民索要铜钱或粮食,村民认为这是城隍神的赐福行为,多给予积极回应(图8①)。"神兽净场"中的"神兽"是一种形体不明的臆想动物②,雌雄两只神兽通过交尾、打闹等动作将周围的邪气晦气赶走(图9③)。"新婚同房"是在祭祀的最后一天正月十五日,为慰藉尚未成婚便自杀而死的女城隍,让"阁氏"与男性村民在城隍堂前举行模拟性婚礼和同房的仪式,村民认为获得性满足的女城隍神能够给村落带来安宁和丰收(图10④)

社会讽刺剧是针对社会各种不公而举行的戏剧性反抗仪式。"老妇诉苦"以老妇自言自语的形式,控诉社会中男性对女性的压迫(图11⑤);"和尚破戒"演绎了和尚经受不住妓女的诱惑而破戒的场景,意在控诉宗教圣职

图8　河回别神傩舞祭之阁氏乞粒

---

① 图8选自韩国文化财厅—国家文化遗产门户。网址:https://www.heritage.go.kr/heri/cul/culSelectDetail.do?ccbaCpno=1273700690000&pageNo=1_1_1_1。
② 〔韩〕林在海等,《河回傩面与韩国人的面孔》,民俗院,2005年,第246—252页。
③ 图9选自韩国文化财厅—国家文化遗产门户。网址:https://www.heritage.go.kr/heri/cul/culSelectDetail.do?ccbaCpno=1273700690000&pageNo=1_1_1_1。
④ "新婚同房"这一傩现在已经很少表演。图10选自韩国文化财厅—国家文化遗产门户。网址:https://www.heritage.go.kr/heri/cul/culSelectDetail.do?ccbaCpno=1273700690000&pageNo=1_1_1_1。
⑤ 图10是2021年3月到5月河回村常设河回别神傩舞演出照片,此照片选自安东市官方博客。网址:https://blog.naver.com/andongcity00/222295769059。

图9　河回别神傩舞祭之神兽净场

图10　河回别神傩舞祭之新婚同房

图11　河回别神傩舞祭之老妇诉苦

图12　河回别神傩舞祭之和尚破戒

人员的虚伪(图12[①]);"屠夫杀牛"(图13[②])和"两班·士大夫争论"(图14[③])是通过底层民众(屠夫、随从、傻瓜)的独白以及与两班和士大夫的对白,表达对两班好色与无知的辛辣嘲讽。平日里身份低下、没有任何话语权的奴隶和佃户在傩舞祭祀期间,戴上傩面就能以神的名义对村中统治阶级——柳氏进行无情的戏谑与谩骂,甚至可以到柳氏两班的庭院,以表演傩舞为名当面对柳氏进行讽刺挖苦。而柳氏两班对于这种避邪祈福的傩舞祭祀也持宽容态度,因为从经济角度来说,柳氏作为河回村的地主无疑是农业丰收的最大受益人[④];从政治角度来说,柳氏作为河回村的统治阶层,给予被统治阶层短暂的"释放空间"将更有利

---

① 图11是2016年7月24日笔者在河回村观看河回别神傩舞演出时拍摄照片。
② 图12选自韩国文化财厅—国家文化遗产门户。网址:https://www.heritage.go.kr/heri/cul/culSelectDetail.do?ccbaCpno=1273700690000&pageNo=1_1_1_1。
③ 图13是2016年7月24日笔者在河回村观看河回别神傩舞演出时拍摄的照片。
④ 〔韩〕林在海,《安东河回村》,大院社,1994年,第124—125页。

图13 河回别神傩舞祭之屠夫杀牛　　图14 河回别神傩舞祭之两班·士大夫争论

于其长期严酷统治。

傩舞的各个场景除"新婚同房"外,于腊月最后一日至正月十四日期间,在村里的洞舍前、保护树(又名堂树或三神堂)前、村民家中、柳氏两班庭院等处反复演出。正月十五日在女城隍堂前表演"新婚同房"结束后,山主收好傩面重新放回洞舍的阁楼。之后,被邀请来的巫师通过巫歌巫舞送走杂鬼杂神。至此,河回别神傩舞祭结束。

河回别神傩舞祭是由底层民众主导、柳氏两班提供资助、外来巫师进行辅助的村落共同体仪式,是农耕社会为改善生存环境而举行的人神沟通的宗教仪式,也是阶级社会中为改善政治境遇,底层民众对统治阶级进行的祭仪性反抗仪式。20世纪初日本侵略朝鲜半岛后,对当地进行疯狂的经济掠夺,河回村经济衰败,村里的柳氏两班再也无力承担河回别神傩舞祭的庞大费用,同时日本打着"破除迷信"的旗号对朝鲜半岛的传统文化进行无情打压,所以河回别神傩舞祭在1928年以后传承中断[①]。

第二节 "国宝"河回傩的造型艺术

木质傩面是河回别神傩舞祭中最重要的道具。凭借杰出的历史、文化、艺

---

① 〔韩〕柳贞雅,《河回傩舞游戏的意义变化》,首尔大学人类学专业硕士学位论文,1989年,第412页。

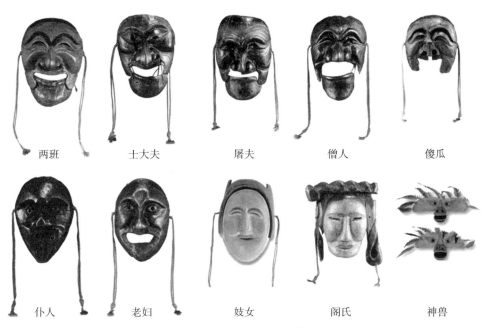

图 15　河回别神傩舞保存会会员提供的河回傩面图

术价值,"河回傩面"于1964年被韩国政府指定为"国宝"。河回别神傩舞祭的傩舞演出中共使用11个面具(图15),其中包括2个动物面具、3个女性面具、6个男性面具。动物面具的造型奇特,猪鼻鸭嘴、头插羽毛,韩国学者认为这种动物现实生活中并不存在,两个动物在场上通过交尾、打闹等动作驱赶邪气净化场地。动物面具之外的9个人物面具可以通过"三分法"进行归类[①]。从傩面的下巴造型来看,可分为活动型(两班、士大夫、僧人、屠夫)、固定型(仆人、阁氏、妓女、老妇)、缺失型(傻瓜)三类;从傩面的鼻梁造型来看,可分为高挺型(两班、士大夫、僧人、屠夫、傻瓜)、矮扁型(阁氏、妓女、老妇)、横断型(仆人)三类;从女性傩面的口部造型来看,可分为大开型(老妇)、微开型(妓女)、紧闭型(阁氏)三类。

下巴造型象征话语权,鼻梁造型代表社会地位,女性口部造型暗喻生育能力。两班和士大夫是社会的统治阶级,拥有自由的话语权;僧人在将佛教奉为国教的高丽王朝属于特权阶级,其社会地位不低于两班、士大夫[②];屠夫在高丽

[①]〔韩〕林在海,《河回傩面与河回傩舞》,知识产业社,1999年,第90—93页。
[②]〔韩〕安东文化研究所,《安东文化的谜团》,知识产业社,1997年,第170页。

时期属于"身良役贱",即虽所从事的职业低贱但身份仍属于良民阶层[①],所以具有一定的话语权和社会地位。因此,两班、士大夫、僧人、屠夫的下巴可以自由活动,鼻梁高挺肥实。与此相反,被统治阶级的仆人身份低贱,没有任何话语权,所以下巴被固定,鼻梁被削断。与仆人同属社会底层的傻瓜虽鼻梁高挺,但没有下巴,这是因为傻瓜是智障者,对社会地位没有概念,可以随心所欲表达自己。同时,在男尊女卑的儒教社会中女性社会地位低下,所以女性傩面的下巴都被固定,鼻梁也低矮扁平。另外,由于顺势巫术(homeopathic magic)的影响,民间信仰中认为女性的生育力会影响农业丰收,所以女性的生育力在傩面造型上被委婉细致地刻画出来,嘴巴紧密的阁氏代表尚未生育的状态,嘴巴微开的妓女代表旺盛生育的状态,嘴巴大开的老妇代表丧失生育能力的状态[②]。

河回傩面的三分法造型将社会阶级的对立和男女两性的不平等以及村民对农业丰收的渴望形象地表现出来(图16[③])。对于河回村的被统治阶级来说,无法预知的自然灾害和日益加重的阶级压迫是造成生活困苦的根源,而且相对于偶发性的天灾,恒时性的人祸危害更大。因此,河回傩面在被寄予基本的驱邪祈福宗教功能之外,社会批判功能被凸显出来。九个人物面具中,只有阁氏面具属于神灵面具,其余八个面具都是世俗面具。村民将阁氏面具看作金氏女城隍的神体,举行模拟性新婚同房仪式[④]满足城隍神的(性)需求,希望能通过化解城隍神的怨气来预防天灾的发生,进而确保村落安宁和农业丰收。河回村别神傩舞持续的半个月里,这种宗教性强的仪式仅在城隍堂前举行一次。

三分法使河回傩面的个性鲜明,围绕着既定的戏剧冲突展开,傩面间彼此关系紧密,因而河回傩面的上场数量与出场顺序都是固定的[⑤]。匠人在制作傩面时,严格按照旧模型进行复制[⑥],确保新旧傩面的形神一致,因此河回傩面造型的传承具有稳定性。

20世纪50年代美国驻韩国首尔文化院的工作人员Arther Joseph Mctaggart

---

① 高丽王朝的身份划分为贵族—中人—良民—贱民。
② 〔韩〕林在海,《河回傩面与河回傩舞》,知识产业社,1999年,第70—80页。
③ 〔韩〕林在海,《安东河回村》,大院社,1994年,第124—125页。
④ 模拟性的新婚同房仪式的过程如下:佩戴阁氏面具的表演者与佩戴两班面具的表演者在女城隍堂前举行简单的拜堂仪式,之后在女城隍堂前铺一张草席,两班面具佩戴人将阁氏面具佩戴人压在席子之上,阁氏面具佩戴人象征性地叫喊几声。
⑤ 成炳熙,男,1929年生,韩国安东大学民俗系教授,20世纪80年代起致力于河回村别神傩舞研究并参与河回村别神傩舞的无形文化财认定,2014年11月22日在韩国大邱的男士咖啡厅向笔者提供信息。
⑥ 〔韩〕金完培、金应焕,《河回假面的造型美及其制作过程》,亚洲民族造型学会国际学术会议,2006年。

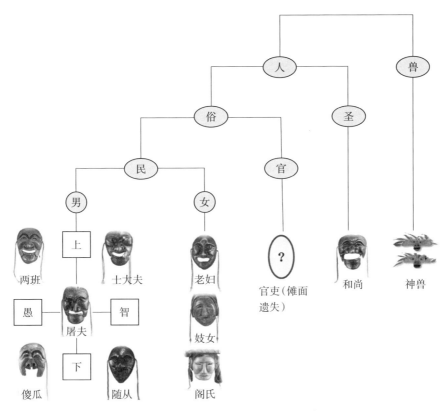

图16　林在海教授整理的河回别神傩舞祭人物关系图

博士在河回村考察时,惊奇地发现河回傩面中的两班面具同时可以呈现笑脸和怒脸两种表情,即两班面具的佩戴人仰头朝上或脸部朝前时向观众呈现的是开怀大笑的表情,但低头朝下时向观众呈现的却是怒气十足的表情[1](这是因为两班面具的脸部线条都是由曲线雕刻而成,曲线的弧度会因观看角度的不同而变化)。Arther Joseph Mctaggart博士被河回傩面中"寓动于静"的辩证美学深深打动,1954年他将河回傩面的照片推荐给美国杂志FOURTUNE,照片刊载后受到美国社会的高度评价[2]。这一消息传回韩国,默默无闻的河回傩面开始在国内

---

[1] 柳汉尚,男,1925年生,河回别神傩舞复原过程中的重要人物,曾担任安东市文化会馆馆长,1959年发表的《河回别神假面具台词》(《国语国文》第20期,1959年)是河回别神傩舞最早的台词版本,2014年11月20日在安东市"文化茶房"接受笔者采访时提供的信息。

[2] 〔韩〕林在海,《民俗村——河回旅行》,米粒出版社,1994年,第251页。

受到瞩目。《文化财保护法》颁布的第二年(1964),河回傩面被指定为"国宝"(第121号),并被收藏于国立中央博物馆①。

河回傩面成为"国宝"以后,韩国学者开始对河回傩面的艺术价值进行深入研究。林在海教授发现河回傩面均呈现左右不对称性,即以鼻梁为中心的竖线与以眼和嘴为中心的横线都呈倾斜状态②。各傩面的倾斜程度有差异,仆人面具和阁氏面具的不对称性最为突出,仆人面具的双眼及鼻梁歪斜,嘴角左侧上沉而右侧下扬;阁氏面具鼻梁左倾,左眼紧闭而右眼半开。林教授认为河回傩面鼻梁线的倾斜反映男尊女卑的社会不公平现象,河回傩面双眼和嘴为中心的两横线倾斜代表统治阶级压迫被统治阶级的社会不公平现象,这种以"扭曲的傩面造型反映失衡社会现实的表现方式"使河回傩面造型上的艺术性与功能上的现实性达成辩证统一③。

第三节　河回别神傩舞祭的复原过程

20世纪50年代韩朝战争结束,韩国当局为收拾残局凝聚民心,开始大力倡导民族精神,发扬传统文化。在这一时代背景下,安东地区的乡土文化爱好者出于对国家号召的响应和对本地传统文化的热爱开始积极复原河回别神傩舞祭中的傩舞,70年代民俗学者为挖掘无形文化财也加入河回别神傩舞的复原行动中。在乡土文化爱好者和民俗学者的共同努力下,1980年中断近半个世纪的河回别神傩舞得以复原。

河回别神傩舞的复原从河回傩面的备受瞩目开始。1936年韩国早期民俗学家宋锡夏到河回村调研,其间拍摄了河回傩面的照片,河回傩面的历史价值首次受到学者的关注。特别是1954年Arther Joseph Mctaggart博士将河回傩面的照片推荐给美国杂志FOURTUNE,照片刊载后受到美国社会的高度评价④,河回傩面开始在韩国国内社会受到瞩目。1958年8月,以河回傩面为道具,完全由外地艺术专家创作编排的、与传统河回别神傩舞没有任何关联的舞蹈节目,凭借"河回

---

① 国立中央博物馆在河回村民不知情的情况下将河回傩面收走,最终在2017年12月27日河回傩面又回到了河回村里,现在保存于安东市立民俗博物馆。
② 〔韩〕安东文化研究所,《安东文化的谜团》,知识产业社,1997年,第96页。
③ 〔韩〕林在海,《河回傩面与河回傩舞》,知识产业社,1999年,第76页。
④ 〔韩〕林在海,《民俗村——河回旅行》,米粒出版社,1994年,第251页。

傩面的历史和文化价值"获得第一届全国民俗艺术竞演大会"总统奖"①。以此为契机,韩国1962年颁布《文化财保护法》,河回傩面于1964年被指定为"国宝"。

河回傩面成为"国宝"事件激发了本地乡土文化爱好者整体复原河回别神傩舞祭的热情。河回村民柳汉尚较早地开始了河回别神傩舞祭的复原活动。柳汉尚是河回村柳氏两班的后代,1936年民俗学者宋锡夏来河回村调研时就寄宿于他家(其父当时担任丰川面面长)。少年时期的柳汉尚被宋锡夏随身携带的高端设备"照相机"所吸引,在跟随宋锡夏调研的过程中逐渐对父辈不屑一顾的"贱民文化——河回别神傩舞祭"产生了浓厚的兴趣②。1958年以河回傩面为道具创作的舞剧获得第一届全国民俗艺术竞演大会的"总统奖"后,柳汉尚大受鼓舞,1959年他根据河回村中曾看过或听说过河回别神傩舞祭的村民的口述,整理发表韩国首篇"河回别神祭假面剧台词"③。这篇主观性极强的调研报告成为河回别神傩舞祭复原初期的文字依据。

20世纪60年起,时任文化会馆馆长的柳汉尚与安东市舞蹈学院的师生一起开始排练河回别神傩舞,有外国使团访问河回村时,柳汉尚会组织临时性的展示演出④。后来舞蹈学院搬迁,柳汉尚开始召集安东本地对河回别神傩舞感兴趣的各行业人员,利用空闲时间一起排练傩舞,并于1973年成立了"河回假面剧研究会"。研究会成员为使自己编排的河回别神傩舞更接近传统形式,经常趁河回村及周边村举办筵席或赶圩的日子进行表演,听取老人们的反馈意见⑤。在河回假面剧研究会成员的积极活动下,河回别神傩舞作为一种表演艺术逐渐在安东当地小有名气。

20世纪70年代,韩国的"无形文化财"政策发生重大调整,即从1973年开始地方政府可以不经中央政府授权而独立认定地方级重要无形文化财⑥。时任庆尚北道文化财委员的安东大学民俗系教授成炳熙关注到河回别神傩舞祭,为将其认定为"地方级重要无形文化财"而展开学术调研。然而,无形文化财认定原则中高度重视"文化的原形性",要求民俗事象申报无形文化财时,其"脉络

---

① 〔韩〕韩阳明,《地方庆典的传承与民俗的变化——以安东国际傩舞庆典为例》,《比较民俗学》2007年第35期。
② 柳汉尚,2014年11月20日在安东市"文化茶房"接受笔者采访时提供的信息。
③ 柳汉尚,《河回别神祭假面具台词》,《国语国文学会》1959年第20期。
④ 〔日〕中村和代,《从传承集团和演行情况看河回傩舞游戏的持续与变化》,安东大学民俗系硕士学位论文,2005年,第12—14页。
⑤ 李常昊,男,1945年生,河回别神傩舞游戏的"人间文化财",2014年11月11日在安东市月影桥头"手制咖啡厅"接受笔者采访时提供的信息。
⑥ 〔韩〕石大权,《韩国无形文化财政策的框架和运作历史》,《韩国传统公演艺术学》2015年第4期。

化"传承时期的直接参与者需尚在人世①。此时距离1928年最后一次河回别神傩舞祭已经过去近半个世纪,河回村已经发生了巨大变化,曾参加过别神傩舞祭演出的老人大多已离世或离开河回村。

成炳熙在河回村调研时,听老人提起1928年河回别神傩舞祭中曾担任"阁氏"一角的村民李昌熙(1912年生)可能尚在人世,但是他在20世纪50年代逃离河回,隐姓埋名不知去向②。1976年,成炳熙通过翻阅安东地区户籍更名资料发现了已更名为"李在秀"的李昌熙,并找到其居所。然而,李昌熙拒绝承认曾参加过河回别神傩舞祭演出,因为承认这一事实也就暴露了自己过去的"贱民身份"。为此,成炳熙14次登门拜访,终于打开李昌熙的心结③。1978年,成炳熙与金宅圭(韩国岭南大学民俗学教授)根据李昌熙的口述,整理发表了《河回别神祭游戏调查报告》④,这使河回别神傩舞祭的复原终于有了客观的学术依据。同时,河回别神傩舞祭因为李昌熙的出现,不仅扫除了申报地方级无形文化财的制度性障碍,而且使得申报国家级无形文化财也成为可能。

1978年,河回假面剧研究会在李昌熙的加盟和成炳熙教授的指导下,获得了代表庆尚北道参加在春川举行的全国民俗艺术竞演大会的参赛资格⑤。全国民俗艺术竞演大会为配合无形文化财的发掘和认定工作,评审标准在1962年从原来的"重视庆典性"调整为"强调传统文化的原形性"⑥。在河回别神傩舞祭的原形性问题上,

图17　河回别神傩舞祭艺能保有者李昌熙

---

① 成炳熙,男,1929年生,2014年11月22日在大邱"男士咖啡厅"接受笔者采访时提供的信息。
② 成炳熙,2014年11月22日在大邱"男士咖啡厅"接受笔者采访时提供的信息。
③ 成炳熙,2014年11月22日在大邱"男士咖啡厅"接受笔者采访时提供的信息。
④ 〔韩〕金宅圭、成炳熙,《河回别神祭游戏调查报告》,《我们故乡的民俗》,庆尚北道文化财科,1978年。
⑤ 〔日〕中村和代,《从传承集团和演行情况看河回傩舞游戏的持续与变化》,安东大学民俗系硕士学位论文,2005年,第17页。
⑥ 〔韩〕丁秀珍,《无形文化财制度的成立及其历史性的回顾》,《韩国民俗学》2004年第40期。

柳汉尚与成炳熙发生了严重的意见分歧,最终柳汉尚在比赛前夕退出河回假面剧研究会①。尽管发生了这样的变故,河回别神傩舞仍然在全国竞演大会获得了"文化公报部长官奖"。1980年,河回别神傩舞以"河回别神祭傩舞游戏②"的名字被国家文化管理局(1999年更名为"文化财厅")认定为"重要无形文化财(第69号)",李昌熙被认定为"艺能保有者",同年河回假面剧研究会更名为河回别神祭傩舞游戏保存会③。保存会主要负责傩舞演出(20世纪80年代每年大概有20场演出)和技艺传授(寒暑假期间对"傩面兴趣小组"的学生成员进行技艺传承)。至此,河回别神傩舞作为韩国的传统文化得以正式复原。

20世纪80年代,复原后的河回别神傩舞祭与1928年前相比,已经在传承主体、举办意义以及仪式过程上发生了根本变化。首先,就传承主体来说。1928年前河回别神傩舞祭由村里的底层民众(佃户和奴隶)全权负责,统治阶层柳氏集团提供祭祀费用;复原后的河回别神傩舞祭由河回别神祭傩舞游戏保存会全面负责,而保存会中没有河回村民,国家文化管理局及地方财政提供活动经费。其次,就举办意义来说。1928年前河回别神傩舞祭是村民为驱邪祈福而祭祀村落保护神的宗教仪式;复原后的河回别神傩舞祭则是文化爱好者为弘扬民族精神,增强地区自豪感而传承的文化活动④。最后,就仪式过程来说。1928年前河回别神傩舞祭的仪式由"洞祭迎神"—"傩舞演出"(阁氏乞粒—神兽净场—屠夫杀牛—老妇诉苦—和尚破戒—两班·士大夫争论—新婚同房)—"巫师送神"构成,对村落保护神的虔诚侍奉与对柳氏两班的无情批判是仪式的主要目的;复原后的河回别神傩舞祭中"巫师送神"环节消失,"洞祭迎神"环节和"傩舞演出"中宗教色彩浓厚的"新婚同房"部分也只在特殊场合下偶尔再现⑤,"阁氏乞粒—神兽净场—屠夫杀牛—老妇诉苦—和尚破戒—两班·士大夫争论"等宗教性弱、戏剧性强的部分则通过"常设舞台"每周定期演出⑥,诙谐性和艺术性成

---

① 〔日〕中村和代,《从传承集团和演行情况看河回傩舞游戏的持续与变化》,安东大学民俗系硕士学位论文,2005年,第28—29页。
② 韩文名字为하회별신굿탈놀이。
③ 河回别神祭傩舞游戏保存会官方网站:http://hahoemask.co.kr/bbs/content.php?co_id=about。
④ 〔韩〕柳贞雅,《河回傩舞游戏的意义变化》,首尔大学人类学专业硕士学位论文,1989年,第50页。
⑤ "洞祭迎神"环节每年10月份举办"安东国际傩舞庆典"时会再现一次,"新婚同房"环节只在河回傩舞游戏保存会向文化财厅的年例汇报演出上再现。
⑥ 河回傩舞的常设舞台主要设在河回村口的传授会馆内,表演时间安排如下:1月~2月:每周六和周日的14:00~15:00;3月~12月:每周三、周五、周六、周日的14:00~15:00。(此资料参考:河回别神祭傩舞游戏保存会官方网站:http://hahoemask.co.kr/bbs/content.php?co_id=about)

为演出的主要目的。河回别神傩舞祭复原前后的变化用图18表示如下：

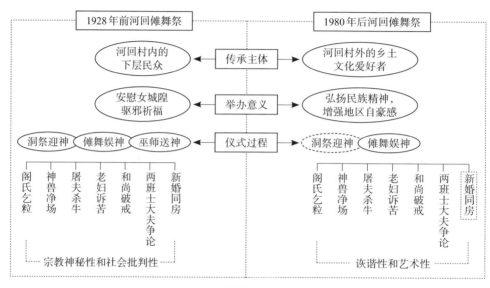

图18 河回别神傩舞祭复原前后的变化

1980年，由乡土文化爱好者与民俗学者复原成功的河回别神傩舞已经完全脱离了其作为村落共同体民俗信仰的传承脉络，成为游离于河回村民生活之外的舞台化艺术。这种"去脉络化"复原后的河回别神傩舞在国家无形文化财制度的保护下成为安东地区的"传统文化"代言人，河回别神傩舞中的人物形象以雕塑或图片的形式广泛地出现在市区街头，河回傩面仿制品成为安东特色手工艺品。

河回别神傩舞的社会影响力也使河回村受到瞩目，1984年河回村凭借其独特的传统建筑和瑰丽的文化景观被国家指定为"重要民俗资料"（第122号）[①]，在文化管理局的资金支持下河回村民成立"河回村保存会"对传统建筑进行保护。虽然此时河回别神傩舞的传承团体"河回别神祭傩舞游戏保存会"与河回村的保护团体"河回村保存会"在人员构成、组织章程、运作机制上没有任何关

[①] 1984年河回村被国家指定为重要民俗资料的理由如下（文化管理局，《文化管理局会议录》，1984年）：庆尚北道河回村作为传统的民俗村落，其内部民房建筑及村落布局保存完好，周边自然景观秀丽，因而将河回村落及周边自然景观共同指定为重要民俗资料予以保护（此部分叙述转引自李镇教，《河回村落的观光地化和行为主体间的相互作用》，安东大学民俗系硕士学位论文，2000年，第27页）。

联,但是大众媒体宣传河回村时①,河回别神傩舞祭作为诠释河回村"传统性"的文化要素被屡次提及。无形文化财——河回别神傩舞祭和有形文化财——河回村在大众媒体制造的舆论中再次交融,安东市政府积极利用这一舆论,于1985年将河回别神傩舞的"传授会馆"落成在河回村村口。河回别神傩舞与河回村在社会舆论中的关联性、河回别神傩舞传授会馆与河回村的临近性为20世纪90年代安东市政府对当地旅游资源进行集中开发奠定了良好基础。

第四节　河回别神傩舞祭的庆典开发

1995年,韩国推行地方自治制度,各地政府为了提高地区知名度发展旅游经济,纷纷筛选本地观赏性强、媒体关注度高的传统文化作为"核心商品"进行开发②。当时韩国文体部认为"文化庆典"是一种生产成本低廉而附加价值极高的旅游商品,因而大力鼓励和扶持各地举办文化旅游庆典③。在这样的社会背景下,安东地方政府也开始积极探索利用本地民俗资源开发文化庆典的模式。

20世纪90年代初,安东大学民俗系教授林在海在论文著作及电视讨论中多次指出"文化庆典应立足于地区的历史传统和文化特色,安东地区应将河回别神傩舞祭作为文化庆典的开发素材④。"1994年,河回别神祭傩舞游戏保存会向安东市政府递交了"河回别神祭傩舞常设舞台计划书",提出邀请国内及国际傩舞演出团队举办国际傩舞庆典的建议⑤。对傩舞资源开发感兴趣的文化活动企划师姜俊赫1996年从首尔来到安东,开始考察河回别神傩舞祭庆典开发的可能性。当年12月份,韩国文化观光部向各地方政府下达了"1997年文化观光庆典扶持计划及指南",文件中明确指出"今后文化庆典的主要发展目标是:将我国独特的传统文化资源开发为旅游商品,将商品性强的文化庆典发展成为世界性的旅游庆典"⑥。安东市政府按照这一文件精神,向文化观光部提交了"举办安东

---

① 〔韩〕李镇教,《河回村落的观光地化和行为主体间的相互作用》,安东大学民俗系硕士学位论文,2000年,第31—37页。
② 〔韩〕文玉表,《以观光为媒介的文化生产和消费——以河回村为中心》,《韩国文化人类学》2000年第33期。
③ 〔韩〕韩阳明,《地方庆典的传承与民俗的变化——以安东国际傩舞庆典为例》,《比较民俗学》2007年第35期。
④ 〔韩〕林在海,《为促进地区庆典发展地方社会及地方大学的作用》,《比较民俗学》2001年第20期。
⑤ 〔韩〕韩阳明,《地方庆典的传承与民俗的变化——以安东国际傩舞庆典为例》,《比较民俗学》2007年第35期。
⑥ 〔韩〕韩阳明,《地方庆典的传承与民俗的变化——以安东国际傩舞庆典为例》,《比较民俗学》2007年第35期。

国际傩舞庆典申请书"。经审议,"安东国际傩舞庆典"被选定为"新兴重点发展庆典"获得国家提供的五千万韩元活动资金。在这一资金的支持下,安东政府邀请地方官员、民俗专家、文化企划专家、河回别神祭傩舞游戏保存会、河回村保存会、旅游业主、商家代表等成立了"傩舞庆典促进委员会"和"傩舞庆典执行委员会",前者负责傩舞庆典的组织企划,后者负责相关事务的具体执行。1997年10月1日,以河回别神傩舞祭为依托的首届"安东国际傩舞庆典"正式举行。

"安东国际傩舞庆典"为期10天(1999年之前为5天,之后更改为10天),主会场设在安东市区的"庆典公园",分会场设在河回村,两会场之间开通有直达巴士。主会场有傩舞表演、安东地区民俗会演、各地艺术团展演、木偶剧表演、傩面制作体验、傩舞动作学习、傩队狂欢巡游、现代面具舞竞演大会等活动。其中傩舞表演和木偶剧表演为收费项目,其余活动免费。

傩舞表演由国内傩舞表演和国外傩舞表演两部分构成。国内傩舞表演以河回别神傩舞演出为主,另外邀请其他被指定为国家重要无形文化财的10余支傩舞团队共同参演;国外傩舞演出团队由I.O.V等国际公演联合同盟邀请的10余支队伍构成。为突出河回别神傩舞在"安东国际傩舞庆典"中的主体地位,不仅为河回别神傩舞安排了更多的演出场次,而且在庆典的第一天河回别神祭傩舞游戏保存会成员集体到河回村的城隍堂举办请神仪式。

安东地区民俗会演包括展示"车战""踏桥"等当地重要无形文化财,再现"传统婚礼"等仪式,表演"走刀山"等巫术文化。各地艺术团展演包括传统武术、音乐、舞蹈等表演活动以及盆栽、古画、书法等展示活动。木偶剧表演是为满足儿童观览需求而开设,由现代创作舞剧组成。傩面制作体验、傩舞动作跟学、傩队狂欢巡游、现代面具舞竞演大会等活动是为提高当地民众和游客的参与度而举办。

分会场设在河回村,村内古建筑群和傩舞表演(河回别神傩舞及少数国内其他傩舞)以及焰火表演是吸引游客的主要景观。1984年河回村被指定为国家重要民俗资料后,在媒体的宣传下,陆续有零星游客来到村里参观。为减少游客对村民生活的打扰,同时也为增加政府和村民的经济收益,由村民组成的河回村保存会于1994年在村口设立窗口出售"入村券",售票收益由安东政府和河回村按6:4的比例分配①。1997年河回村成为"安东国际傩舞庆典"的分会场后,游客

---

① 〔韩〕李镇教,《河回村落的观光地化和行为主体间的相互作用》,安东大学民俗系硕士学位论文,2000年,第61页。

人数从1994年的250 884人上升到443 892人,1999年更是达到了1089 586人①。1999年英国女王伊丽莎白二世的来访是当年河回村游客大增的主要原因。

而促成女王成功访问河回的关键人物是时任河回别神祭傩舞游戏保存会会长的都英心(1947年生)。都英心,1988—1992年曾担任国会议员,1993年嫁给了安东出身的国会议员权正达(1936年生),1994年她在河回村观看河回别神傩舞后深受触动,决定将河回别神祭傩舞推向更大的舞台,于是1995年毛遂自荐担任河回别神祭傩舞游戏保存会会长②。曾在国外学习舆论学与行政学的都英心凭借其政治影响力及社会活动力最终促成了英国女王的河回村访问,并将河回别神祭傩舞列为迎接女王的重要文化活动。国内外媒体在聚焦英国女王访问的同时,对河回村和河回别神祭傩舞进行了相关报道。河回村与河回别神傩舞在国内外的声名鹊起为以河回村为分会场、以河回别神祭傩舞为主题的"安东国际傩舞庆典"注入了发展动力。

截至2019年,"安东国际傩舞庆典"已举办23届,先后被文化观光部选定为"全国最优秀庆典(2002—2005年)""韩国代表性庆典(2007—2010年)""韩国名誉代表性庆典(2011—2014年)""韩国集中培育世界级庆典(2016—2017年)"③。2016年"安东国际傩舞庆典"举办的10天里,拥有人口仅168 000名(截至2017年1月)的小城市安东共接待游客1 070 956名(其中安东本地市民占44%;外地游客占51%;外国游客占5%),获得经济收益为211 730万韩元④;河回村在1994年到2015年6月期间共接待游客16 216 566名⑤。

"安东国际傩舞庆典"的经济效应使原本没有联系的河回别神祭傩舞游戏保存会(由河回村外人员构成)和河回村保存会(由河回村内居民构成)融为利益共同体。在"安东国际傩舞庆典"的影响下,河回别神祭傩舞游戏保存会从20世纪90年末开始在河回村内的江边空地设立"常设舞台",于周中及周末定期演出。这一常设舞台成为河回村吸引游客的重要景观之一,河回别神祭傩舞游戏保存会也因此能够获得安东市政府对河回村门票收入的分配提成。河回别神傩舞祭的庆典化开发在搭建起河回别神祭傩舞游戏保存会和河回村民以及安

---

① 此数据来自安东市厅文化艺术科世界文化遗产系的统计数据(曹鼎铉,《收录为世界文化遗产后河回村的变化和村民的对应方式》,《民俗研究》2015年第31期)。
② 〔韩〕裴永东,《传统的乡村民俗成为公共文化资源化过程》,《比较民俗学》2015年第58期。
③ 此资料出自安东国际傩舞庆典官方网页:http://www.maskdance.com/home/sub1/sub4.asp。
④ 〔韩〕安东大学地区社会发展研究所,《2016年安东国际傩舞庆典调研报告》,2016年,第45页与145页。
⑤ 〔韩〕曹鼎铉,《收录为世界文化遗产后河回村的变化和村民的对应方式》,《民俗研究》2015年第31期。

东市政府"三赢体系"的同时,也使河回别神傩舞祭完成了"公共民俗化"进程。

所谓"公共民俗化"是指民俗事象从其原本传承的共同体中脱离出来,通过传统保有人和民俗学者或其他文化专家,在新的社会脉络下得以再现或活用的现象[①]。一种民俗事象能否发展成为"公共民俗"取决于其是否具有社会共享价值,这种社会共享价值是指在尊重文化事象的前提下,社会成员不用支付昂贵的费用就能按照各自的需求对该文化事象进行活用的价值[②]。河回别神傩舞祭在经历了"去脉络化"复原以及"庆典化"开发后,随着传承主体的变化,其属性也从"村落祭祀仪式"转变为"地区文化资源及学术研究资源",再发展成为"国家及世界文化资源",河回村民、河回别神祭傩舞游戏保存会成员、安东市民、外地及外国游客都按照自身的需求成为这一公共民俗的享有者。河回别神傩舞祭的公共民俗化过程可以用表1[③]表示:

表1 河回别神傩舞祭的公共民俗化过程解析表

属　性	时期划分	社会背景	传承主体	享有主体	后援主体
村落民俗	1928年之前(河回别神傩舞祭祀)	农耕社会,村落共同体	河回村下层民众	河回村民	河回村统治阶层
地区文化资源学术研究资源	1980年之后(国家重要无形文化财)	资本主义社会和产业革命,挽救传统文化	乡土文化爱好者,学者	乡土文化爱好者,学者,安东市民	国家(文化财厅),庆北道厅,安东市厅
国家文化资源	1997年之后(安东国际傩舞庆典的主题资源)	地方自治制度,文化资源化,国际化	河回别神傩舞祭游戏保存会	河回村民,安东市民,国内外游客	国家(文化观光部),庆北道厅,安东市厅,安东文化院
世界文化资源	2010年之后(河回村被收录为世界活态文化遗产)	绿色旅游兴起,保护非物质文化遗产公约缔结	河回别神傩舞祭游戏保存会,河回村保存会	河回村民,安东市民,国内外游客	国家(文化厅及观光部),庆北道厅,安东市厅,安东文化院,UNESCO组织

---

① 〔韩〕裴永东,《手工制作传统的产业化转化过程》,《韩国民俗学》2014年第59期。
② 〔韩〕裴永东,《传统的乡村民俗成为公共文化资源化过程》,《比较民俗学》2015年第58期。
③ 表1参考了裴永东教授论文中的相关信息。裴永东,《传统的乡村民俗成为公共文化资源化过程》,《比较民俗学》2015年第58期。

河回别神傩舞祭的公共民俗化过程中重视"以民为本"的开发方式。河回别神祭傩舞游戏保存会于1982年成立社团法人；河回村保存会于1992年成立社团法人；安东庆典观光组织委员于2006年成立财团法人。这些社（财）团法人的成立使活动主导权由政府转移到民间，河回村民、安东市民、学者、文化爱好者、商人等都直接参与到活动中来，随着活动的主旨从"以物为中心（paradigm centred on things）"转变为"以人为中心（paradigm centred on people）"后，"关注民生""满足市民文化诉求"等概念成为活动主导者的关键词①。"安东国际傩舞庆典"现场和河回村成为安东当地学校组织传统文化学习的教育基地，以及市民团体、农村老人团体集体观光，组织农乐友谊赛，举办敬老宴的场所。所以，"安东国际傩舞庆典"现在成为当地居民期待的"节日"，河回村出现年轻人返乡潮。

第五节　河回傩面中神兽造型之新解

作为韩国"国宝"的11枚河回傩面中，神兽傩面的造型最为奇特（图19②），半月状脸型、头插羽毛、猪鼻鸭嘴，嘴部可上下移动；表演时一人身披白色布袋手举面具、双脚直立（图20③）。神兽傩面对应的韩语名称叫"注之"，与其独特的造型一样，这一名称也是未解之谜。

崔常寿④、徐渊昊⑤等人受崔南善⑥的影响提出河回别神傩舞祭中的

图19　河回傩之神兽傩面造型

---

① 〔韩〕李镇教，《安东国际傩舞庆典的展开过程和地区社会——以"地区活性化"问题为中心》，《实践民俗学》2013年第22期。
② 图19截选自https://terms.naver.com/entry.naver?docId=3326292&cid=56785&categoryId=56785。
③ 图20截选自https://terms.naver.com/entry.naver?docId=3326292&cid=56785&categoryId=56785。
④ 〔韩〕崔常寿，《河回假面剧的研究》，高丽书籍株式会社，1959年，第18页。
⑤ 〔韩〕徐渊昊，《城隍祭傩舞游戏》，悦话堂，1991年，第47页。
⑥ 崔南善在《朝鲜常识问答续篇》（三星文化文库，1972年，第215页）中指出："庆州地区'注之'的发音与'狮子'的发音相同"。

图20　河回傩之神兽整体造型

神兽造型是狮子，因为"注之"的发音可能是"狮子"的讹传。但是这种观点受到质疑，因为河回地区"狮子"的发音与"注之"的发音完全不同，没有理由将"狮子"命名为词义不明的"注之"，况且"注之"造型与狮子相差甚远。林在海根据朝鲜时期宋世琳撰写的《御眠楯》中相关内容，认为"注之"是被臆想出的动物，现实生活中并不存在[①]。但笔者认为，臆想的动物也应在现实中存在雏形，而且这种想象的动物出现在河回别神傩舞祭中的原因也值得思考。因此，笔者结合中国古文献中"豩"的相关记录与河回村的人文地理背景，提出"河回别神傩舞祭中神兽'注之'的雏形是野猪"的观点。

韩国有关"注之"的最早记录在朝鲜时代学者宋世琳撰写的《御眠楯》中，后收录于笑话集《古今笑丛》。书中的《虎惴熊毛》篇中多次出现"注之"一词。在其故事描述中可知[②]，富家老人认为"注之"是比老虎更加可怕的存在；但老虎却并不知道"注之"到底为何物；作者解释说"注之"是伶人们表演的木偶剧或假面剧中的人物。但这种说法无法解释富家老人畏惧"注之"的原因。由此可知，作者可能也不了解"注之"究竟为何物，只是根据发音用汉字进行了标示，甚至出现"住之"与"注之"混用的情况。中国汉字的象形、会意、指事、形声四大构成原理中，大多不会用"注之"这样的

---

① 〔韩〕林在海等，《河回傩，韩国人的面孔》，民俗苑，2005年，第250页。
② 编者未详，韩国古籍《古今笑丛》，奎章阁韩国学研究院电子扫描本，查阅时间2021年9月13日，查阅地点：韩国国立首尔大学比较文化研究所，查阅连接：https://kyudb.snu.ac.kr/book/view.do?book_cd=GG43480_00。原文如下：山麓有富家老，尝乘昏周视内外，戒厩仆曰山间暗夜虎住之可怕，其慎之。注之盖伶人假刑为戏者也。适有一虎蹲厩外听之自解曰虎谓我，所谓注之是何物？夜入厩噬杀牛马，患饱独立，有盗就厩，谓虎为马，络其首，骑而遁。虎亦料必注之，低头丧气一听所之，穿林越壑步骤迅迈，盗喜得良骏，执箠扬之。黎明俯视，斑驳一大虎也。盗惊心掞魄，见道傍老树矮断，其中空洞急投而隐匿。虎亦大喜舍己踊跃而走。遇一巨熊怪其络首，问曰山君何为此状，虎曰为注之所困几不得脱，幸赖天眷使彼隐树中，仅全一命耳。熊大愤曰山林猛骨，惟子与我，安有注之？我当磔之。就树俯视曰歼此小丑不劳爪牙，当今塞气自毙。即以臀闭穴踞坐，盗自分必死，而仰视熊肾囊兀兀垂空，盗急解腰间熟绳笼而引之，熊吼声动地，虎曰此非注之乎？仍不顾而奔。适有菜妇数人，裸浴川中，见虎来仓皇无计走抵林间，俯身而立。虎视玉门业露阴毛森郁，尤惶怖疾走曰彼必食大熊者也，口吻间尚留熊毛矣。

词语来表现动物名称。而且,"注之"这一词语除宋世琳的文章以外,在中国与韩国其他文献中再无踪迹。那么"注之"的标示,可能是指代发音相同但写法相对复杂的其他汉字。那么与"注之"发音相同,汉字写法相对复杂,表示动物名称的词语会是什么呢?

宋世琳的原文中提到富家老人知道注之的威力。"富家"表明老人可能读过书,"老人"则表明生活阅历丰富。老人说"山间暗夜虎注之可怕,其慎之①";但"山中之王"的反应却是:"适有一虎蹲厩外听之自解曰虎则我,所谓注之是何物?"也就是说老虎并不知道"注之"到底是什么存在。综合这些细节可推论,"注之"平时不经常出现,所以知道的

图21 《古今笑丛》古籍封面

人不多;但有学识的人却知道它的存在,说明这种动物可能在古文献里有记录。那么,古文献中可以与老虎相提并论,发音为"注之〔zhù zhī〕",并且日常生活中并不常见的野兽是什么呢? 中国先秦时期的古书《山海经·南山经》中有这样一段描述②:

> 又东五百里,曰浮玉之山,北望具区东望诸毗。有兽焉,其状如虎而牛尾,其音如吠犬,其名曰彘,是食人。

《山海经》中出现的与老虎相似的神兽叫作"彘〔zhì〕"。《说文解字》中解释:"彘,豕也"③,"彘"字与"豕"字的原义都表示"野猪"④,野猪被人类驯化后才出现了表示家畜的"猪〔zhū〕"字。巧合的是,"猪彘"两字的发音与"注之"的

---

① 通过与1996年韩国民俗学资料刊行会对《古今笑丛》的韩语翻译本对照,可以发现第一句古文献的第一句"山麓有富家老,尝乘昏周视内外,戒厩仆曰山间暗夜虎住之可怕,其慎之"中的"住"字是"注"字的误记。除此之外,古籍原文中"注之盖伶人假刑为戏者也"中的"刑"字是"形"的误记(韩国民俗学资料刊行会,《古今笑丛第一辑》,民俗苑,1996年,第51—53页)。
② 王学典(编译),《山海经》,哈尔滨出版社,2007年,第8页。
③ 崔枢华、何宗慧,《标点注音〈说文解字〉》,北京师范大学出版社,2000年,第392页。
④ 游修龄,《中华农耕文化漫谈》,浙江大学出版社,2014年,第136页。

发音非常相近。

再来比较一下河回别神傩舞祭中神兽傩面"注之"与《山海经》中的"彘",以及野猪在造型上的特点。后代学者根据《山海经》中"彘"的描述,创作出对应的配图。图22是1996年出版的配图版《山海经》①中"彘"的形象,图23是2007年版《山海经》②中"彘"的配图。

图22中"彘"的造型与虎相似,但头顶有竖立的鬃毛;图23中"彘"的造型与图24中真实野猪的造型相比,都有立耳与前凸的嘴鼻;图25是河回别神傩舞祭中的"注之"面具与立体造型。注之面具猪鼻鸭嘴、头插羽毛、无尾无毛。林在海曾指出:河回别神傩舞祭中的神兽"注之"区别于狮子的最大特征,就是无尾无毛③。这一特征与野猪驯化后的家猪相似。猪虽有尾但很小,容易被忽视,家猪毛发几乎退化。也就是说,如果将野猪看作"注之"雏形的话,"注之"面具所具有的猪鼻鸭嘴、头插羽毛、无尾无毛三个特点,可以得到解释。

那么,象征野猪的"注之"为何会在河回别神傩舞祭中紧跟城隍神之后登场,被视为驱邪净场的神兽呢?野猪与河回村、河回别神傩舞祭之间有何必然联系?河回村村口的花山脚下立有一块警示牌,上面写着"这里是野猪出没地区,

图22 彘的造型之一

图23 彘的造型之二

---

① 孙晓琴(图)、王红旗(文),《新绘神异全图山海经》,昆仑山出版社,1996年,第13页。
② 王学典(编译),《山海经》,哈尔滨出版社,2007年,第9页。
③ 〔韩〕林在海等,《河回傩,韩国人的面孔》,《民俗苑》2005年,第249页。

上篇　韩国傩文化的现场研究

图24　野猪造型

图25　河回傩面中的注之造型

进山时请注意"[①]。由此可知,河回村花山附近确有野猪出现,而花山又是城隍堂的所在之处。如果某种动物经常在神圣区域出没,由于"顺势巫术"思维的作用,那么其被视作"神兽"也就不足为奇了。因此,在为城隍神举行的河回别神傩舞祭中,象征城隍神的阁氏登场之后,神兽"注之"就紧随其后登场,充分体现了主神与神兽之间的守护关系。

但如果只是因为野猪经常出没于城隍堂附近,或者说河回村民出于对野猪的畏惧,而将野猪神格化为神兽的话,还需要解答为什么蛇等其他令人恐惧的动物也经常出没于城隍堂周边却没有被神格化。猪作为傩神出现在民间祭祀仪式中并不少见,中国广西灵山"跳岭头"仪式中有"猪精"傩面(图26[②]),融水苗族"跳芒篙"仪式中有"猪面"(图27[③])。猪是较早被人类驯服的家畜,与人类生活关系密切。出于对家畜兴旺的祈愿,作为家猪始祖的"野猪"逐渐被傩神化。有时甚至被刻画为拥有巨大威力的"雷神"形象(图28[④])。唐朝段成式撰写的《酉阳杂俎》中曾提到,真元年间在宣州出现过猪头状雷神[⑤]。广西灵山跳岭头的

[①] 花山半山腰是城隍堂所在地。笔者2014年7月去城隍堂拍摄照片时,由于草木茂盛去往城隍堂的山路都被遮住。完成拍照下山的途中,原本空无一人的山里突然传来很大动静,惊慌失措的笔者赶紧一路狂奔。回来后回忆当时山中无人,所遇极有可能是野猪。警示牌的韩语内容为:"이곳은 멧돼지 출몰지역이므로 입산시 주의 바랍니다"。
[②] 图26的面具由广西灵山跳岭头周家慧师傅(1986年生,六燕村人)于2016年9月20日赠予笔者。
[③] 图27是笔者2019年1月20日在广西融水苗族自治县大伞村小平沟村调研时拍摄。
[④] 图28是2017年笔者在广西灵山调研时,文化馆工作人员赠予笔者的照片。
[⑤] 原文描述为"猪首,手足各两指,执一赤蛇啮之"(赵杏根,《中国百神全书——民间神灵源流》,南海出版公司,1993年,第6页)。

图26 跳岭头中的猪精面具　　图27 跳芒篙中的野猪面具　　图28 灵山的猪头五雷面具

民间唱本中也有专门介绍《猪头五雷》来历的唱词①。

综上所述,河回别神傩舞祭中神兽"注之"的雏形极有可能是野猪。"注之〔zhù zhī〕"的名称是朝鲜王朝时期宋世琳对汉语"猪彘〔zhū zhì〕"的近音简写。"注之"面具的造型特点(猪鼻鸭嘴、头插羽毛)与无尾无毛的整体形象,都与野猪以及被驯化后家猪的形象极为相似。河回村民之所以把野猪神格化,既有对野猪的恐惧,更有对风调雨顺、六畜兴旺的美好祈愿。

※附1:河回别神傩舞祭的演出台词

屠夫杀牛

(屠夫在剧中叫作"白丁"。屠夫拿着斧子和刀,挎着草筐上场,跳一段舞后放声大笑。开始说台词。)

屠夫:今年天气真好啊!这么好的天气,尽情跳舞,好好玩吧!

(屠夫一边挥动斧子跳舞,一边放声大笑。屠夫跳舞进行一段时间后,两个人身披牛皮扮演牛入场。)

屠夫:原来这里有牛,我要把牛杀了,然后在这里大摆宴席。

(屠夫开始细细打量牛的全身,发现了牛鞭。)

屠夫:哈哈,这牛鞭真大……这个东西可是非常壮阳啊!

(牛趁着屠夫放声大笑的空档,打算掀翻屠夫。屠夫向旁边翻滚,而后一

---

① 主要讲述了:出身贫寒的五兄弟含冤被斩首,在神仙许九郎帮助下接猪头复活,后报仇雪恨的故事(林凤春,《桂南"跳岭头"唱本研究》,广西大学硕士论文,2007年,第93页)。

跃而起,说道:"你这牛崽子找死!"说完就从草筐里拿出斧子,边跳舞边靠近牛,牛开始不断躲闪屠夫。)

屠夫:来,来……

牛:哞哞……

(屠夫瞄准牛头举斧子用力砍下去,牛慢慢跪倒在地,开始嚎叫。屠夫看没有一刀毙命就又朝牛头砍了几下。牛渐渐停止挣扎。)

屠夫:哈哈哈哈……

(屠夫又从草筐中拿出刀子,开始肢解牛的尸体。他先剥了牛皮,再剖开牛肚,最后取出牛的心脏和生殖器,高兴地跳起舞来。)

屠夫:各位大人快过来看看,谁要买牛心,这颗心还在跳动呢!可以直接生吃,烤着吃也好吃。有没有人买?……大家都不买吗?那么,要是大家都不买的话,就让没心没胆的两班买去吃吧!这可比人心大呢。懦弱的两班吃了长胆量,不知廉耻的两班吃了长廉耻。哎,买不买?嗯,看来这里的两班五脏与胆囊都还各在其位。那好吧,那就买牛鞭吧!什么?你不知道牛鞭是什么?就是牛的生殖器啊!味道可好了!吃了壮阳!年老两班如果带着两个年轻老婆生活,没有这个牛鞭可不行呢。不要在意别人的眼神了!赶紧买吧!自己花钱买壮阳之物,管别人干吗!……就是孔子老人家也要生孩子啊!要是想生孩子的话,就要趁阳气还在的时候不能闲着……就因为那家伙不值一提的面子与斯文,我的生意做不成了。既然生意不成,那我就尽情跳舞吧!

(屠夫把斧子、刀从草筐中拿出来,重新挥动起来,跳一段舞蹈之后慢慢退场。)

老妇诉苦

(老妇独自上场。老妇边跳舞边上场,之后蹲坐在舞台中央。老妇边模拟织布的动作,边开始演唱织布歌)

春啊春啊,玉丹春啊。
正是城隍堂的神灵啊。
时丹春啊,也是春吗?
结婚三天就没了丈夫,
哪里还有这样的事情?
15岁的美好青春,

居然成了寡妇,
早知这样,谁会结婚?
织布机穿梭不停,
一辈子的婆家生活,
唉,太郁闷,我的命啊。
织布机有两条腿,
老伴也有两条腿,
我也有两条腿,
配成对就有四条腿。
织布机穿梭不停,
我的老伴居然问:
婆家生活怎么了?
唉,千万别提!
结婚当天穿的裙子,
是粉红色,都成了血泪,
粉红裙子,也已成抹布。
三代独女,宝贝疙瘩,
嫁入婆家只有三天。
那家两班的奴隶生活,
一生为奴所食饭菜,
也不过是残羹冷炙;
再努力也不过三餐碎米。
三伏酷暑烈日炎炎,
勒紧腰带还是饥饿。
那家士大夫的奴隶,
忙忙碌碌劳累奔波。
独守空房填饱肚子,
织布机穿梭不停,
无情岁月随风流失。

场外人员:老太婆布都织完了吗?

老　　妇：布都织完了。
场外人员：老太婆,昨天我去市场买的青鱼都吃完了吗?
老　　妇：昨天晚上你吃了一条,我吃了九条,今天早上我吃了九条,你吃了一条。你买的那二十条都吃完了。
场外人员：老太婆你就那么全吃完了,牙都硌掉了吧！……这么过日子怪不得沦为乞丐,要拿着小瓢到处乞讨。

（老妇拍拍屁股站起来,从腰间取下小瓢,开始向周围的人乞讨。讨来的钱放到裙子里面,再拿着空瓢继续乞讨。）

和尚破戒

（表演中妓女的名字是"粉儿",仆人的名字是"焦兰伊",傻瓜的名字是"伊眉"。妓女边跳舞边上场,突然停下轻快的脚步开始环顾四周,寻找小解的地方,找到地方后蹲下小解。这个时候和尚登场,正好看到妓女小解的场面。）

和尚：南无阿弥陀佛,观世音菩萨。南无阿弥观世音菩萨。那是什么? 真是奇怪! 看起来分明是个人,真奇怪。

（和尚手指着妓女大声地咳嗽。妓女被突如其来的咳嗽声吓了一跳,赶紧站起来跑到一边。和尚走到妓女小解的地方左看看右看看,观察了一圈后,捧起有尿液的泥土闻起味道,一脸色眯眯的样子。）

和尚：老天啊! 真骚。（突然意识到自己的僧人身份,赶忙双手合掌开始念佛。）

和尚：南无阿弥陀佛观世音菩萨。哎,不管了。管他和尚不和尚,都不管了。先去和那小娘子一起跳舞,好好玩玩。

（无法抑制内心冲动的和尚开始靠近妓女,张开双臂犹豫要不要拥抱妓女,最终双手抓住了妓女的肩膀。受惊的妓女慌张地躲开了。看到妓女极不情愿的样子,和尚再一次对自己的身份感到纠结。）

和尚：南无阿弥陀佛……观世音菩萨……嗯,我也算男子汉大丈夫啊。小娘子,我也是人啊,我们一起跳舞,一起玩吧。

妓女：啊? （拒绝的表情）

和尚：哎! 小娘子你不要瞧不起人。我是一家山的老和尚,正在赶往二家山的途中,在三老路上,见到士（与韩语"四"同音）大夫家女子,闻了小娘子的尿（与韩语"五"同音）臊,肉（与韩语"六"同音）欲荡漾,七宝丹妆（小娘子精致容貌）,我已经魂不守舍了。小娘子你就不要管我是不是和尚了,把身体给我一次吧。

(和尚张开双臂朝妓女跑去,妓女赶紧挣脱。但慢慢妓女态度改变,开始接受和尚。和尚看到妓女的改变,一拍膝盖很高兴。)

和尚:现在可以了。(之后开始追着妓女跳舞。两人跳舞快结束的时候,仆人登场目不转睛地盯着妓女与和尚两人,认出是和尚和妓女后开始放声大笑。和尚看到了仆人赶紧背起妓女逃跑了。逃跑过程中,妓女的绣花鞋掉了下来,仆人看到他们两人消失后才回过神来。)

仆人:哈哈哈,真可笑,真可笑,世上居然有这种事。对了,和尚和妓女到底跑哪里去了?谁看到他们跑哪里去了吗?

(仆人看到了掉在地上的绣花鞋)

仆人:这是什么?(仆人一开始没有看清,再仔细看了看才发现原来是绣花鞋。)

仆人:和尚这家伙和妓女逃走时落下的绣花鞋。这鞋真好看!

(仆人小心翼翼地把绣花鞋捡起来放到怀中,十分高兴。)

仆人:你们看,这鞋漂亮吧。给你要不要?肯定不给你。(又转到另一个人面前问,"要不要?"然后自言自语说道:"唉,和尚和妓女在一起跳舞鬼混的世道!我也叫傻瓜出来一起跳舞吧"。然后跑到舞台一边招呼傻瓜上台:"伊眉啊,伊眉,你这家伙,快点出来啊!")

傻瓜:干吗叫我啊?

(傻瓜边跳舞边上场,仆人在一旁模仿傻瓜跳舞,现场气氛活跃。)

仆人:伊眉,你这家伙。你为什么每天都晃晃悠悠?

傻瓜:你别得意,你每天干吗吊儿郎当呢?哎呀,我的屁股。

(傻瓜打算模仿仆人的样子,一下子摔倒在地。)

仆人:哎!你这个傻子(抓着傻瓜的头把他拉起来)。伊眉,刚才和尚和妓女在这里这样跳舞,看到我来了,和尚背起妓女就跑了。

傻瓜:你说什么?天哪!太可笑了!

仆人:我们也一起跳舞吧!

傻瓜:好啊!

(仆人与傻瓜两人跳一段舞)

仆人:我去叫我们家主人——两班过来,你去把你们家主人——士大夫叫过来吧!(傻瓜好像听懂了仆人的话,转身准备去叫自己的主人,但是在路上又忘了这件事,茫然地坐到舞台中央。仆人赶紧又过来提醒傻瓜,之后仆人退场。傻瓜开始与观众即兴互动。）

仆　人：伊眉,你怎么还在这里？我刚才不是叫你去找你们家士大夫吗？

傻　瓜：对,对,我刚才忘了,现在马上就去。

（说完傻瓜退场。仆人看到傻瓜退场后,开始转身朝相反方向,大声喊出两班。）

两班·士大夫

（表演中妓女的名字是"粉儿",仆人的名字是"焦兰伊",傻瓜的名字是"伊眉"。）

仆　人：两班大人啊,两班大人啊,快点出来了！

（两班迈着八字步登场,开始跳舞。仆人赶紧跟在两班身后,不停地模仿两班的动作。这时士大夫从舞台另一边带着妓女登场。仆人不停地掀起妓女的裙子,进行撩拨。等两班和士大夫都站在舞台中央的时候,仆人突然跳到两班面前。）

仆　人：两班啊,两班啊,既然来了,就打个招呼吧！

两　班：喂,士大夫,我们相互通一下姓名吧。

士大夫：好啊。

（两班与士大夫相互弯腰行礼时,仆人赶紧跑到两班前面把屁股骑到两班头上,向士大夫行礼。）

仆　人：你小子来了？

两　班：哎,混蛋。

士大夫：焦兰伊这家伙太不懂规矩了。

两　班：不管我怎么管教,他就是学不会,我也没有办法啊。

士大夫：就你这个样子,还装得一本正经,想混入士林吗？

（仆人把耳朵伸过去,做出认真偷听两班与士大夫对话的样子,之后或跑去招惹妓女,或在舞台上来回转悠。）

两　班：我哪里不像两班了？这里还有比我更像两班的人吗？

（仆人在两班与士大夫说话的空档,跑到舞台中央。）

仆　人：你打招呼,我也打招呼,都是打招呼,我怎么就做错了呢？

（说完退到舞台一边。士大夫把妓女叫过来在一旁坐下,两班也在一边坐下。妓女给士大夫揉肩膀,士大夫握住妓女的手,故意向两班炫耀。

　　　　　　两班对此嗤之以鼻,仆人领会主人的意思准备给两班揉肩膀。)
仆　　人:两班啊,我给您揉揉肩膀吧?
两　　班:好啊!
　　　　　　(仆人开始学妓女,用手给两班揉了几下肩膀,之后就开始用膝盖压两班的肩膀。两班实在忍受不了仆人捣乱一样的按摩,赶紧叫仆人离开。)
两　　班:哎呀,你这东西快把我的肩膀压断了!
　　　　　　(仆人向后翻了个跟头,重新站起来,用力打了两班的后脑勺。[仆人总是这样行动,在两班面前说"是的,好的",但背后总是嘲笑两班的虚伪。这是讽刺剧中典型的表现手法。]妓女也停止了给士大夫揉肩,重新回到原来的位置。)
仆　　人:两班啊,两班啊,两班大人啊。
　　　　　　(仆人飞快地跑到两班身后开始快速左右呼喊两班,但是两班转头太慢,所以总是看不见仆人。两班开始抱怨。)
两　　班:你这东西,今天怎么这么啰唆!喂!焦兰伊,你别在那边吊儿郎当,赶紧去找妓女过来。
　　　　　　(听到两班的话,仆人回道"好的",开始去找妓女。过了一会儿妓女来到两班背后,士大夫非常不高兴。)
仆　　人:粉儿过来了。
　　　　　　(妓女在两班的耳旁,发出"嘭"的一声。)
两　　班:天啊,吓死我了,耳朵都快被震聋了。噢,粉儿你来啦。
　　　　　　(仆人又开始面向观众嘲笑两班。士大夫这时的表情很难看。妓女给两班揉揉肩膀,之后为两班捉头上的虱子。仆人正好看到这一幕。)
仆　　人:奇怪,两班头上会长虱子?
　　　　　　(两班和士大夫同时站起来。士大夫边起身边气愤地说:"真看不下去。")
两　　班:粉儿啊,秋菊开了,枫叶红了,天气变冷要注意身体。听说宝洞宅(女性生殖器的隐喻)生病了,自洞宅(男子生殖器的隐喻)两班前来问安。
妓　　女:哎呀(害羞)!
两　　班:那个地方太危险了,让我来守护。树木茂盛,豆花盛开,只要进去就吐白血而亡,所以我来守护。(士大夫听到这里,露出很难堪的表情,开始坐立不安。)
两　　班:粉儿,我们一起跳舞吧。

（在乐器伴奏下，两班、士大夫、妓女、仆人开始一起跳舞。但是两班与士大夫开始相互争抢妓女。妓女穿梭在两人之间，来回舞动。仆人看到这个场面故意添油加醋让两班和士大夫打起来。仆人首先跑到两班耳旁说了几句，两班让仆人去找士大夫。士大夫听了仆人的话，开始去观众席找人。趁这个机会，两班和妓女尽情跳舞。士大夫看到两人跳舞，反应过来说"被骗了"，于是怒气冲天地质问两班。）

士大夫：两班！你居然敢在我面前这样？

两　班：咳咳。怎么了？你就能这样对我了？

士大夫：不是，你到底为什么这样对我？

两　班：咳咳，到底怎么了？难道你的地位比我高吗？

士大夫：不是，难道你的地位比我的高？

两　班：嗯，那是当然。

士大夫：什么？哪里比我高啊？

两　班：我是士大夫的子孙。

士大夫：什么？四大夫？（"四"与"士"的韩语发音相同）我还是八大夫的子孙呢。

两　班：什么？八大夫？八大夫是什么呀？

士大夫：八大夫是士大夫的双倍！

两　班：什么？你知道吗？我的爷爷是门下侍中。

士大夫：啊？门下侍中？这也值得一提？我的爷爷是门上侍大！

两　班：什么？门上侍大是什么？

士大夫：这都不懂？门上比门下高，侍大比侍中高。

两　班：今天真是触霉头，什么都见着了。那么你以为只是地位高就行了吗？

士大夫：那你说还有什么？

两　班：当然要有学识，学识！我已经都读完四书三经了。

士大夫：那点四书三经也值得一提？我已经读完八书六经了。

两　班：什么？八书六经！到底八书在哪？六经又是什么？

（仆人一直听着两人争吵，这个时候插话。）

仆　人：哎哎，我都知道六经，您难道不知道吗？八万大藏经、和尚的婆罗经、瞎子的眼镜、药店的桔梗、处女的月经、下人的工钱。

（仆人在说下人工钱的时候更加强调，让两班知道自己对工钱的不满。）

士大夫：就是，连下人都知道的六经，你这个两班却不知道？

两　　班：喂，士大夫，我们再比试也是不相上下。还不如叫妓女来一起跳舞吧。
（士大夫想了一下表示同意。两班和士大夫同时叫："粉儿呀，快出来！"两班与士大夫不再争抢妓女，而是三人一起跳舞。这时老妇上场也想一起跳舞。两班和士大夫都嫌弃老妇年老色衰，不想与之共舞，所以纷纷驱赶老妇。仆人看到这一幕，把老妇扶起来，和她共舞。老妇夸赞仆人，大家共同跳舞。过了一会儿，屠夫上台。看到大家都在跳舞又开始兜售牛鞭。）
屠　　夫：大人，大人！大人买个蛋吧，卖相特别好！
两　　班：你这家伙，没看到我们正玩得起劲吗？买什么蛋？
屠　　夫：蛋你都不知道吗？
仆　　人：呵呵呵，鸡蛋，眼珠子，鸟蛋，大官的卵蛋。
屠　　夫：正是，正是，牛鞭。
士大夫：你这家伙说什么？牛鞭？
屠　　夫：牛鞭不知道吗？
两　　班：你这家伙，真扫兴！牛睾丸？不买不买，赶紧走！
屠　　夫：大人，这个牛鞭可是非常壮阳的。
士大夫：什么？壮阳？那我买了。
两　　班：哎哎，他先卖给我的，我先买，这是我的牛鞭了。
士大夫：不行，这是我的牛鞭。
（两班与士大夫开始争抢屠夫手中的牛鞭。）
屠　　夫：哎呀，我的牛鞭要抢碎了。
（屠夫边喊，边挥手，牛鞭掉在地上。老妇过来从地上捡起牛鞭。）
老　　妇：啧啧，因为争抢一个牛鞭，两班大喊"我的牛鞭"，士大夫大喊"我的牛鞭"，到底这个牛鞭是谁的？我活了60多年，还是头一次见有人为了一个牛鞭打架。真是些不中用的东西。
［老妇的话结束后，所有演员一起跳舞。舞蹈结尾，别差（由傻瓜面具代替）上场大声喊："还财了！"众人赶忙逃离。］

此台词来源于"河回别神祭傩舞游戏保存会"的官方网站[①]，笔者将韩文翻译中文。现在河回别神傩舞祭常设演出中，有时会对台词进行删减。

---

① 台词来源网址：http://www.hahoemask.co.kr/bbs/content.php?co_id=script。

第三章
巫师主导的渔村型别神祭

渔村别神祭又叫作"丰渔祭",是渔民为祈求丰渔丰产、出海平安、村落安宁而祭祀村落保护神的周期性集体巫俗仪式,主要在韩国东海岸、西海岸、南海岸一带渔村传承。随着航海技术的进步与天气预测能力的提高,人们应对海上事故的能力不断增强,因此在地势相对平缓的西海岸与南海岸地区,别神祭多已传承中断或沦为舞台艺术。然而,北起江原道高城郡南到釜山的东海岸一带岸坡陡峭、水流湍急,长期以来难以发展采集业与养殖业,再加之村内耕地有限,村民为维持生计仍需冒险远海捕捞[①]。生存环境越是不稳定,人们就越依赖超自然的能力。也因此,至今"东海岸别神祭"作为民间信仰仪式依然保持一定的生命力[②],在无形文化财制度建立后,1985年被指定为国家重要无形文化财第82-1号[③]。

第一节　东海岸别神祭的历史脉络

韩国学界尚未发现与东海岸别神祭直接相关的历史文献,因而只能根据南

[①] 〔韩〕李均玉,《东海岸别神祭的传承样态》,国立民俗博物馆,《庆北的民俗文化02》,2009年,第364页。
[②] 根据2016年韩国民俗学者金信孝的调查,韩国现在传承东海岸别神舞的村落约有88个村庄,其中25个分布在江原道,50个分布在庆尚北道,4个分布在蔚山,9个分布在釜山(〔韩〕金信孝:《东海岸别神祭的区域传承情况及变化》,韩国安东大学民俗系博士毕业论文,2017年,第28—30页)。
[③] 1985年西海岸丰渔祭"渔船下水祭"与"大同祭"被指定为国家重要无形文化财第82-2号;西海岸(全罗南道扶安郡)的"蝟岛草船祭"被指定为国家重要无形文化财第82-3号;南海岸别神祭被指定为国家重要无形文化财第82-4号(韩国文化财厅:https://www.cha.go.kr/main.html)。

 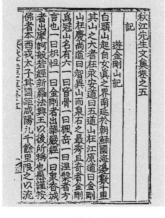 

图29　秋江集封面　　　图30　游金刚山记　　　图31　岭东风俗记录

孝温(1454—1492年)撰写的《游金刚山记》(图29—31[①])中关于"岭东民俗中连日歌舞"的记录,推论至少15世纪之前东海岸别神祭就已经盛行。

日本殖民统治期间,殖民政府将朝鲜民众的传统信仰与民俗仪式都定性为迷信,先后出台《警察法处罚规则》(1912年)、《暴力行为的处罚规定》(1926年)等法律进行取缔。东海岸一带民众利用日本投资海上航路的背景,将"别神祭"改名为"丰渔祭",使之得以在日据时期延续。20世纪70年代韩国新村运动的"迷信打破"过程中,东海岸民众强调丰渔祭旨在祈求渔业丰收、强化村落共同体凝聚力,从而使别神祭免于被取缔的命运。

其实,韩国渔村社会具有半农半渔的特性,别神祭的祭祀目的在于向村落保护神祈祷丰农丰渔与村落安宁。所以传统社会别神祭的组织主体是称作"老班契"的村落组织或元老组织。东海岸渔民一般把入乡始祖奉为村落保护神[②],将城隍庙、古树、巨石、井口等视为其神体(即神的象征物),多以"上堂·下堂—两堂制"或"上堂·中堂·下堂—三堂制"呈现。两堂制是指村落侍奉两位保护神,两者多为夫妻关系;三堂制是指村落侍奉三位保护神,三者多为夫·妻·妾或夫·妻·婆婆关系。笔者主要调查地的竹边三里供奉着两位村落

---

① 图29—31来源于"韩国学综合DB"数据库,检索时间2021年9月17日,检索地点韩国首尔大学比较文化研究所,检索地址:http://db.mkstudy.com/ko-kr/mksdb/e/korean-anthology/book/121/。古籍中对"岭东民俗"的具体描述为:岭东民俗,每于三四五月中择日迎巫,极办水陆之味以祭山神,富者驮载,贫者负载,陈于鬼席,吹笙鼓瑟,嬉嬉连三日醉饱,然后下家。

② 当地人将村落保护神叫作Golmegi,韩文标示为"골맥이"。

图32　上堂爷爷的神体——古树　　　图33　下堂奶奶的神体——城隍庙

保护神，一位是"上堂爷爷"，以村头有600多年树龄的檀香树为神体（图32①），主管村落平安和村民健康；另一位是"下堂奶奶"，以海边城隍庙为神体（图33②），主管出海平安和捕鱼丰收。每年正月十五，竹边三里村民都在城隍庙通过摆设祭品和焚香烧纸的方式举行简单的祭祀，当地人称作"洞祭"；每隔年的十月十五（阴历），则会邀请巫师举行规模庞大的歌舞娱神祭祀——别神祭。

1962年《水产业协同组合法》颁布后，各地渔民结成的"渔村契"组织取代"老班契"，开始接手村落共同渔场的管理运营。也因此，别神祭的组织权逐渐从老班契转移到渔村契③，别神祭的名称也逐渐固化为"丰渔祭"。现在渔村契会在丰渔祭举行的一个月前成立"丰渔祭促进委员会"，其主要任务是起草合同、置办祭品、选举祭官等。祭官一般于别神祭举行的五天前选出，需三名男性，他们分别按照年龄大小担任上祭官（1名）和下祭官（2名）。家中有丧事、病人、孕产妇，或丧偶之人均不能担任祭官。选为祭官后不能食狗肉，不能同房，不能去别人家问丧。别神祭举行的前三天，城隍庙、檀香树、祭官家、准备祭品家等区域，门前都要拉上稻草绳，以示神圣与禁忌。同时，老班契作为村中长老组织，主要担任别神祭的顾问工作。妇女会主要担任后勤工作，负责烧火做饭、招待客人等。三个组织分工合作，共同完成别神祭的组织工作。

---

① 图32是2015年11月25日笔者在蔚珍郡竹边三里别神祭现场拍摄。
② 图33是2015年11月25日笔者在蔚珍郡竹边三里别神祭现场拍摄。
③ 〔韩〕曹鼎铉，《别神祭的传承力与庆典的演行原理》，安东大学博士学位论文，2007年，第112—114页。

图34 竹边三里别神祭堂主巫金长吉

虽然东海岸一带渔村的别神祭统称作"东海岸别神祭"或"丰渔祭",但其实各个渔村的别神祭演出内容与举办周期不尽相同,短则每两年一次,长则每十年一次,举办时间常为三至四天,少数村庄长达十天。所以渔村契会提前用合约的形式与巫师代表[当地称作"堂主巫"(图34①)]就演出费用、内容、时间等事项签订详细的合同。由于举办别神祭需要花费巨资邀请十余名巫师参加,因此经济条件欠佳的村落往往会选择延长举办周期或缩短举办时间。同时随着科技的发展以及受到西方宗教的影响,村民对别神祭的信仰之心逐渐弱化,越来越多的渔村开始放弃举办这项仪式。据韩国民俗学者调查发现:2006年东海岸渔村举行别神祭的村落尚有227处,但到了2016年就萎缩到88个村落。②

东海岸别神祭是"世袭巫"集团主导的大型歌舞娱神仪式。韩国巫师按照成巫过程中有无接神经历可概括地分为降神巫与世袭巫③。降神巫曾患有"神病",在治愈过程中获得与神灵沟通的能力,主要承担为人消灾和求财的小型巫事活动,他们及其服务对象都重视巫术的灵验性与神秘性;世袭巫以血缘为传承纽带,祖辈世代以歌舞娱神为生,主要承担大型巫事活动——别神祭,他们及其服务对象更重视表演的艺术性与趣味性。世袭巫男女分工明确,巫女负责巫歌吟诵和巫舞表演,男巫负责乐器伴奏和巫剧演出。男巫和巫女比例为4∶6,巫女占据主要地位,多夫妇结伴同行,作为妻子的巫女吟诵巫歌,作为丈夫的男巫为其伴奏。

---

① 图34是2013年11月17日笔者在蔚珍郡竹边三里别神祭现场拍摄。
② 〔韩〕金信孝,《东海岸别神祭的区域传承情况及变化》,韩国安东大学民俗系博士毕业论文,2017年,第15页。
③ 20世纪60、70年代巫俗研究者提出了"降神巫"与"世袭巫"的概念,但21世纪初巫俗研究学界对降神巫与世袭巫的概念进行重新讨论,认为不能单纯地根据成巫过程中是否有接神经历而进行简单的二元化区分,但并没有提出更好的概念(〔韩〕金东奎,《对降神巫·世袭巫分类的考察》,《韩国巫俗学》2004年第8期)。鉴于这两个概念能一目了然地呈现韩国巫师的总体分类,所以本书中仍沿用这两个概念。

东海岸一带活跃着三大世袭巫派系,分别是以江陵地区为活动中心的江原巫系(代表人物宾顺爱——江陵端午祭巫仪部门艺能保有者)、以庆尚北道为活动中心的宋氏巫系(代表人物宋东淑——宁海别神祭艺能保有者①)、以庆尚南道和蔚山及釜山为活动中心的金氏巫系(代表人物金用泽——东海岸别神祭艺能保有者)②。三大派系虽然活动区域相对固定,但仍存在竞争关系。为巩固自身在区域范围内的活动地位,各派系会在各村举行集体活动时随礼或者在村里经济困难时主动削减别神祭的演出费用,以此来维系与活动区域内各村的友好关系③。

东海岸众多渔村当中,位于庆尚北道蔚珍郡的竹边三里(又名烽燧村)因坐拥竹边港,交通便利,经济情况较好。多年来,该村一直坚持每两年举办一次别神祭的惯例,仪式的整体形态保存较为完整。笔者于2013年11月16日—19日和2015年11月25—27日曾对竹边三里的别神祭现场进行过实地调研④。下面以这一村落别神祭的田野考察资料为基础,对韩国乡村祭祀的仪式构成进行梳理。

第二节　东海岸别神祭的仪式构成

东海岸别神祭主要由"告知—迎神—娱神—送神"四个仪式构成,其中,告知仪式由村民选出的三名祭官负责,其余三个仪式由巫师负责。竹边三里别神祭的具体经过如下:阴历十月十四日晚举行告知仪式(包括上堂祭祀和下堂祭祀),阴历十月十五日早举行迎神仪式(包括下堂迎神和上堂迎神),阴历十月十五到十六日举行歌舞娱神仪式,阴历十月十六日下午举行送神仪式。

(一)东海岸别神祭的告知仪式

告知仪式是祭官向村落保护神上堂爷爷和下堂奶奶告知别神祭即将开始的仪式。阴历十月十四日晚11点,三名祭官沐浴斋戒后,携祭品先到上堂爷爷

---

① "宁海别神祭"名称于2015年更改为"盈德别神祭"。
② 〔韩〕曹鼎铉、韩阳明,《东海岸别神祭的现场》,韩国民俗院出版社,2017年,第58页。
③ 讲述人:金长吉,男,1946年出生,韩国宋氏巫系的带头人(宋氏巫系开创人宋东淑的女婿),现为庆尚北道无形文化财第3号"宁海别神祭"艺能保有人,多年来一直带领团队负责竹边三里别神祭的演出。讲述时间:2015年11月26日,讲述地点:韩国竹边三里村会馆。
④ 2015年由于竹边三里的经济情况不佳,削减了巫师的演出费用。也因此,巫师没有表演耗时最长的"沈清巫歌"。除此之外,2013年与2015年的别神祭表演内容没有变化。

的神体——檀香树前祭拜(图35[1])。祭官首先双手持点燃的稻草绕檀香树一周;然后将稻草放在地上,从上面跨过;最后一手持盛有水的瓢,一手蘸水三下之后洒于檀香树上。这一系列动作目的是为了净化空间、驱赶邪气。之后,先将去年挂在树上的韩纸用新韩纸替换下来,再在树下的水泥台上摆好祭品,然后上香、献酒、跪拜。

上堂祭祀结束后,祭官一行再到供奉下堂奶奶的城隍庙进行祭拜。下堂祭祀的前半部分与上堂祭祀过程相同,但祭品更加丰盛。三位祭官读完祝词(图36[2])行完跪拜礼,之后依次为渔村契的成员和船主烧纸,用来祈求丰渔和平安。

图35 祭官在檀香树前祭祀

图36 祭官诵读的祝词

---

[1] 图35是2013年11月16日笔者在蔚珍郡竹边三里别神祭现场拍摄。
[2] 图36是2013年11月16日笔者在蔚珍郡竹边三里别神祭现场拍摄。祝词由韩文与汉文写成,汉文具体内容如下:
维 岁次 乙未年 十月 丁亥朔 十五日 丙午
炽盛者
王志新曰,讲务山,德皮上使,有给百年
进治日洞,贵女声李,梁阳脊强,刘备柳絮
挽引潭阳,设姬侍挥,世智明洞,元望时夜师
猛风符作,乳儿梯元,决选井奇,济挥百倍
分让纳牌,复元皇怜,器服柳河,加给不祥
白哀素灭,汇征一地,万化方畅,年四佛炳
五哭梁阳,囚山不葛,遑急人人,渔丰旧风
研筑匪扰,民扰晓可,李儒施德,幕裈荒宁
陈理天作,序数基川
宇新,尚飨。

烧纸点燃后,如能腾空而起表示所愿可以实现,如果直接落地则是不祥之兆(图37①)。烧纸结束后,三名祭官分享祭品。

(二)东海岸别神祭的迎神仪式

迎神仪式是巫师拜请村落保护神上堂爷爷和下堂奶奶以及其他各路神仙降临巫事会场的仪式。阴历

图37 祭官在城隍庙里进行告知仪式

十月十五日早上,村民在作为巫事会场的村会馆内摆设好祭品,主要有水果、猪肉、章鱼等。韩国巫仪中将纸花视作与神灵有关的神圣之物,或被视作神灵降临人间的通路,或被视作象征神灵的神体,或被视作沟通神界的神器②。因此,巫师将事先制作好的纸花与祭品共同摆放在祭桌上(图38③)。巫事会场布置完以后,男巫手持长鼓、锣、镲、小锣等打击乐器上街巡游(图39④),巫女载歌载舞拜请神灵,此阶段主要吟唱"不净巫歌→请座巫歌→迎堂巫歌"。

韩国巫歌根据内容可分为抒情巫歌、教述巫歌、叙事巫歌、戏曲巫歌四类⑤。

图38 巫师与村民在祭桌前谈话

图39 男巫们手持乐器行进

---

① 图37是2013年11月16日笔者在蔚珍郡竹边三里别神祭现场拍摄。
② 〔韩〕金昌日:《巫俗神话中花田的意义研究》,《韩国巫俗学》2006年第11期。
③ 图38是2013年11月16日笔者在蔚珍郡竹边三里别神祭现场拍摄。
④ 图39是2014年12月7日笔者在釜山市海云台区青沙浦举行的东海岸别神祭时拍摄的照片。
⑤ 〔韩〕高丽大学民族文化研究院:《韩国民俗大观第六卷口碑传承,其他》,Nurimedia出版社2000年版,电子书无页码标示。

抒情巫歌是表达人或神灵感情的巫歌形式，一般用来描述人神同乐的和睦场面；教述巫歌是歌颂神灵功德、向神灵祈愿以及转达神灵命令的巫歌，这类巫歌最常见；叙事巫歌既是巫俗神话又是巫俗叙事诗，用来详细讲述主人公成为神灵的过程，整个叙事结构围绕个性鲜明的主人公展开；戏曲巫歌出现在巫剧中，一般用动作或对话来表现故事情节[①]。迎神仪式吟诵的巫歌均属于教述巫歌。

不净巫歌是为驱赶巫事会场的各种晦气、邪气（不洁净的东西）而唱。韩国所有巫事活动都以不净巫歌作为开始。村民在准备祭品以及整个别神祭进行过程中难免会无意触犯神灵或违反禁忌，所以巫女通过不净巫歌消除已发生或潜在的各种污秽，确保别神祭仪式空间的神圣性。[②]巫女演歌时，首先，一手持水瓢，一手持神刀，不断地用神刀蘸水洒向巫事会场四周；其次，手拿点燃的稻草围巫事会场环绕一周；最后，抓一把白米撒向巫事会场四周及门外（图40[③]）。巫事会场经过洒水、焚草以及撒米净化后成为神灵降临的神圣空间。

请座巫歌的主要内容是拜请除村落保护神之外的各路神仙入座，同时请各位神仙赐福于民。巫女演唱时，首先，一手持神刀，一手持鱼干，挥动着神刀与鱼干跳舞；其次，邀请祭官上台，向其献酒并索要酒钱；最后，面向摆放有酒和年糕的小桌祷告，拜请各位神灵降临（图41[④]）。

图40　巫女在表演不净巫歌

图41　巫女在表演请座巫歌

---

① 〔韩〕朴敬申《东海岸别神祭的祭次与构成方法及特征》，《口碑文学研究》1994年第1期。
② 〔韩〕崔正如、徐大锡《东海岸巫歌》，萤雪出版社，1974年，第27页。
③ 图40是2013年11月17日笔者在蔚珍郡竹边三里别神祭现场拍摄。
④ 图41是2013年11月17日笔者在蔚珍郡竹边三里别神祭现场拍摄。

图42　巫女在城隍庙表演迎神巫歌　　图43　巫女在檀树前表演迎神巫歌

　　迎堂巫歌的主要内容是歌颂村落保护神上堂爷爷和下堂奶奶的功德,请他们降临人间赐福于民。请座巫歌结束后,祭官扛着竹子做成的"接神竿"跟随巫师一起到城隍庙迎接下堂奶奶。到达城隍庙后,巫女首先在庙里的祭台上摆好祭品;其次边持鱼干跳舞边吟唱迎堂巫歌;最后向三名祭官敬酒。巫歌结束后,选一名村民手持接神竿,在巫女的歌声中请下堂奶奶降临到接神竿上(图42①)。之后,祭官扛着接神竿与巫师一行前往檀树前,迎接上堂爷爷,过程与城隍庙迎神相似(图43②)。迎堂巫歌结束后,祭官将接神竿竖立放置在巫事会场内的祭台旁边。

(三) 东海岸别神祭的娱神仪式

　　娱神仪式是巫师以巫歌和巫舞取悦神灵从而请神灵降福于民的仪式。这一仪式是别神祭的核心环节,耗时长,投入表演人力多。在2013年阴历十月十五至十六日两天一夜的时间里,8名巫女在5名男巫的伴奏下,依次演行"合会巫歌→祖先巫歌→世尊巫歌→地神巫歌→山神巫歌→城主巫歌→天王巫歌→沈清巫歌→群雄将军巫歌→痘神巫歌→乞粒巫歌→龙王巫歌"。

　　合会巫歌的主要内容是请上堂爷爷和下堂奶奶以及其他各路神仙,齐心合力确保别神祭举办成功;祖先巫歌是拜请建村始祖和各家祖先,保佑农(渔)业丰收与村落安宁;地神巫歌是拜请掌管阳宅与土地的土地神,保佑村落安宁与

---

① 图42是2013年11月17日笔者在蔚珍郡竹边三里别神祭现场拍摄。
② 图43是2013年11月17日笔者在蔚珍郡竹边三里别神祭现场拍摄。

家庭幸福；山神巫歌是拜请各大名山的山神，保佑村落平安祥和；天王巫歌是拜请天上的天王，保佑人间和平安宁；群雄将军巫歌是拜请英武的将军神，借助将军神的威力驱赶恶疾，保佑村民身体安康；龙王巫歌是拜请龙王，保佑渔业丰收和出海平安。以上拜请的各位神灵虽身份不同，但职能上却有相似之处，这也是韩国巫俗的普遍特征。① 这七首巫歌都没有完整的叙事结构，属于教述巫歌。

东海岸别神祭中教述巫歌演行的基本结构是："Puneori 舞② → 巫歌吟诵 → 剑舞 → 脯舞 → 个人才艺 → 驱杂鬼舞"③。Puneori 舞是指巫女在 Puneori 节拍的长鼓伴奏下，左手持丝巾、右手持扇上下左右摆动（图44④），这个动作通常出现在巫歌吟诵之前；剑舞⑤是指巫女手持长衫两角前后摆动（图45⑥），这个动作通常出现在巫歌吟诵之后。脯舞是指巫女左手持鱼干、右手持神刀上下摆动或原地旋转（图46⑦），这个动作用来表现神灵保佑渔业丰收。个人才艺是指巫女为感谢神灵恩赐，同时为活跃现场气氛，即兴演唱民谣或流行歌曲。精彩的个人才艺会得到村民的金钱奖赏。驱杂鬼舞是指巫歌演行完全结束后，巫女左手端

图44　Puneori 舞　　　　　　　　　图45　剑舞

---

① 〔韩〕徐大锡，《巫歌文学的世界》，集文堂出版社，2011年，第372页。
② "Puneori" 是韩语 "푸너리" 的发音，是一种2/4拍的长鼓演奏方式。
③ 〔韩〕金炯根，《东海岸五鬼祭结构的现场论研究》，京畿大学校硕士论文，2006年，第107页。
④ 图44是2013年11月17日笔者在蔚珍郡竹边三里别神祭现场拍摄。
⑤ "剑舞" 的韩语标示是 "거무춤"，原指持剑表演的一种古代舞蹈，东海岸别神祭中指以3/4拍长鼓演奏为伴奏的舞蹈。
⑥ 图45是2013年11月17日笔者在蔚珍郡竹边三里别神祭现场拍摄。
⑦ 图46是2013年11月26日笔者在蔚珍郡竹边三里别神祭现场拍摄。

图46 脯舞　　　　　　　　　图47 驱杂鬼舞

酒杯,右手拿神刀,将神刀蘸酒撒向四周(图47[①]),这个动作用来驱赶尾随神灵而来的杂鬼。

世尊巫歌、城主巫歌、沈清巫歌、痘神巫歌、乞粒巫歌等五首巫歌故事情节完整、登场人物个性鲜明,属于叙事巫歌。叙事巫歌中登场的神灵大多率性冲动,看重人情,反映出巫俗信仰的功利性。世尊巫歌讲述的是生育之神(名为"释迦牟尼"的和尚)破戒与女人生子的故事,这首巫歌的吟诵目的是祈求多子与长寿,这部长篇叙事巫歌的主要内容如下:[②]

金刚山上峰寺庙的释迦和尚下山到朝鲜传播佛法,途中遇到弥勒,二人决定在天宫中通过睡觉的方式比试佛法高低。弥勒真诚无欺,很快进入梦乡,膝盖上长出各种奇花;但释迦和尚却假装睡觉,趁弥勒不注意偷走了他膝盖上长出的奇花。就这样不懂佛法的释迦和尚偷走了弥勒的佛法能力。

释迦和尚来到须弥山一家大户人家化缘,丫鬟玉堂春出来说:"我们家除了飞禽和老鼠,一概禁止入内,家里没有斋米可供化缘。"释迦和尚使用法术,顿时狂风骤雨,院子被搞得七零八落。受到惊吓的堂金小姐赶忙从屋里出来,拜见释迦和尚,说道:"家中父母与九位兄长这几日都因事外出,粮仓的钥匙也不在我这

---

① 图47是2013年11月26日笔者在蔚珍郡竹边三里别神祭现场拍摄。
② 〔韩〕尹东焕,《韩国的巫歌11》,民俗苑,2007年,第76—101页。

儿,真的无法给您化缘。"释迦和尚对长相俊俏的小姐一见钟情,于是说:"我可以用法术打开粮仓,不过需要小姐亲自把米放到我的背囊。"原来,释迦和尚偷偷将背囊底部挖出小孔,待米倒入后就漏得到处都是。于是小姐和丫鬟只能陪着和尚慢慢捡米,等米全部捡完,天色已黑,释迦和尚顺势要求留宿一晚。

小姐没有办法只能留宿和尚一晚,但是和尚嫌弃其他房间有不洁之味,坚持在小姐门口留宿。晚上趁小姐熟睡,和尚偷偷进入房中,与小姐同枕共眠。翌日清晨,小姐醒来发现了睡在身边的和尚,惊慌失措,责骂和尚。和尚不紧不慢地说:"小姐莫急,你打开你的生辰八字天书看一下,我正是你命里的夫君。"小姐与和尚越聊越投机,晚上两人再度共眠。是夜,小姐梦到:青龙黄龙直冲云霄,三颗红色珍珠落入裙底;和尚则梦到:青鹤白鹤飞到自己的左右两肩。和尚从背囊拿出三个葫芦,叫醒小姐告诉她:"你已经怀有三胞胎,等孩子长到7岁的时候会找父亲。"说完和尚就不见了,只留下小姐独自伤心思念夫君。

堂金小姐怀胎近十月之时,父母兄长从外地回到家中。母亲起初以为女儿生了怪病,所以大肚便便。于是赶紧去找巫女卜卦,巫女卜卦一算,恭喜老夫人家中有喜,赶紧准备为女儿接生。母亲顿感奇耻大辱,两班之家未出嫁的女儿竟然身怀六甲!于是,九位兄弟知道此事后,打算杀死怀有身孕的堂金小姐。母亲赶忙阻止道:"私自处死堂金的话,怕日后会有灾祸,不如就流放到荒郊,任其自生自灭吧!"

堂金小姐在荒郊野外产下三个男童,青鹤与白鹤纷纷用翅膀为孩子遮风挡雨。母亲见到三个外孙爱不释手,最终将女儿与外孙接回家中。三个男孩长到7岁时,被送入学堂。三个孩子聪慧异常,但是却经常被人取笑没有父亲。终于有一天,三个孩子跪在母亲堂金面前,希望告知父亲的身份和住处。于是,堂金小姐让三个孩子去金刚山找父亲,自己则偷偷跟在孩子们身后。三兄弟在金刚山下遇到一个小沙弥,小沙弥告诉他们:"你们三个长得太像我们的主持了。"

母子四人按照小沙弥的指引来到庙中,见到了释迦和尚。释迦和尚与堂金小姐打完招呼,却并不认领儿子,而是让他们自己证明。于是问三个孩子是否能在蜘蛛网上行走,是否能将死鱼变为活鱼,是否能让稻草鸡打鸣,是否能让死去三年的牛骨恢复为活牛。三个孩子通过考验后,释迦和尚才滴血认亲,父子相认。之后,大儿子成为太白山的石佛菩萨,主管人间子嗣兴旺;二儿子成为玺面财释,主管农业丰产;小儿子成为金刚山的童子菩萨,享祀人间斋米供奉。

三个儿子问父亲,自己的母亲怎么办?释迦和尚说:"你们的母亲,就变成灶台附近的蟑螂吧!"三个儿子责问为什么要这样对待母亲,并为母亲求情。释迦和尚说:"当初我去找你们的母亲,她一会儿赶我到院子里睡,一会儿赶我到草堆里睡。这都是大错,等她赎罪结束,就封她为赐予人间儿女与钱财的产神奶奶吧!"

城主巫歌讲述掌管家庭安宁的城主神与灶王夫人相识以及寻找城主神木的故事。这首巫歌的吟诵目的是祈求家庭安宁。巫女演唱时,头戴象征"家"的纱帽,寓意家中有妻则安。巫歌吟诵过程中穿插"寻五方木歌""锯木歌",其主要内容如下[①]:

城主本来住在天宫,却因为在建造玉皇大殿时写错了一句话,而被贬回人间的家乡。城主白天忙于修建地下楼阁,夜间忙于修建天上楼阁,日夜不停干了九年,又饥又渴。这时城主抬头向酉方望去,看到火花就走了过去,认识了还是处女的灶神姑娘。灶神姑娘为城主准备了热饭热菜,之后二人结为夫妻。城主婚后继续建房子,备齐了各种工具,装入藤草编成的工具箱中。城主为寻找木材背着工具箱翻越了九十九座山,好不容易才找到了合适的木材,却发现树上住着喜鹊一家和正在孵蛋的鹳鸟,城主于心不忍放弃砍伐。城主跋山涉水地继续寻找,终于发现了一棵根深叶茂的大松树符合心意,准备砍伐时却触犯了山神,砍伐失败。于是城主回到家中沐浴斋戒,向山神献祭后,才用锯与他人合力将松树锯倒,之后开始建房子,内堂外堂各建万间房,院中种满奇花异草,仓库配齐农具装好石磨,后院家畜兴旺。大殿、泥屋、草房、鸡窝,城主无处不在。城主判官就坐在房梁上保佑全家子孙兴旺、富贵吉祥。

沈清巫歌讲述孝女"沈清"为使盲人父亲重见光明而弃身投湖的故事。这首巫歌的吟诵目的是祈求眼疾痊愈,其主要内容如下[②]:

宋朝末年黄州桃花洞住着一位叫沈学圭的盲人,原为两班后代,人品正直,受乡民称赞。他的夫人郭氏心灵手巧,为人谦和。但由于家道中落,沈学圭与夫人生活艰难,但两人感情和睦,郭夫人为人做针线活维持一家生计。因为膝下无子,年近四十的沈学圭一直心情郁闷,担心死后无人祭祀。郭氏夫人为了丈夫,

---

① 〔韩〕尹东焕,《韩国的巫歌11》,民俗苑,2007年,第101—109页。
② 〔韩〕金泰坤,《韩国巫歌集1》,集文堂,1992年,第296—340页。

开始到名山大川的神堂祈子。

功夫不负有心人,四月初八的晚上郭氏夫人梦到天上仙女头戴花冠,身穿花衣,佩戴玉牌,手拿桂花,乘着白鹤从天而降,对她说:"我本是西王母的女儿,由于在去蟠桃盛会的路上,与人闲聊耽误了时辰,被上帝降罪发配到人间。太上老君与后土夫人指派我到你家。"郭氏夫人醒后,意识到这是胎梦,十月怀胎产下一女。郭氏夫人希望为丈夫生下儿子,当得知自己产下的是女儿,非常难过,抱怨神灵不灵验。沈学圭却安慰妻子说:"窈窕淑女,君子好逑,女儿好好教育的话,会找到如意郎君,到时候可以让外孙来祭祀我们。"沈学圭请邻居帮忙熬制了热汤饭置办了祭桌,自己穿戴整齐,向产神为女儿祈福。

但郭氏夫人却突然血崩,没有来得及给孩子喂一口奶,跟丈夫简单交代后事便撒手人寰。沈学圭并不知道妻子已故,赶忙去抓药熬药,送到妻子面前,这时才发现妻子已经四肢僵硬。伤心的沈学圭痛哭不止,村民都闻声而来,大家帮忙把郭氏夫人安葬。伤心欲绝的沈学圭与襁褓之中的女儿相依为命,每天抱着女儿到有婴儿的家中向产妇讨要奶水。村民们可怜盲人沈学圭和可怜的孩子,都乐意帮忙。女儿沈清在村民的接济下健康长到七岁,聪明懂事,孝顺父亲。一天沈清对父亲说:"从今天起,父亲就在家中,我去外面讨饭。过去七年父亲眼睛看不见,但为了抚养我到处乞讨,太辛苦了。"从此以后,年仅七岁的沈清开始讨饭照顾父亲。每次讨来的饭先供养父亲,父亲吃剩后自己再吃。

八年后的一天,武陵村张丞相的夫人听说沈清孝顺善良,所以想见一面。沈清征得父亲同意,为父亲事先准备好饭食后,跟着张府的婢女来拜见张夫人。张夫人见到沈清非常高兴,说道:"我年轻时丈夫去世,只有三个儿子,没有可以说话的贴心人,所以想收你为养女。"沈清说等征得父亲同意后,再答复张夫人。沈清与张夫人聊到很晚。沈清的父亲一直等不见女儿回来,担心女儿遇到坏人,所以出门去寻找,却不小心摔倒在河中。多亏梦云寺和尚化缘路过,才将沈父救起并送回家中。和尚以为沈父想不开而投河自尽,于是说道:"我们寺里的菩萨很灵验,只要供奉米三百石,你的眼睛就能重见光芒。"沈父以为和尚故意在嘲讽他家境贫寒,很生气地说:"好啊!那你先白纸黑字地记上供养米三百石。"和尚看到沈家一贫如洗这才意识到说错话,但是沈父坚持让和尚记上,不然就要与和尚拼命,和尚无奈就写下"沈父供养米三百石"的文书。和尚离开后,沈父冷静下来,才发现自己做了糊涂事,全部的家当都卖掉也不值几个钱,哪里去找三百石米呢?

沈清回到家中看到父亲愁眉苦脸便询问缘由,得知供养米三百石的事情后,也不知道如何是好。于是,就连续三个月到祠堂向祖先祈祷。一天,一个老妇突然出现在祠堂附近,走到沈清面前说:"我活到这么大年纪,第一次见到这种奇怪的事情。望京的船商要买一个十五岁的少女献给水神,说是这样就会生意兴隆。"沈清央求老妇带自己过去,并与商人约定:只要商人愿意提供供养米三百石,自己愿意做祭品。沈清怕父亲知道真相后会伤心,所以谎称"张夫人愿意收养自己做养女,所以愿意提供供养米三百石"。父亲听后非常高兴。转眼就到了来月十五,沈清即将要离家的前夜,想到自己悲惨的命运以及父亲今后的孤苦生活,一边为父亲整理衣服,一边默默流泪,心里念道:"过了今晚,我就要去水中之国了,母亲早早去了黄天之国,两地相隔万里,不知道还能不能相逢,父亲今后一人又要如何生活?"

  翌日清晨,沈清早起为父亲准备好早饭,这时发现望京的商人一行已经等在门外。沈清恳请商人等自己侍奉父亲用完早饭再动身。沈父边吃早饭,边对沈清说:"昨晚梦到你坐着轿子被抬到望京,轿子只有富贵之人才能坐呢。看来今天丞相夫人要来带你去了。"沈清陪父亲吃完早饭,自己穿戴整齐来到祠堂祭拜祖先,说道:"今天不孝子孙沈清为了能治好父亲的眼病,愿意投身印塘水中。希望祖先能保佑父亲重见光明,组建新家庭生儿育女,家庭兴旺。"祭拜完祖先,沈清来到父亲身边抱住父亲痛哭后,说道:"父亲,三百石供养米是望京商人给的,女儿也要被献祭到印塘水中。"沈父知道真相后吃惊不已,阻止商人抬走女儿,大声痛哭后说道:"你们这群商人怎么能为了生意兴隆就把人扔到印塘水中呢?"张丞相夫人听说沈清的事情后,赶紧派人过去找沈清过来说:"你怎么不告诉我呢?我可以出供养米三百石,你不能去赴死。"但沈清说各有各命,还是拒绝了张夫人的好意。沈清回到家中将父亲托付给村民,跟随船商离去。

  船商恭敬地把沈清请到船上,敲锣打鼓带着沈清离去。沈清忧心忡忡地看着周边景色。这时狂风大作,突然出现两位妇人跟沈清说:"你的孝心感天动地,此去路途遥远,多多保重。"沈清心想:"我是赴死之人,谈何保重。越发觉得事情奇怪。"船走了几天几夜终于到了印塘水,二十四个船商们准备好祭品祭告龙王:"我们今天向您献祭童女,务必保佑我们黄金万两。"随后沈清跳入水中,龙王派人将沈清接入龙宫。这时沈清的母亲玉真夫人已经等候多时,母女终得相逢,许久之后母亲飞回天上,四天之后龙王把沈清安置到荷花的花苞之中,送出水面。二十四名船商们正好载着黄金万两路过这里,看到了盛有沈清的荷花,还以为是沈清的魂魄。这时天边传来声音交代船商们,好好保护荷花并将其送给宋朝天子,如有闪失定有重罚。

沈清走后,邻村的一个泼辣寡妇听说沈父为人不错,就搬来同住。沈父终日思念女儿,伤心难过。一天官府来人找到沈父说:"皇城要举办百日盲人宴席,你不去参加吗?"沈父回答道:"我除了眼瞎,也没有什么才能了,也没有路费,去不了。"当地官府出了路费,沈父回家打算叫上泼妇一起赶往皇城。家中泼妇听说沈父要去遥远的皇城参加盲人宴席,不愿意一同前往。沈父很生气,说道:"如果我家的郭夫人还活着,怎么会发生这样的事情!你别去,我自己去!"泼妇听了赶紧:"那么远的路程,你一个人怎么去?一起去吧!"两人和好,第二天沈父带着泼妇赶往皇城。

晚上两人投宿在酒家,没想到住在隔壁的黄瞎子拐跑了泼妇。沈父醒后到处寻找泼妇,终于明白泼妇跟人跑了,于是伤心抱怨道:"这个无情的女人,如果打算逃跑的话,在家的时候逃跑就行,这都出来数百里了,算什么事!留我一个瞎子怎么办?"沈父伤心过后,一人继续赶路,当时正值五六月,天气炎热,汗流浃背的沈父路过河边时脱下衣服跳入河中洗澡,谁知一个小偷却将沈父的行李和衣服都偷走了。沈父发现衣物被盗后倍感绝望,又开始痛哭道:"这下我只能等死了,要么饿死,要么热死,要么因为光着身子被打死!"这时一名刺史路过,了解了沈父的事情,借给他衣服。沈父又继续上路。

再说沈清被送到宋朝后,天子看到貌美如花的沈清后一见钟情,于是两人结为姻缘。沈清一直有个心愿就是希望通过举办百日盲人宴席找到自己的父亲。但是直到百日宴席还剩两天的时候,也没有发现自己的父亲。沈清很伤心地想,是不是自己的父亲因为失去女儿伤心过度而已经身亡?或者真如梦云寺和尚所说,因为菩萨显灵父亲的眼病已好,所以不来参加盲人宴席?正在这时一群威武的兵士向赶来赴宴的沈父询问姓名和家世,沈父害怕大声喊道:"我没有罪。要说有罪的话,我的夫人郭氏产后归西,我的女儿为了我投身印塘水,你们杀了我吧!"沈清听到这些话,鞋都没来及穿就跑了出来,看到父亲,激动地说道:"我的父亲,眼病到现在都还没有好吗?我是沈清啊,您快睁开眼睛看看我啊!"这时,天上飞来一只青鹤,张开翅膀拂过沈父的双眼,沈父终于睁开眼睛看到了自己的女儿。其他在场的盲人眼疾也被治好。

痘神巫歌也叫作"(访)客神巫歌"讲述水痘神惩治心怀不轨的船夫与诡计多端的金财主但厚待心地善良的老奶奶的故事。这首巫歌的吟诵目的是预防水

痘等传染病,其主要内容如下①:

  水痘神一家原住在江南大国(中国),因为听说朝鲜国山好水好人也好,所以一家五十三口打算都搬来朝鲜。但因为朝鲜国太小,所以决定五十人留在江南国,只派少女痘神、和尚痘神、武官痘神三人前往。三人来到义州鸭绿江边发现没有渡船,找了许久终于发现了一个船夫,三人希望船夫能帮他们渡江。船夫说:"这里原有很多船,但是倭乱的时候都被毁掉了,现在只剩下这一艘船了,是用来摆渡庶子东宫的,你们不能坐。"但是船夫发现坐在轿子中的少女痘神长相貌美,于是说:"如果少女愿意陪我过一夜,我可以帮你们过江。"武官痘神与和尚痘神听到这话勃然大怒,于是用刀砍下船夫的脑袋扔到江里,又跑到船夫家中杀了他的三个儿子。

  之后三人来到船边准备乘船过江,这才发现木船早已腐烂不堪无法使用。三人先后制作了铁船(因为磁石不能前行)、石船(马上沉底)、泥船(马上散开),都不能渡江。于是,三人跑到山上砍来竹子做成三艘竹筏,乘坐竹筏瞬间过江来到朝鲜。三人游览朝鲜的名川大山后,打算去京城看看。在途中看到一间草房,于是进去问家中是否有人。屋里走出一位年长的老妇,看到有客人来,虽然家境贫寒但还是热情地招呼三位客人进屋,把家里仅有的粮食拿来招待客人。

  三人在老妇家住了三天,临走时打算报答老妇的恩情,于是问道:"老人家,是否有儿女、有老伴?"老妇人回答道:"我无儿无女,也没有老伴。因为附近金财主家的儿子七元出生后,算命先生说这孩子命短,所以认我做其养母为其续命。孩子现在长得很好,我也多亏了这孩子才能维持生计。如果这孩子平安出完水痘就太感谢了。"于是武官痘神跟着老妇来到金财主家。金财主看到老妇人带着痘神来到门口,很生气地说:"你这贱妇,快滚!你怎么把痘疫带到我们两班之家!"站在门外的武官痘神很生气,跟金财主说:"你走着瞧!"金财主赶紧把儿子七元藏到莲花寺,并把家里出入口封好,防止痘神一行进入。但是痘神何等聪明,他们还是进到金财主家中,本来看在老妇的情分上,让七元轻微出一下水痘就打算离开的,但一想到金财主的作为倍感气恼。于是少女痘神化身为七元的母亲从莲花寺中把孩子又领回家中。金财主回家发现儿子已经得了水痘躺在床上奄奄一息,但金财主还是不肯向痘神认输,于是痘神取走了七元的性命。七元临死前抱怨父亲说:"父亲,儿子走了,这万贯家财要留给谁呢?您不该这么

---

① 〔韩〕金泰坤,《韩国巫歌集1》,集文堂,1992年,第345—357页。

对待客人——痘神啊!"

村中有位尧先生听说了这件事,赶紧过来向痘神求情:"七元这孩子没有过错,只是他父亲做得不对。七元是三代独子,如果死了金家就断了香火。"痘神跟他说:"七元死后尸体不要埋入土中,而是放在后山找人看管好。"说完就带走了七元的灵魂,金财主这时才幡然悔悟,开始祈求痘神放过儿子。于是沐浴斋戒,精心准备祭品向痘神祈愿,使儿子复活。

乞粒巫歌讲述巫师的始祖济民奶奶,乞粒制糕、杀狗制鼓的故事。这首巫歌的吟诵目的是彰显巫祖神善恶分明的性格与神通广大的能力,其主要内容如下[①]:

济民奶奶原住在全罗道智异山,后来搬到汉城,17岁的时候接神成为巫婆,到处为别人算卦挣钱,之后结婚生子,儿子娶妻成家,一家人过得也算富足。但是身为巫婆之命,还是要家家户户乞粒才行。济民奶奶精明而又贪心。一天她跟儿媳说:"我去拿些麻子来,我们一起织布吧!"婆媳两人织出了缠在腰间的钱袋,织出了身后背的七星口袋。济民奶奶背起口袋开始出门乞讨,来到一户人家门口说:"女儿天德,长得还好吧?"这家主人正在打稻谷,看见济民奶奶来了,赶紧回答:"多亏您,我女儿天德无病无灾长得很好呢!"说着招呼济民奶奶进屋,当晚热情招待后留其过夜。第二天,济民奶奶又带着九个口袋来到女儿天德家乞讨。女儿天德虽然不认识济民奶奶,但是还是送出成捆的稻子,让济民奶奶回家后脱粒舂米蒸年糕吃。济民奶奶自己背不动,于是叫来家里的长工背回家中。

济民奶奶回到家中把稻米做成"济民糕",放在案板上面的年糕是属于自己的,放在案板下面的是属于儿媳的。婆媳俩开始因为谁的年糕数量多而争吵,紧接着扭打了起来。儿媳妇不小心打翻了水瓮,转身去扶起的时候,隔壁家的狗跑过来把年糕都偷吃掉了。儿媳大怒,拿起烧火棍打断了狗的四条腿,取了狗的性命,又剥了狗皮制成长鼓。巫师打长鼓是代表天动之声(雷声),打铜锣是代表地动之声(地震),打京锣是为了光武天王,打铙钹是为了非常天王,舞扇是为了仙子,舞神刀是因为当年姜邯瓒用神刀驱鬼。巫女遵循祖上的教导,游走四方,通过巫事为人消灾送终。

[①] 〔韩〕金泰坤,《韩国巫歌集1》,集文堂,1992年,第360—364页。

东海岸别神祭中叙事巫歌演行的基本结构是:"Puneori 舞→巫歌吟诵→巫剧/占卜/游戏→驱杂鬼舞"①。巫剧"捉和尚小偷"紧接在世尊巫歌之后,由男巫模拟傻子,由村民扮演和尚,两者共同做出各种诙谐动作,结局是傻子最终捉到了偷走村民寿命和福气的和尚(图48②)。占卜仪式"立城主神竿"紧接在城主巫歌之后,巫女将摆有祭品的小桌端放在城主神竿之上(一截插在米筒上的粗竹竿),如小桌能放平则表示城主神心满意足,预示着家庭安宁(图49③)。占卜仪式"松针测吉凶"紧接在沈清巫歌之后,巫女模拟盲人手握一把松针让村民抽取,再根据松针的数量为人测算运势(图50④)。"骑马游戏"紧接在痘神巫歌之后,巫女让村民扮马骑行,表示疾病被送走(图51⑤)。占卜仪式"巫婆卖糕"紧接在乞粒巫歌之后,巫女从盒子里随手抓出几块年糕向村民售卖,再根据年糕的数量推测村民的运势(图52⑥)。巫师与村民共同完成的巫剧与游戏既增添了巫歌表演的趣味性,又活跃了现场气氛;巫女利用简单器具进行的占卜仪式既增加了巫歌表演的神秘性,又为巫师带来了额外收入。

别神巫歌中多用对偶句与三叠句,以及五方句。对偶句是将对比性的描述并排在一起的修辞方式,巫歌中多运用动物、历史人物等形成对偶句(图53);三叠句是指对同一对象进行三种对照性描述,或者对三种对象进行相似性描述的

图48 捉和尚小偷

图49 立城主神竿

① 〔韩〕尹东焕,《东海岸别神祭的演行要素和类型》,《民俗研究》2009年第19期。
② 图48是2013年11月笔者在蔚珍郡竹边三里别神祭现场拍摄。
③ 图49是2013年11月26日笔者在蔚珍郡竹边三里别神祭现场拍摄。
④ 图50是2013年11月17日笔者在蔚珍郡竹边三里别神祭现场拍摄。
⑤ 图51是2013年11月26日笔者在蔚珍郡竹边三里别神祭现场拍摄。
⑥ 图52是2013年11月17日笔者在蔚珍郡竹边三里别神祭现场拍摄。

图50　松针测吉凶

图51　骑马游戏

图52　巫女卖糕

修辞方式(图54)。五方句是指从五个方位展开描述的句式,具体句型如下(图53—55):

图53中A-1句中用历史英雄人物"第一君王箕子"与"第二君王檀君"形成对偶,A-2句中用"大蜘蛛网的黑烟"与"小蜘蛛网的白烟"形成对偶。图54中B-1句描写了济民奶奶儿媳用火棍三次打狗的过程;B-2句描写释迦和尚的三次脱衣过程。图

A-1:　　　〈서낭맞이굿〉(原文)　　　　　　　　〈迎堂神巫歌〉飜譯
첫 번 치국을 잡으시니, 箕子천년 치국이오.　　第一個王朝時代是箕子的千年治國
두 번 치국을 잡으시니, 檀君천년 치국이라.　　第二個王朝時代是檀君的千年治國

-出處:金泰坤,『韓國巫歌集1』,集文堂. 1979. p.280

A-2:　　　〈세존굿〉(原文)　　　　　　　　　　〈世尊巫歌〉飜譯
왕거미줄 걷어내기, 꺼문연기 되어서 하늘로 올라간다.　大蜘蛛網被撥開,變成黑煙飛上天空.
세거미줄 걷어내기, 흰연기 되어서 하늘로 올라간다.　小蜘蛛網被撥開,變成白煙飛上天空.

-出處:金泰坤,『韓國巫歌集1』,集文堂. 1979. p.257

图53　别神巫歌中的对偶句

B-1:　　　　<제면굿> (原文)　　　　　　　　　　　<濟民奶奶巫歌> 飜譯
한 차례를 들고 때리니 앞다리 선각이 쭈글턱 핀다.　　第一次燒火棍打下去狗前腿斷了。
뒷 차례를 한번 때리니 뒷다리 후각이가 쭐떡 빈다.　　第二次燒火棍打下去狗後腿斷了。
삼 속차례 거들떠 때리니 목숨이 지는구나.　　　　　第三次燒火棍打下去狗一命嗚呼。

　　　　　　　　　　　　　　-出處: 金泰坤, 『韓國巫歌集1』, 集文堂, 1979, p.363

B-2:　　　　<세존굿> (原文)　　　　　　　　　　　<世尊巫歌> 飜譯
장삼도 훠홀 벗어 던지는 대로 던지고.　　　　脫掉長衫扔到遠處.
바랑도 후훌 벗어 되는대로 던져 버리고.　　解下背囊扔到遠處.
고갈도 훠홀 벗어 되는대로 던지고.　　　　　摘下帽子扔到遠處.

　　　　　　　　　　　　　　-出處: 金泰坤, 『韓國巫歌集1』, 集文堂, 1979, p.318

图54　别神巫歌中的三叠句

C-1:　　　　<성주굿> (原文)　　　　　　　　　　　<城主巫歌> 飜譯
동쪽으로 뻗은 가지는 노기공명이 열려 있고,　　東邊枝上結出官祿功名,
남쪽으로 뻗은 가지는 富貴공명이 열려 있고,　　南邊枝上結出富貴功名,
서편으로 뻗은 가지는 자슥공명이 열려 있고,　　西邊枝上結出子嗣功名,
북쪽으로 뻗은 가지는 外孫奉祀도. 열네 있네.　　北邊枝上結出外孫奉祀,
중앙으로 뻗은 가지는 문필봉 자식봉아 손사봉이가　　中央枝上的前後左右
전후좌우로 열였더라.　　　　　　　　　　　結出文筆峰, 子孫後代峰.

　　　　　　　　　　　　　　-出處: 金泰坤, 『韓國巫歌集1』, 集文堂, 1979, p.289

C-2:　　　　<성주굿> (原文)　　　　　　　　　　　<城主巫歌> 飜譯
축방에는 소 메기고,　　　　　　丑方栓住生,
이방에는 양 메기고,　　　　　　未方栓住羊,
유방에는 닭 메기고,　　　　　　酉方栓住鷄,
모방에는 토끼 메기고,　　　　　卯方栓住兔,
술방에는 개 메기다.　　　　　　戌方栓住狗,

　　　　　　　　　　　　　　-出處: 金泰坤, 『韓國巫歌集1』, 集文堂, 1979, p.296

图55　别神巫歌中的五方句

55中C-1句描写了城主神木果实累累,东南西北中五个方向枝繁叶茂的状态;C-2句描写了家中五畜兴旺,丑未酉卯戌五个方向各栓有家畜。对偶句、三叠句、五方句的运用不仅增强了巫歌的表现力和感染力,也便于巫女记忆与口头吟诵。

12首巫歌演行结束后登场的"接神竿仪式"是别神祭的最高潮。村民邀请巫师表演歌舞的主要目的是为了取悦神灵,神灵是否满意自然成为村民最关心的问题。韩国民间信仰中盛行"神木崇拜",认为天神会沿着参天大树降落人间。东海岸一带山多竹密,神木崇拜逐渐演变为"竹崇拜",竹子便成为神灵降临人间的媒介。迎堂巫歌演行时所使用的接神竿在神灵显现仪式中成为神灵传达旨意的媒介。举行神灵显现仪式时,巫女让村民推选一名具有"神气"的人(即容易被神灵附体的人)手持接神竿端坐在巫事会场中央,一名祭官或村民代表正跪在接神竿前,其他村民围绕在接神竿四周。巫女手持铜镲盘坐在接神竿旁边不断敲击,请村落保护神现场显灵。当持竿人手中的接神竿不自主地晃动时,表示神灵已降临。

2013年竹边三里别神祭的接神竿仪式上,手持接神竿的奶奶在神灵降临后,突然站起将手中的接神竿砸向跪着的村民代表(图56①),巫女与村民对于神灵的发怒都显得诚惶诚恐。巫女将神灵的怒气归咎于村民不够虔诚,要求祭官去女城隍庙重新请神;祭官则认为神灵发怒可能是因为准备祭品时使用的猪肉不干净,也可能是巫师的表演不够用心②。

2015年的接神竿仪式没有出现意外情况,持竿人在巫女嘹亮的打镲声中,开始剧烈地晃动接神竿。随着镲声渐止,接神竿也慢慢平静。这表示神灵已经降临人间,愿意与村民交

图56　2013年别神祭接神竿仪式

---

① 图56是2013年11月18日笔者在蔚珍郡竹边三里别神祭现场拍摄。
② 讲述人:林基俊,男,1953年出生,韩国竹边三里村民,担任2013年别神祭祭官。讲述时间:2013年11月18日晚,讲述地点:从竹边三里村会馆去女城隍堂的路上。

上篇　韩国傩文化的现场研究

流(图57①)。被村民选为代表的渔村契契长向接神竿行跪拜礼后,向接神竿询问:"由于经济压力大,今后村里别神祭的举办周期能否由两年改为四年?"持竿人开始慢慢地左右晃动接神竿,巫女解释说:"四年太久,神灵不同意。如果经济条件不允许就简单地举行,不然神灵会不高兴。"村民代表再次向接神竿询问:"那今后还是按两年周期举行?"持竿人开始上下摇动接神

图57　2015年别神祭接神竿仪式

竿,这表示神灵点头同意。村民再次向接神竿行跪拜礼。接神竿仪式结束,进入送神仪式。

(四)东海岸别神祭的送神仪式

送神仪式是巫女利用纸花、纸龙船、纸塔灯等巫具,在载歌载舞的氛围中,将神灵送回归处的仪式②,主要由花舞、船舞、灯舞三部分构成。花舞是巫女们的群舞,四五名巫女每人手持两支纸花跳圆圈舞(图58③),寓意着神灵归去的路上鲜花盛开。船舞由巫女和村民共同完成,巫女首先将长长的白布系在纸做的龙船上,然后与村民一起手持白布左右摇动(图59④),寓意着诸神乘船而去。灯舞是巫女的独舞,巫女双手举起纸做的八角灯在头顶摇动(图60⑤),寓意着村落保护神上堂爷爷和下堂奶奶乘灯而去。⑥

巫女用歌舞恭送正神(级别高的

图58　花舞

---

① 图57是2015年11月27日笔者在蔚珍郡竹边三里别神祭现场拍摄。
② 〔韩〕田成熙,《东海岸别神祭中(送神)歌舞的样态与意义》,《比较民俗学》2014年第55期。
③ 图58是2013年11月18日笔者在蔚珍郡竹边三里别神祭现场拍摄。
④ 图59是2013年11月18日笔者在蔚珍郡竹边三里别神祭现场拍摄。
⑤ 图60是2013年11月18日笔者在蔚珍郡竹边三里别神祭现场拍摄。
⑥ 〔韩〕田成熙,《东海岸别神祭中(送神)歌舞的样态与意义》,《比较民俗学》2014年第55期。

图59 船舞

图60 灯舞

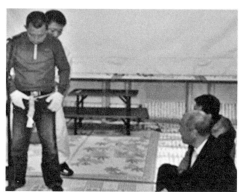

图61 训长篇

神灵)走后,男巫开始用巫剧遣送杂神(级别低的神灵以及冤魂)。男巫通过诙谐幽默的语言或滑稽可笑的动作来取悦杂神或再现杂神的遭遇,表演剧目主要有训长篇、冠礼篇、产子篇。训长篇是扮作私塾先生的男巫给两名扮作学生的村民讲荤段子(图61[①]),借讽刺道貌岸然的伪君子娱鬼娱人。冠礼篇是男巫将用稻草做的男根先绑在一名村民的腰间,说道:"这里(生殖器)先成年了!"然后再将稻草男根系在村民头上,说道:"现在行冠礼了。"(图62[②])冠礼篇中出现的巨大稻草男根也反映出传统社会的生殖崇拜思想。产子篇是男巫再现被村民强奸而怀孕的女子艰难生产的场面(图63[③])。产子篇既用来安慰冤魂,也用来警

[①] 图61是2013年11月18日笔者在蔚珍郡竹边三里别神祭现场拍摄。
[②] 图62是2013年11月18日笔者在蔚珍郡竹边三里别神祭现场拍摄。
[③] 图63是2013年11月18日笔者在蔚珍郡竹边三里别神祭现场拍摄。

上篇　韩国傩文化的现场研究

图62　冠礼篇

图63　产子篇

告村民不可作恶。产子篇表演结束后，男巫将部分祭品扔出门外，让各路杂鬼吃饱上路。男巫表演巫剧的同时，村民开始整理祭品和打扫现场，巫师也收拾行李准备离开，东海岸别神祭就此落下帷幕。

第三节　东海岸别神祭的社会功能

东海岸别神祭是歌舞娱神的宗教仪式，它以韩国巫俗的"并立神观"为基础，既反映了巫俗信仰的功利性，又折射出民众的朴素生态观。并立神观由民俗学者任晳宰提出，是指韩国巫俗中的神灵职能上相互独立，地位上彼此平等，不存在从属和纽带关系的神灵体系[1]。东海岸别神祭中拜请的众多神灵都有自己特定的职能，神灵只与信众发生关系，神灵之间没有任何交流也不能相互干涉。叙事巫歌中登场的世尊、城主、疫神、巫祖神等神灵大多性格冲动，看重人间的物质供奉，常常成为民众为解决燃眉之急而"临时抱佛脚"的供奉对象，具有鲜明的功利性色彩。教述巫歌中登场的土地神、山神、龙王是万物有灵的产物，民众对这些神灵的供奉反映出对自然的敬畏。

东海岸别神祭既是取悦神灵的宗教仪式，也是增强共同体凝聚力的庆典活动。别神祭举行之前，村民召开会议共同商讨经费筹集、邀请巫师、选举祭官等

---

[1]〔韩〕任晳宰，《韩国巫俗研究序说》，《亚细亚女性研究》1970年第9期。

事宜,在群策群力过程中村民的共同体意识得到增强。别神祭的周期性举行可以有效促进老班契、渔村契、妇女会等村民组织在相互配合中更好地发挥作用,从而让村落日常运转更富有活力。举行别神祭的夜晚,巫女在吟诵完巫歌后,会演唱流行歌曲来调动现场观众的情绪。酒过三巡的村民们与巫师共同载歌载舞,平日拘谨的大妈放声高歌,不苟言笑的大叔也翩翩起舞,巫事会场成为村民狂欢的庆典现场(图64[①])。2015年竹边三里举行别神祭时,为更好地激发村民的参与热情,巫师集团的带头人金长吉特地邀请国乐院的专业歌手为村民表演(图65[②])。村民在共享酒食、共同歌舞以及齐心为村落祈福的过程中,无形地化解了平日产生的矛盾摩擦,从而使村落共同体的凝聚力得到加强。

图64　忘情歌唱的大妈

图65　国乐院专业歌手与村民

[①] 图64是2013年11月17日笔者在蔚珍郡竹边三里别神祭现场拍摄。
[②] 图65是2013年11月17日笔者在蔚珍郡竹边三里别神祭现场拍摄。

伴随科技的发展以及受到西方宗教的冲击,东海岸别神祭的宗教意义逐渐减弱;又加上工业化和城市化的快速推进,越来越多的农(渔)民涌向城市,农(渔)村逐渐沦落为老人院,这使得东海岸别神祭增加村落共同体凝聚力的社会功能也日渐丧失。在这种情况下,东海岸别神祭得以传承,很大程度上有赖于传统的惯性与"灾因论"的作用。[1]尽管渔民举办别神祭的热情逐年递减,但出于对延续祖辈传统的责任感以及担心中断别神祭可能会引发灾难的恐惧心理,大多仍会勉强为之。

然而,东海岸别神祭的尴尬境遇因为20世纪60年代韩国实行无形文化财保护制度后学者的介入而重焕生机。学者将东海岸别神祭定位为集巫歌、巫舞、巫乐、韩服文化于一体的综合艺术,强调巫歌对研究民众世界观、巫舞对研究传统舞蹈、巫乐对研究传统音乐、韩服文化对研究传统服饰文化都有着重要意义。在学者的大力倡导下,1985年东海岸别神祭成为国家重要无形文化财,作为东海岸别神祭的表演集团的世袭巫可以享受国家财政补助,村落举办东海岸别神祭也可以得到国家和地方的财政支持。文化功能逐渐成为东海岸别神祭当下最受瞩目的功能。

第四节　东海岸别神祭的傩戏表演

东海岸别神祭中的傩戏表演是韩国至今唯一维持原有传承脉络的傩戏形态,但东海岸别神祭的傩戏演出只在历来有傩戏表演传统的个别村落演出,多紧接在龙王巫歌之后。东海岸别神祭傩戏的主题是韩国各地傩戏中常见的"父—妻—妾三者争斗",即年老的两班贪图美色抛弃结发妻子从而引发三人争斗的故事。东海岸别神祭中使用的傩面有年老两班(图66[2])、年老两班的原配——老太婆(图67[3])、年老两班的小妾——京城小妹(图68[4])、年老两班与原配生育

---

[1] 〔韩〕曹鼎铉、韩阳明,《东海岸别神祭的现场》,韩国民俗院出版社,2017年,第537页。
[2] 图66是2014年12月7日笔者在釜山市海云台区青沙浦举行东海岸别神祭时拍摄。
[3] 图67是2014年12月7日笔者在釜山市海云台区青沙浦举行东海岸别神祭时拍摄。
[4] 图68是2014年12月7日笔者在釜山市海云台区青沙浦举行东海岸别神祭时拍摄。

图66　年老两班

图67　老太婆（原配）

图68　京城小妹（妾）

图69　二愣子（索弗里）

图70　半吊子（於豆伊）

图71　医生

的儿子们（图69[①]与图70[②]）、医生（图71[③]）等。[④]

傩戏的主要故事内容是：年老的两班因为迷恋妓女京城小妹而抛弃原配，变卖所有家产与之私奔；年老两班的傻儿子们虽已成年但仍未娶妻，遇到父亲的小妾京城小妹开始百般挑逗；生活困苦的原配老太婆漂泊三年才找到老伴，但因气愤老伴与京城小妹厮混在一起而发生打斗；年老两班在打斗中摔倒昏迷；原配让儿子请来赤脚医生医治，但嗜酒如命的医生也无能为力；最后请来世袭巫女吟诵巫歌赶走客鬼，才救活年老两班。

---

① 图69是2014年12月7日笔者在釜山市海云台区青沙浦举行东海岸别神祭时拍摄的纸质傩面面具。
② 图70是2014年12月7日笔者在釜山市海云台区青沙浦举行东海岸别神祭时拍摄的纸质傩面面具。
③ 图71是2014年12月7日笔者在釜山市海云台区青沙浦举行东海岸别神祭时拍摄的纸质傩面面具。
④ 年老两班的韩语名称为"양반"、年老两班的原配——老太的韩语名称为"할미"、年老两班的小妾——京城小妹的韩语名称为"서울애기"、年老两班与原配的三个儿子的韩语名称为"싹불이""말뚝이""어둥이"。

上篇　韩国傩文化的现场研究

东海岸别神祭傩戏中登场的人物都是存在道德问题的负面人物。年老两班沉迷女色，完全不顾家庭责任；京城小妹贪图钱财无情无义；年老两班的傻儿子们不顾伦理调戏父亲的小妾；原配老太婆当众放尿，找情夫解决生理需求；赤脚医生嗜酒如命，医术低劣。也正是通过塑造这些"不正常"的人物形象，来教育现场的男性村民不要抛妻弃子忘记家庭责任，让世人唾弃[①]。男巫在表演过程中有戏谑的模拟性行为表演，"老太婆"会直接从现场中找出一位男性村民做情夫，当众将其扑倒进行模拟性行为，结束后索要费用。这种表演被视作祈祷丰收多产的"顺势巫术（Homeopathic magic）"。同时傩戏表演中掺杂大量脏话与荤话，究其目也在于驱邪祈福。

（东海岸别神祭中）的傩戏不是单纯为了取悦观众，而是因为这些村落历来有表演傩戏的传统。傩戏表演的目的是希望村里的年轻妇女能顺产，不要生出畸形儿或智障儿。也就是说，傩戏是一种驱邪的方式。[②]

要想赶走杂鬼邪神，只能用很难听的脏话才行，只有这样他们才会彻底离开，不再留恋。所以，我在表演中如果说很难听的话，各位在场的大婶大叔请一定给予理解。[③]

东海岸别神祭的傩戏演出由男巫与村民共同完成，男巫在与村民的互动中即兴发挥，村民也会积极回应。但随着时代的发展，东海岸别神祭的傩戏也在不断变化，比如赤脚医生改变为身着西服并带领着摩登女护士的现代造型，医疗道具也越来越现代化。另一方面，由于世袭巫数量的减少，傩戏中的登场人物也逐步减少。1977年韩国学者林在海教授挖掘的东海岸别神祭傩戏台词本（金石出藏）中共有两班、老太婆、京城小妹、马督子（两班的长子）、索弗里（两班的次子）、於豆伊（两班的三子）、医生、占卜盲人、巫师、老虎10个人物登场[④]，但现在两班的儿子减少到两个或一个，占卜盲人也很少登场，老虎只在个别村落登场。虽然登场人物、台词、道具都有所变化，但两班引发的妻妾争斗的故事内核却始终如一。

---

① 赵东一、林在海，《韩国口碑文学大系7-7》，韩国精神文化研究院，1981年，第228页。
② 2004年11月24日韩国民俗学者金信孝采访世袭巫金长吉的访谈内容（〔韩〕金信孝，《东海岸傩仪的变化样态与庆典性》，安东大学硕士学位论文，2006年，第21页）。
③ 2004年11月25日金长吉在蔚珍郡后浦面表演巫剧时的开场白（曹鼎铉，《东海岸别神祭巫业集团的特点与傩戏、送神巫剧的表现力》，《公演文化研究》2008年第17期）。
④ 赵东一、林在海，《韩国口碑文学大系7-7》，韩国精神文化研究院，1981年，第239—245页。

  2014年12月7日,笔者曾对釜山市海云台区青沙浦别神祭的傩戏进行过现场观察。青沙浦别神祭的主巫与竹边三里相同,都是金长吉带领的世袭巫集团。这次傩戏表演中共有"年老两班""老太婆""京城小妹""二愣子(两班与原配的儿子)""半吊子(两班与原配的儿子)""医生""护士"共七个人物登场,其中六人使用纸制面具,一人(护士)不佩戴面具。由于傩戏表演使用庆尚北道方言,笔者只能听懂傩戏的梗概,对细节把握不准确。韩国民俗学者李均玉曾对1995年蔚珍郡后浦面三栗别神祭的傩戏台词进行过系统整理与注释。1995年三栗别神祭与2014年青沙浦别神祭都是由金长吉为首的世袭巫集团主导,所以傩戏内容基本无异。只是1995年的傩戏演出中由于男巫人员不足,所以年老两班的儿子只有"二愣子(索弗里)"登场,2014年则有两个儿子"二愣子(索弗里)"与"半吊子(於豆伊)"共同登场。为相对准确地呈现东海岸别神祭傩戏的全貌,笔者将李均玉版本的傩戏台词进行翻译[①],抄录如下。

      京城小妹首先登场跳舞,年老两班紧跟着登场。京城小妹边跳舞边向年老两班撒娇。年老两班向仪式现场的祭官讨要来一张面额为1万的韩币,向京城小妹炫耀。京城小妹没有走向年老两班却朝场下的祭官跑去。这时年老两班开始与场下的男巫对话。

年老两班:我冠的前面写着士(与四谐音)大夫,后面写着八大夫。我来介绍一下我自己。我抛弃了老婆,娶了妓女京城小妹。

男 巫:啊?

年老两班:我厌倦了像蜘蛛网一样复杂乏味的生活,于是卖了家里的鸡,公鸡、母鸡、鸡仔,还有12个鸡蛋。换来的钱都给了京城小妹。

男 巫:原来是这样。

年老两班:之后,听说狗可以用来补身,所以我又卖了公狗、母狗。钱也都给了京城小妹。现在我就要和京城小妹过两人世界。剥了狗皮做长鼓,剥了牛皮做大鼓,打起沙长鼓一起跳舞吧。

      年老两班在场上尽情跳舞的时候,京城小妹再次上场跳舞。这时年老两班与原配的儿子二愣子(索弗里)从舞台另一侧上场。老头子

---

① 〔韩〕李均玉,《东海岸别神祭——庆尚北道蔚珍郡后浦面三栗别神祭/巫剧资料》,博而精,1998年,第183—217页。

与二愣子打完招呼,就驱赶二愣子离开。二愣子逃跑过程中,遇到京城小妹,于是开始撩拨她。年老两班赶紧跑来赶走二愣子,拉着京城小妹坐在舞台一边。这时老太婆头上顶着铁盆,手拄着竹棍,摇摇晃晃上场,走到舞台中央时摔倒,盆里的食物全部洒落。

老 太 婆:哎哟,这可怎么办呢?好不容易给我儿子二愣子找来的食物全都洒了。我怎么突然尿急。

祭官将一个塑料瓢递给老太婆,老太婆从旁边的水瓶中把水倒进瓢里。之后把屁股朝向观众,脱下红色大短裤,开始佯装小便。之后将瓢中的水朝观众撒去。观众大笑。

老 太 婆:唉,我是二愣子的娘,我家老头子被京城小妹给迷住了,整天围着她转。我一个人已经找了我们家老头子三年了。怎么这么痒啊?

老太婆开始抓挠自己,抓虱子。

男   巫:是不是衣服很长时间没洗了?

老 太 婆:(模拟抓虱子)是啊,这虱子都和豆子一样大。

男   巫:没有能换的衣服了吗?

老 太 婆:还是先抓痒吧。

于是把裙子撩起来,开始浑身抓痒,找虱子。

老 太 婆:喂!我都到这里了,我先说一下我可怜的身世吧。我家老头子冠前写着"士大夫",冠后写着"八大夫"。我们家老头子个子很高也很帅。我们的日子曾过得很好,像蜘蛛网一样密密实实。但是后来我们家老头子迷上了京城小妹,于是把公狗、母狗、狗仔12只都卖了,公牛、母牛、牛仔也卖了,公鸡、母鸡、鸡仔、鸡蛋也卖了,钱都给了京城小妹。哎呀,我的命太苦了,我走了啊。

老太婆说完,开始唱下面的歌词:

> 哎哟,我的命真苦!
> 哎呀,我的八字真苦!
> 什么人的八字好?
> 高台广室住好房,
> 富贵功名如泰山。
> 我这女人的八字,
> 到底是什么八字?

     钱财没了,老伴也走了。

     还被儿子赶出来。

     老头子,老头子,

     不要扔下我,我好想你啊。

  老太婆唱完,跑到观众中间,狠狠地假装擤鼻涕。观众大笑。

老 太 婆：唉,太郁闷了。我们家老头子被京城小妹迷走了。没了我家老头子,我也活不下去。

男　　巫：那就赶快找一下。

老 太 婆：我听说今天这里搞别神祭,就专门过来看看。这里有比我老头子更好的男人。(对着祭官说)这个人不错,来,过来一下。这个人比我家老头子强很多啊。

  祭官上台后,老太婆将祭官压倒在地,模拟性行为。观众哄堂大笑。

老 太 婆：(问祭官)好不好?

祭　　官：(很为难地说)好。

老 太 婆：好的话,赶紧掏钱吧。(于是拿着瓢向祭官讨要1万韩币。)

男　　巫：这么便宜吗?

老 太 婆：唉,真郁闷。我就只值这点钱吗?(说完伴装很生气,把瓢扔在地上。之后又重新捡起,走到舞台中央。)

老 太 婆：现在好很多了,我得找一下我儿子。儿子啊——

二 愣 子：(从观众席登场)找我干吗?

老 太 婆：儿子,好久不见你。你去哪了?

  老太婆与儿子二愣子见面后,在乐器伴奏下跳一段舞。

老 太 婆：儿子,你有没有见你父亲?

二 愣 子：刚见过了,他和京城小妹在一起呢。

老 太 婆：他们在一起?我一听到京城小妹的名字就浑身不舒服。儿子,如果京城小妹和你父亲一起生活了,你就和娘一起生活,好吗?

二 愣 子：不!

老 太 婆：唉!儿子,我的拐杖呢?

男　　巫：我刚看见京城小妹和你家老头子在那边一起玩呢。你透过窗户往里面看看。

  老太婆跟儿子二愣子两人同时弯腰从腿中间往里面看。观众爆笑。

之后,老太婆、京城小妹、老头子、二愣子四人厮打在一起。老头子摔倒在地。

男　　巫：老头子摔倒了!
老 太 婆：气死了。
京城小妹：(边哭边跑向老头子)老头子,老头子。
老 太 婆：都怪你,我们家老头摔倒在地。

老太婆和二愣子坐在老头子右边,京城小妹坐在老头子左边。

老 太 婆：哎呀,我们家老头子,你把我扔下跑去哪里了?(说完开始抚摸老头子,旁边的京城小妹开始哭。)
男　　巫：你们不要只是哭,山那边有个不错的医生,快去请吧。

二愣子去找医生。一位穿着现代装的护士手拿一根竹棍领着医生上场。医生手拿酒瓶醉醺醺登场。

老 太 婆：这个医生怎么像个酒精中毒者啊?
医　　生：你不要啰嗦。我以前打鱼的时候只喝烧酒,现在生活水平提高了,改喝啤酒了。你们赶快拿点下酒菜来。

观众端上下酒菜,并放到医生嘴里。

医　　生：大家看看,我们的护士漂亮吧。这是刚来的护士。这里怎么这么吵,谁摔倒了?
老 太 婆：我家老头子摔倒了,快来诊一下。快救救我们家老头子。

医生把手上的酒杯当作听诊器,开始在老头子身上来回晃动。观众大笑。

老 太 婆：你这听诊器挺好的,哪里制造的啊?
医　　生：这是英国造的。(说完将酒杯放在老头子的生殖器上说)这里是活的,其他地方都是死的。
老 太 婆：太好了。
医　　生：看来得打针才行。对了,你们有医疗保险卡吧?
老 太 婆：我们没有医疗保险卡。
医　　生：那不行,那样的话我们不能给你们打针。你们吃药吧。(对护士说)快拿药来。这个护士小妮子,怎么教都学不会。你们没去医院治过病吗?得坐着治疗。

于是医生骑到平躺在地的老头身上。

医　　生：(给老头子的胳膊上抹药)怎么这么多皱！(对护士说)赶紧打针！

护士把一次性的木筷放到酒瓶中当作注射器,开始在老头子胳膊上模拟打针。观众见此哄堂大笑。

医　　生：(对护士说)把营养液拿来。

护士从身后背的儿童书包里面拿出一个啤酒瓶,瓶里放着一根系着线的筷子,以此来表示营养液。医生看到酒瓶里还剩几滴酒,就拿起来喝掉。

医　　生：现在没有办法了,救不活了。整个朝鲜半岛没有比我医术更好的人了,你们只能请巫师来作法赶走"客鬼"了。这个老头子是因为吃了鳐鱼又吃鲨鱼所以得了病。只能靠巫师救了。

巫女从观众席走上舞台唱巫歌,年老两班、老太婆、京城小妹、二愣子、医生一起跳舞。

图72—图79是2014年12月7日晚青沙浦别神祭傩戏演出时笔者拍摄的现场照片。

图72　老头子与京城小妹共舞

图73　两个儿子与父亲相遇

图74　老太婆找祭官做临时伴侣

图75　老太婆与两个儿子相逢

图76 医生诊治昏迷的老头子

图77 巫女吟诵巫歌救活老头子

图78 傩戏结束后参演人员共舞

图79 活跃的现场气氛

第五节 东海岸别神祭的庆典开发

1995年,韩国正式实行地方自治制度,地方分权与均衡发展成为时代主流。各地方政府在财政基础薄弱的现实下,为发展地区经济、提升地区形象,开始大力开发资金投入少的民俗文化旅游业。21世纪初韩国国家主导的近代化以及新自由主义的世界化过程中,农渔业不断被边缘化,国家的涉农政策逐渐由强调农渔业生产转向重视农渔村空间的多元开发。于是,2002年农林部海洋水产部开始推出"创建渔村体验观光村事业",渔村的民俗文化成为资源开发的对象。2010年水协中央会推进"渔村传统文化再现事业",为别神祭、堂山祭、民谣等传统文化的传承与复原提供经费资助[①]。因此,信仰功能衰退的东海岸别神

---

① 〔韩〕李载弼,《丰渔祭》,国立无形遗产院,2014年,第25页。

祭逐渐转变为地区旅游庆典的开发对象,釜山"东三丰渔祭"就是代表性开发案例。

釜山"东三丰渔祭"也叫作"影岛丰渔祭"。原本釜山广域市影岛区东三村村民每隔数年才在阴历三月初二邀请世袭巫举行一次,持续时间为三天至七天,但现在调整为每年举办一次,持续时间缩短为一天。1962年韩国《水产业协同组合法》颁布后,东三渔村契开始掌握村落共同渔场的运营权,进而成为村内具有影响力的社会组织,也随之接管了丰渔祭的组织权。每年举行丰渔祭的前20天左右,渔村契成立以契长为首的"丰渔祭促进委员会",并召开会议商讨筹集资金、邀请巫师、发送邀请函、制作宣传标语等具体事宜。丰渔祭的筹备经费主要由地方政府的赞助费、渔民的个人捐资、渔村契的预支借款三部分组成。以2013年东三丰渔祭为例,当时影岛区政府出资300万韩元、水协中央会支援1 000万韩元、渔民捐资400万韩元、渔村契借款1 000万韩元,这部分费用主要用于巫师邀请费(600万韩元)、对外宣传费(250万韩元)、饮食及其他开支①。

2009年,东三渔村为入选国家的"故事村落"与"渔村体验示范村"计划,尝试将传统的别神祭仪式改造为吸引外地游客的庆典活动②。因而,丰渔祭活动现场除东海岸别神祭巫歌表演之外,还增加了农乐表演、传统文化体验、地区特产售卖等活动,为提高地区知名度,当地官员也被邀请到现场致辞。同时,为增强丰渔祭的旅游宣传效果,东三渔村契从2013年开始与被指定为"国家无形文化财第82号——东海岸别神祭"的艺能保有者金用泽与金英熙合作(图80③)。2014年东三渔村契换届后,新上任的渔村契长直接将丰渔祭的目标定位为"促进销售"与"地区宣传",大幅度调整丰渔祭活动内容,取消世袭巫的东海岸别神祭表演,搭建大型舞台邀请降神巫表演吸引眼球的上刀山仪式,人气歌手表演流行歌曲串烧等(图81④)。当年的东三丰渔祭吸引了大批外地游客,次年东三渔村也因而入选"国家(文化)体验与度假示范渔村"。

虽然经济效应与社会影响突出,但东三丰渔祭却因此从村落共同体的祈愿仪式彻底演变为娱乐至上的旅游庆典。这种庆典开发方式破坏了传统祭仪的神

---

① 〔韩〕金素炯,《东三丰渔祭》,国立海洋博物馆,2013年,第112页。
② 〔韩〕金正河,《渔村民俗传承中渔村契的作用与传承样态——以釜山庆南渔村与城市渔港为中心》,《韩国民俗学》2018年第67期。
③ 图80引用自国立海洋博物馆,https://blog.naver.com/museum4you/221202160421。
④ 图81引用自个人博客,https://blog.naver.com/hjkim1069/90193315530。

图80　2013年东三丰渔祭中的表演舞台　　图81　2014年东三丰渔祭的表演舞台

圣性与共同体性,因而引发了当地居民的不满。熟悉别神祭传统的村中老人指出:"这种庆典开发虽然阵势很大,但村民很难融入,无法产生情感共鸣。"① 随着东三村民不满情绪的不断积聚,2017年渔村契长换届选举中,老人支持的传统派代表当选新任契长。东三丰渔祭也随着新任渔村契长的上任,从2018年开始恢复2014年之前的丰渔祭传统,重新邀请东海岸世袭巫集团主导祭祀仪式。东三丰渔祭庆典开发的失败体现出"如何平衡对内的信仰性与对外的娱乐性是传统村落祭仪资源开发的难题"。

---

① 〔韩〕金正河,《渔村民俗传承中渔村契的作用与传承样态——以釜山庆南渔村与城市渔港为中心》,《韩国民俗学》2018年第67期。

第四章
巫师主导的集市型别神祭

集市型别神祭是圩市新建、圩日变更、市场宣传时,商人为繁荣市场、吸引顾客而邀请巫师进行歌舞娱神娱人的祭祀仪式①,以此为契机也会举行各种销售、竞技等活动。江陵端午祭②是韩国集市型别神祭的典型代表,也被视作韩国历史最悠久、规模最庞大的共同体祭祀仪式,因而历来是国内外学者关注的焦点。

"江陵端午祭"一词其实最早出现在1966年韩国民俗学者任东权编写的《重要无形文化财③指定资料(江陵端午祭)》中,是指端午节前后为祭祀大关岭城隍神与山神等而举行的乡土神祀④,以及在此期间举办的秋千、摔跤、体育竞技等各项活动⑤。这里所提及的端午节乡土神祀已于1909年终止传承。也就是说,今天所见的江陵端午祭是在20世纪60年代"无形文化财时代"背景下,韩国学者指导江陵本地政府和居民对中断50余年的江陵乡土神祀进行重构的产物。

20世纪90年代韩国正式实施地方自治制度,各地政府为发展经济、提高地区知名度,开始积极对地区民俗资源进行旅游开发。在这一趋势下,江陵本地学者

---

① 其间也会发生赌博、卖淫等行为([韩]曹鼎铉,《别神祭的传承力与祝祭性的演行原形》,安东大学博士学位论文,2007年,第58页)。
② 韩文标示为:"강릉단오제"。
③ 韩国《文化财保护法》中将文化遗产划分为"国宝,宝物,重要无形文化财,史迹,天然纪念物,名胜,重要民俗资料"7类。其中"宝物"是指国家重要的物质文化遗产;"国宝"是从"宝物"中筛选出的相对重要的物质文化遗产;"重要无形文化财"是指国家重要的非物质文化遗产(包括技艺传承人和传承团体);"史迹"是指人工建造的重要历史遗迹;"天然纪念物"是指重要动植物;"名胜"是指国家重要自然景观;"重要民俗资料"是指反映民众生活的重要生活资料(以上内容引用自[韩]朴东锡,《文化财保护法》,民俗苑,2005年,第22页。)
④ [韩]任东权,《重要无形文化财指定材料(江陵端午祭)》,1966年,第3页。
⑤ [韩]任东权,《重要无形文化财指定材料(江陵端午祭)》,1966年,第35页。

在任东权的文化复原基础上,展开了对江陵端午祭的历史舆论包装,随即"千年传承论"成为江陵端午祭的标志性宣传语的支撑。2005年江陵端午祭申遗成功后,"原形至上"的复原主义愈演愈烈。然而,新兴学者却发现江陵端午祭所谓的"文化原形"存在诸多理论上的矛盾,进而展开了对江陵端午祭原形的解构研究。

迄今为止,韩国学术界对江陵端午祭的研究大致经历了"复原开发—原形解构"两个阶段。经历了这两个阶段后,韩国学术界对江陵端午祭的认识逐步从本质论转向建构论。目前中国对江陵端午祭的研究大多集中于本质论的探讨层面,着重于对江陵端午祭传统性的解读[1],而对韩国兴起的江陵端午祭原形解构研究以及由此引发的学术界对江陵端午祭认识论的转变鲜有提及。笔者结合2015年对江陵端午祭的现场调研[2],从解构研究视角对江陵端午祭进行系统解析。

第一节　江陵端午祭的历史追溯

"江陵端午祭"的前身被认为是"大关岭山神祭"[3]。大关岭是江陵地区的主要山脉,也是韩国山峰最多的山脉,山神信仰盛行。但由于大关岭山神祭相关的文献资料稀缺,韩国学者们只能利用文献碎片尝试拼凑这一祭仪的历史面貌。《高丽史》《惺所覆瓿藁》《临瀛志》等资料中的零星记录经常被用来解读大关岭山神祭的历史缘起。

《高丽史》是朝鲜前期曾担任领议政的郑麟趾于1451年编修完成的史书,其中卷92列传卷5"王顺式"条中记有(图82—85[4]):"太祖讨神剑,顺式自溟州率其兵会战破之,太祖谓顺式曰,朕梦见异僧领甲士三千而至,翼日卿率兵来助是其应也,顺式曰臣发溟州至大岘,有异僧祠,设祭以祷,上所梦者必此也,太祖异

---

[1] 这类研究有贺学君,《韩国江陵端午祭考察》,《民族遗产》2008年第一辑,第228—233页;张国强,《韩国江陵端午祭研究》,《湖北民族学院学报(哲学社会科学版)》2009年第5期,第58—61页;陈媛、刘畅,《韩国江陵端午祭的文化内涵》,《文化遗产》2015年第3期,第26—31页。
[2] 2015年韩国江陵端午祭由于中东呼吸综合征的影响取消了公开的庆典活动,但是仍然举行了封闭式内部发表会。发表会参与人员仅限于相关工作人员、江陵市政人员、文化财厅调查人员、地区记者以及高校调研人员,所有参与人员需办理出入证,经过测体温,佩戴口罩后方能入场。
[3] 金善丰、金京南的《江陵端午祭研究》,宝库社,1998年,第9页。
[4] 图82—85是现藏于加州大学伯克利分校东亚图书馆的版本,其电子版在韩国高丽大学海外韩国学资料中心可以查询,查阅时间:2021年10月6日,查阅地点:首尔大学比较文化研究所;查询网址:http://kostma.korea.ac.kr/dir/list?uci=RIKS+CRMA+KSM-WU.0000.0000-20090713.AS_BC_015。

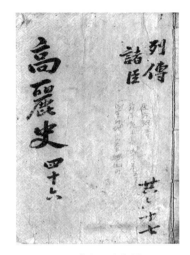

图82 《高丽史》封面

勝太祖喜謂元甫守卿曰臣兄守文見爲元
尹而臣位其上寧不自愧遂并爲元甫勃城
之役太祖被圍賴守卿力戰得出又從太祖
討神劒後定役分田視人性行善惡功勞大
小給之有差特賜守卿田二百結定宗初卽
位削平內難守卿功居多尋轉大匡光宗十
王年予佐丞承位承景大相承禮等被讒下
獄守卿憂恚而卒後累贈司徒三重大匡
王順式
李忩言 堅金 尹瑄
興達 善弼 泰評

图83 “王顺式”条之一

王順式溟州人爲本州將軍久不服太祖患
之侍郎權說奏曰父而詔子兄而訓弟天理
也順式父許越今爲僧在內院宜遣往諭之
太祖從之順式遂遣長子守元歸款賜姓王
仍賜田宅又遣子長命以卒六百入宿衛後
與子弟率其衆來朝賜姓王拜大匡長命賜
名廉拜元甫小將官景亦賜姓王授大丞太
祖討神劒順式自溟州率其兵會戰破之太
祖謂順式曰朕夢見異僧領甲士三千而至

图84 “王顺式”条之二

翼日卿率兵來助是其應也順式曰臣發溟
州至大峴有異僧祠設祭以禱上所夢者必
此也太祖異之又有李忩言堅金尹瑄興達
善弼泰評等皆歸附太祖李忩言史失世系
新羅季保碧珍郡時群盜充斥忩言堅城固
守民賴以安太祖遣人諭以共戮力定禍亂
忩言奉書甚喜遣其子永率兵從太祖征討
永時年十八太祖以大匡思道貴女妻之拜
忩言本邑將軍加賜傍邑丁戶二百二十九

图85 “王顺式”条之三

之。”这段记录中将军王顺式在溟州（江陵的旧称）的僧祠“设祭以祷”，被视为“大关岭山神祭”的雏形。韩国学者推测这里的“僧”是指新罗时期江陵出身的“通晓大师”，即“梵日国师”[①]。

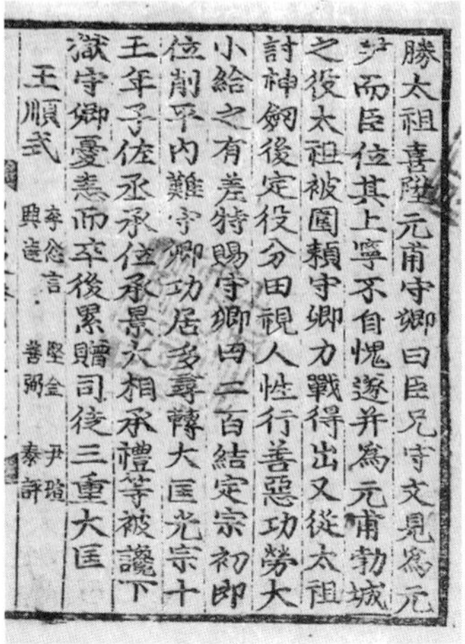

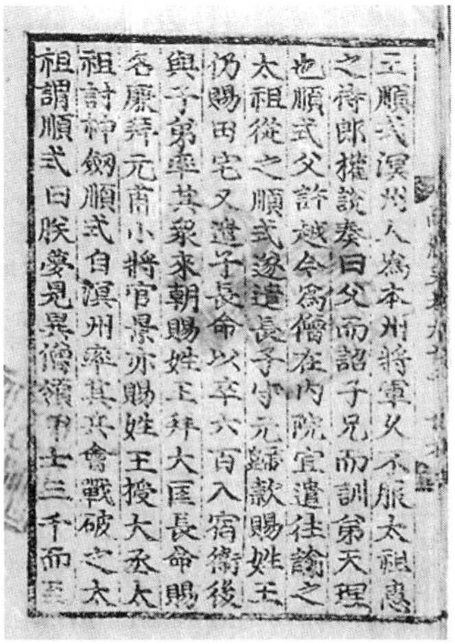

① 金善丰的《江陵端午祭实测调查报告书》（文化财管理局，1994年，第18—19页），金善丰、金京南的《江陵端午祭研究》（宝库社，1998年，第38页），李奎大的《江陵国师城隍祭与乡村社会的变化——以乡吏层的弥陀契为中心》（《历史民俗学》1998年第7期）中有这种论述。

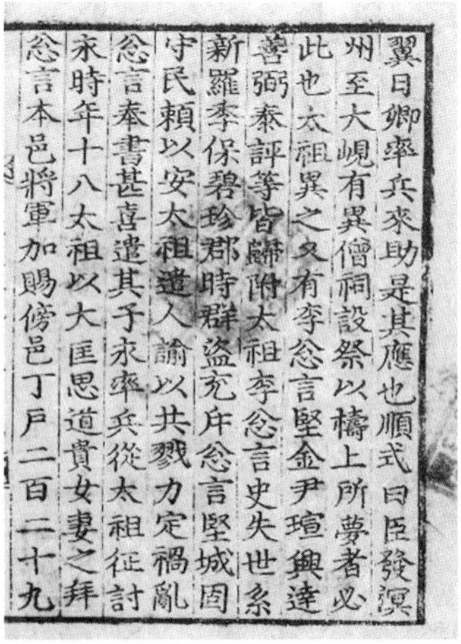

图86 《惺所覆瓿藁》封面　　图87 《大岭山神赞并序》之一　　图88 《大岭山神赞并序》之二

　　《惺所覆瓿藁》(图86—88[①])是朝鲜中期1611年文臣许筠在官场受挫期间撰写而成的文集,包括诗部、赋部、文部、说部四个部分。在文部有一篇名为《大岭山神赞并序》的文章,其中记述了1603年许筠亲历大关岭山神祭的见闻。文中描述的大意为:金庚信将军因平定高句丽与百济而战功显赫,死后成为大岭神,因其灵验,城邑之人每年五月初一用幡盖香花将其从山中迎请至溟州府司,如果神高兴则幡盖常立,预示当年为丰年;神怒则幡盖倒地,预示当年有天灾。这一记录中将五月大关岭山神祭的祭祀对象描述为新罗将军金庚信,并没有提及"梵日国师"。

　　《临瀛志》(图89—91[②])是朝鲜王朝正宗时期(1788)编纂而成的介绍江陵地区风土人情的古籍,作者不详。书中记有"大关山神塔山记载:王顺式从高丽太祖南征时,梦僧俗二神率兵来救,觉而战捷,故祀于大关至于今致祭"。据此

---

① 图86—88是日本京都大学所藏的《惺所覆瓿藁》版本,其电子版在韩国高丽大学海外韩国学资料中心可以查询,查询地址:http://kostma.korea.ac.kr/dir/list?uci=RIKS+CRMA+KSM-WC.0000.0000-20180331.KY_W_641,查询时间:2021年10月6日,查询地点:韩国首尔大学比较文化研究所。
其内容如下:岁癸卯夏 余在溟州 州人将以五月吉迓大岭神 问之首吏曰 神即新罗大将军 金庚信也 公少时 游学于州 山神教而剑术 铸剑于州南禅智寺 九十日而出诸炉光耀夺月 公佩之 怒则跃出韬中 以之灭丽平济 死而为岭之神 至今有灵异 故州人祀之 每年五月初吉 具幡盖香花 迎于大岭 奉置于府司 至五日 陈杂戏以娱之 神喜则终日盖不俄仆 岁辄登 怒则盖仆 必有风水之灾 余异之 及期往肩之果不俄仆 州人父悉驱呼讴歌 相庆以忭舞。
② 图89—91是现在能找的资料,为1933年日本人浇泽诚整理的版本《临瀛志》(修增版),该版本现保存在江陵古迹会,电子版可以查阅,查阅时间:2021年10月6日,查阅地点:首尔大学比较文化研究所,查阅网址:https://www.nl.go.kr/NL/contents/search.do?isMobile=false&innerYn=false#!。

图89 临瀛志封面　　　图90 山神祭记录之一　　　图91 山神祭记录之二

记载,高丽太祖(877—943)时期将军王顺式因感激"僧俗"二人梦中的搭救之恩,而开始在"大关"举行祭祀。韩国学者推测这里的"僧"是指"新罗下代通晓大师",即"梵日国师";"俗"则是指"新罗时期的金庾信将军"①。但在《临瀛志》记录的城隍祠供奉的11个神灵牌位中却既没有"国师城隍堂",也没有"梵日国师"②。

根据这些前后不一、支离破碎的零星记录,任东权、金善丰、张正龙等韩国学者建构起江陵端午祭源于高丽时期的"千年传承论"。但这种观点值得商榷,因为没有资料可以证明《高丽史》中提及的"僧"与江陵端午祭中主神"梵日国师"是同一人。就连致力于江陵端午传统性与持续性研究的江陵本土学者黄缕诗在2012年发表的文章中也指出"高丽时期没有文字记录能直接证明当时已存在江陵端午祭"③,民俗学者南根佑则公开质疑江陵端午祭千年传承论的合理性④。

---

① 金善丰的《江陵端午祭实测调查报告书》(文化财管理局,1994年,第18—19页),金善丰、金京南的《江陵端午祭研究》(宝库社,1998年,第38页),李奎大的《江陵国师城隍祭与乡村社会的变化——以乡吏层的弥陀契为中心》(《历史民俗学》1998年第7期)中有这种论述。
② 《临瀛志》的"坛庙一节中记录有城隍祠供奉的牌位为'城隍之神、松岳之神、太白大王神、南山堂帝形太上之神、城隍堂德慈母王之神、新罗金庾信之神、江门开城夫人之神、绀岳山大王之神、神堂城隍之神、新罗将军之神、草堂里夫人之神'"等11个(《临瀛志》(修增版),第38—39页)。
③ 〔韩〕黄缕诗,《江陵端午祭传承的相关研究》,《人文学研究》2012年第17期。
④ 〔韩〕南根佑,《民俗的文化财化和观光化以江陵端午祭的folklorism研究为中心》,《韩国民俗学》2006年第43期。

在文献资料缺乏的情况下,江陵地区的民间传说成为阐释江陵端午祭历史起源的重要依据。"金庾信传说""梵日国师传说""女城隍传说"被视为江陵端午祭的"三大起源传说",成为韩国学者建构江陵端午祭"山神、城隍神、女城隍神——三神祭仪"的理论基石。三个民间故事的梗概如下:①

金庾信传说:新罗将军金庾信小时候,曾在溟州(江陵的旧称)游学,并向大关岭山神学习剑术。他在江陵南部的禅智寺铸造出一把宝剑,之后使用这把宝剑消灭了百济与高句丽,统一了新罗。金庾信死后成为保护江陵地区的山神。壬辰倭乱时期(1952—1958),金庾信使用法术将大关岭与松亭的竹子都化身为兵士,吓退了前来入侵的倭寇。(山神造型见图92②)

图92　大关岭山神画像

梵日国师传说:从前家住溟州郡邱井面鹤山村的一位未婚姑娘,清晨去泉眼取水。姑娘拿水瓢舀起泉水一看,发现水瓢中浮起一个太阳,于是将水洒掉重新舀起,里面仍然有一个太阳。姑娘虽觉得奇怪,但还是把水喝了下去。这件事过后,姑娘就有了身孕,十月怀胎生下男婴。

但家人觉得女儿未婚生子有辱家门,所以偷偷将男婴用棉布包裹后扔到了后山的鹤岩洞中。姑娘产后醒来发现孩子不见了,于是来到鹤岩洞中寻找。姑娘原本以为孩子肯定已经冻死或是被猛兽吃掉,但出乎意料地发现一只仙鹤用翅膀拥抱着婴儿并将一颗红色的小宝珠放入婴儿口中。姑娘看到这一幕明白这孩子不是凡人,于是领回家中细心抚养。孩子逐渐长大才智过人,家人便将其送到京城学习。少年学习用功,最终成为一代国师,名声远扬。

梵日国师曾生活在江陵,战乱时曾运用法术击退敌人,他在家乡传播佛法,死后成为大关岭城隍神。据说梵日国师回到家乡鹤山村时,曾将手中的拐杖扔出,拐杖落地的地方后来建成了"寻福寺"。梵日国师死后安葬的地方也被建成

---

① 〔韩〕文化财管理局,《江陵端午祭实测调查报告书》,文化财管理局,1994年,第18—19页。
② 图92是笔者2015年6月19日拍摄的悬挂于江陵大关岭山神堂中的神像。

图93 大关岭城隍神像

图94 大关岭女城隍神像

崛山寺。民间也把梵日国师称作"泛日国师",就是因为他的母亲因为喝了泛有太阳的水而生育了他。(城隍神造型见图93①)

女城隍传说:从前生活在江陵的郑氏家中有一个待嫁的女儿。一天晚上,郑氏夫妇梦到大关岭城隍神要娶他们的女儿为妻。郑氏夫妇不希望女儿嫁给神灵做妻子,所以拒绝了这一请求。但有一天,女儿梳妆整齐坐在门外的地板上,一只老虎突然出现把女儿背走了。据说老虎是城隍神派来的使者,城隍神将郑氏之女娶为妻子。失去女儿的郑氏夫妇赶忙跑到大关岭国师城隍祠,这时才发现女儿呆呆地站在城隍神像旁边。原来,女儿的魂魄已被城隍神带走,只留下如石碑般无法移动的躯壳。郑氏夫妇无奈,只好请画师将女儿的容貌临摹下来,再将女儿的画像贴在城隍神像旁边,这才将女儿的尸体搬走。因为老虎背走郑氏之女的日期是阴历四月初五,所以现在在这一天要去大关岭的城隍庙把城隍神请到洪济洞的女城隍祠,让夫妇二人合祀。(女城隍造型见图94②)

然而这三个起源传说同样受到后来学者的质疑。首先金庾信山神和梵日国师城隍神的设定缺乏支撑资料。1603年许筠的《惺所覆瓿藁·大岭山神赞并序》中曾明确指出大关岭山神是金庾信,却并未提及梵日国师③;1788年编写而成的《临瀛志》中只提及"僧俗"两人,并没有指出人物的具体身份;1931年村

---

① 图93是笔者2015年6月19日拍摄的悬挂于江陵大关岭城隍神堂中的神像。
② 图94是笔者2015年6月20日拍摄的悬挂于江陵洪济洞女城隍神堂中的神像。
③ 〔韩〕任东权,《重要无形文化财指定材料(江陵端午祭)》,1966年,第14页。

山智顺编写的《部落祭》中提及大关岭山神是梵日国师[①],却并未提及金庾信。对于大关岭山神身份的两种不同记录,任东权根据"当地老人的说法,认定梵日国师是国师城隍神,金庾信是山神"[②],但是对提供此信息的老人个人信息没有注明。张正龙试图完善任东权的主张,于是提出"在朝鲜时代江陵端午祭主神发生了由金庾信向梵日国师更替的现象"[③],但对此结论张正龙自己也表示"对于发生更替的准确时间和理由无从得知"[④]。

2013年沈亨俊通过对江陵端午祭(包括与大关岭山神有关)相关的19种资料[⑤]进行分析后,指出大关岭山神之所以出现金庾信和梵日国师两种不同的记录是因为记忆误区。19世纪末的甲午改革和20世纪初的日本侵略使韩国社会动荡,大关岭山神祭被迫中断,之后很长时间内山神祭只能依靠口口相传,在这一口头传承中发生记忆误区[⑥]。然而这种由记忆误区形成的两个不同版本,却在"20世纪初文化学者在现场调研时对调查对象(江陵本地居民)的引导(或者说暗示)"[⑦]下,达成"和解"。所以沈亨俊指出没有资料能确定大关岭山神的真正身份,而今天所谓的"金庾信山神"和"梵日国师城隍神"的说法很大程度上是韩国学者文化干预的产物[⑧]。

其次女城隍传说同样被证明是学者"文化再创造"的产物。据张正龙查证,女城隍传说最早出现在1966年任东权的《指定资料》中[⑨],对于这个传说的来源任东权没有提及。然而,南根佑通过对1966年以前江陵端午祭相关资料的考察发现,女城隍传说是任东权在江陵当地"虎患传说"基础上二次加工的产物[⑩]。1966年之前,江陵本地的虎患传说中并不存在婚配内容。1928年秋叶隆编写的

---

① 朝鲜总督府,《部落祭》,朝鲜总督府,1931年,第62—63页。
② 〔韩〕任东权,《重要无形文化财指定材料(江陵端午祭)》,1966年,第15—16页。
③ 〔韩〕张正龙,《江陵端午祭现场论探究》,国学资料院,2007年,第28页。
④ 〔韩〕张正龙,《江陵端午祭现场论探究》,国学资料院,2007年,第25页。
⑤ 〔韩〕沈亨俊,《江陵端午祭主神交替问题的相关研究——围绕泛日国师的出现问题》,《历史民俗学》2013年第43期,第266页。
⑥ 〔韩〕沈亨俊,《江陵端午祭主神交替问题的相关研究——围绕泛日国师的出现问题》,《历史民俗学》2013年第43期,第292页。
⑦ 〔韩〕沈亨俊,《江陵端午祭主神交替问题的相关研究——围绕泛日国师的出现问题》,《历史民俗学》2013年第43期,第293页。
⑧ 〔韩〕沈亨俊,《江陵端午祭主神交替问题的相关研究——围绕泛日国师的出现问题》,《历史民俗学》2013年第43期,第293页。
⑨ 〔韩〕张正龙,《江陵端午祭现场论探究》,国学资料院,2007年,第132页。
⑩ 这里的相关资料主要有《部落祭》《生活状态调查江陵郡》《朝鲜民俗志》等(南根佑,《韩国民俗学再考》,民俗苑,2014年,第258—269页)。

江陵端午祭调查报告中这样描述:"4月15日大关岭迎神队伍到达江陵邑入口时,某户人家会在门前准备祭品,听说以前这户人家的女儿被老虎叼走,为了防止虎患再次发生,所以每年都准备祭品献祭。"①

1966年任东权现场调研时采访车亨元(后被认定为江陵端午祭的艺能保有者)的录音资料中也有这样的内容:"江陵的崔准执一家每年4月15日都会蒸几斗米的年糕作为祭品摆放在院内的祭桌上,待城隍神经过时进行祭拜,据说这户人家之前发生过虎患。"②这样只包含虎患内容的传说在1966年任东权的《指定资料》中发展成为以男女城隍婚配为主要内容的"女城隍传说"。而任东权之所以如此调整,是为了让1966年江陵端午祭中新出现的(五月三日)日程有一个看似合理的民俗解释(具体原因在后文"原形解构"部分详述)。

第二节　江陵端午祭的复原开发

江陵端午祭前身的"大关岭山神祭"或叫作"大关岭国师城隍祭",在19世纪末20世纪初消失。日本学者秋叶隆1928年在江陵实地调查"大关岭山神祭"时,指出1894年甲午更张时期山神祭就已经中断③;韩国汉学者沈一洙(号逊湖,1877—1952)编写的《逊湖遗稿》中记载:"隆熙三年(1909)乙酉五月端午迎大关岭国师城隍神巫觋始废日人禁之也。"④

1920年以后日本殖民政府出于对华备战的需要,在朝鲜半岛推行"强健体魄"的文化政策⑤,于是各地积极筹办"端阳运动会"。江陵地区也从1925年开始,于每年阴历五月三号在南大川江边举办包括足球、摔跤、田径、荡秋千等项目在内的"端阳运动会"。虽然江陵"端阳运动会"与1909年之前存在的大关岭祭祀在举办时间上相似,但活动性质已完全不同。

1930年朝鲜总督善生永助主编的《江陵生活状态调查》中曾明确指出:"传统的江陵端午节赛神活动被视为迷信早已消失,现在剩下的只是

---

① 〔日〕秋叶隆,《朝鲜民俗志》,六三书院,1954年,第164—165页。
② 〔韩〕张正龙,《江陵端午祭现场论探究》,国学资料院,2007年,第471页。
③ 〔日〕秋叶隆,《朝鲜民俗志》,六三书院,1954年,第163页。
④ 〔韩〕金京南,《江陵端午祭仪研究》,曎园大学博士学位论文,1996年,第41页。
⑤ 〔韩〕金澜珠、宋载勇,《日据强占期乡土娱乐振兴政策和民俗游戏的展开样态》,《比较民俗学》2011年第44期。

'端午'一个名称而已,此时举办的运动会吸引了附近众多村民,成为一年中最热闹的时候。"① 韩国摆脱日本殖民统治后,江陵"端阳运动会"被保留下来,后于1954年更名为"江陵端阳节",并在以往的运动项目以外,增加了"丰年赛神"这项巫俗仪式②。

朝韩战争结束后社会趋于稳定,韩国政府开始着手文化抢救和保护工作,采取了一系列措施,如1958年举办全国民俗艺术竞演大会,1961年设立文化管理局(2004年更名为文化财厅),1962年颁布《文化财保护法》,1964年成立文化财委员会等。面对日本殖民时期大部分已经传承中断的民俗活动,文化财委员会派遣委员到全国各地发掘有价值的民俗文化。1966年,时任文化财委员会委员的任东权开始对江陵端午祭开展调研和复原工作③。为确保江陵端午祭能成功申报为国家重要无形文化财,江陵本地政府对1966年的江陵端午活动做出了一定的调整:一是将从1954年开始沿用的"江陵端阳节"更名为"江陵端午祭";二是在文化财委员崔常寿和任东权的建议下,在端午活动中首次添加了"大关岭城隍赛神"和"官奴假面剧"表演④。任东权完成调研后于1966年8月向文化财委员会提交了《指定资料》⑤,经文化财委员会审议通过后,"融乡土神祀、巫俗、假面剧于一体"的江陵端午祭于1967年1月被指定为国家重要无形文化财第13号⑥。

20世纪90年代初韩国实行地方自治后,江陵地方政府开始对江陵端午祭进

---

① 朝鲜总督府编,江陵文化院译,《江陵生活状态调查》,江陵文化院,2002年,第180页。
② 〔韩〕南根佑,《民俗的文化财化和观光化以江陵端午祭的folklorism研究为中心》,《韩国民俗学》2006年第43期。"端阳运动会"的韩文标示为"단양운동(대)회";"端阳节"的韩文标示为"단양놀이";"丰年赛神"的韩文标示为"풍년굿"。
③ 〔韩〕任东权,《江陵端午祭的无形文化财指定经纬》,《江原民俗学》2002年第16期。
④ 〔韩〕南根佑,《民俗的文化财化和观光化以江陵端午祭的folklorism研究为中心》,《韩国民俗学》2006年第43期。
⑤ 《指定资料》的主要内容包括以下几个方面:一、重要无形文化财指定理由书;二、江陵的地理条件和历史背景;三、江陵端午祭的由来和传说;四、江陵端午祭的遗址;五、江陵端午祭(名称、执行部署和人员、祭日程和祭仪、陈设、笏记祝文、祭费调费);六、江陵端午祭的巫文;七、江陵端午祭的官奴假面剧;八、江陵端午祭的禁忌;九、江陵端午祭的保有者:祭官金信默(73岁)、官奴假面剧车亨元(79岁)和金东夏(84岁),巫女张大渊(88岁),别添(江陵端午祭关系写真帖、江陵端午祭巫歌录音)。(〔韩〕任东权,《重要无形文化财指定资料(江陵端午祭)》,1966年,第1—98页。)
⑥ 任东权1966年8月向文化财厅提交了《重要无形文化财指定资料(江陵端午祭)》,但当年文化财厅审议时,委员们都肯定江陵端午祭的历史价值与艺术价值,但是因为是巫俗信仰,所以未被通过;经过努力说服后,第二年(1967年)才被认定为无形文化财(任东权,《江陵端午祭的无形文化财指定经纬》,《江原民俗学》2002年第16期)。

行旅游开发。为此,1993年江陵端午祭主管机构(江陵端午祭委员会)进行了改革,专门设立宣传部门加大江陵端午祭的对外宣传[①]。此后,1994年江陵端午祭被选定为"韩国十大代表性庆典"之一,2000年被选定为韩国申报联合国非物质文化遗产国内候选项目。与此同时,江陵本地学者积极开展对江陵端午祭历史性的发掘和包装,2000年开始此前很少出现的江陵端午祭"千年传承论"被广泛用于江陵端午祭的对外宣传[②]。

尽管"千年传承论"在学术论证上缺乏资料支撑,然而在江陵端午祭的申遗过程中,由于江陵本地学者的反复强调和相关媒体的高调宣传,这一说法逐渐在韩国国内成为"通说"。特别是2005年在中韩端午节争议之中,江陵端午祭申遗成功后,江陵端午祭的"千年传承论"正式成为"既定历史事实"[③]。南根佑曾敏锐地指出:"江陵端午祭的千年传承论是学者创作出的产物,强调历史性的学者却人为创作历史,不得不说是一种历史的讽刺。"[④]也因此,以南根佑为代表的学者开始解构江陵端午祭的文化原形。

第三节　江陵端午祭的文化原形

1966年民俗学者任东权向文化财委员会提交的《重要无形文化财指定资料(江陵端午祭)》,在1967年1月江陵端午祭被指定为国家重要无形文化财第13号后,逐渐固化为"文化原形"。笔者结合2015年的现场调研[⑤]与江陵端午祭的相关现场报告[⑥],对江陵端午祭文化原形的现场传承进行梳理。

---

① 〔韩〕金京南,《江陵端午祭的发展过程和现状》,《民俗学术资料丛书——岁时风俗9》,我们的庭院出版社,2001年,第162页。
② 〔韩〕南根佑,《民俗的文化财化和观光化以江陵端午祭的folklorism研究为中心》,《韩国民俗学》2006年第43期。
③ 〔韩〕南根佑,《民俗的文化财化和观光化以江陵端午祭的folklorism研究为中心》,《韩国民俗学》2006年第43期。
④ 〔韩〕南根佑,《民俗的文化财化和观光化以江陵端午祭的folklorism研究为中心》,《韩国民俗学》2006年第43期。
⑤ 2015年的江陵端午祭仪式受中东呼吸征的影响,仪式规模大幅缩小,原定设在南大川的巫仪会场改设在洪济洞的女城隍堂前面,市内巡游环节取消,日程也进行了压缩。
⑥ 参考的相关调查报告主要有:文化财管理局的《江陵端午祭实测调查报告书》(文化财管理局,1994年),国立文化财研究所的《重要无形文化财第13号——江陵端午祭》(界闻社,1999年),郑镐敦的《江陵端午祭白书》(江陵文化院,1999年),张正龙的《江陵端午祭》(集文堂,2003年)。

上篇　韩国傩文化的现场研究

（一）江陵端午祭的仪式构成

1966年复原后的江陵端午祭主要分为：酿造神酒—大关岭山神祭—大关岭国师城隍祭—邱山里城隍祭—鹤山里城隍祭—奉安祭（大关岭国师女城隍祭）—迎神祭与国师城隍巡游—朝奠祭—巫俗祭仪—烧祭送神等10个环节。

1. 酿造神酒

"酿造神酒"也叫作"神酒谨酿"①，是指祭官精心酿制端午节献祭神灵的米酒。酿造神酒仪式原本于阴历三月二十日在七事堂（图95②）举行，现在仪式简化，大多由指定祭官于大关岭山神祭（阴历四月十五日）的7天前在家中自行酿制。正式的酿造神酒仪式中，祭官们沐浴斋戒穿着礼服与巫女在七事堂会合，首先由巫女表演不净巫歌，净化周边环境，祈祷酿酒仪式成功；之后祭官们使用政府提供的大米、酒曲、松叶等原料酿制浊酒（图96③）。酿制完成后将酒坛封存发酵，待端午祭祀时使用。

2. 大关岭山神祭

大关岭山神祭于阴历四月十五日在大关岭的山神堂举行。大关岭海拔高约870米，地势险峻，山神堂与城隍祠就坐落其中。山神堂在城隍祠的东北方向，相距约40米，是一间悬挂有"山神堂"牌匾的红色庙舍，舍内祭桌上摆放着"大

图95　江陵市区七事堂

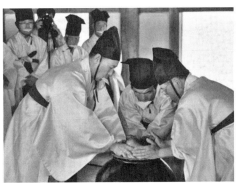

图96　酿造神酒场面

---

① "神酒谨酿"的韩语标示："신주근양"。
② 图95是2015年6月18日笔者调研江陵端午祭时拍摄。
③ 图96是2018年江陵端午祭酿制神酒的场面，此图片来源于：https://blog.naver.com/sniper98/221288852493。

97

图97　大关岭山神堂　　　　　　　　图98　大关岭山神祭

关岭山神之位"的牌位,牌位后悬挂着山神画像(图97①)。阴历四月十五日早上,由初献官、亚献官、终献官组成的祭官队伍,准备好米饭、牛肉、海鲜等祭品,在山神堂门前举行儒家式祭礼。祭礼过程主要包括:行参神礼、行奠币礼、行初献礼、行望燎礼、行辞神礼(图98②)③。这一过程中诵读如下祝文④:

维岁次　某年干支　四月　干支朔　十五日　干支　某官　某　敢昭告于
大关岭山神之神　伏惟尊灵　重镇大东　保佑我人　周非神功
出云兴雨　除恶去灾　永言报祀　求福不回
谨以清酌　脯醢祗荐　于神　尚飨

3. 大关岭国师城隍祭

大关岭国师城隍祭也于阴历四月十五日上午举行,时间紧接在山神祭之后,地点在悬挂有"城隍祠"的庙舍门前。城隍祠面积比山神堂大两倍,祠内祭桌上摆放着"大关岭国师城隍之神位"的牌位,牌位后悬挂着城隍神像。大关岭城隍祭由儒家式祭礼与巫俗式祭祀两部分构成(图99⑤)。儒家式祭礼过程包括

---

① 图97是2015年6月18日笔者调研江陵端午祭时拍摄。
② 图98是2017年江陵端午祭时举行大关岭山神祭的场面,图片来源于https://blog.naver.com/daichung/221004840207。
③ 行参神礼是祭官们共同向山神行礼;行奠币礼是祭官向山神敬献香炉与祝文;行初献礼是初献官向山神敬献美酒;行望燎礼是指祭官焚烧祝文;行辞神礼是指祭官向山神敬献祭品后请退(国立文化财研究所,《重要无形文化财第13号——江陵端午祭》,界闻社,1999年,第71—75页)。
④ 文化财管理局,《江陵端午祭实测调查报告书》,文化财管理局,1994年,第36页。
⑤ 图99是2015年6月18日笔者调研江陵端午祭时拍摄。

图99 大关岭国师城隍祭

行参神礼、行奠币礼、行饮福礼①、行望燎礼、行辞神礼,并诵读如下祝文②:

  维岁次 某年干支 四月 某干支朔 十五日 某干支 某官 某 敢昭告于
  大关岭国师城隍之神 伏惟尊灵 位我重镇 自丽至今
  无替厥埋 凡我有求 祷辄见应 际此孟夏
  田事方兴 御灾防患 触类降监 若时昭事
  敢有不钦 兹尊旧仪 载陈牲璧 神其度斯 庶几歆格 尚飨

儒家式祭礼结束后,巫女表演不净巫歌(净化祭场)与城隍巫歌(迎请梵日国师城隍神降临)③。巫歌表演结束后,巫女与祭官同行在附近山上寻找一棵树作为迎请神灵降临的神木,将神木砍伐后用彩色布条进行装饰(图100④)。之后,一名祭官手捧"大

图100 祭官装饰神木

---

① 行饮福礼是指祭官向神灵供奉祭品。
② 国立文化财研究所,《重要无形文化财第13号——江陵端午祭》,界闻社,1999年,第76—91页。
③ 文化财管理局,《江陵端午祭实测调查报告书》,文化财管理局,1994年,第70—71页。
④ 图100是2015年6月18日笔者调研江陵端午祭时拍摄。

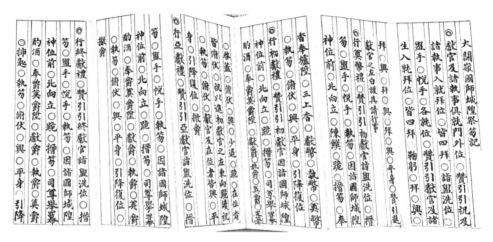

图 101　记录祭礼过程的大关岭国师城隍祭的笏记

关岭国师城隍之神位"的牌位走在队伍最前面,一名祭官手举神木跟在其后,其他人列队跟在后面共同下山。

4. 邱山里城隍祭

邱山里城隍祭于阴历四月十五日下午在城南面邱山里城隍祠举行。邱山里距离江陵市区约有八千米,以前是驿站,也是大关岭通往江陵市区的必经之处。邱山里城隍祠是一间面积不大的庙舍,内部供奉有"土地之神""城隍之神""灵山之神""疠疫之神"的牌位。在城隍祠举行简单的儒教式祭礼(图102[①])后,巫女表演巫歌。迎神队伍在这里吃午饭,进行短暂休整。

图 102　邱山里城隍祭中儒家式祭礼

5. 鹤山里城隍祭

鹤山里城隍祭于阴历四月十五日傍晚在邱井面鹤山里的城隍祠举行。鹤山里城隍祠不是庙舍建筑,而是石头垒砌而成的直径约10米的圆形祭坛。鹤山里是梵日国师的出生地,所以从1999年的江陵端午祭开始,在这里举行简单的巫歌表演(图103[②])。巫女的巫

---

① 图102是2015年6月18日笔者调研江陵端午祭时拍摄。
② 图103是2015年6月18日笔者调研江陵端午祭时拍摄。

歌表演结束后,大关岭国师城隍神的游行队伍绕行村内的石泉,之后朝洪济洞的大关岭国师女城隍祠行进。

6. 奉安祭

"奉安祭"也叫作"大关岭国师女城隍祭",是指阴历四月十五日晚上将大关岭国师城隍神的牌位奉安到大关岭女城隍神祠之中,让国师城隍夫妇团聚的仪式。女城隍祠原来位于南门洞,后来搬迁到洪济洞(图104①)。女城隍祠是一间新建成的瓦房结构庙舍,房内祭桌上摆放有"大关岭国师女城隍之神位"的牌位,牌位后面的墙上有女城隍的画像。因为女城隍神传说是江陵本地郑氏家族的女儿,所以现在主要是郑氏一族负责管理女城隍祠。举行奉安祭时,祭官举行诵读如下祝文②:

图103　鹤山里城隍祭中巫俗式祭礼

图104　大关岭国师女城隍祠外观

维岁次　某年干支　四月干支朔　十五日干支　某官　某人　敢昭告于
大关岭国师城隍之神　大关岭国师女城隍之神　伏惟灵位　位我重镇　尊灵所宅
左海名区　人民有居　道路爰通　灵焉主斯
百神之宗　民依厥德　国赖其功　一喜一怒
为祸为福　人依于神　神感于人　际兹孟夏
田事方兴　日吉辰良　牲具酒香　物虽菲薄
诚则愈笃　安危祸福　莫非实赐　伏愿　降格　庶鉴微诚　尚飨

---

① 图104是2015年6月18日笔者调研江陵端午祭时拍摄。
② 张正龙的《江陵端午祭》,集文堂,2003年,第49页。

图105　大关岭国师城隍夫妇合祀

祭官一行的儒家式祭礼结束后,巫女表演不净巫歌与城隍巫歌,内容与大关岭国师城隍祭相同。奉安祭结束后,大关岭国师城隍夫妇合祀直到阴历五月初三(图105①)。

7. 迎神祭与国师城隍巡游

迎神祭是指阴历五月初三将大关岭国师城隍夫妇的牌位从洪济洞的女城隍祠迎请到南大川的巫仪会场。祭官与巫女分别在女城隍祠进行儒家式祭礼(读祝文、焚香、献祭)与巫歌(不净巫歌与城隍巫歌)吟诵后,一名祭官手捧大关岭城隍夫妇的牌位走在队伍最前面,另一名祭官手举神木跟在其后,其他人列队跟在后面,在江陵市区进行巡游,即"国师城隍巡游"(图106②)。巡游队伍经过女城隍神的娘家"敬芳宅"时会短暂停留,宅子主人准备祭品向城隍神夫妇行礼(图107③)。之后,巡游队伍到达南大川巫仪会场,将大关岭城隍神夫妇的牌位供奉在祭桌之上,巫

图106　大关岭国师城隍巡游

---

① 图105是2015年6月18日笔者调研江陵端午祭时拍摄。
② 图106是2020年江陵端午祭的国师城隍巡游图片,图片来源于:https://blog.naver.com/gnkcr1/221960343570。
③ 图107是2018年江陵端午祭时,敬芳宅为迎接国师城隍巡游队伍准备的祭桌。图片来源于:https://blog.naver.com/bareunhall/221301063016。

女吟诵迎神巫歌,祭官焚香献祭。迎神祭阶段祭官诵读的祝文如下①:

维岁次　某年干支　五月干支朔
初三　某干支　某官　某人　敢昭告于
　　大关岭国师城隍之神　大关岭国师女城隍之神　伏惟尊灵　位我国师　永世来传
　　时维端阳　修学醮典　保我人民　攘灾祷祥
　　上下齐诚　前导巫觋　谨以　清酌庶羞　明荐歆格　尚　飨

图107　国师女城隍的娘家敬芳宅

8. 朝奠祭

朝奠祭是阴历五月初四到仪式结束的每天清晨,祭官在巫仪会场内的大关岭城隍神牌位前举行的儒家式祭礼(图108②)。其时江陵市市长担任初献官,警察署长或教育厅长担任亚献官,行礼过程和祭品种类与大关岭城隍祠祭相同。③这一阶段,祭官诵读如下的祝文(图109④):

维岁次　某年干支　五月　某干支朔　初某日　干支　某官　某人　敢昭告于
　　大关岭国师城隍之神　大关岭国师女城隍之神　伏惟尊灵　位我重镇　位在国师
　　永世来传　时维端阳　修举醮典　保我人民
　　御灾防患　转祸为福　莫非神功　人依于神
　　神感于人　市郡民生　欲赖所愿　水火旱灾
　　传染疾病　拒之驱之　除去防止　雨顺风调
　　时和岁丰　六畜蕃盛　五谷丰登　择兹吉日

---

① 张正龙,《江陵端午祭》,集文堂,2003年,第50页。
② 图108是笔者2015年6月19日调研江陵端午祭时拍摄。
③ 国立文化财研究所,《重要无形文化财第13号——江陵端午祭》,界闻社,1999年,第115页。
④ 图109是笔者2015年6月19日调研江陵端午祭时拍摄。

图108　江陵端午祭的朝奠　　　　　　图109　朝奠祭诵读祝文

牲醴齐诚　物虽菲薄　诚则愈笃　伏愿尊灵　庶鉴微诚　尚飨

9. 巫俗祭仪

巫俗祭仪是江陵端午祭的重要组成部分。阴历五月初四起,每天祭官们的朝奠祭结束后,宾顺爱(1959年出生,2000年被指定为江陵端午祭巫仪部门艺能保有者)率领巫女在男巫的伴奏下,于大关岭城隍神牌位前举行巫歌表演(图110[①]与图111[②])。江陵端午祭的巫歌表演与东海岸别神祭的巫歌表演相似,都包括不净巫歌、请座巫歌、合会巫歌、祖先巫歌、世尊巫歌、地神巫歌、山神巫歌、城主巫歌、天王巫歌、沈清巫歌、群雄将军巫歌、痘神巫歌、乞粒巫歌、龙王巫歌、接神竿仪式、花舞、船舞、灯舞等[③]。

10. 烧祭送神

烧祭送神是指端午祭的最后一天将大关岭城隍神夫妇各自送归原位的仪式(图112[④])。烧祭送神由儒家式祭礼与巫俗式祭礼组成。儒家式祭礼过程与

---

① 图110是2015年6月20日笔者调研江陵端午祭时拍摄。
② 图111是2015年6月21日笔者调研江陵端午祭时拍摄。
③ 江陵端午祭与笔者所调研的竹边三里与青沙浦两渔村的东海岸别神祭都是巫女宾顺爱率领的队伍担任巫歌吟诵,所以巫歌的种类相似。因为江陵端午祭的规模较大,所以增加了七星巫歌与还遇巫歌。七星巫歌是向掌管人间寿命的北斗七星神祈求健康长寿的教述巫歌;还遇巫歌是巫俗仪式结束后,将仪式中所使用的纸花等祭仪用品焚烧,送神归位的教述巫歌(文化财管理局,《江陵端午祭实测调查报告书》,文化财管理局,1994年,第77—79页)。
④ 图112是2018年江陵端午祭送神祭时祭官将国师城隍夫妇的牌位送归原处的场景。此图片来源于:https://blog.naver.com/bareunhall/221305378608。

图110　江陵端午祭巫仪现场全景

图111　宾顺爱带领巫女们吟诵巫歌

图112　祭官送国师城隍夫妇归位

图113　送神祭结束后焚烧纸花等用品

大关岭城隍祭相同；巫俗式仪式是将纸花、神木等祭祀物品焚烧，巫女表演还遇巫歌向神灵询问是否满意今年的祭祀，祈求风调雨顺、市民安康，继而送神归位（图113[1]）。这一阶段诵读的祝文如下[2]：

维岁次　某年干支　五月干支朔　七日　某干支　某官　某人　敢昭告于大关岭国师城隍之神　大关岭国师女城隍之神　伏惟尊灵　位我重镇　位在国师

永世来传　时维端阳　修举醮典　保我人民

---

[1] 图113是2018年江陵端午祭送神祭时将仪式中所使用的纸花的物品焚烧的场景。此图片来源于：https://blog.naver.com/bareunhall/221305378608。
[2] 国立文化财研究所，《重要无形文化财第13号——江陵端午祭》，界闻社，1999年，第151页。

御灾防患	转祸为福	莫非神功	人依于神		
神感于人	市郡民生	欲赖所愿	水火旱灾		
传染疾病	拒之驱之	除去防止	雨顺风调		
时和岁丰	六畜蕃盛	五谷丰登	端阳已毕		
还安旧堂	牲醴菲薄	诚则愈笃	伏愿尊灵	庶鉴微诚	尚飨

(二) 官奴假面剧的仪式构成

官奴假面剧在江陵端午祭举办期间反复表演,被认为是献祭城隍神的神圣仪式剧。官奴假面剧在传统社会由隶属于官府的奴隶负责表演,表演全程几乎没有台词,因此在韩国与讽刺性突出的其他地区假面剧形成鲜明对比。韩国学者评价官奴假面剧是外来假面文化(主要指山台戏)传入之前就已经产生的本土假面文化,是反映假面剧传承主体从巫师向官奴转变过程中,假面游戏向假面戏剧转变的过渡形态。①

当下传承的官奴假面剧中有两班(图114②)、小梅姑娘(图115③)、黑衣凶面人(2个,图116④)、圆肚蒙面人(2个,图117⑤)⑥等六个人物登场。故事的梗概是两班与小梅姑娘情投意合相互爱慕;黑衣凶面人嫉妒两班与小梅姑娘的爱情,于是强行带走了小梅姑娘;两班救回小梅姑娘后却埋怨她失去了贞洁,小梅姑娘一气之下自杀;两班向城隍神虔诚祈祷后小梅姑娘复活。

官奴假面剧共由"圆肚蒙面人的开场篇""两班、小梅的爱情篇""黑衣凶面人的夺爱篇""小梅姑娘自杀篇""两班、小梅和解篇"五个场次构成⑦。全程表演

---

① 曹基铉,《临瀛文化大观——江陵市溟州郡》,江陵文化院,1982年,第228页。
② 图114是2015年6月21日笔者调研江陵端午祭时拍摄。
③ 图115是2015年6月21日笔者调研江陵端午祭时拍摄。
④ 图116是2015年6月21日笔者调研江陵端午祭时拍摄。
⑤ 图117是2015年6月21日笔者调研江陵端午祭时拍摄。
⑥ 官奴假面剧中"两班"的韩语标示为"양반"、"小梅姑娘"的韩语标示为"소매각시"、"黑衣凶面人"的韩语标示为"시시딱딱이"、"圆肚蒙面人"的韩语标示为"장자마리"。
⑦ 1966年任东权编写的《重要无形文化财指定资料》中官奴假面剧只有"圆肚蒙面人的开场篇""两班、小梅的爱情篇""黑衣凶面人的夺爱篇""两班、小梅和解篇"四幕剧,1978年江陵无形文化研究所编写的《指导教本》(关东大学,1978年)中则细分为"第一场:巫女舞与山游歌""第二场:白布帐舞""第三场:圆肚蒙面人搞笑""第四场:两班、小梅相爱""第五场:黑衣凶面人舞剑""第六场:两班、小梅相爱""第七场:黑衣凶面人威胁,争夺小梅共舞""第八场:两班的埋怨与小梅姑娘自杀骚动""第九场:两班、小梅和解,村民巫师群舞""第十场:退场"等(曹基铉,《临瀛文化大观——江陵市溟州郡》,江陵文化院,1982年,第225—228页)。

图114　两班

图115　小梅姑娘

图116　黑衣凶面人

图117　圆肚蒙面人

没有台词，只有打击乐伴奏。第一场的"圆肚蒙面人的开场篇"中两个身套麻袋（麻袋上系有谷穗、海草等）的人物登场，在场上表演击掌、拥抱、翻滚等动作。第二场的"两班、小梅和解篇"中，两班与小梅姑娘在场上通过拥抱、嬉闹等动作展现恩爱之情（图118①）。第三场的"黑衣凶面人的夺爱篇"中，两个手持匕首的黑衣人首先表演击掌、拍膝、绕圈等动作；然后，两人看到两班与小梅在一起，一人与两班撕扯，另一人强行与小梅拥抱跳舞（图119②）。第四场的"小梅姑娘自杀篇"中，在小梅姑娘的顽强反抗与两班的奋力击打下，两个黑衣人落荒而逃，但两班开始推搡小梅姑娘，指责她不该与黑衣凶面人共舞；小梅极力解释，但两班不予理睬，于是小梅姑娘把两班的胡子绕在自己颈上自杀而亡（图120③）。最后一场的"两班、小梅和解篇"中，圆肚蒙面人与黑衣凶面人同时登场纷纷指责两班害死小梅姑娘，两班在众人的指责中向城隍神的神体"花盖"祈祷；小梅姑娘复活，与两班和解（图121④）。

官奴假面剧的民俗意义被韩国学者解读为"在国师城隍神的庇佑之下，驱赶瘟疫之神，获得农（渔）业丰收的仪式剧"。金善丰指出："官奴假面剧中用彩色布条装饰的花盖是城隍神的象征；黑衣凶面人是疠疫之神的人格化造型，对应别神祭'痘神巫歌'中的'痘神'，在传统社会中威胁人类生命；圆肚蒙面人是土地之神与东海之神的人格化造型，所以其身上系有谷穗、海草等奇特装饰；小梅姑娘是巫女的象征，两班是男巫的象征。"⑤田耕旭将"两班、小梅姑娘、黑衣凶面人"三者的关系与新罗时期《处容传说》中"处容、处容之妻、疫神"的关

图118　两班与小梅姑娘恩爱嬉闹的场景

图119　黑衣凶面人拆散两班与小梅姑娘的场景

---

① 图118是2015年6月21日笔者调研江陵端午祭时拍摄。
② 图119是2015年6月21日笔者调研江陵端午祭时拍摄。
③ 图120是2015年6月21日笔者调研江陵端午祭时拍摄。
④ 图121是2015年6月21日笔者调研江陵端午祭时拍摄。
⑤ 金善丰、金京南的《江陵端午祭研究》，宝库社，1998年，第156页。

图120　小梅姑娘自杀而亡的场景　　　图121　小梅姑娘复活后的大和解场面

系对应,指出官奴假面剧是古代处容神话的仪式性延续①。张正龙认为:"官奴假面剧中两班的面具造型与中国贵州山村傩仪中的造型相似;小梅姑娘的名称与中国傩仪中的'小妹、小梅'相通,黑衣凶面人的名称与古代方相氏驱傩之声相似;麻袋造型的圆肚蒙面人与河回别神祭中的神兽(注之)相似;所以官奴假面剧是一种驱邪进庆的傩仪。"②

其实,"官奴假面剧"的名称是1966年任东权编写《重要无形文化财指定资料(江陵端午祭)》时命名而成,1928年秋叶隆调查整理的《江陵端午祭》中称之为"山台戏(假面剧)"③。1964年韩国假面剧研究学者崔常寿曾根据江陵当地老人的回忆整理发表过一篇名为《江陵端午祭傩舞游戏》的短文,但当时距离最后一次江陵端午祭傩舞演出已经过去了半个多世纪,被调查的老人也只是曾经见过傩舞表演,并没有直接参加过。所以崔常寿的文章内容简单,只是描述了江陵端午祭的大致过程,介绍了官奴假面剧的登场人物。

1965年江陵市为参加"第六届全国民俗艺术竞演大会",专门委托金千兴与崔常寿分别对官奴假面剧的舞蹈与面具进行复原。当时担任文化财委员的金千兴(李王职雅乐部出身),借鉴"扬州别山台傩舞"的舞蹈动作,采用韩国常见的巫乐伴奏编排了舞蹈,并组织春川女子高中的舞蹈教师进行了排练;崔常寿则在首尔找人雕刻了官奴假面剧表演时使用的木质面具(图122—124④)。但当年由于官奴

---
① 文化财管理局,《江陵端午祭实测调查报告书》,文化财管理局,1994年,第382页。
② 张正龙,《江陵端午祭》,集文堂,2003年,第112—116页。
③ 〔日〕秋叶隆,《朝鲜民俗志》,六三书院,1954年,第168页。
④ 图122—124来源于崔常寿的《韩国假面的研究》中"江陵假面剧的假面"部分(成文阁,1988年,第194—196页)。

图122 两班假面　　图123 小梅姑娘假面　　图124 黑衣凶面人假面

假面剧表演与江陵端午祭的巫仪表演整体缺乏协调性,因而只获得"鼓励奖"。[①]

1966年为指定国家重要无形文化财而举行的江陵端午祭再现活动中,江陵女子高中的学生们佩戴崔常寿复原的木质面具,按照金千兴编排的舞蹈进行了官奴假面剧表演[②]。当时担任无形文化财调查委员的任东权见到学生们表演的官奴假面剧后,决定对其进行重新复原。由于官奴假面剧原由官奴(隶属于官衙的奴隶)表演,解放后表演者为隐藏过往的官奴身份,大多对此事闭口不谈,所以调查并不顺利[③]。任东权通过走访终于找到曾多次见过并且参与过官奴假面剧表演的金东夏(1884年出生)、车亨元(1890年出生),根据两人的证言对官奴假面剧进行重新整理,在1966年的《指定资料》中将其正式命名为"官奴假面剧"。1967年1月江陵端午祭被指定为国家重要无形文化财第13号时,金东夏、车亨元二人也被指定为官奴假面剧部门的艺能保有者。

任东权认为崔常寿复原的木质面具与文化原形出入太大,所以1967年7月20日带领雕塑家尹英子教授及其助教朴昌植来到江陵,根据金东夏、车亨元两人的口述重新制作石膏面具,制作好的石膏面具保存在韩国中央大学博物馆,同时收走了崔常寿复原的木质面具,要求官奴假面剧表演时使用石膏面具模板的纸质面具[④]。这引起崔常寿的不满。崔常寿反驳指出:"任东权复原的两班面具既不是韩国人的面孔,也不像韩国其他地方假面剧的人物造型,反而与日本假

[①] 张正龙,《江陵端午祭》,集文堂,2003年,第109页。
[②] 〔韩〕南根佑,《民俗的文化财化和观光化以江陵端午祭的folklorism研究为中心》,《韩国民俗学》2006年第43期。
[③] 张正龙,《江陵端午祭》,集文堂,2003年,第102页。
[④] 〔韩〕任东权,《江陵端午祭的回顾与展望》,《亚细亚江原民俗》1985年第3期。

面中的贵公子相似;小梅面具也像日本的妃子面具,不符合韩国传统。"[1]张正龙则指出:"1967年复原的石膏假面造型与金东夏、车亨元两人的证言描述存在差异,特别是'黑衣凶面人'的口鼻与脸色与口述资料出入很大,建议结合当地出土的望瓦上雕刻的人脸造型重新制作官奴假面剧的面具。"[2]官奴假面剧中的面具原形充满争议,也因此20世纪60年代至80年代江陵端午祭时官奴假面剧表演明显不同(图125—128[3])。

官奴假面剧的舞蹈原形同样充满争议。1967年金东夏、车亨元两人被指定为官奴假面剧部门的艺能保有者时,两人年纪都在80岁左右,无法进行舞蹈再现。20世纪60年代,金千兴在借鉴扬州别山台傩舞基础上创作的官奴假面剧舞蹈,主

图125　1967年官奴假面剧表演场景

图126　1976年官奴假面剧表演场景

---

[1] 〔韩〕崔常寿,《山台、城隍神祭假面剧研究》,成文阁,1985年,第186页。(转引自〔韩〕南根佑,《民俗的文化财化和观光化以江陵端午祭的folklorism研究为中心》,《韩国民俗学》2006年第43期,232页)。
[2] 〔韩〕张正龙,《江陵官奴假面剧研究》,集文堂,1989年,第69—70页。
[3] 图125—128分别来自郑镐敦的《江陵端午祭白书》(江陵文化院,1999年)的第5页、第23页、第32页,第39页。

图127　1984年官奴假面剧表演场景　　图128　1987年官奴假面剧表演场景

要为当时参演的(春川女子高中与江陵女子高中)女生而设计,不适合男性表演[①]。20世纪60年代任东权曾根据金东夏、车亨元二人的证言修改了金千兴设计的部分舞蹈动作;20世纪80年代江陵本地学者张正龙在借鉴康翎傩舞的基础上,又对官奴假面剧的舞蹈进行再次修改,至此官奴假面剧的基本表演动作才相对固定[②]。

中断半个多世纪后,学者依靠相关老人的记忆碎片拼凑而成的官奴假面剧,充满太多不确定性。亲历江陵端午祭复原全过程的任东权曾在1984年回顾时感慨说:"现在传承的官奴假面剧的面具与动作到底是不是'原形'?这个问题作为参与文化财指定过程的我来说,也无法确定。"[③]因此,当今呈现在世人面前的官奴假面剧与其说是历史传统的再现,不如说是韩国无形文化财时代背景下,掌握话语权的学者人为创作的文化产物。

第四节　江陵端午祭的原形解构

江陵端午祭申遗成功后,"原形至上"的复原主义在江陵端午祭传承现场愈演愈烈。黄缕诗提出:"只有江陵端午祭的原形传承,才能保障其旅游开发的成

---

① 〔韩〕文化财管理局,《江陵端午祭实测调查报告书》,文化财管理局,1994年,第367页。
② 〔韩〕文化财管理局,《江陵端午祭实测调查报告书》,文化财管理局,1994年,第367页。
③ 〔韩〕任东权,《江陵端午祭的回顾与展望》,《临瀛文化》1984年第8期。(转引于〔韩〕南根佑,《民俗的文化财化和观光化以江陵端午祭的folklorism研究为中心》,《韩国民俗学》2006年第43期,236页)。

功,巩固其作为世界庆典的地位,因此原形传承成为影响江陵端午祭未来发展的重要因素。"① 相关学者作为"智囊团"和"评审官"开始积极干预江陵端午祭的传承,然而学者的过分干预导致文化传承主体失去对文化传承的能动性和判断力。原本应由江陵居民自主传承的江陵端午祭逐渐转变为由学者主导的"文本原形"的机械复制,掌握更多文本原形知识的学者成为真正的传承人,申镐将这种现象称为"民俗知识的逆转"②。在民俗知识发生逆转后,江陵端午祭逐渐成为失去生命力的"文化标本"。面对江陵端午祭现场传承中"原形至上"的复原主义愈演愈烈的局面,部分学者开始冷静思考"原形是否真的存在",并由此开始对江陵端午祭所谓的原形进行解构③。

  1966年任东权向文化财委员会提交的《指定资料》被视为江陵端午祭文化原形的文本记录,历来被奉为文化现场传承的模板。然而有学者却发现这份《指定资料》的内容存在明显的自相矛盾,通过对其内容的全面解构发现:江陵端午祭并非传统文化的复原再现,而是民俗学者文化创造的产物④。学者对江陵端午祭的原形解构围绕"江陵端午祭祭仪"中存在的问题展开。1966年任东权完成对江陵端午祭的现场调研后于同年8月向文化财委员会提交了《指定资料》。他在资料中指出,江陵端午祭每年根据规模的不同,在日程上有一定的"伸缩性"⑤。按照"伸缩性"原则,《指定资料》中记述了日程不同的"传统江陵端午祭"⑥和"1966年江陵端午祭"两个过程。其中传统江陵端午祭的日程描述参考了日本学者秋叶隆编写的《江陵端午祭》民俗志⑦内容。1928年秋叶隆在江陵地区调查大关岭山神祭时曾按照当地老人李根周和巫觋赵介不的回忆对江陵端午祭做过较为详细的记述。1966年的江陵端午祭是为申报国家重要无形文化财,江陵本地政府对以往江陵端阳节做出调整后而举行的。任东权在《指定资料》中记录的"1966年江陵端午祭"成为后来江陵端午祭现

---

① 〔韩〕南根佑,《韩国民俗学再考》,民俗苑,2014年,第273页。
② 〔韩〕申镐,《"民俗"知识的逆转——1960年以后江陵端午祭为例》,《比较民俗学》2001年第21期。
③ 本文中对江陵端午祭的解构分析主要参考南根佑的《民俗的文化财化和观光化以江陵端午祭的folklorism研究为中心》(《韩国民俗学》2006年第43期)一文。
④ 〔韩〕南根佑,《民俗的文化财化和观光化以江陵端午祭的folklorism研究为中心》,《韩国民俗学》2006年第43期。
⑤ 〔韩〕任东权,《重要无形文化财指定材料(江陵端午祭)》,1966年,第39页。
⑥ 传统江陵端午祭的韩文标示"재래의 단오제"。
⑦ 〔日〕秋叶隆(著),〔韩〕沈雨晟(译),《朝鲜民俗志》,东文选,1993年,第193—202页。江陵端午赛神的韩文标示"강릉단오굿"。

场传承的模板①。然而1966年江陵端午祭与传统江陵端午祭相比内容上已经发生很大变化。以下是《指定资料》中对两者日程的描述②：

传统江陵端午祭的日程是：3月20日（阴历，下同）神酒谨酿；4月1日（初端午）献酒和巫乐；4月8日（再端午）献酒和巫乐；4月14日奉迎出发；4月15日（三端午）奉迎、大关岭城隍祭和山神祭；4月27日（四端午）巫祭；5月1日（五端午）花盖、官奴假面剧（本祭开始）；5月4日（六端午）官奴假面剧、巫乐；5月5日（七端午）官奴假面剧、巫乐（本祭）；5月6日（八端午）烧祭、奉送。

1966年江陵端午祭日程是：3月20日神酒谨酿；4月15日奉迎、大关岭城隍祭和山神祭；5月3日女城隍祭、炬火行进、巫乐、官奴假面剧、农乐；5月4日弓道大会、体育大会；5月5日巫乐、官奴假面剧、农乐、秋千大会、摔跤大会、弓道大会、体育大会；5月6日巫乐、官奴假面剧、农乐、秋千大会、摔跤大会、体育大会；5月7日巫乐、烧祭。

如上述引文所示，传统江陵端午祭的时间安排较为分散，4月和5月日程安排比重相似。而1966年江陵端午祭的日程则主要集中在5月份，4月份仅保留了"15日"一天的日程，而且增加了阴历五月三日女城隍祭的日程，结束日期也延迟一天。另外，受日本殖民时期"端阳运动会"影响，1966年江陵端午祭中出现了各种竞技类活动。任东权在《指定资料》中罗列完上述日程后，对传统江陵端午祭的祭仪进行了具体描述，对1966年江陵端午祭祭仪发生的变化做了相应标注，具体内容如下③：

阴历3月20日由官府提供白米和酒曲，户长、府司、首奴、城隍直（男觋长）、内巫女斋戒沐浴后参与酿酒，并将酿好的酒封存在户长厅的下房。4月1日官员

---

① 任东权提交的《指定资料》在后来的传承中，有过几次小幅度的调整。例如1999年开始神酒谨酿的日期从3月20日改为4月5日，这主要是因为3月20日酿制的米酒保到4月15日迎神使用时容易发酸，所以将酿酒日期延后（〔韩〕国立文化财研究所，《重要无形文化财13号——江陵端午祭》，界闻社，1999年，第27页），1999年增加了鹤山城隍祭（〔韩〕国立文化财研究所，《重要无形文化财第13号——江陵端午祭》，界闻社，1999年，第96页），但基本框架没有变化。
② 〔韩〕任东权，《重要无形文化财指定材料（江陵端午祭）》，1966年，第38—39页。
③ 〔韩〕任东权，《重要无形文化财指定材料（江陵端午祭）》，1966年，第40—45页。

和巫觋一行到大城隍祠献酒,户长担任初献官,府司担任亚献官,首奴担任三献官,城隍直担任终献官进行祭祀,巫觋赛神,官奴吹箫。4月8日与4月1日祭祀过程相同。4月14日傍晚官员和巫觋等60余人为迎接大关岭国师城隍从江陵邑向大关岭出发,数百名村民自发带着祭品一同上山。一行人到达邱山驿站稍作休息后继续前行,在松亭附近的野外留宿。

4月15日清晨一行人到达大关岭山顶的国师城隍祠和山神祠后进行祭祀,巫觋赛神,村民向神祈祷。祭祀结束后,在城隍祠附近树林中选取神竿,巫女赛神时树林中突然晃动的树即为神竿。将神竿砍伐后,村民用白纸、线、布条装饰,然后由一名男巫扛下山,其他人一同下山。一行人到达邱山城隍祠后稍作休息,巫女在此赛神。随后一行人继续向江陵城区出发,此时已近傍晚,附近村民自发组织火把游行为城隍引路。一行人途经郑氏家宅时进行简单祭祀和赛神后继续前行,到达女城隍祠后再进行祭祀和赛神 A.(此处字母系笔者加)(今年由于地理上的原因先从女城隍祠出发,之后再经过郑氏家宅)。赛神结束后,一行人巡访骑兵厅、府司、田税、司仓等各个衙门后到达大城隍祠。在巫乐赛神中将神竿奉安在大城隍祠,之后一行人解散。B.由于大城隍祠现在已经消失了,今年将神竿按前几年的惯例,奉安在南大川白砂场预设的祭坛内。

从4月16日到5月6日祭祀结束为止,每天清晨户长、府司、首奴、城隍直(男觋长)、内巫女一行都来大城隍祠问安。4月27日巫觋在大城隍祠举行赛神。5月1日到5月5日,每天在大城隍祠前表演官奴假面剧和巫觋赛神。5月1日是端午节正式开始的日子,这天府司厅开始制作花盖(用竹子和五色布制作成的伞状道具)。5月5日是端午祭的高潮,这天官员和巫觋一行人在手持花盖的领队带领下从大城隍祠出发巡访药局城隍、素城隍、市场、田税厅、大同厅、司仓厅,傍晚一行人到达女城隍祠后将花盖供奉在女城隍祠内,然后再回到大城隍祠将神竿供奉在大城隍祠内。5月6日在大城隍祠的后院将花盖、神竿等道具一起烧掉。至此,端午祭结束。

从上述标注的A、B处可知,1966年江陵端午祭与传统江陵端午祭相比,4月15日的祭仪发生了显著的变化。第一,巡游顺序发生了改变。传统江陵端午祭中迎神队伍先经过郑氏家宅再到达女城隍祠,而1966年时改变为先经过女城隍祠再到达郑氏家宅。之所以出现这种变化是因为1954年女城隍祠迁建后,地理位置上处在了大关岭和郑氏家宅的中间位置,因而巡游路线发生改变。[①]第二,神竿的最终奉安处发生改变。传统江陵端午祭阴历四月十五日巡游结束后神竿最终奉安在大城隍祠,而1966年时则改为南大川预设祭坛内。这是由于大城隍祠在日本殖民时期就已经消失,进而改用南大川的预设祭坛作为其替代场所。[②]除A、B两处标注外,任东权没有对1966年江陵端午祭的过程作更多叙述,特别是对1966年江陵端午祭中新出现的"五月三日女城隍祭"没有作附加说明。然而在《指定资料》的前半部分"江陵端午祭的遗址"中介绍女城隍祠时,间接提及了1966年阴历五月三日女城隍祭的相关情况[③]。

  女城隍祠是供奉大关岭国师城隍夫人的地方。女城隍祠由三间瓦房构成,因为新落成不久,房子非常干净。墙上挂着女城隍的画像,长长的辫子搭在左肩,非常漂亮,她的前面还画着一只老虎,画像前面放着写有"国师女城隍神位"的牌位。传说女城隍是江陵郑氏人家的女儿,现在女城隍祠的管理也得到郑家人的经济资助。C.4月15日从大关岭上奉迎国师城隍到女城隍祠,让国师城隍夫妇团聚。等到端午的时候,再(在女城隍祠)祭祀二神。今年(1966年)也是在端午的两天前,也就是6月21日(阴历五月三日)五点在女城隍祠前,江陵市长、溟州郡守、江陵警察署长担任祭官,身穿朝服举行了祭礼,巫女进行了赛神,江陵地区的女高中生表演了官奴假面剧。仪式结束后一行人加入火把巡游队伍(高中男生组成)中向市区出发。

  从这部分描述中,可以看出1966年阴历五月三日在女城隍祠举行祭祀后再将国师城隍夫妻两人的神体奉迎到市区(南大川预设祭坛)。之所以这样是因为此前的阴历四月十五日从大关岭奉迎国师城隍的神体(神竿和牌位代表国师城隍的神体)下山后,为让国师城隍夫妻团聚而将国师城隍的神体奉安在了女城隍祠。然而任东权在引文标注B处曾提到阴历四月十五日"由于大城隍祠现在已经消失了,今年将神竿奉安在南大川白砂场预设的祭坛内",但是标注C处却又出现"4月15日从大关岭上奉迎国师城隍到女城隍祠"。那么1966年阴历四月十五日国师城隍神体的奉安处究竟是在南大川的预设祭坛还是在女城隍祠呢?

---

① 〔韩〕南根佑,《韩国民俗学再考》,民俗苑,2014年,第257页。
② 〔韩〕金京南,《江陵端午祭仪研究》,暻园大学博士学位论文,1996年,第41页。
③ 〔韩〕任东权,《重要无形文化财指定材料(江陵端午祭)》,1966年,第26—27页。

对于这种自相矛盾的记录,任东权在《指定资料》中没有做出解释。然而2002年任东权自己公开的1966年江陵端午祭现场调研笔记却给出了"意外"的答案。

2002年任东权在《江陵端午祭的无形文化财指定经纬》中公布了自己1966年江陵端午祭的现场调研笔记。笔记中显示"1966年6月21日(阴历五月三日)10∶30向大关岭出发,参观大关岭国师城隍祭、山神祭,以及七星堂和龙王堂;18∶00共同参与了从大关岭下来的迎神火把游行,之后参观了女城隍祠和郑氏家宅旧址的赛神仪式"①。由此看来1966年的江陵端午祭在阴历五月三日一天内完成了大关岭山神祭、城隍祭以及女城隍祭。然而1966年任东权提交的《指定资料》中对当年江陵端午祭的过程却记述为"四月十五日奉迎、大关岭城隍祭、山神祭""五月三日女城隍祭"。②也就是说任东权将1966年江陵端午祭现场阴历五月三日一天的进行日程在《指定资料》中编排为四月十五日和五月三日两天进行了表述。

那么任东权为何要在《指定资料》中做出与自己调查事实不符的记录表述呢?对此,南根佑认为任东权这种脱离事实的表述,是为江陵端午祭能被成功指定为国家重要无形文化财而做出的策略性调整③。韩国《文化财保护法》第二条指出"历史性、艺术性、学术性"是无形文化财认定的重要标准④,为此任东权为确保江陵端午祭的"历史性",故将1966年五月三日进行的"大关岭山神祭和城隍祭"按照传统江陵端午祭的日程,在《指定资料》中记述为四月十五日⑤。

这里还有一个值得思考的问题:1966年江陵端午祭的现场为何会在五月三日一天之内完成山神祭、国师城隍祭、女城隍祭等重要仪式⑥,然而在传统江陵端午祭中五月三日并没有任何日程安排,尽管任东权曾提到因为"伸缩性"原则,每年江陵端午祭日程有所不同⑦,但这个理由有些笼统。南根佑通过对日本殖民时期发行的报纸分析发现:从1925年开始的端阳运动会一直以五月三日为起始日期,受此影响1966年端午祭在五月三日举办了一系列活动⑧。从这一点也可以

---

① 〔韩〕任东权,《江陵端午祭的无形文化财指定经纬》,《江原民俗学》2002年第16期。
② 〔韩〕任东权,《重要无形文化财指定材料(江陵端午祭)》,1966年。
③ 〔韩〕南根佑,《韩国民俗学再考》,民俗苑,2014年,第257—258页。
④ 韩国文化财厅官网:http://www.law.go.kr/lsInfoP.do?lsiSeq=150707#0000。
⑤ 〔韩〕任东权,《重要无形文化财指定材料(江陵端午祭)》,1966年,第39页。
⑥ 〔韩〕任东权,《江陵端午祭的无形文化财指定经纬》,《江原民俗学》2002年第16期。
⑦ 〔韩〕任东权,《重要无形文化财指定材料(江陵端午祭)》,1966年,第39页。
⑧ 〔韩〕南根佑,《民俗的文化财化和观光化以江陵端午祭的folklorism研究为中心》,《韩国民俗学》2006年第43期,第211—214页。

看出 1966 年江陵端午祭基本沿用了端阳运动会的框架,所以 1966 年江陵端午祭的日程中出现了传统江陵祭中不存在的五月三日女城隍祭。然而对于这一点任东权并没有注明。

尽管任东权的《指定资料》在四月十五日的日程表述上存在矛盾,也对五月三日日程的突然出现未做说明,但仍然通过了文化财委员会的审议,江陵端午祭于 1967 年 1 月成为国家重要无形文化财。在"知识权力"的作用下,文化财委员会委员提交的《指定资料》在文化财认定完成后往往自动升级为原形记录材料[①]。按照《文化财保护法》第三条"原形保存"的基本原则[②],江陵本地政府从 1967 年起开始按照《指定资料》中"1966 年江陵端午祭"的记录对江陵端午祭进行原形传承。

在传承过程中《指定资料》的矛盾表述得到化解,化解的办法是在遵循《指定资料》中罗列的 1966 年江陵端午祭日程安排下,将四月十五日神竿的最终奉安处设定为女城隍祠。也就是说四月十五日迎神队伍在大关岭山顶完成山神祭和城隍祭后将神竿最终奉安在女城隍祠内,五月三日再将神竿从女城隍祠奉迎到南大川的预设祭坛内。经过这种调整后江陵端午祭呈现出今天的"迎神两段式结构"[③],即以女城隍祭为节点,整个祭祀分成两部分。然而这种迎神两段式结构的江陵端午祭与传统江陵端午祭相比,已经"面目全非"。

江陵端午祭祭仪的解构研究表明:从 1967 年至今一直被视为"原形"的江陵端午祭传承形态不过是学者主导下"传统发明"的产物。那么江陵端午祭的原形是否存在于 1967 年之前呢? 2005 年江陵端午祭申遗成功后,江陵本地学者黄缕诗曾提出按照《指定资料》中"传统江陵端午祭"进行重新复原[④],也就是说按照 1928 年日本学者秋叶隆的记录重新调整江陵端午祭日程和祭仪。然而 1928 年秋叶隆在江陵现场调研时江陵端午祭已经中断,秋叶隆仅仅依靠当地两名老人的回忆编写了江陵端午祭民俗志。这样一位外籍学者在江陵端午祭中断的情况下,依靠两位当事人回忆编写的民俗志是否能视为江陵端午祭的"原形"呢?郑炳浩和南根佑对此表示怀疑,因为由于政治权力的作用,日本学者的视角很难客观地反

---

① 〔韩〕丁秀珍,《无形文化财的诞生》,历史批评社,2008 年,第 232—233 页。
② 韩国文化财厅官网:http://www.law.go.kr/lsInfoP.do?lsiSeq=150707#0000。
③ "迎神两段式结构"的表述系南根佑首先提及(〔韩〕南根佑,《韩国民俗学再考》,民俗苑,2014 年,第 248 页)。
④ 〔韩〕尹东焕,《江陵端午祭的虚实》,《南道民俗研究》2014 年第 29 期。

映殖民地文化本身①。也就是说"传统江陵端午祭"同样无法确保其原形性。在这种情况下,如果将从1967年延续至今的江陵端午祭传承形态按照"传统江陵端午祭"的形态重新做出调整,那么必将引起江陵端午祭的传承混乱。固执于"原形"的学者也不得不面对一个事实:江陵端午祭的原形根本无法确定,这种情况下继续坚持"原形至上"的复原主义必然使江陵端午祭陷入困境。

"原形至上"的复原主义源于韩国民俗学对文化本质论的追求,即通过传统的民俗事象发掘民族精神的本质。金泰坤曾指出:"从民俗文化中寻找民族精神非常重要,因此必须保持民俗事象的原形传承。"②因此,学者们试图通过原形传承的江陵端午祭解读朝鲜时期乡土神祀的文化内涵③,以及试图建立江陵端午祭与氏族社会农耕播种文化④或是东泬的舞天文化⑤的联系,从中发掘韩民族的文化DNA。在本质论盛行的时期,似乎没有多少人质疑:"一个民族是否真的存在一个恒定不变的精神内核?""精神内核是否也会随着文化的变迁而不断地重构?"再加之《文化财保护法》中将"原形保存"规定为文化财保护的基本原则⑥,"原形"成为无形文化财在传承过程中难以摆脱的束缚。

然而随着解构研究的完成,江陵端午祭所谓的"原形"面临崩溃,学者们开始寻找新的方式来认识已经实实在在延续了近半个世纪的江陵端午祭。南根佑提出了用Folklorism的观点正视江陵端午祭的人为建构过程。Folklorism源于1962年德国民俗学者Hans Moser创造的学术用语Folklorismus一词⑦,是指"某一民俗事象基于新的(如政治的或是经济的)目的之上,脱离原有语境的再现以及由此获得新的功能"或是"与任何传统无关的'类似民俗'的发明或创出(发明的传统)"⑧。南根佑认为应当承认江陵端午祭是民俗资源旅游开发时代背景下创造出现的文化产物⑨,对江陵端午祭的研究应该从"原形至上"的本质论中解

---

① 〔韩〕南根佑,《韩国民俗学再考》,民俗苑,2014年,第282页。
② 〔韩〕金泰坤,《韩国民俗学原论》,诗人社,1984年,第187页。
③ 〔韩〕任东权,《江陵端午祭的无形文化财指定经纬》,《江原民俗学》2002年第16期,第12页。
④ 〔韩〕张正龙,《江陵端午祭现场论探究》,国学资料院,2007年,第64页。
⑤ 〔韩〕黄缕诗,《江陵端午祭的传统性和持续性》,《历史民俗学》1999年第9期,第152页。
⑥ 韩国文化财厅官方网站:http://www.law.go.kr/lsInfoP.do?lsiSeq=150707#0000。
⑦ 〔韩〕李尚贤,《德国民俗学界的动向和韩国民俗学立身之地摸索》,《韩国民俗学》2010年第51期。
⑧ 〔韩〕南根佑,《民俗的文化财化和观光化以江陵端午祭的folklorism研究为中心》,《韩国民俗学》2006年第43期,第209页。
⑨ 〔韩〕南根佑,《民俗的文化财化和观光化以江陵端午祭的folklorism研究为中心》,《韩国民俗学》2006年第43期,第248页。

脱出来，摒弃以往对"不可知"原形的探求，转向关注江陵端午祭建构过程中各参与主体间的权力制衡关系，以及江陵端午祭形成后发挥的社会功能①。尹东焕根据2003年10月联合国第32届总会上缔结的《非物质文化遗产保护公约》中尊重非物质文化的创造性的规定，主张放弃对江陵端午祭原形的复原，而应该以文化创造性的角度接受江陵端午祭今天的传承形态②。南根佑和尹东焕主张的共同点是把关注点从江陵端午祭的"过去"转移到江陵端午祭的"当下"。

2015年因为中东呼吸综合征在韩国的突然扩散，江陵端午祭被迫取消公开活动。江陵端午祭保存会顶住社会舆论压力，仍然于6月18日（阴历五月三日）到6月21日（阴历五月六日）在市郊的女城隍祠进行了仅限少数人员（主管机构参与人员、调研学者、记者等）参加的封闭式发表会。当地记者问保存会会长金钟群："为什么在这种社会敏感时期仍然决定举行发表会？"金钟群回答说："多少年来这个时候举行江陵端午祭已经成了习惯，我们想延续下去。"③江陵端午祭不仅对于传承人成了习惯，对于当地居民同样成了一种习惯。发表会进行的四天时间里会场入口处聚集了从周围村落赶来的老太太们。老太太们说："每年端午看江陵端午祭已经成了习惯，今年情况特殊虽然不能进到会场亲眼看到，但是能远远地听一下江陵端午祭坛里巫女们的歌声也很欣慰。"④

"习惯"一词反映出了江陵本地居民对江陵端午祭的心理认同。1966年任东权在江陵端阳运动会框架基础之上，结合大关岭山神信仰有意识创造出的"江陵端午祭"经过近半个世纪的延续后，已经融入江陵本地文化之中，完成了从有意识的文化创造向无意识的文化实践的过渡⑤。这一过渡不仅是江陵端午祭这一民俗事象植根的成功，更是围绕江陵端午祭而结成文化共同体建构的成功。既然文化共同体可以建构成功，那么一个民族精神内核是否也可以重新建构呢？换言之，大到一个民族，小到一个个体，都在不断地建构中重塑自我的精神内核，因而所谓的"本质"不应该是一个静态的"过去"，而是一个动态的"现在"。

---

① 〔韩〕南根佑，《韩国民俗学再考》，民俗苑，2014年，第283页。
② 〔韩〕尹东焕，《江陵端午祭的虚实》，《南道民俗学》2014年第29期，第244页。
③ 金钟群，男，1942年出生，江陵端午祭保存会会长，于2015年6月18日在江陵女城隍祠提供相关信息。
④ 江陵市郊村民，2015年6月19日于女城隍祠江陵端午祭发表会会场入口处提供信息。
⑤ 刘正爱，《谁的文化，谁的认同？》，《民俗研究》2013年第1期。

中篇 中国傩文化的现场研究

非遗视域下中韩傩文化的现场研究

广西地处中国西南边陲,是百越诸族的世居地,自古以来"信巫鬼,重淫祀"。秦朝统一全国后,中原汉人大规模迁入岭南。中原傩仪、古越巫俗、梅山文化相互交融,共同创造出广西灿烂的巫傩文明。早在南宋时期就出现过桂林制傩技艺举世闻名的盛景。诗人陆游曾在《老学庵笔记》中记载"政和中大傩,下桂府进面具……老少妍陋无一相似者……天下及外夷皆不能及"[①];诗人范成大在《桂海虞衡志》中介绍"戏面"时写道"桂林人以木刻面,穷极工巧,一枚或值万钱"[②];县尉周去非在《岭外代答》的"桂林傩"部分记述"桂林傩队……名闻京师……盖桂人善制戏面,佳者一值万钱。他州贵之如此,宜其闻矣"[③]。随着宋明理学的兴起,中原地区大规模的傩仪逐渐销声匿迹,然而远离政治中心的广西巫傩却得以不断地传承发展,并内化为土著民族的人生过渡礼仪与基底民间信仰。因此,广西的巫傩文化是研究中国古代傩仪的活化石。

广西的巫傩文化不仅历史悠久,而且种类繁多。广西境内拥有壮、汉、瑶、苗、侗、仫佬、毛南、回、京、彝、水、仡佬等12个世居民族,是全国少数民族人口最多的地区。民族的多元化成为孕育巫傩文化多样性的天然母体,汉族的跳岭头、满月除煞、跳南堂、跳泰山、除灵释服、刀山火炼祭,壮族的跳蚂拐、丧葬仪式,毛南族跳肥套,仫佬族依饭节,瑶族盘王节,苗族跳芒蒿,侗族跳帽告等形式各异的各族巫傩仪式不胜枚举,并且至今广泛活跃在农村地区。不仅如此,由于广西境内2/3为山地,村落分布零散、交流相对闭塞,因此同一民族不同区域的巫傩文化特点也不尽相同。正因如此,尚处于挖掘阶段的广西巫傩文化是观察民族性与地区性对巫傩文化变迁影响的理想对象。

广西巫傩文化的历史性与多样性奠定了其突出的学术地位。自20世纪80年代末中国兴起"傩研究热"以来,广西巫傩研究迅速成为学术热点。20世纪八九十年代的广西巫傩研究多以发现广西各地巫傩文化的多样性为重点,如广西艺术研究所的《广西傩艺术论文集》(1990)[④],李路阳、吴浩的《广西傩文

---

① (宋)陆游撰,杨立英校注,《老学庵笔记》,三秦出版社,2002年,第14页。
② (宋)范成大撰,严沛校注,《桂海虞衡志校注》,广西人民出版社,1986年,第43页。
③ (宋)周去非撰,杨武泉校注,《岭外代答校注》,中华书局,1999年,第256页。
④ 广西艺术研究所,《广西傩艺术论文集》,文化艺术出版社,1990年。

化探幽》(1993)①,顾乐真的《广西傩文化撷拾》(1997)②等。21世纪的前十年(2000—2010),广西巫傩研究转向对巫傩仪式内在文化逻辑的深入解读,如黄秋桂的壮族幺文化研究(2006)③、杨树喆的壮族师公文化研究(2007)④、周永忠的汉族跳岭头研究(2008)⑤都从宗教渊流、使用道具、唱本内容等多方面对广西代表性巫傩文化进行了系统论述。近十年来(2011—2021),广西巫傩研究呈现学科多样化的特点,民族学⑥与人类学⑦等传统学科之外,遗产学⑧、旅游学⑨、设计学⑩、体育学⑪等学科也纷纷涉足这一研究领域。可见,广西巫傩文化研究不仅学术积累丰富,而且研究视角日渐多元。

2005年国务院办公厅颁发《关于加强我国非物质文化遗产保护工作的意见》之后,"仫佬族依饭节""毛南族肥套""瑶族盘王节""苗族系列坡会群(含跳芒蒿)"等广西大批巫傩文化入选"国家级非物质文化遗产代表性项目名录"。国家非遗政策的介入使广西普遍存在但长期处于边缘地带的巫傩文化,从"封建迷信"转变为"传统文化",从而极大地提升了传承群体的文化自信与传承积极性,促成了广西民族文化新的繁荣局面。中国的非遗制度无疑是保护民族文化基因,维持传统文化生态的利国之策。

然而,由于我国非遗制度尚处于探索阶段,在施行过程中存在的问题同样不容忽视。例如,对于传承区域广泛且传承群体多样的复数型巫傩文化进行单一非遗认定,从而引发区域内部矛盾与传承人内部矛盾问题;原形传承保护评价体系的缺失,导致纳入国家级非遗的巫傩文化反而变形严重的问题;以"非遗"为噱头的资源开发中,文化逐步边缘化进而沦为政治与经济点缀的问题;等等。这些问题如果得不到及时改善,中国非遗制度的成效将大打折扣。因此,基

---

① 李路阳、吴浩,《广西傩文化探幽》,广西人民出版社,1993年。
② 顾乐真,《广西傩文化撷拾》,民族艺术杂志,1997年。
③ 黄秋桂,《壮族幺文化研究》,民族出版社,2006年。
④ 杨树喆,《师公·信仰·仪式——壮族民间师公教研究》,广西人民出版社,2007年。
⑤ 周永忠,《"跳岭头"研究》,中山大学博士论文,2008年。
⑥ 如吕瑞荣的《神人和融的仪式——毛南族肥套仪式及其文化象征》(云南大学博士论文,2013年)。
⑦ 如韦晓康、马婧杰的《壮族蚂㧯祭祀中的身体人类学意蕴解读》(《广西民族研究》2021年第1期)。
⑧ 如冯智明、甘金凤的《遗产化语境下的双重仪式展演与村落文化环境重构——桂北恭城县水滨村瑶族盘王节考察》(《百色学院学报》2018年第1期)。
⑨ 如潘桂媚、周鸿的《空间视域下民族文化经济的发展问题研究——以广西仫佬族依饭节为例》(《改革与战略》2014年第8期)。
⑩ 如程国辉的《毛南族傩面具元素在环境艺术设计中的创新运用》(《大众文艺》2018年第3期)。
⑪ 如周家金等的《苗族村落传统体育跳芒篙的调查研究》(《体育文化导论》2016年第5期)。

于现场调研观察非遗语境中广西巫傩文化的传承实态,借鉴非遗经验丰富的韩国实践探讨中国非遗问题的解决对策具有重要的现实意义。

笔者近年来对广西境内灵山县汉族的巫傩仪式(跳岭头、满月除煞、跳南堂、跳泰山、除灵释服、刀山火炼),环江县毛南族还愿仪式,罗城县仫佬族依饭节,金秀县瑶族盘王节,融水县苗族芒蒿仪式,融安县侗族帽告仪式,各县区壮族巫傩仪式(天峨县跳蚂拐、柳江区丧傩、都安文场)等进行了长期田野调研。这些巫傩仪式依据演行主体不同,总体呈现巫师主导型与村民主导型两种类型。这里的"巫师"主要包括道公、博公、师公三类。三种类型都是土著巫俗信仰与原始道教结合的产物。巫师主导型与村民主导型的巫傩仪式均以木鼓、铜锣等打击乐器伴奏,但巫师主导型多以歌舞祈愿型展演为主,有手抄唱本,面具造型细腻精致,多讲究古典对称美,如灵山汉族跳岭头、环江毛南族肥套仪式、罗城仫佬族依饭节、金秀瑶族盘王节等。村民主导型多以狩猎驱逐型游街为主,无唱本,面具造型粗犷奔放,呈现亦人亦兽的杂糅性,如融水苗族跳芒蒿、融安侗族跳帽告等。笔者近年来在广西各族代表性巫傩仪式的调研过程中,通过拍摄现场视频与图片、扫描仪式用唱本与经书、采访当事人等方法记录与理解文化现场。接下来利用所收集的第一手资料对各族代表性巫傩仪式的传承实态进行综合论述。

第五章
巫师主导型傩文化的传承实态

本章中笔者对近年来个人田野调查较深入、民俗现场生动的广西灵山地区汉族巫傩仪式、环江毛南族还愿仪式、罗城仫佬族依饭仪式进行民俗志式深描；由于田野调查不顺利故而对壮族与瑶族的巫傩仪式进行碎片化记述。灵山汉族巫傩仪式按照传承群体的不同，可大致划分为以村落为单位传承的共同体巫傩仪式与以个人（家庭）为单位传承的人生过渡礼仪性巫傩仪式，前者主要是跳岭头仪式，后者则包括婴儿满月除煞仪式、婚礼跳南堂仪式、葬礼跳泰山仪式、除灵释服仪式（服丧结束时举行）、刀山火炼仪式（主要超度非正常死亡者）。环江毛南族还愿仪式与罗城仫佬族依饭仪式则以民俗传承形态保存完好的个案为中心展开论述，前者为高川屯四天三夜的还愿仪式，后者为百标屯三天两夜的依饭道场，两个仪式均为村民遵循传统惯例自发举行。笔者曾对广西境内多地的壮族巫傩仪式与金秀瑶族的盘王仪式进行过田野调研，收集到部分傩面，也拍摄了部分现场视频，但因为诸多原因尚无法对其进行系统的民俗志式解读，所以将壮族与瑶族的巫傩仪式整合为一个小节进行概述。

第一节　灵山汉族巫傩仪式

灵山县位于中国广西南部的钦州市，是笔者所调查区域中巫傩文化种类最为丰富、规模最为庞大、场面最为壮观的地区。当地民族以汉族为主体，汉族巫傩文化按举办主体的不同，可以分为村落集体仪式与个人（家庭）仪式。前者主要是每年阴历八月到十月在各村落定期举行的"跳岭头"（当地人也称之为"跳庙"),这类巫傩仪式学界关注较多;后者主要是作为人生过渡礼仪的满月除煞仪式、婚礼跳南堂仪式、葬礼跳泰山仪式、除灵释服仪式、刀山火炼仪式,这类巫傩仪式学界则关注较少;其中为超度非正常死亡者而举行的刀山火炼仪式可以以家庭为单位举行,但由于耗资巨大,现多为众多亡者家庭共同出资举行。

(一)村落共同体仪式跳岭头

跳岭头是灵山县及周边地区的村落共同体为感恩秋收、祈求村落安宁、驱邪除晦,于每年阴历八月至十月以歌舞娱神的形式,定期祭祀村落保护神——庙神的集体性巫傩仪式。跳岭头的先行研究极为丰富[1],因而大量相关文献得以挖掘。其中明嘉靖年间《钦州志》(1539)、清乾隆年间《灵山县志》(1764)、清道光年间《钦州志》(1834)、民国三年《灵山县志》(1914)、民国三十六年《钦县县志》(1947)等五种史料中的相关记载经常被提及,具体内容如下:

1539年《钦州志》中的相关记载[2]:八月中秋假名祭报,妆扮鬼像于岭头跳舞,谓之跳岭头。男女聚观唱歌互答,因而淫乐,遂假夫妻,父母兄弟恬不为怪。

1764年《灵山县志》中的相关记载[3]:九月分堡,延尸公禳灾,名曰跳岭头。

1834年《钦州志》中的相关记载[4]:各乡八月十五日为中秋节,村宰牲祭太仓神于岭岗。延巫者著花衣裙,戴鬼脸壳击两头鼓,狂歌跳跃于神前,村男妇于坛戏歌,互相唱和,名曰跳岭头,日不如此,则年不丰稔。

---

[1] 主要先行研究如:陈宜坚对20世纪80年代灵山县多个村落跳岭头仪式的流程、舞蹈动作、伴奏乐器进行过详细梳理(《桂南"跳岭头"初探》,灵山县政协文史委员会,《灵山文史通讯1》,1985年,第76—83页);2005年钦州市政府为将跳岭头申报为广西壮族自治区级非物质文化遗产而展开的调查中,梁善斌对跳岭头的傩舞构成、傩面造型与含义进行了解读,梁保则对跳岭头的唱本中出现的神灵进行了考证(政协灵山县第六届委员会,《灵山文史》,内部文件,2005年,第127—156页、第157—164页);于欣和金涛(《楚越文化交融的产物》,《民族艺术》1988年第2期)、楚夫(《广西古老民间歌舞节——跳岭头》,《民族艺术》1990年第1期)、邓飞(《谈"跳岭头"》,广西艺术出版社,《广西傩文化论文集》1990年,第220—221页)分别对跳岭头唱本中出现的神灵历史与民间传说进行了历史追溯;林凤春则对跳岭头唱本的文学特点进行了诠释(《桂南"跳岭头"唱本研究》,广西大学硕士学位论文,2007年,第26—42页);廖明君则从祈雨祭与子嗣繁盛等方面对跳岭头的民俗功能进行了解读(《壮族自然崇拜文化》,广西人民出版社,2002年,第76—78页);周永忠更是跳岭头研究的集大成者,其博士论文在扎实的田野调查基础上对跳岭头仪式的表演时间与空间特点、傩面、傩舞、音乐、唱本进行了系统分析(《"跳岭头"研究》,中山大学博士学位论文,2008年,第1—203页)。
[2] (明)林希元,《钦州志》(明嘉靖刻本影印版),上海古籍出版社,1961年,第76—77页。
[3] 蓝凡、胡勍,《中华舞蹈志(广西卷)》,学林出版社,2004年,第298页。
[4] 丁世良、赵放,《中国地方志民俗资料汇编(中南卷)》,北京图书馆出版社,1991年,第1075页。

1914年《灵山县志》中的相关记载[①]：八九月各村多延师巫，鬼童于社坛前赛社，谓之还年例，又谓之跳岭头。其装演则如黄金四目，执戈扬盾之制，先于社前跳跃以遍，始入室驱邪疫瘴疠，亦古乡傩之遗意也。

1947年《钦县县志》中的相关记载[②]：钦县陋俗……跳岭头……附城跳岭头，农历八月十七夜在太仓岭，十八夜在牛圩，十九夜在牛圩复岭头，二十夜在盐埠，其次各圩乡，于八月初一起至月底，多有跳岭头之俗，每处跳岭头，延巫者，着花衣裙，戴鬼脸壳，击两头鼓，坛歌跳舞于神前。村中各男妇，于坛戏歌，互相唱和，以为非如此跳岭头，则年不丰稔。

以上五种史料的碎片式记载，粗略勾勒出跳岭头的历史面貌。第一，从仪式举行时间来看：跳岭头多集中于八月中秋至九月，各村落先后择日举行。第二，从仪式举行地点来看：跳岭头多在山岭地带或社坛前举行。第三，从仪式举办目的来看：跳岭头的祭祀目的在于秋收酬神与禳灾祈福。第四，从仪式的演行主体来看：跳岭头由当地男性巫师执礼。第五，从仪式内容来看：男性巫师佩戴面具，在打击乐器的伴奏下，在社坛前跳跃，并逐门除疫。第六，从仪式参与群体来看：跳岭头既是祭祀神灵的空间，也是男女自由交流的空间，反映出原始生殖崇拜的色彩。

跳岭头因演行团体与举办村屯的不同，仪式过程略有不同，但基本结构都由安坛、跳清灯、跳夜灯、跳复相四部分组成。灵山地区的跳岭头演行团体多以"○○堂"为名号，由一名或多名道师带领十到二十名道公弟子完成。以前灵山地区每个村屯都有自己的岭头队，但近年来由于人口老龄化与空心化，很多村屯的岭头队已经解散，需要时则邀请其他团队代行。"清微堂"是当地较有影响力的跳岭头团队，国家级非物质文化遗产传承人陈基坤、钦州市非物质文化传承人邹海都是该堂的道师，年轻道公弟子众多，因而傩舞表演更有阵势与活力，借用当地民众的说法"他们的表演更好看"。2020年9月27日至9月29日大桂岭屯邀请清微堂来村内跳岭头，笔者以这次仪式为例，讲解跳岭头的具体过程与民俗含义。

"安坛"是为迎接神灵降临而在村屯社庙前安设祭坛、净化祭祀空间的仪式过

---

① 丁世良、赵放，《中国地方志民俗资料汇编（中南卷）》，北京图书馆出版社，1991年，第1077页。
② 唐华，《花山文化研究》，广西人民出版社，2006年，第176页。

中篇　中国傩文化的现场研究

图129　2020年大桂岭村民在装扮社庙

图130　2020年大桂岭跳岭头所设上坛

程。灵山县的社庙多为立石（图129①），各村屯社庙名称各不相同，如大桂岭村的"四官庙"、那王岭的"五官庙"、白鸠坡屯的"乌雷庙"等。安坛时分别安设迎请主神的上坛（图130②）与安抚杂鬼邪神的下坛（图131③）。上下坛都摆放有三茶五酒与白米等，但上坛供奉鸡鸭等荤菜，为了让神灵更愉悦地享受祭品还体贴地摆放了姜、糖、盐制作的酱碟；而下坛则只摆放饼干糖果等素食，插放

图131　2020年大桂岭跳岭头所设下坛

着七星旗为杂鬼邪神引路，并摆放着纸制龙船用于仪式结束后退送各路鬼神。入夜，跳岭头的掌坛师傅带领弟子诵读《武坛安师科》，在祖师的护佑下净化祭坛，将一小撮土用红纸包裹后埋于上坛祭桌之下，寓意把对跳岭头仪式形成潜在危险的存在暂时"收禁"，整个活动结束后再将其放出，并不对其进行伤害。

"跳清灯"在安坛仪式结束后的翌日白天举行，主要包括杀生、请神过桥、上犒等三个环节。首先，掌坛师傅带领弟子吟诵"三师杀牲格""杀牲四帅格""杀牲监官格（图132④）"等唱词，以神灵的名义指导村民宰杀猪、鸡、鸭等活禽制作

---

① 图129是2020年9月27日笔者在灵山县大桂岭跳岭头仪式现场拍摄。
② 图130是2020年9月27日笔者在灵山县大桂岭跳岭头仪式现场拍摄。
③ 图131是2020年9月27日笔者在灵山县大桂岭跳岭头仪式现场拍摄。
④ 图132是2020年9月28日笔者在灵山县大桂岭跳岭头仪式现场拍摄。

图132 负责杀生的监官面具

祭品;然后,在蜂鼓、锣等打击乐器的伴奏下吟诵《武坛清灯》唱本,歌颂三师、四帅、祖师、功曹、阳神、观音、灶王、南堂、神农、雷神、北帝等诸多神灵的伟大业绩与逸闻趣事,并迎请这些神灵穿过七星桥降临祭坛(图133[①]);最后,村民将煮熟的祭品供奉于上坛祭桌之上(图134[②])。

"跳夜灯"是跳岭头的高潮部分,在晚饭后紧接着跳清灯之后举行。跳夜灯表演中,道公师傅们佩戴纸绘面具与木质面具表演傩舞,具体分为跳三师、跳师郎、跳四帅、跳童子、跳忠相、跳下罡、合食等七个环节。跳三师环节,三名道公佩戴"三师"(也称作"三元")的纸绘平面面具,手持笏板与铜铃表演道教三星罡与七星罡的走步。跳岭头的唱本中记载三师是同母异父的三兄弟唐家子(正月十五出生)(图135[③])、葛将军(七月十五出生)(图136[④])、周家子(十月十五出生)(图137[⑤])。

图133 跳清灯中的请神过桥环节

图134 跳清灯中的上犒环节

---

① 图133是2020年9月28日笔者在灵山县大桂岭跳岭头仪式现场拍摄。
② 图134是2020年9月28日笔者在灵山县大桂岭跳岭头仪式现场拍摄。
③ 图135是2020年9月28日笔者在灵山县大桂岭跳岭头仪式现场拍摄。
④ 图136是2020年9月28日笔者在灵山县大桂岭跳岭头仪式现场拍摄。
⑤ 图137是2020年9月28日笔者在灵山县大桂岭跳岭头仪式现场拍摄。

图135 唐文达　　　　图136 葛文通　　　　图137 周文远

唱本中并没有写明具体人名,但道公师傅们根据当地民间传说,指出三人名字是唐文达、葛文通、周文远①。从面具造型来看,三者的面部表情相同,但头饰装饰各有不同。跳夜灯时道公师傅们遵守"歌舞不并行"的原则,因而傩舞表演与唱词吟诵交替进行。

"跳师郎"环节两名道公师傅分别佩戴木质的"师"面具(图138②)与"郎"面具(图139③),表演作揖行礼的双人舞。道公师傅认为"师"是指周文远,其被认为是道公行业的祖师;"郎"是指许九郎,但具体身份不详④。东晋时期道士许逊曾与张道陵、葛玄、丘处机并称为"四大天师",后被奉为净明道教的祖师⑤;跳岭头的演行团体自称为"大道",与正统道教存在一定联系,因而许九郎可能是许逊的化身。师与郎的木质面具面部细节相同,但冠部造型的细节部分不同,师面具的冠部中央雕刻有两个头像,据说是观音菩萨赐予的童男童女⑥。

"跳四帅"是跳夜灯的核心部分,主要表现邓帅(图140⑦)、赵帅(图141⑧)、

---

① 邹海,男,1964年出生,钦州市非物质传承人,2020年大桂岭跳岭头道师,2020年9月27日在大桂岭村四官庙跳岭头现场提供信息。
② 图138是2020年9月28日笔者在灵山县大桂岭跳岭头仪式现场拍摄。
③ 图139是2020年9月28日笔者在灵山县大桂岭跳岭头仪式现场拍摄。
④ 陈基坤,男,2021年去世,国家级非物质遗产——钦州跳岭头传承人、广西区级非物质遗产——灵山跳岭头传承人、2020年大桂岭跳岭头掌坛师傅,2020年9月27日在大桂岭村四官庙跳岭头现场提供信息。
⑤ 于春松,《神仙传》,东方出版社,2004年,第209页。
⑥ 政协灵山县第六届委员会文教卫体委员会,《灵山文史13》,内部刊物,第146页。
⑦ 图140是2020年9月28日笔者在灵山县大桂岭跳岭头仪式现场拍摄。
⑧ 图141是2020年9月28日笔者在灵山县大桂岭跳岭头仪式现场拍摄。

图138 师面具　　　　图139 郎面具

图140 邓帅　　　　图141 赵帅　　　　图142 马帅

马帅（图142①）、关帅（图143②）四位将军发挥神威为村落驱赶妖精的内容。四位将军在跳岭头唱本中只有姓氏，没有具体名字。但当地传说认为：邓帅全名为邓保益，因出生时容貌怪异而被父母遗弃；赵将军全名为赵公明，拜女娲为师学道，具有徒手捕虎的神力；马帅全名马胜光，曾跟随师父学习道法掌握了三昧真火的神力，但后因背叛师父而受到惩罚；关帅全名关羽，因悔悟生前战

---

① 图142是2020年9月28日笔者在灵山县大桂岭跳岭头仪式现场拍摄。
② 图143是2020年9月28日笔者在灵山县大桂岭跳岭头仪式现场拍摄。

中篇　中国傩文化的现场研究

图143　关帅

图144　九官

图145　妖精

场杀人太多而跟随普净大师学法①。这一环节妖精（图145②）以及负责押解妖精的九官（图144③）首先登场,之后邓、赵、马、关四位将军先后登场追逐驱赶妖精。

"跳童子"环节四位道公分别佩戴师面具（图138）、郎面具（图139）、妖精面具（图145）、扭相面具（图146④）上场。师与郎对舞（相互作揖）,分别扮演二人随从角色的妖精与扭相对舞（相互扇扇子）。从穿插的唱词《云梯格》来看,跳童子的傩舞在于表现道公祖师周文远在学道过程中受到许九郎点化的内容。扭相面具造型滑稽,据传是名为"李养"的灵山当地人。从长髯的面具造型与诙谐的舞台动作来看,灵山跳岭头中的扭相形象与环江毛南族还愿仪式中的瑶王形象（图147⑤）相似。瑶王在还愿仪式中身前悬挂模拟生殖器出场,具有较强的生殖崇拜色彩⑥;因此,笔者认为扭相面具中的长髯可能是男性生殖器的艺术化表现。

"跳忠相"是跳夜灯中登场人物最多的环节,六位道公分别佩戴忠相——朱

---

① 政协灵山县第六届委员会,《灵山文史》,内部刊物,第158—160页。
② 图144是2020年9月28日笔者在灵山县大桂岭跳岭头仪式现场拍摄。
③ 图145是2020年9月28日笔者在灵山县大桂岭跳岭头仪式现场拍摄。
④ 图146是2020年9月28日笔者在灵山县大桂岭跳岭头仪式现场拍摄。
⑤ 图147是2016年12月22日笔者在环江毛南族自治县思恩镇安良村的跳肥套仪式现场拍摄。
⑥ 高静,《架桥求花:中韩祈子仪式的对比研究》,《北京民俗论丛》2020年第8辑。

图146 扭相　　　　图147 毛南族瑶王

图148 朱千岁　　　图149 顾帅　　　图150 三官

千岁（图148[①]）、忠相——顾帅（图149[②]）、三官（图150[③]）、九官（图144）、土地公（图151[④]）、土地婆（图152[⑤]）等六枚面具上场,两名忠相对舞、三官与九官对舞、

---

① 图148是2020年9月28日笔者在灵山县大桂岭跳岭头仪式现场拍摄。
② 图149是2020年9月28日笔者在灵山县大桂岭跳岭头仪式现场拍摄。
③ 图150是2020年9月28日笔者在灵山县大桂岭跳岭头仪式现场拍摄。
④ 图151是2020年9月28日笔者在灵山县大桂岭跳岭头仪式现场拍摄。
⑤ 图152是2020年9月28日笔者在灵山县大桂岭跳岭头仪式现场拍摄。

中篇　中国傩文化的现场研究

图151　土地公　　图152　土地婆

土地公与土地婆对舞。朱千岁原名朱统鉴,曾是明朝将领,明朝灭亡后在灵山地区从事反清复明活动,1647年在清军与土匪的围剿下身亡,后被当地人供奉为保护神[①]。顾帅原名顾上遴,清乾隆年间曾担任灵山知县,勤政爱民深受尊崇,后遭人诬陷而亡[②]。朱千岁与顾帅面具面部造型相同,但冠中央装饰有所不同。三官与九官身份不详,但从红脸面色与手持刀剑的整体形象来看,可知其武官身份。忠相、武官、土地公婆三类神灵同台共舞的原因,唱本中没有解释。笔者认为,作为地方保护神的忠相登场,在于守护一方安宁;正直的武官登场,在于威慑各路杂鬼邪神;土地公婆登场,在于祈祷农业丰收。三种不同类型的神灵同台,目的在于辟邪祈福的最大化,也在一定程度上体现出民间信仰的功利性。

"跳下罡"环节四位道公分别佩戴三娘(图153[③])、八娘(图154[④])、四官(图155[⑤])、五官(图156[⑥])面具登场。三娘与五官对舞,八娘与四官对舞。《武坛清灯》中描述:三娘出身贫寒但勤劳能干,十四五岁到江边打水时不慎落水而亡,后被奉为神仙[⑦];八娘则出身于富贵之家,不拘束于封建礼教的束缚,追求自由

---

① 余大喜,《中国傩神谱》,广西民族出版社,2000年,第117页。
② 政协灵山县第六届委员会文教卫体委员会,《灵山文史》13,内部刊物,第144页。
③ 图153是2020年9月28日笔者在灵山县大桂岭跳岭头仪式现场拍摄。
④ 图154是2020年9月28日笔者在灵山县大桂岭跳岭头仪式现场拍摄。
⑤ 图155是2020年9月28日笔者在灵山县大桂岭跳岭头仪式现场拍摄。
⑥ 图156是2020年9月28日笔者在灵山县大桂岭跳岭头仪式现场拍摄。
⑦ 刘业秀,《武坛清灯》,手抄本,年份不详,第161—162页。

图153　三娘　　　图154　八娘　　　图155　四官　　　图156　五官

开放的男女关系,后被奉为掌管五畜兴旺的神灵①。《武坛夜灯》中描述:四官是掌管风雨的职能神,五官是消除洪水等天灾的职能神②。唱本中指出三娘与五官是夫妻关系,但八娘与四官之间的关系无从知晓。跳下罡表演结束后已过深夜12点,村民准备夜宵与道公共同食用,即所谓"吃五更"。

"跳合食"是跳夜灯的最后一个环节,主要是向杂鬼邪神敬献祭物的仪式过程。这一部分表演中,四位道公分别佩戴五方精(图157③)、扭相(图146)、四官(图155)、五官(图156)面具上场。五方精是杂鬼邪神的象征,扭相则是不和谐与非正常的象征,四官与五官手持木刀与长矛负责押解五方精与扭相。掌坛师傅诵读经文后,亲自给五方精与扭相喂食(图158④)。喂食仪式结束后,道公师傅们吟诵《合食五官格》,介绍五官学习道法的经历以及巨大神力,从而对杂鬼邪神形成震慑。

图157　五方精

---

① 刘业秀,《武坛清灯》,书抄本,年份不详,第59—62页。
② 刘业秀,《武坛夜灯》,书抄本,年份不详,第42—44页。
③ 图157是2020年9月28日笔者在灵山县大桂岭跳岭头仪式现场拍摄。
④ 图158是2020年9月29日笔者在灵山县大桂岭跳岭头仪式现场拍摄。

中篇　中国傩文化的现场研究

"跳复相"是跳岭头的送神环节，在跳夜灯结束后的清晨举行。道公师傅们将跳夜灯中表演的"跳三师""跳师郎""跳四帅""跳童子""跳忠相""跳下罡"等六场傩舞进行简单再现进而送神归位（图159①），同时借助诸神的神力将瘟疫之神以及杂鬼邪神统统赶到龙船送出村屯（图160②）。民间信仰中认为鬼走水路，所以在佩戴唐文达纸制面具以及三官与九官木质面具的道公陪同下，村民代表——甲首将龙船抱到村屯河道下游处烧毁。之后，道公师傅们齐聚祭坛前，共同吟诵唱本向祖师表示感谢，即"禀师"（图161③）。至此，跳岭头仪式正式结束。

图158　跳合食中喂食扭相

跳岭头的艺术特色可以从唱本吟诵、傩舞表演、歌舞结合方式三方面进行考察。首先，从唱本吟诵方面来看，跳岭头的唱本吟诵分为立唱与坐唱两种形

图159　跳复相中的跳忠相

图160　龙船在河道旁烧毁

① 图159是2020年9月29日笔者在灵山县大桂岭跳岭头仪式现场拍摄。
② 图160是2020年9月29日笔者在灵山县大桂岭跳岭头仪式现场拍摄。
③ 图161是2020年9月29日笔者在灵山县大桂岭跳岭头仪式现场拍摄。

图161 禀师

式。立唱主要用于请神与驱鬼等宗教性强的仪式环节,如安坛、禀师等,由正式受戒的道公师傅负责;坐唱主要用于歌颂神灵经历或业绩,叙事性与祝愿性突出。跳清灯与跳夜灯唱本多以坐唱形式进行,未受戒的道公也可以吟诵这类唱本。其次,从傩舞表演方面来看,跳岭头傩舞表演的手势多为道教的剑诀、兰花诀、豪光诀,这三种手势具有驱邪之意[①];傩舞表演的步伐多为道教的七星罡与三星罡[②],具有请神与驱鬼的民俗意义[③]。最后,从歌舞结合方式来看,跳岭头表演中呈现唱本吟诵、傩舞表演不并行的特点。安坛与跳清灯部分,唱本吟诵告一段落则插入乐器演奏;跳夜灯与跳复相部分,傩舞表演告一段落则插入唱本吟诵。唱本吟诵、傩舞表演、乐器演奏的非同步性可以实现"一人多角"的功能,节省人力。

灵山县一带的跳岭头仪式流行广泛,由于邀请外村道公团队花费较多,因此很多村屯拥有自己的岭头队。各村屯的跳岭头仪式虽然基本结构相似,但所持面具与唱本不尽相同。以下是笔者所收集的灵山县六燕村(图162)[④]、那王岭村(图163)[⑤]、大芦村(图164)[⑥]三个村屯的傩面。

2014年钦州跳岭头入选国家级非物质文化遗产代表性项目名录,灵山县灵城镇清微堂的道师陈基坤被认定为项目代表性传承人。在"国家级非遗"名号的加持下,清微堂的地区影响力逐渐壮大,不断吸引当地年轻成员加入。在清微堂道师的精心传授与弟子的努力习得之下,团队的跳岭头表演技艺日趋精湛。与之相反,其他岭头队则老龄化日趋严重(如那王岭岭头队演行人员以七八十岁老年

---

① 周永忠,《"跳岭头"研究》,中山大学博士论文,2008年,第151—152页。
② 《中国民族民间舞蹈集成——广西卷》编辑部,《中国民族民间舞蹈集成——广西卷(上)》,中国ISBN中心出版社,1992年,第380—388页。
③ 张泽洪,《文化传播与仪式象征:中国西南少数民族宗教与道教祭祀仪式比较研究》,巴蜀书社,2008年,第312—313页。
④ 图162是2015年8月27日笔者在六燕村的玄清堂道公队在灵山县白鸠坡跳岭头仪式现场拍摄。
⑤ 图163是2020年9月30日笔者在灵山县那王岭跳岭头仪式现场拍摄。
⑥ 图164是2020年10月4日笔者在灵山县大芦村跳岭头仪式现场拍摄。

中篇　中国傩文化的现场研究

图162　灵山县六燕村（玄清堂）道公队所持面具（22枚）

非遗视域下中韩傩文化的现场研究

图163 灵山县那王领村(永庆堂)道公队所持面具(26枚)

中篇　中国傩文化的现场研究

图164　灵山县大芦村道公队所持面具(22枚)

人为主），年轻成员不足，因而出现传承乏力的问题。各个村落的岭头队在傩面造型、唱本内容、服饰道具等细节方面都存在差别，尤其在反映村民日常生活的仪式剧方面各有特点，具有重要的传承价值。中国非物质文化遗产制度的实施，使少数代表性文化事象纳入文化保护体系的同时，也导致众多非代表性文化事象日趋边缘化。因而，探索更加多元的非遗保护措施，如复数认定、传承团体与代表性传承人共同认定等方式，可能是当下非遗保护实践中亟待解决的问题。

〔难忘的调研日志之一：连宿土地庙〕

2020年9月29日大桂岭村跳岭头的跳夜灯环节结束时已是凌晨一点多。因为天亮后要继续跳复相，所以道公师傅们大都夜宿在村上的四官庙。村上这个时候已经没有车可以去县城的旅馆，所以我也和师傅们一起留守在土地庙。因为和其中几位师傅认识有五六年，所以也并不觉得别扭或害怕。师傅们在地上铺张席子，或者垫个木板休息，我则在旁边的石凳上迷迷糊糊睡着了。天亮后，大桂岭村跳复相结束时，突然听村民说隔壁的那王岭村今天开始跳岭头，于是决定马上过去看看。

那王岭村的跳岭头在五官庙前举行，道公师傅也是村里自己的队伍。村子不大，所以五官庙并不难找。我赶到五官庙时大约上午10点多，道公师傅们正在表演跳清灯。向师傅们说明来意，师傅们对于我这名不速之客多少有些不解，但依然允许我拍摄现场。村上没有公共厕所，所以上厕所成了难题。去小卖部买东西，想趁机借用一下厕所，老板娘很果断地说："我们家没有厕所。"等到了下午，村民们大概都知道有个陌生人来拍摄跳岭头后，逐渐对我放松警惕，也因此终于在阿婆家借到厕所。

凌晨跳夜灯结束后，道公师傅们大都回家，只留下两三个人看守祭坛。利用这个空闲得以完整地拍摄到这个道公队伍的面具与唱本，并进行了个人访谈。此时已没有车可以去到县城旅馆，而且天亮后要继续跟拍跳复相，所以还是留宿在村上。不好麻烦村民，于是在五官庙后的广场上歇息一夜。连宿两日土地庙，感觉自己特别"接地气"。那时正值八月十五，圆圆的月亮静静地挂在天空，倒也不觉着害怕。

（二）作为人生过渡礼仪的巫傩仪式

灵山地区的巫傩仪式贯穿当地人的一生，逐渐发展成为人生过渡礼仪的重要组成部分。婴儿满月除煞仪式、婚礼跳南堂仪式、葬礼跳泰山仪式、除灵释服仪式、刀山火炼仪式等是当地极具特色的人生过渡礼仪。这些属于个人或家庭的巫傩仪式,举行时间不固定,而且现场调查时需征得主家同意。由于调研存在一定的不确定性,因而学界对此类巫傩仪式的关注相对较少。笔者从2014年开始对灵山县的巫傩仪式进行调研,在当地道公师傅们的帮助下,得以对此类个人巫傩仪式进行较为系统的记录。由于葬礼仪式中主家只允许现场观察,不希望被拍摄,所以笔者没有图片资料;除此之外,笔者于2020年9月28日对婴儿满月除煞仪式、2020年10月1日—2日对婚礼跳南堂仪式、2019年7月31日—8月4日对三场除灵释服仪式、2019年10月1日—4日对刀山火炼仪式进行了现场跟摄。

1. 婴儿满月除煞仪式

灵山一带的新生儿父母在孩子出生后至满月前,会请当地的问仙婆为孩子占卜运势。如果孩子命中有煞,则需请道公师傅在孩子满月之日举行除煞仪式。灵山的道公师傅大致分为大道道公与佛道道公两类,二者都分文武两坛。大道文坛供奉太上老君,武坛供奉北帝,跳岭头就属于大道的武坛仪式;佛道又称"新民道""茅山道",文坛供奉三宝,武坛供奉三清,在表演中不使用傩面,也不能承接跳岭头仪式。据说大道与佛道都可以承办婴儿的满月除煞仪式,但笔者目前只参与观察了佛道的满月除煞仪式。

2020年9月28日上午8点至12点,家住灵山县佛子镇的姚氏夫妻,邀请佛道师傅袁进二郎(法名)及其四名弟子,为家中刚满月的儿子举行除煞仪式。1984年出生的袁师傅虽然年轻,但在当地威望较高,弟子众多,其团队(志应堂)承办解关除煞、葬礼、除灵释服、刀山火炼等多种仪式。由于满月除煞仪式属于武坛,所以祭坛需悬挂三清画像(图165[①]),并摆放鸡鸭猪三牲、白米、三茶五酒等祭品。袁师傅现场书写《告煞申坛状》《解煞疏》《追煞牒》等文书与各种符咒(图166[②]),其徒弟则用茅草制作仪式中使用的茅人(图167[③])。仪式的前期准备相对简单。

满月除煞主要以唱本吟诵与舞蹈表演构成,其间穿插少量仪式剧表演。所吟诵唱本主要有《解箭科》《法家斩煞科》《法家科》等,舞蹈主要由佛道师傅一人或两人手持牛角、神刀、彩旗等道具走罡步(图168[④])。首先吟诵的《解箭科》

[①] 图165是2020年9月28日笔者在灵山县佛子镇满月除煞仪式现场拍摄。
[②] 图166是2020年9月28日笔者在灵山县佛子镇满月除煞仪式现场拍摄。
[③] 图167是2020年9月28日笔者在灵山县佛子镇满月除煞仪式现场拍摄。
[④] 图168是2020年9月28日笔者在灵山县佛子镇满月除煞仪式现场拍摄。

图165　三清挂像　　　图166　现场写文书的袁师傅　　　图167　茅人

图168　仪式舞　　　　　　　　　　图169　箭射茅人

主要是请李广将军、三弓将军、九箭将军、茅人菩萨为主家满月的婴儿消除九宫（即乾宫、坎宫、艮宫、震宫、中宫、巽宫、离宫、坤宫、兑宫）凶关恶煞与12个月份的大小灾殃。此时穿插有"箭射茅人"仪式剧表演，即唱本吟诵过程中佛道师傅用三张弓分别将九支箭射向茅人，寓意茅人代替婴儿受过（图169[①]）。

[①]　图169是2020年9月28日笔者在灵山县佛子镇满月除煞仪式现场拍摄。

中篇　中国傩文化的现场研究

　　金鸡　白鹤　蟒蛇　天狗　五鬼　六害　白虎　羊刃　地网　天罗　山蕉　埋儿

图170　十二关煞图

　　其次吟诵的《法家斩煞科》主要内容是迎请东王公与西母娘架设东南西北中五方桥，在唱12月份花令（即正月茶花、二月桃花、三月榴花、四月荷花、五月莲花、六月棉花、七月藤花、八月百草花、九月菊花、十月牡丹、十一月灯笼花、十二月梅花）之后，为花子（主家子嗣）解十二关煞（即金鸡关煞、白鹤关煞、蟒蛇关煞、天狗关煞、白虎关煞、羊刃关煞、五鬼关煞、六害关煞、地网孤神寡宿关煞、天罗三丘五墓关煞、山蕉冲天破堂关煞、埋儿关煞）。这一部分穿插"架桥—过花楼—解关煞"仪式。"架桥"是指道公将画有十二关煞的布质画像（图170①）铺放在板凳之上，象征性架起五方桥，道师袁师傅用面捏出十二关煞的模型（图171②），与符咒共同放置在此桥之上（图172③）。"过花楼"是指穿越花楼，花楼用竹子与纸扎成，被悬挂在主家堂屋的入口处，里面摆放一碗白米，中间插着写有"南堂圣母天国夫人之神座位、淋花仙娘、栽花童子"的红色牌位（图173④）。"解关煞"是指佛道师傅穿越花楼12次，用神刀逐一将面制关煞模型打翻，寓意十二关煞已被解除。

图171　五方桥细节

---

① 图170是2020年9月28日笔者在灵山县佛子镇满月除煞仪式现场拍摄。
② 图171是2020年9月28日笔者在灵山县佛子镇满月除煞仪式现场拍摄。
③ 图172是2020年9月28日笔者在灵山县佛子镇满月除煞仪式现场拍摄。
④ 图173是2020年9月28日笔者在灵山县佛子镇满月除煞仪式现场拍摄。

图172　五方桥整体　　　　　　　图173　过花楼——解关煞

最后吟诵的《法家科》主要是迎请东南西北中五方神灵入筵席、享祭品，同时为主家婴儿祈福。唱本吟诵结束，道师袁师傅打卦送神，将花楼与茅人一起焚烧，满月除煞仪式结束。这一仪式是中国南方普遍存在的"花婆信仰"的具象呈现，"唱花令"与"架花楼"在毛南族还愿仪式中也存在类似内容。满月除煞仪式中使用的彩色令旗（五方旗）与茅人模型在韩国巫傩仪式中也有相似道具。图174[①]是2022年4月3日首尔市无形文化财第34号——烽火山都堂巫仪中巫女手持五方旗表演"大监巫歌"；图175[②]是韩国国立民俗博物馆内保存的草偶模型，命犯"罗睺直星"的人正月十四制作稻草人偶，将自己的名字贴在上面后将其扔在路边以期除厄，有时巫师为主家驱除疾病时也使用草偶道具。

2. 婚礼跳南堂仪式

"跳南堂"是灵山地区婚礼时举行的跳傩仪式。据说当地女人婚后长期不孕不育，则会请道公师傅在家中举行跳南堂仪式，以向"南堂圣母"求子。如果后来孕育子嗣，则子女及其后代长大结婚时都需要举行跳南堂仪式，向南堂圣母还愿。[③]2020年10月1日—2日灵山县容家村欧先生结婚时，按照家族惯例邀请大道道公团队表演跳南堂仪式。这次仪式在新郎迎娶新娘的前一晚在男方家中举

---

① 图174是2022年4月3日笔者在首尔烽火山都堂巫仪现场拍摄。
② 图175是2022年4月26日笔者在韩国国立民俗博物馆内拍摄。
③ 政协灵山县第六届委员会文教卫体委员会，《灵山文史》，内部资料，2005年，第138页。

图174　烽火山都堂巫仪中的五方旗

图175　韩国草偶

行,持续时间为10余小时,由德庆堂的潘师傅掌坛,参与的道公人数有十五六名。

跳南堂仪式属于大道的武坛仪式,主要包括安坛、跳三师、跳师郎、跳四帅、跳忠相、游花、架桥等环节。其中,安坛(图176[①])、跳三师(图177[②])、跳师郎(图178[③])、跳四帅(图179[④])、跳忠相(图180[⑤])五个部分的傩舞表演与前述的跳岭头仪式相似,故不再赘述。以下仅就游花、架桥两个环节进行具体论述。

"游花"是跳南堂仪式的核心环节,紧接在跳忠相之后举行。三位道公分别佩戴仙娘八娘(图181[⑥])、秀才(图182[⑦])、土地公面具(图183[⑧]),为主家安花楼赐福。这一部分主要吟诵《南堂格游花科》,从唱本可知仙娘是掌管生命花园——花楼的南堂圣母。八娘代表李姓、林姓、蔡姓三位女神,她们分别掌管花楼的三层,即"上楼娘子管花部,中楼喝散五刑关,下楼娘子亲托送"。南堂圣母与三位八娘赐予主家五男二女;秀才姓袁,与八娘共同为主家送花,并赐予主家子嗣功

---

① 图176是2020年10月1日笔者在灵山县容家村跳南堂仪式现场拍摄。
② 图177是2020年10月1日笔者在灵山县容家村跳南堂仪式现场拍摄。
③ 图178是2020年10月1日笔者在灵山县容家村跳南堂仪式现场拍摄。
④ 图179是2020年10月1日笔者在灵山县容家村跳南堂仪式现场拍摄。
⑤ 图180是2020年10月1日笔者在灵山县容家村跳南堂仪式现场拍摄。
⑥ 图181是2020年10月1日笔者在灵山县容家村跳南堂仪式现场拍摄。
⑦ 图182是2020年10月1日笔者在灵山县容家村跳南堂仪式现场拍摄,当天晚上,由于没有找到秀才面具,所以临时用红纸遮住关帅面具的天眼后代用。
⑧ 图183是2020年10月1日笔者在灵山县容家村跳南堂仪式现场拍摄。

图176 安坛　　　　　图177 跳三师

图178 跳师郎　　　图179 跳四帅　　　图180 跳忠相

图181 仙娘八娘　　图182 秀才　　　图183 土地公

名利禄；土地公为花楼土地，为主家的房屋、牛栏、马栏、羊栏、猪圈、鸡笼、鸭笼、鹅笼、菜园、鱼塘、农田赐福，保佑家中太平、招财进宝、五谷丰登、六畜兴旺。①

"安花楼"仪式是游花表演的高潮部分。"花楼"是将柚子叶、竹叶、红烛、红灯、筷子、剪刀、红包、月饼等插放到红色米桶而成，与桂圆、花生、灵山粽子等寓意吉祥的食品共同摆放在临时搭建的祭桌之上（图184②）。佩戴仙娘八娘、秀才、土地公面具的三名道公手持红色令旗，在祭桌后空地处摆出正三角形站位，另有三名道公围坐祭桌前吟诵《南堂格游花科》，巫歌吟诵的间歇，佩戴傩面的道公则按逆时针方向依次交换位置，即"游花"（图185③）。唱本吟诵结束，秀才、仙娘八娘、土地公从右至左一字排开就座在祭桌前，新郎则跪在祭桌另一端的地面上，一匹蓝布从花楼延伸到新郎双膝，仙娘八娘、秀才、土地公先后走到新郎面前赠送吉物（坚果、粽子）、掷筊祝福、喂食酒水，即"接花"（图186④）。之后，新郎手捧吉物走在前面，新郎母亲为其撑伞，新郎父亲手捧花楼跟在儿子后面，仙娘八娘、秀才、土地公等道公师傅紧随其后，一行人将花楼护送到新房内的床头位置，即"安花"（图187⑤）。

图184　花楼

图185　游花

① 潘法廉，《南堂格游花科》，手抄本，民国廿二年，第5—16页。
② 图184是2020年10月1日笔者在灵山县容家村跳南堂仪式现场拍摄。
③ 图185是2020年10月2日笔者在灵山县容家村跳南堂仪式现场拍摄。
④ 图186是2020年10月2日笔者在灵山县容家村跳南堂仪式现场拍摄。
⑤ 图187是2020年10月2日笔者在灵山县容家村跳南堂仪式现场拍摄。

图186　接花　　　　　　　　　　　　　图187　安花

游花仪式结束时已凌晨2点,道公师傅们在挂有北帝、南堂圣母神像的主祭坛前举行架桥仪式,请神灵入筵享受祭品(图188①)。这部分主要吟诵经书《腾马书科(上下部)》。"腾马"就是"骑马"的意思,"马"是请神使者——功曹的坐骑。该经书上部主要以叙事巫歌的形式介绍四界功曹(具体分为一界、二界、三界、四界功曹与年值、月值、日值、时值功曹,以及上界、下界、天界、地界功曹)的成神经历,同时以唱月令的形式串联历史人物(孝女刘氏女、烈女赵氏女、盘王、伏波、彭祖、刘文龙等),宣扬忠贞良善、感叹人间疾苦、劝诫处世隐忍低调;经书下部则主要以教述巫歌的形式歌颂功曹所请众神的业绩与威力,并由鲁班为神灵架设通往人间的桥梁(经书中鲁班化身为鲁一、鲁二、鲁三、鲁四、鲁五、鲁六、鲁七、鲁八、鲁九、鲁十等十人,合力架设起东南西北中五方桥)。②

唱本吟诵过程中穿插"鲁班架桥"仪式,道公师傅用蓝布平铺在祭坛前的凳子上,上面摆放三碗盛有白米的碗,米碗中插有三炷香与一面红色令旗用来为神灵引路(图189③)。架桥仪式结束后,道公师傅按照还愿南堂仪式的祭品标准,即"天娘、八娘、秀才、土官——猪首鸡鸭肉四合七牲""南堂、香火、祖先、土主、灶君——鸡鸭肉三合五牲""师帝鸡鸭肉一合三牲""阳神众圣鸡鸭肉一合三牲",敬献祭品,也就是所谓的"上犒上熟"过程。之后,道公师傅佩戴三元纸面送神归

---

① 图188是2020年10月2日笔者在灵山县容家村跳南堂仪式现场拍摄。
② 潘法廉,《腾马书科(上下部)》,手抄本,1952年,第1—51页。
③ 图189是2020年10月2日笔者在灵山县容家村跳南堂仪式现场拍摄。

中篇　中国傩文化的现场研究

图188　主祭坛

图189　鲁班架桥请神

位,跳南堂仪式结束(图190[①])。

以"游花"与"安花"为主要特征的跳南堂仪式本质上是中国南方普遍存在的花崇拜与花神信仰的呈现。"花与生命"以及"女性与花神"的关系源于人类社会早期的生殖崇拜。人类社会早期阶段,生存条件恶劣,人口出生率与存活率都很低,"种的繁衍"成为人们最为关注的事情。在这样的背景下,女性的生殖力成为崇拜的对象,即女性崇拜。又因

图190　三元送神

为,人们在采集野果时发现植物的果实由花朵发育而来,没有花朵便没有果实,即"由花而蒂,由蒂而果;蒂落而成果,即草木所由生,枝叶之所由发",由此产生出"花是万物之源"的认识[②]。女性与花在生殖力上的相似之处,在交感巫术思维的影响下,女性崇拜与花崇拜交织在一起,花成为生命的象征,花神演化为掌管生育的女神。这种以花为表征的还愿仪式在广西毛南族中也极为盛行。

---

① 图190是2020年10月2日笔者在灵山县容家村跳南堂仪式现场拍摄。
② 丘振声,《壮族花图腾考》,《学术论坛》1994年第1期。

非遗视域下中韩傩文化的现场研究

图191　2020年10月1日容家村跳南堂仪式现场收集的傩面（23枚）

〔难忘的调研日志之二：意外发现经书宝库〕

2020年10月1日下午和道公师傅们一起从灵山县城出发,赶去容家村拍摄跳南堂仪式。我和几位年长的道公师傅一同坐车前往。我坐在副驾,开车的〇师傅跟我聊起家常。原来×师傅的父亲曾是当地有名的大师傅,家里有很多老经书,灵山地区现在流传的经书大都抄自这些老经书,但这些年代久远的经书已经被虫蛀,×师傅很着急。我提出帮其制作成扫描件,并制作一套复印本寄过来,承诺今后扫描件内容仅用于科研教学。于是和×师傅约定10月3日早晨去其家中拜访。

当×师傅搬出多达90余部的两箱经书时,我自己震惊了一下。更为惊喜的是,这些经书大部分是民国二三十年代(1931—1941)写成,最早的一本《金刚神咒》写成于1926年,种类极其丰富,包括命理经书、清灯夜灯经书、葬礼超度经书、打醮经书、解关禁秽经书、度戒经书、婚礼礼仪经书、家礼经书、十王经书、诸神唱本、符箓文集等,毛笔字体隽永俊秀。命理经书的扉页写着"存家致宝,天理良心",超度经书的扉页则写着"师傅有令:每到某处所得的香资除担工后见人有份""祖师显应,此书能传莫灭,瞒者两眼双盲",符咒的造型更是千奇百怪。经书的状态非常让人担忧,很多被虫蛀,有些已经粘连在一起,有些已经腐化。

在×师傅的帮助下,我用自己带的设备一页一页把这些经文扫描,从早上9点开始居然扫描到第二天凌晨5点多。其间一位之前认识的小师傅过来找×师傅,看到我在扫描经书走过来和我聊天,说道:"老师傅们告诫我们,法力不到

图192　腐化的经书　　图193　1926年经书　　图194　1931年经书　　图195　经书扉页警示

的道公是不能偷看符咒经书的,否则会伤害自己的身体的,还可能会发疯!"这种说法很有意思,大概是老师傅们防止偷看经书而编造的一个故事吧。之后自己再翻看这些经书时,这个故事总会浮现,一起浮现的还有对那些老经书未来的担忧。

3. 葬礼跳泰山仪式

灵山地区现在常见的葬礼习俗是:如果老人寿终正寝,其家属则会在出殡前日邀请道公师傅做名为"跳泰山"的法事超度;非正常死亡者,其家属则不能举行这种法事。大道道公与佛道道公都可以执礼跳泰山法事,主家根据家族惯例或个人意愿选择演行团队,也可以同时邀请两个团队。经济状况宽裕的主家会邀请道公表演文武两坛,经济状况一般的主家则只邀请道公师傅表演文坛。2015年8月18日笔者曾参与观察过灵山县六燕村周姓家庭的葬礼,但因主家不希望被拍摄所以没有影像资料。后在六燕村周家慧道公师傅的帮助下对大道葬礼仪式过程进行了整理①。

图196 《超度薰(熏)香科》

大道执礼的跳泰山仪式主要包括安师、送重、发奏、启圣、熏香、药树、关灯、沐浴、忏悔、解结、十王、转灵、送圣、牒饭、拜祭、送山、安灵等17个环节。安师主要是指安设道公祖师祭坛,文坛悬挂太上老君画像,武坛悬挂北帝画像,由于经济原因主家大多只请文坛。送重是指葬礼日子犯重丧日时,道公师傅举行避邪除秽仪式。发奏与启圣是指道公奏请三界符吏与四值功曹向三界四府万灵呈送赴坛文书。熏香环节道公吟诵经书《超度薰(熏)香科》(图196②),迎请尸尘洁净天尊为亡者解秽,同时道公将香木放入亡者棺木;关灯环节道公吟诵经书《超度关灯科》(图197③),并为亡者熄灭东南西北四方灯,仅留下中央一盏灯。药树环节道公吟诵经书《超度药树科》(图198④),邀请东方青灵药师大帝、南方赤灵药师大帝、西方白灵药师大帝、北方黑灵

---

① 笔者于2022年5月2日再次通过电话向六燕村周家慧道公师傅核实了跳泰山的具体过程。
② 图196是2019年7月31日笔者在灵山县六燕村除灵释服仪式现场拍摄。
③ 图197是2019年7月31日笔者在灵山县六燕村除灵释服仪式现场拍摄。
④ 图198是2019年7月31日笔者在灵山县六燕村除灵释服仪式现场拍摄。

中篇　中国傩文化的现场研究

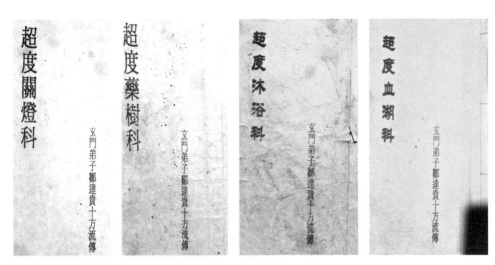

图197　《超度关灯科》　图198《超度药树科》　图199　《超度沐浴科》　图200　《超度血湖科》

药师大帝、中央黄灵药师大帝为亡者治愈病痛,此时十多人的道公队伍在灵柩前穿梭走八卦图。沐浴环节道公吟诵经书《超度沐浴科》(图199[①]),亡者家人准备脸盆、毛巾、镜子之类为亡者梳洗。忏悔是指道公师傅替亡者忏悔生前罪过,亡者为女性则需要吟诵经书《超度血湖科》中的忏悔经文(图200[②])(女性因生育流血而使血湖蒙污、冒犯神灵,因而比男性罪重),亡者为男性则吟诵《超度天地科》(图201[③])中的忏悔经文。解结环节道公师傅吟诵经书《超度解结科》(图202[④]),迎请超离苦楚天尊与解冤释结天尊为亡灵解除害人利己罪、怨天骂地罪、十恶忤逆罪、杀牲害命罪,嫉妒邪淫罪等罪孽。十王环节道公吟诵经书《转轮超生十王科》(图203[⑤]),为亡者诵经,这一环节结束已近凌晨。

天亮后举行转灵仪式。这是将亡者灵魂移出的过程,道公将亡者生前的衣服拿到院外焚烧,亡者家人则行三跪九叩之礼,亡者衣服焚烧完毕后,道公从东南西北四个方向做法催促亡者灵魂尽快离开。送圣环节道公吟诵《超度送圣科》(图204[⑥]),将祖师以外的众神送归原位。牒饭是指道公在亡者棺木前将糯

---

① 图199是2019年7月31日笔者在灵山县六燕村除灵释服仪式现场拍摄。
② 图200是2019年7月31日笔者在灵山县六燕村除灵释服仪式现场拍摄。
③ 图201是2019年7月31日笔者在灵山县六燕村除灵释服仪式现场拍摄。
④ 图202是2019年7月31日笔者在灵山县六燕村除灵释服仪式现场拍摄。
⑤ 图203是2019年7月31日笔者在灵山县六燕村除灵释服仪式现场拍摄。
⑥ 图204是2019年7月31日笔者在灵山县六燕村除灵释服仪式现场拍摄。

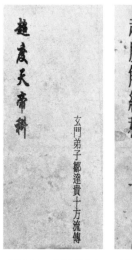   

图201 《超度天帝科》　　图202 《超度解结科》　　图203 《转轮超生十王科》　　图204 《超度送圣科》

米饭分发给亡者家人,寓意亡者对家人的赐福。拜祭是指亡者亲戚用蓝色或黑色布制作成幡并写上"永垂不朽""流芳百世"等悼词,送别亡者。送山是指将亡者棺木从祠堂或家中抬到墓地的过程,这一环节道公需要迎请邓帅、赵帅、马帅、辛帅赶鬼,棺木离开后主家迅速关闭大门。安灵是指送棺结束后,道公将亡者的牌位按照风水讲究安置在祠堂大厅的某处。亡者"三七"之日主家再邀请道公举行简单的法事,仪式过程简单,只包括安师与沐浴两个环节。由于农村年轻人大多在外打工,不便于多次往返故乡,所以"三七"的法事也会应主家要求在安灵当日举行(此日需避免为重丧日)。

4. 除灵释服仪式

除灵释服仪式原为三年服丧期结束脱掉孝服之前举行的法事。这一法事举行之前,亡者家中不允许动土建房以及举办婚礼。然而随着时代的变迁以及生活节奏的加速,当地村民将三年丧期进行压缩,长则一年短则100天(甚至个别主家要求在葬礼结束当天举行除灵释服仪式)。也就是说,葬礼结束后的100天或一年后,主家会再次邀请道公师傅举行除灵释服仪式。这一法事的规模取决于主家的经济条件。笔者2019年7月31日—8月4日对三场不同规模的除灵释服进行了现场调研。第一场是7月31日傍晚至8月1日清晨六燕村的除灵释服仪式,仪式由大道道公师傅执礼,同时表演文武两坛;第二场是8月1日傍晚到8

中篇　中国傩文化的现场研究

图205　祠堂内部所设文坛

图206　祠堂院内所设武坛

月2日清晨灵城镇的除灵释服仪式，仪式由大道道公师傅执礼，只表演文坛；第三场是8月3日傍晚—8月4日清晨塘排村的除灵释服仪式，仪式规模庞大，主家同时邀请了大道与佛道两支队伍表演文坛。

除灵释服仪式一般在祠堂举行，与跳泰山在表演内容上有诸多相似之处，具体包括安师、发奏、启圣、破狱、沐浴、过奈何桥、药树、解结、十王、送圣、转灵、除孝、上祖堂等13个环节。此处以大道清微堂2019年在六燕村执礼的除灵释服仪式为例，对具体环节进行说明。

图207　发奏启圣

安师环节中，"文坛"安设在祠堂厅内，祭坛上方悬挂太上老君画像（图205[①]）；武坛安设在祠堂院中，祭坛上方悬挂北帝画像（图206[②]）。发奏与启圣环节中，道公师傅事先写好请神公文，诵读完经文后焚烧（图207[③]）。安师、发奏、启圣三个环节与葬礼跳泰山仪式相似。

破狱是除灵释服的核心环节，也是不同于跳泰山的内容之一。身着蓝色道

[①] 图205是2019年7月31日笔者在灵山县六燕村除灵释服仪式现场拍摄。
[②] 图206是2019年7月31日笔者在灵山县六燕村除灵释服仪式现场拍摄。
[③] 图207是2019年7月31日笔者在灵山县六燕村除灵释服仪式现场拍摄。

袍的道公首先将亡者的灵魂转移到一只公鸡身上,之后用陶罐将公鸡倒扣在祠堂院内选定位置并用蓝布和伞遮盖,也就是仪式中所谓的"地狱"(图208①)。然后,道公在地狱前摆放四张凳子,凳子上面分别摆放着米碗、香、蜡烛,道公读完经文后将蜡烛点燃用来代表四方神灯,身着红绿相间道袍的20余名道公围绕地狱与四个凳子走八卦(图209②)。道公队伍走八卦仪式结束后,亡者的家人们在一名道公的带领下排队在地狱与四个凳子之间绕行,每绕行一圈每人为亡者烧一次纸钱,即所谓"行三十六孝"。与此同时,道公在一旁吟诵经文(亡者为女性则吟诵《超度血湖科》,亡者为男性则吟诵《超度天地科》),为亡者超度。最后,道公们共同吟唱经书《超度大破酆都科》,迎请五方童子打破地狱释放亡灵,即"使金灵童子打破东方,乃是金剋木;使黑灵童子打破南方,乃是水剋火;使赤灵童子打破西方,乃是火剋金;使黄灵童子打破北方,乃是土剋水;使青灵童子打破中央,乃是木剋土"③,经书吟诵完成,一名道公用神剑将四盏灯先后打翻,再将象征地狱的陶罐打碎把公鸡放出(图210④),即所谓"破狱"。此时,亡者的家人们会围绕在公鸡旁边,据说从陶罐中释放出的公鸡会走向亡者生前最善待他的家人。

　　沐浴紧接在破狱环节之后,亡者家属准备好脸盆、毛巾、镜子、纸衣放置在亡者牌位旁边,之后用席子将牌位与洗漱用品围起来作为浴室(图211⑤)。与此

图208　"地狱"　　　　　　　　　图209　道公队伍走八卦

---

① 图208是2019年7月31日笔者在灵山县六燕村除灵释服仪式现场拍摄。
② 图209是2019年7月31日笔者在灵山县六燕村除灵释服仪式现场拍摄。
③ 邹达贵,《超度大破酆都科》,手抄本,成书时间不详,第50页。
④ 图210是2019年7月31日笔者在灵山县六燕村除灵释服仪式现场拍摄。
⑤ 图211是2019年7月31日笔者在灵山县六燕村除灵释服仪式现场拍摄。

中篇　中国傩文化的现场研究

图210　破狱

图211　沐浴

图212　过奈何桥

图213　《奈何沐浴科》

同时，道公用凳子和蓝布搭建"奈何桥"，连接起浴室与祭坛（图212①）。这一阶段道公师傅诵读经书《奈何沐浴科》（图213②），在无上经、道、师宝天尊的护佑下引渡亡灵往生，即所谓"过奈何桥"。之后举行的药树、解结、十王、送圣环节与跳泰山仪式相似，通过诵读经书《超度药树科》《超度解结科》《转轮超生十王

① 图212是2019年7月31日笔者在灵山县六燕村除灵释服仪式现场拍摄。
② 图213是2019年7月31日笔者在灵山县六燕村除灵释服仪式现场拍摄。

科》为亡灵治愈病痛、化解罪孽、超度往生、送神归位。送圣环节结束时已近凌晨3点,道公师傅们暂作休息。

天亮吃过早饭后,举行转灵仪式。道公将亡者牌位从祠堂移到院外烧掉,亡者家人行三跪九叩之礼后,焚烧纸制金银珠宝祭奠亡灵(图214①)。送走亡灵后,亡者家人将所穿的旧外套脱下,即"除孝";道公诵读经文后将新毛巾用水打湿分发给亡者家人,让他们用毛巾擦拭脸庞,即"拭尘洁净"(图215②),之后道公诵读《生身咒》用竹叶沾水洒向主家,为主家祈福。如果当天日子合适则举行"上祖堂"仪式,亡者家人在祠堂内祖先牌位前的祭桌之上摆放上

图214 转灵中焚烧金银珠宝

图215 除孝中的拭尘洁净

① 图214是2019年8月1日笔者在灵山县六燕村除灵释服仪式现场拍摄。
② 图215是2019年8月1日笔者在灵山县六燕村除灵释服仪式现场拍摄。

状元粽子、红包、米碗等,并在道公的指点下用红布连接祖先牌位与祭桌,即所谓"架七星桥",亡者踏着此桥升入祖堂,成为享受后代香火的祖先(图216①)。

除灵释服中的安师、发奏、启圣、破狱、沐浴、过奈何桥、药树、解结、十王、送圣、转灵、除孝、上祖堂等13个环节都属于文坛仪式。武坛仪式在除灵释服中不是必选内容,由主家根据自

图216 上祖堂

身的经济状况进行选择。2019年7月31日六燕村的武坛表演插入在文坛的启圣与破狱两个环节之间进行,道公师傅先后表演了跳三师(图217②)、跳师郎(图218③)、跳四帅(图219④)三场傩舞,动作与跳岭头中并无差异,但是吟诵的经文内容有所改变,将对村民的祈福内容改变为对主家的祈福内容。

2019年8月1—2日在灵城镇上举行的除灵释服仪式与六燕村的文坛过程相同,由于主家居住在城镇远离祠堂,所以仪式在主家家中举行且没有上祖堂环节。8月3日—8月4日塘排村的除灵释服仪式规模庞大,主家同时邀请了大

图217 跳三师

图218 跳师郎

---

① 图216是2019年8月1日笔者在灵山县六燕村除灵释服仪式现场拍摄。
② 图217是2019年7月31日笔者在灵山县六燕村除灵释服仪式现场拍摄。
③ 图218是2019年7月31日笔者在灵山县六燕村除灵释服仪式现场拍摄。
④ 图219是2019年7月31日笔者在灵山县六燕村除灵释服仪式现场拍摄。

图219 跳四帅

道与佛道两支队伍在祠堂庭院表演文坛。大道文坛过程与六燕村相同,笔者重点记录了佛道的文坛仪式过程。佛道文坛由广福堂的周敬群师傅执礼,仪式具体包括建坛、发表、礼请、安药、沙场、照药、游药、捣药、开城、沐浴、酬王、送圣等12个环节。佛道执礼的除灵释服仪式与大道执礼的除灵释服仪式虽然具体名称和细节存在差异,但基本结构相似,即都是请神将亡灵从地狱中救出,为其治愈病痛、超度往生。

建坛环节是为佛道祖师安设祭坛,祭桌上方悬挂佛法僧三宝神像(图220[①])。发表环节类似于大道仪式中的发奏环节,佛道师傅诵读经文迎请功曹使者向三界中的普陀、琉璃、地藏、目连等众多菩萨发送赴坛文书。此时一位身穿僧服的道公师傅手捧红纸包裹的文书在祭坛前绕行(图221[②])。礼请环节类似于大道仪式中的启圣环节,佛道师傅诵读经文向降临祭坛的诸多菩萨敬奉香花茶果,四名身着僧服的师傅逆时针绕圈跳舞(图222[③])。

图220 建坛

图221 发表

---

① 图220是2019年8月3日笔者在灵山县塘排村除灵释服仪式现场拍摄。
② 图221是2019年8月3日笔者在灵山县塘排村除灵释服仪式现场拍摄。
③ 图222是2019年8月3日笔者在灵山县塘排村除灵释服仪式现场拍摄。

安药与沙场两个环节为一组仪式剧。安药环节,佛道师傅诵读经文将药师迎请至地狱,在十八狱王、三十六鬼、牛头狱卒、马面夜叉、狱堂土地等冥界神灵的见证下,将亡魂从狱户(女性亡者的狱户为血盆,男性亡者的狱户为枉城)中引出为其治病赦罪①。此时,身穿黄色僧服的佛道师傅扮演药师(当地人称之为"梵王"),带领两个随从站立在象征金阶宝殿的祭桌旁边

图222 礼请

(图223②)。祭桌前用方凳架设起引渡亡灵的金桥,金桥另一端则摆放着亡灵的牌位。身着蓝色长袍、头戴草帽、佩戴白色假胡须的年长师傅扮演桥头土地公,两名年轻师傅分别身穿绿色长衫与粉色长裙扮演金童玉女。在桥头土地公与金童玉女的指引下,主家将亡灵牌位从金桥捧至药师前的祭桌之上,即所谓"沙场"环节(图224③)。唱本中没有解释药王的来历和沙场的含义,佛道师傅对此也不了解。从表演空间的逻辑来看,药师所在的金阶宝殿应是临时在地狱架设,类似于临时佛坛。

图223 安药

图224 沙场

---

① 广福堂,《安药一宗》,手抄本,成书时间不详,第1—4页。
② 图223是2019年8月3日笔者在灵山县塘排村除灵释服仪式现场拍摄。
③ 图224是2019年8月3日笔者在灵山县塘排村除灵释服仪式现场拍摄。

图225　照药

照药、游药、捣药三个环节为一组仪式剧。此时需要在祠堂中央搭设象征地狱的祭桌,祭桌之上摆放着亡者牌位并用雨伞遮挡,祭桌之下用铁盆扣住象征亡灵的公鸡。照药环节旨在点亮"上照天堂高万丈,下照地狱十八重"的三昧真火;两名身穿红色僧服的师傅站在祭桌两端左右手各持一支蜡烛,并且头顶也放有一盏插在米碗之中的蜡烛,两人面对面挥动手中蜡烛(图225①)。游药环节是指20余名佛道师傅身着僧服在地狱祭桌前按照既定线路绕圈,土地公则在亡灵牌位前吟诵唱词(图226②)。之后一名佛道师傅带领亡灵家人在祭桌前绕行,当地称之为"行二十孝"。捣药环节中一名佛道师傅身穿便服、头系红布、手

图226　游药

---

① 图225是2019年8月3日笔者在灵山县塘排村除灵释服仪式现场拍摄。
② 图226是2019年8月3日笔者在灵山县塘排村除灵释服仪式现场拍摄。

中篇　中国傩文化的现场研究

图227　捣药

持神刀,模拟砍倒药树的动作(图227①)。照药、游药、捣药之间的联系,经书中没有明确说明,从表演逻辑来看应该是用三昧真火点亮地狱后,佛道师傅在神灵的带领下寻找药树并将之砍伐后,为亡灵治愈伤痛的过程。

开城、沐浴、酬王三个环节为一组仪式剧,其结构类似于大道执礼除灵释服仪式中的破狱、沐浴、十王环节。开城环节中一名佛道师傅身穿袈裟、头戴五佛冠、手持长矛扮演亡灵拯救者站在地狱祭桌前,与一名身穿便装、头系红布、手持神刀扮演地狱守护者的师傅对话(图228②)。亡灵拯救者要求地狱守护者打开地狱之门放出亡灵遭到拒绝后,直接用长矛打碎摆放在地狱祭桌之下的四只瓷碗,寓意打破禁锢亡灵的地狱之东南西北四面城门,然后用长矛将象征地狱的倒置铁盆掀开,放出公鸡,寓意将亡灵从地狱中救出。亡灵家人们围在公鸡旁边,据说公鸡会走向亡灵生前最喜欢的家人身边。开城环节结束后,亡灵家人准备脸盆、镜子、毛巾、纸制衣服等放置在亡灵牌位旁边,并用席子将牌位和洗漱用品围起来制作

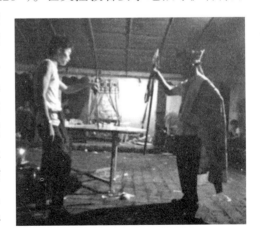

图228　开城

---

① 图227是2019年8月3日笔者在灵山县塘排村除灵释服仪式现场拍摄。
② 图228是2019年8月4日笔者在灵山县塘排村除灵释服仪式现场拍摄。

图229 沐浴　　　　　　　　图230 酬王

成浴室,家人跪在浴室旁边等待亡灵沐浴(图229①)。沐浴环节结束后,家人将亡灵牌位捧至挂有三宝画像的主祭坛前,佛道师傅诵读酬王经文,迎请秦广大冥王、楚江大冥王、宋帝大冥王、五官大冥王、阎罗大冥王、銮成大冥王、泰山府君王、平等大冥王、都市大冥王、转轮大冥王等十位神灵为亡灵超度,即所谓酬王环节(图230②)。送圣是指佛道师傅诵读经文将诸神送归原处,佛道执礼的除灵释服仪式至此结束。因为当时有大道与佛道两支队伍共同参与除灵释服仪式,两者在祠堂不同的区域按照各自的方式超度亡灵,后期的转灵、除孝、上祖堂环节则由一支队伍执行。

5. 刀山火炼仪式

灵山地区的俗信认为:如果有人因车祸、自杀等原因非正常死亡或者客死异乡的话,其灵魂受到污染,需经过"刀山火炼仪式"才能认祖归宗,否则亡家中可能会因怨魂作祟而不得宁日。刀山火炼仪式也被称作"大幡胜会"或"水路法会",属于一种净化仪式,即通过"上刀山"消除亡灵的怨气,通过"过火海"驱散亡灵的疠气。这一仪式耗时长、规模大,短则五天四夜,长则十天九夜,由七八十名道公分设文武两坛共同诵经作法。因为只有佛道师傅才拥有上刀山的能力,所以刀山火炼仪式的筹办权掌握在佛道师傅手中。佛道道师依据当年经费情况,决定仪式的举办时间与具体规模,经费充足时会邀请大道师傅增设武坛(当地称为"鬼师"),经费紧张时则不做外部邀请。

---

① 图229是2019年8月4日笔者在灵山县塘排村除灵释服仪式现场拍摄。
② 图230是2019年8月4日笔者在灵山县塘排村除灵释服仪式现场拍摄。

刀山火炼仪式在距离灵山县城不远的千岁坟村举行(图231[①])。这一仪式需要请灵山两位本地神灵"北帝玄武"与"朱千岁"做证明,北帝庙位于县城内的六峰山之顶,场地狭窄无法容纳大量人员,而至今保存有朱千岁坟墓与祠堂的千岁坟村则场地空旷,故选定为仪式举办地。刀山火炼仪式原先在村口的千岁坟祠堂(图232[②])内举行,但由于连日诵经奏乐的扰民问题,三年前举办地点迁移到距离千岁村一千米远的荒地——夹狗坳(向土地主人支付一定租赁费用)。刀山火炼仪式多在阴历九月初举行,但筹备工作则早在当年正月就已启动。筹备工作一方面要召集参与仪式的佛道师傅;另一方面是向外界广泛宣传,募集有需求的亡灵家属;并向当地政府报备仪式的举办时间与地点以及收取费用等情况。

刀山火炼仪式举行期间,亡者家属或亲自带亡者牌位现场参与整个过程,或将亡者牌位有偿委托给道公或仙婆让他们代理相关过程。一般来说,如果亡者结婚并孕育后代,那么经过刀山火炼仪式后,其家人会将亡者牌位领回供奉为祖先;如果亡者成年但尚未婚配,则家人会委托道公或仙婆,先为其寻找合适亡者婚配,再参加刀山火炼仪式,之后由男方亡者家人领回家中供奉为祖先;如果亡者为尚未成年的孩童,那么经历刀山火炼仪式后,其家人大多不再将牌位领回,而是将亡者交付给山神(图233[③])。家人领回亡者牌位的情况,缴纳的仪式

图231 千岁坟村村口

图232 千岁坟祠堂

---

① 图231是2019年10月1日笔者在灵山县千岁坟村拍摄。
② 图232是2019年10月1日笔者在灵山县千岁坟村拍摄。
③ 图233是2019年10月1日笔者在灵山县千岁坟村刀山火炼仪式现场拍摄。

图233 会场入口的山神造型

参与费用相对较低(2019年仪式所定价格为200余元);家人不领回亡者牌位的情况,缴纳的仪式参与费用则相对较高,约为前者的两倍。

笔者2019年10月1—5日(阴历九月初三至初七)参与观察了佛道五福堂组织的五天四夜的刀山火炼仪式。这一仪式中,包括解冤师、通引师、奏牒师、保举师、证盟师、奏诰师、乘真师、大幡师、鉴醮师、鉴渡师在内的近百余名佛道师傅连日诵经作法,为百余名非正常死亡的亡灵炼度。仪式的日程安排是初三入坛建醮,初四请经沐浴,初五运香参境枉城,初六请军刀山火炼焰口,初七通酬普度功德完满。仪式期间白天的主要内容为诵经舞蹈,佛道师傅诵读经书《法家早午晚朝科》,即所谓"一天开三朝";夜间则以仪式剧表演为主。以下结合现场资料讲解主要的仪式环节。

"入坛建醮"属于请神环节,迎请佛道祖师及茅山(文坛)与闾山(武坛)各路神灵降临祭坛。刀山火炼仪式需要同时安设文坛与武坛,两坛并排,文坛为先。文坛中央供奉三宝神像(图234①),武坛中央则供奉三清神像(图235②),同时文坛左右两侧则悬挂转轮王、平等王、都市王、泰山王、变城王、秦广王、楚江王、宋帝王、五官王、阎罗王十王与左师、右圣等12幅神像(图236③)。当地仙婆在武坛旁边摆设一张祭桌,其上供奉有祖先牌位、北帝与朱千岁的牌位,当地人

---

① 图234是2019年10月2日笔者在灵山县千岁坟村刀山火炼仪式现场拍摄。
② 图235是2019年10月2日笔者在灵山县千岁坟村刀山火炼仪式现场拍摄。
③ 图236是2019年10月2日笔者在灵山县千岁坟村刀山火炼仪式现场拍摄。12幅神像旁边写有不同的对联,如"转轮王"左右分别写有"盖世英雄难免无常二字,转回富贵有如春梦一场";"平等王"左右分别写着"阴报阳报迟报速报终须有报,天知地知神知鬼知谁谓无知";"都市王"左右分别写有"死后怕为双角兽,生前莫作两头蛇";"泰山王"左右分别写着"奸淫造孽安能妻女贞良,刻薄成家难免儿孙藩赓";"变城王"左右分别写着"尔许愿求神无非欲兴富与贵,我赏善罚恶却要看所作所为";"秦广王"左右分别写着"能离此个关头终成汉子,若到这般模样当为丈夫";"楚江王"左右分别写着"赫赫天条善恶两途皆有报,森森地府幽灵一理总无差";"宋帝王"左右分别写着"人善人欺天不欺,人恶人怕天不怕";"五官王"左右分别写着"落得干干净净做一个好人,何若急急忙忙干许多歹事";"阎罗王"左右分别写着"伤心过此地本身不是旧时人,回首望吾乡尘世已更新业主"。

中篇　中国傩文化的现场研究

图234　文坛悬挂三宝画像　　　　　图235　武坛悬挂的三清画像

右圣　　转轮王　　平等王　　都市王　　泰山王　　变城王

左师　　秦广王　　楚江王　　宋帝王　　五官王　　阎罗王

图236　刀山火炼仪式文坛悬挂十王与左师右圣画像

称之为"仙坛"。仙婆多为女性,并不参与诵经作法,而是作为亡灵的代理人参与仪式。亡灵牌位集中摆放在距离文武坛与仙坛约50米远的空地,亡灵家人或代理人围坐在牌位周围。为防止孤魂干扰,刀山火炼仪式场入口处立着一尊用纸扎成的山神(图233),其左右手各持一面旗子,分别写着"施食""分衣",用以安抚不能参加刀山火炼的亡灵。

"请经沐浴"即为亡灵沐浴的仪式环节。佛道师傅诵经迎请神灵再次降临祭坛,即所谓"催驾";之后诵读早朝、午朝、晚朝经书,即所谓"做三朝";做三朝期间,佛道师傅一行人持铜锣、铙钹等到千岁坟与附近社王前祭拜,即所谓"游乡";晚朝结束后诵经使诸神留宿,即所谓"留驾";留驾结束后,四名佛道师傅分别在仪式场的东南西北四个方向把守,即所谓"封山把脉"。做三朝过程中,文坛与武坛分别架设"圣桥",文坛圣桥迎请观音、如来等神灵(图237[①]),武坛圣桥迎请法祖、玉皇等神灵(图238[②])。沐浴环节则在留驾之前举行,此时亡灵牌位被集中摆放在仪式场中央的空地,亡灵家人或其代理人为亡灵牌位准备好脸盆与毛巾,牌位周围用红布条圈起,用以象征地狱。地狱的一端架起一座圣桥连接着观音祭坛,一名身穿袈裟、头戴五佛冠的佛道师傅扮演观音盘坐在祭坛之上,其左右站着扮演金童玉女的两位师傅,另有五六名佛道师傅围坐在观音祭坛周围诵读经书,寓意在观音的护佑之下为亡灵沐浴更衣,治愈病痛(图239[③])。

图237 文坛架圣桥

图238 武坛架圣桥

---

① 图237是2019年10月2日笔者在灵山县千岁坟村刀山火炼仪式现场拍摄。
② 图238是2019年10月2日笔者在灵山县千岁坟村刀山火炼仪式现场拍摄。
③ 图239是2019年10月2日笔者在灵山县千岁坟村刀山火炼仪式现场拍摄。

中篇　中国傩文化的现场研究

图239　亡灵沐浴

"运香参境枉城"是枉死城的大老爷审判亡灵的仪式过程。当日的仪式结构与前日基本相同，即也包括"催驾""做三朝""游乡""留驾""封山把脉"等环节，但是在留驾之前需要举行"审判仪式"。审判仪式在夜间举行，此时亡灵牌位被集中摆放在仪式场地中央用白色布条圈起来，寓意地狱的枉死城。枉死城的一端摆放一张祭坛。首先，两名身着佛衣、头系红布的佛道师傅头顶一支插有蜡烛的米碗，左右手各持一支蜡烛，绕行枉死城一圈后面对面舞蹈，用以象征点燃照亮地狱的三昧真火（图240[①]）。然后，一名佛道师傅头戴草帽、身着蓝衣、佩戴白色长胡须、手持拐杖扮演土地公在枉死城内来回巡视，并不断与周围人说笑（图241[②]）。最后，一名身着红色官袍佩戴乌纱帽的佛道师傅，扮演枉死城大老爷端坐在祭坛之上，两名手持长刀的佛道师傅扮演护卫站在祭坛两侧（图242[③]）。大老爷依次询唤亡灵的名字，被叫到名字时，亡灵的家人或代理人

---

① 图240是2019年10月3日笔者在灵山县千岁坟村刀山火炼仪式现场拍摄。
② 图241是2019年10月3日笔者在灵山县千岁坟村刀山火炼仪式现场拍摄。
③ 图242是2019年10月3日笔者在灵山县千岁坟村刀山火炼仪式现场拍摄。

图240　点亮三昧真火

图241　土地公巡视牌位

图242　枉死城大老爷审判

将亡灵的牌位拿到大老爷面前。大老爷对着亡灵牌位问道："你是何人？因何而死？"亡灵家人或代理人则代为回答并解释死因；大老爷接着说："脱胎换骨、早升天堂、早回人伦。"为亡灵赦罪后用毛笔蘸鸡血在亡灵牌位上做标记。接受完审判之后的亡灵成为没有罪孽的灵魂。

"请军刀山火炼焰口"是整个仪式的高潮，通过上刀山和过火海两个仪式过程为亡灵清除怨气与疠气。当天，佛道师傅上午依然同前日一样为亡灵诵经超度，下午则在仪式场的空地架设刀山，傍晚则燃烧木材准备火海用的木炭。刀山火炼仪式中所架设的刀山高度约为20米、共两座（图243①），一座为"X型刀山"，即将两把长刀交叉作为横杆固定在一根钢架之上；另一座为"一字型刀山"，即将一把长刀固定在两个钢架中间。两座刀山架设完成后，两名道行深厚的佛道道师分别站在刀山前诵经下符，祈求祖师及众神灵保佑上刀山仪式顺利进行。之后，两名生辰八字合适的年轻佛道师傅在武坛跪拜后，被人背到刀山前开始赤脚攀爬，攀爬至刀山顶部骑坐在预先准备的毛毯之上，用系在刀山顶端的红绳将装有亡灵的竹筐从地面提拉至刀山山顶，寓意亡灵已通过刀山消除怨气（图244②）。拆掉刀山后，佛道师傅将木材堆放在仪式场中央开始焚烧，直至烧成木炭，即所谓"火海"。入夜后，佛道师傅一行人开始在火海前诵经下符，祈求祖师及雪山和尚等神灵确保不发生烫伤事故。之后，亡灵家人或其代理人手捧牌位赤足从火海的一端迅速跑到另一端，即"过火海"，寓意亡灵穿越火海消除疠气（图245③）。上刀山过火海环节结束后，大部分亡灵家人或其代理人携带亡灵牌位离开仪式场，返回家中。

"通酬普度功德完满"是仪式最后环节——送神环节。佛道师傅首先诵经将家人不领回的亡灵托付于山神，此类亡灵将不再投胎转世，但不会再作祟危害家人；之后将众神送归原位，刀山火炼仪式正式结束。当地人讲究"阴平

X型刀山细节

一字型刀山细节

图243　刀山细节

---

① 图243是2019年10月4日笔者在灵山县千岁坟村刀山火炼仪式现场拍摄。
② 图244是2019年10月4日笔者在灵山县千岁坟村刀山火炼仪式现场拍摄。
③ 图245是2019年10月4日笔者在灵山县千岁坟村刀山火炼仪式现场拍摄。

火海全景

过火海

图244　上刀山过程　　　　　图245　过火海过程

阳安"，即祖先安置妥帖则后代子孙安宁，是祖先崇拜的一种表现形式。刀山火炼仪式通过演剧再现地狱枉城进而对亡灵进行救赎，借助上刀山与过火海的法术环节对亡灵进行净化，表面在化解阴间问题，实则在抚慰亡者家人，可以视其为一种朴素的民间心理创伤疗法。

〔难忘的调研日志之三：走夜路〕

　　2019年10月1日去灵山调研跳岭头，无意间听大道师傅提起佛道五福堂正在举行刀山火炼仪式，想到终于有机会目睹"上刀山下火海"过程，顿时兴奋起来。大道师傅开车送我到千岁坟村附近的刀山火炼仪式现场——夹狗坳，并引荐了五福堂堂主。在现场听完师傅介绍仪式的目的——超度非正常死亡的灵魂，尤其是看到集中摆放的百余个亡灵牌位后，心情有些复杂，在喧杂的鼓乐声中意识到"荒山野岭""孤魂野鬼"两个词语大致就是对刀山火炼仪式的写实吧。因不方便在仪式现场留宿，所以天黑之前必须找个晚上可以落脚的地方，而且需要把白天拍摄的文件从相机和摄像机中导出来。

仪式现场到灵山县城坐车的话可能需要三四十分钟，但是晚上10点以后就没有车了，也没有办法打到出租车（滴滴打车也找不到车）。所以，中午师傅们吃饭休息的时候，我步行来到距离仪式现场最近的千岁坟村，想看看能不能付费在村民家里住宿几夜。在村民的帮助下找到队长家（村子是一个大队，所以负责人是队长），跟队长说明来意。当地人大多讲灵山话或白话，所以队长可能没有听清楚我说的普通话，但还是很热情地带我来到三间土坯房前，告诉我累了可以在这里休息。我打开门后发现里面有废弃的桌子、长凳、纺车、黑板之类，但好像没有通电，感觉有点害怕。又试着问了两户人家，主人都说家中没有空房婉拒了。其实，将心比心换作是我，可能也不会轻易留宿陌生人，况且又是在这么一个特殊的时间段。

晚上10点多，刀山火炼仪式举行完"留驾"仪式后，师傅们大多在仪式现场铺张席子休息了。我沿着马路开始向县城方向走，有段小路还没有安装路灯，走到大路就亮堂起来了。只是当时已经接近12点，路上几乎没有行人，沿途也没发现旅馆，手机地图上能搜到的旅馆也不清楚具体位置。略有忐忑地沿着大路向前走，终于在一个岔路口的店铺前发现三个人正在喝酒聊天，于是上前打听附近的旅馆的位置。其中一位阿姐骑上电动车说："妹，我没喝酒，上车我搭你去吧！"阿姐边骑车边说，"我选了条人多的路，担心你害怕"。善良的阿姐把我送到宾馆大厅。接下来的几天晚上，在过路师傅的帮助下也安全地找到了宾馆。

下乡调研中，有时住宿和交通是两件头疼的事情，因为巫傩仪式一般都是深夜结束，很难利用公共交通工具。有时走夜路害怕的时候，就想起导师，林在海教授讲的一个故事。有一次导师和其他民俗学者一行人到国外乡下调研，坐车行进途中遇到山体滑坡。一行人讨论是继续向前，还是原路返回。如果原路返回那么这次国外调研就前功尽弃了，大家最终决定继续前行。因为一位在场的长者说："民俗学者如果在民俗调研的路上出了意外，那将作为民俗学者的无上光荣，但这份殊荣不是任何人都可以获得的！"这个故事给了我很大的鼓舞。

第二节　环江毛南族还愿仪式

广西毛南族男子成家育有子嗣并年满36岁后，在经济条件宽裕时会邀请当地民间道教执礼者"博公"举行还愿仪式。当地民众笃信：只有还清"四大愿",即婆王愿、雷王愿、三界愿、上宫愿,死后才能免受地狱之苦,家族才能子嗣绵延,平安兴旺。如果父辈尚未还愿而离世,子辈或孙辈则需要替祖辈还愿后,才能再为自己举行还愿仪式。

"还愿婆王"是整个还愿仪式的核心。博公通过歌、舞、乐、戏等表演形式,迎请掌管生命花园的婆王降临神坛,通过"临许临还"的独特方式展开。"临许临还"是指祭主已有子嗣,但博公在仪式开始时仍会为祭主向婆王递呈祈子许愿书,仪式结束时再将许愿书当场烧毁,表示祭主已还清婆王赐子之恩。这种类似于"事后补愿"的形式,主要通过再现祈子过程报答婆王的赐子恩情,进而防止今后家族绝嗣情况的发生。为了达成这种"生育—存续"的目的,还愿婆王仪式中先后架设"阴阳桥→阴桥→檐桥→阳桥",并在架桥过程中穿插"种花→送花→采花→揽花"等环节。仪式中的"花"象征着人类的生命与灵魂,生育之神——婆王根据五行原理创造出的"生命花园"是人类生命的发源地,各式各样的桥被看作是连接生命花园和人类世界的通道。

中国与花婆信仰有关的研究主要集中在20世纪90年代。20世纪80年代中国兴起傩文化研究热潮之后,20世纪90年代毛南族还愿仪式的相关研究开始陆续出现。代表性研究成果有蒙国荣的《广西环江县毛南族的"还愿"仪式》[1]、韦秋桐与谭亚州共著的《毛南族神话研究》[2]。前者详细记述了1993年2月1日至4日掌坛师傅谭启仁主持的还愿仪式程序和经文内容;后者详细介绍还愿仪式中所迎请的神灵,并对傩舞与经文进行了记录。之后,韩德明详细记录了1999年掌坛师傅谭道正主持的还愿仪式[3],吕瑞荣记录了2012年掌坛师傅谭圣敬主持的还愿仪式[4]。

这些研究大部分是以还愿仪式的现场记述为中心,所记录的仪式过程也各有不同。因为还愿仪式规模庞大,使用唱本数量繁多,多名博公在主家的庭院、堂屋、卧室等多处同时吟诵经文,因此研究人员凭一己之力记录完整的还愿仪式过程并非易事。所以,还愿仪式的相关研究多以个案研究为主,各研究所记录的仪式步骤也呈现出差异。本书缩小研究范围主要分析还愿婆王仪式中的"架桥求花"过程,结合现场观察与博公、主家、其他村民的访谈等对还愿婆王仪式进

---

[1] 蒙国荣,《广西环江县毛南族的"还愿"仪式》,财团法人施合郑民俗文化基金会,1994年。
[2] 韦秋桐、谭亚州,《毛南族神话研究》,广西人民出版社,1994年。
[3] 韩德明,《与神共舞——毛南族傩文化札记》,广西人民出版社,2006年。
[4] 吕瑞荣,《神人和融的仪式——毛南族肥套研究》,云南大学博士学位论文,2013年。

行民俗志式记录,并对仪式中"花"与"桥"的意义进行解读。

笔者在环江县文化馆谭承松馆长的帮助下,在2016年12月22日—24日和2020年1月1日—1月4日参与观察了两场还愿仪式,前者是掌坛师傅谭三岗(毛南族肥套仪式的国家级非物质文化遗产代表性项目传承人)在思恩镇安良村为两兄弟和他们已故的父亲举行的还愿仪式;后者是掌坛师傅谭仁福在下南乡高川屯为父子二人举行的还愿仪式。因为掌坛师傅的不同以及主家情况的不同,两场还愿仪式的步骤也各不相同,相比之下,本书选定后者为主要分析对象。这是因为下南乡是广西毛南族的聚居地,高川屯是记录毛南族入乡始祖谭三孝一生的"谭家世谱"石碑的所在地,至今仍然是谭姓同族村。这个村世代传承的还愿仪式保存相对完整。另外,高川屯是谭馆长的故乡,主家是馆长的姐夫,所以现场调查比较顺利。2020年1月1日至1月4日高川屯还愿仪式的具体日程如表2所示:

表2 2020年高川屯还愿仪式的日程

日　　期	日程	内　　容
1月1日(12:30—17:00)	请师	博公迎请祖师
1月2日(8:00—12:00)	安坛	安花楼、设雷王坛
	架阴阳桥	博公在堂屋架设阴阳桥
	种五方花	种东南西北中五方花
1月2日(13:00—18:00)	跳三界	跳三光—跳三元与社王—跳欧官与灵娘—跳三界
1月2日(18:00—21:00)	跳婆王	鲁班伐木—瑶王巡山打鸟
		架阴桥
1月3日(8:00—17:00)		架阳桥
		跳三光—跳三元与社王—跳欧官与灵娘—跳陆桥—踏桥送花—采花送花
		架阳桥
		花林仙官送花—跳婆王—跳蒙官与三界
		纳定
		揽花

（续表）

日　期	日程	内　容
1月3日（18:00—20:00）	跳雷王	跳雷王—跳三光
1月3日（20:00—21:00）	满供合桌	向三界、婆王、雷王共同献祭后送神归位
1月4日（8:00—9:30）	收兵	送神驱鬼

（一）"还愿婆王"的祭祀神灵与传承主体

由于还愿婆王是还愿仪式的其中一环，所以要理解还愿婆王的仪式地位与意义，有必要先对还愿仪式的整体过程进行梳理。还愿仪式由博公主持，是向"婆王""雷王""三界"等神灵祈福报恩的祭祀仪式。还愿仪式中迎请家神以及与村民生活相关的诸多神灵。"婆王"是赐予人间子嗣的生育之神；"雷王"与"三界"在还愿仪式中被描述为保佑家族安宁与牲畜兴旺的财神；"上宫"则被视为调解出门在外的人际关系与财物纠纷的神灵。

毛南族民众将这些还愿仪式统称作"肥套"或"条套"，其中被称作"红筳"的"还愿婆王"与被称作"黄筳"的"还愿雷王"，以及"还愿三界"大多合为一场法事在主家堂屋举行；而"还愿上宫"则需另外选择时间（大多等到年老不再外出做事时举行，或亡故后由子孙代还），单独在野外举行。另外，当地民众根据自家当年的农作物种植情况，还会选择性地举行"还愿神农"仪式，以期神农氏能保佑庄稼丰收。

在主家堂屋举行的还愿仪式顺序是"还愿三界→还愿婆王→还愿雷王"。这里的三界神是毛南族家庭的守护神，神体供奉在堂屋房门对面墙上的"天地君亲师"牌位之上。还愿三界仪式中，博公将黄牛作为祭品献给三界神。象征三界神显现的傩舞环节结束后，主家也被赋予了神圣的"表名"。这里的"表名"是指神灵赐予举办过还愿仪式村民的神圣名字，今后主家参加祭祀有关的活动都要使用表名。还愿三界仪式结束后，博公将三界的牌位转移至设在堂屋右侧的祭坛，意在让三界神见证还愿婆王与还愿雷王仪式的举办。还愿仪式全部结束后，再将三界重新供奉回天地君亲师的牌位上，继续担任家庭的守护神（图246[①]）。

---

① 图246是2020年1月1日笔者在环江县下南乡高川屯跳肥套仪式现场拍摄。

中篇　中国傩文化的现场研究

图246　天地君亲师牌位

图247　还愿祭坛

接下来的"还愿婆王"和"还愿雷王"仪式将在供奉有三界牌位的堂屋右侧所设的祭坛前举行。此时的祭坛主要分为三个部分（图247[①]），祭坛上的门框以不同颜色的彩纸装饰。位于左边的红色门框之后供奉着婆王，位于右边的黄色门框之后供奉着雷王，位于中间的粉红色门框之后供奉着三界。与之前还愿三界仪式中供奉黄牛不同，还愿婆王和还愿雷王仪式中将猪、鸡作为祭品。所有的还愿仪式环节结束后，婆王和雷王将被送走。

高川屯举行还愿仪式的主家是谭氏父子。主家决定在经济条件允许的情况下举行还愿仪式。为此，首先需要选定掌坛师傅。因为还愿仪式的准备过程和表演环节非常严格，所以要委托经验丰富的博公。掌坛师傅会帮主家确定还愿仪式的举行日期，嘱咐主家按照仪式规定准备献祭神灵的供品种类和数量。谭氏父子在村民的推荐下，委托邻村的谭仁福作为掌坛师傅。

被选定的掌坛师傅首先按照主家的生辰八字选定吉日，并将所需祭品的单子写在红纸上交给主家。在此次还愿仪式中献给神灵的祭品有黄牛2头、猪11头、公鸡47只、母鸡4只、鸭子12只，以及水果、饼干等。这些祭品敬奉完神灵以后，将在4天3夜的流水席中用于招待村民与宾客。2020年初当地发生猪瘟，置办祭品的费用增加了一倍。即便如此，主家也不能随意更改还愿仪式既定的日期，因为

[①] 图247是2020年1月1日笔者在环江县下南乡高川屯跳肥套仪式现场拍摄。

已经确定的仪式日期被视为与神的约定。另外，主家需要事先在竹林选好两根"夫妻竹"，即竹节长度、粗细以及颜色相似的两根竹子，多为同年竹，用红色的布将其捆起来。还愿仪式的前一天主家亲自砍下拿回家中，用来制作花枝与其他巫具。

其次，主家需要在村里有福气的老人当中，挑选一男一女担任"采花公"与"守花婆"。守花婆在还愿仪式举行期间负责守护生命之花，只有家中已经举行过还愿仪式，并且丈夫健在，有孙子、孙女的女性才能胜任。"采花公"又称作"剪花公"，在还愿仪式过程中利用竹篾制作花枝，并肩负着为主家采摘生命花的责任。采花公也必须是家中已经举行过还愿仪式的人，并且妻子健在，有孙子、孙女的男性才能担任。采花公与守花婆不能是一对夫妻，必须从两家中选出。这是因为还愿仪式中采摘和守护生命之花的行为被认为是"将自己福气分享给他人的行为"，所以只有与主家交情深厚的人才愿意担此"重任"。还愿仪式结束后，主家会给采花公与守花婆赠送礼金和礼物。

最后，了解一下还愿仪式的传承群体。一般主持还愿仪式的人在当地被称为三元公或博公。毛南族的博公与壮族师公一样，都将"太上老君"与"三元"敬奉为祖师。与壮族师公可以同时参与红白事不同，毛南族的博公只参与诸如"安宅""还愿"等红事，不能参与葬礼这类白事。博公只有准确掌握还愿仪式的所有程序，能够独自主持整个仪式时才能升级为"掌坛师傅"。不仅如此，掌坛师傅必须家庭完整、有儿有女才会受到主家欢迎。当然，仪式过程中诵经文、跳傩舞等技能出色，还愿仪式结束后主家平安无事，这样掌坛师傅才会最终得到村民的认可。

博公没有固定的组织，只是根据个人能力拓展活动范围。一般来说，诸如"安宅仪式"这类小型祭仪都是个人完成，而像还愿仪式这样的大规模祭仪则是掌坛师傅自己联系熟悉的同行共同完成，所有参与仪式的博公不论分工如何，都平均获得酬劳（标准大多为每人每天200元）。这次还愿仪式是掌坛师傅谭仁福联系其他6名博公与2名厨师（神厨）一起参与。参加还愿仪式的博公大部分是50—70岁的男性。整个还愿仪式的筹备和主持工作由掌坛师傅谭仁福负责，其他博公则负责诵读经文与表演傩舞。还愿仪式的执礼人中除"守花婆"以外全部为男性。男性在仪式中占据绝对主导地位。

（二）还愿婆王仪式中婆王的形象与地位

"还愿婆王"是还愿仪式的核心，多采用"临许临还"的方式。这种类似于"事后补愿"的形式，源于还愿仪式的起源神话"仲定传说"（仪式所用经书《过桌牡丹花家六官·红筵纳定》中有"照依古前仲定备办"的表述①)。"仲定传说"主要讲述了"因许愿婆王而生育五男二女的仲定,忘记还愿导致子女被婆王收回,之后补办还愿仪式子女才得以复活"的故事。由此可见,还愿婆王仪式也是一种禁忌仪式,当地民众还愿的原因不只是出于对婆王赐子的感激之情,更是出于对婆王收回子嗣的畏惧之心。也因此,尚未举行还愿仪式的当地居民出于忌讳,大多远离仪式现场。

"婆王"也被称作"万岁娘娘",在仪式所用的手抄经书中被描绘为"人类始母——女娲"。不过这里的"女娲"以伏羲妹妹的身份出现,与其长兄婚配后共同创造出天地人(经文表述为"兄妹姻缘生凡世,女娲伏羲制三才"②)。婆王"补天造人"的功绩在还愿婆王仪式中多次被歌颂,如《三礼婆王》中"三皇惠王养婆王,炼石补天有道德";《劝婆王》中"女娲接蚕洪水退,女娲补天水才退"等经文③。谭亚洲曾指出:"婆王是西南部分少数民族的生殖神,经过民族文化的交往与渗透,逐渐与开辟神话中的宇宙创世神女娲与伏羲,洪水神话中的人类始祖神盘古熔铸在一起,成为同格异名的人类始祖神。"④

"婆王"在还愿仪式中有平面挂像(图248⑤)与立体傩面(图249⑥)两种神体。婆王挂像中绘有上中下三层门楼,每个门楼中间画有一位婆王,中层门楼的婆王面前簇拥众多婴儿。杨树喆在研究广西壮族花婆挂像时指出:"上楼圣母被认为能为人补年添寿,所以如果有年过三十六岁后病而无力者,就请师公念经为之补粮,念经时要请上楼圣母前来护佑延年益寿;中楼圣母主管生育与小孩健康,也就是专司生育之女神;师公认为,未满三十六岁而死去的人不能敬为祖宗,其灵魂就由下楼圣母收去,但必须请师公来举行送魂法事,否则下楼圣母便不肯收留"⑦。笔者在广西下南乡毛南族村寨调研时,当地博公对婆王挂像中三层构图的含意没有细化认知,只是提到会承接为老人添粮补寿的仪式,但不承接葬礼仪式。由此可见,毛南族博公与壮族师公的职能有相同之处,毛南族与壮族的婆王挂像含意上存在相似的可能性。

婆王面具是由牛尾木制成的连冠面具,面具造型为慈眉善目的老祖母式女

---

① 谭福军,《过桌牡丹花家六官》,手抄本,抄写年份不详,无页码。
② 谭仁福,《红黄筵开坛大供全集》,手抄本,2019年,第19页。
③ 蒙国荣,《广西省环江县毛南族的"还愿"仪式》,财团法人施合郑民俗文化基金会,1994年,第263—265页。
④ 韦秋桐、谭亚洲,《毛南族神话研究》,广西人民出版社,1994年,第35—36页。
⑤ 图248是2020年1月1日笔者在环江县下南乡高川屯跳肥套仪式现场拍摄。
⑥ 图249是2020年1月3日笔者在环江县下南乡高川屯跳肥套仪式现场拍摄。
⑦ 杨树喆,《"花"为人魂观与壮族民间师公教的花婆圣母崇拜》,《民间文化》2000年第11—12期。

图248　婆王挂像　　　图249　婆王面具　　　图250　檐桥用15孩童剪纸

性形象。婆王面具的冠上刻有五个孩童面孔,象征东南西北中五方子嗣。这五个孩童面孔与搭建"檐桥"时所用的剪纸纹样(图250①)的列数相呼应,而剪纸中的行数则对应婆王挂像中的上中下三层。当地博公提及,每个神灵都有36个魂魄,"傩魂"便是其中之一②;佩戴面具的傩舞表演被视作神灵显形的仪式环节。

还愿婆王仪式所用经书中描绘了婆王统率的庞大花山神灵体系,如掌管胎儿孕育的"上胎中胎下胎白结花王圣母、怀胎怀孕天尊圣母、催生降生托生父母";护佑婴儿成长的"洗育奶育养育天尊圣母";负责送子的"花林仙官(图251③)、送子仙娘";护送花枝平安渡桥的男神"陆桥"(也称"仙乔")(图252④)等。但在还愿仪式中只有婆王、陆桥、花林仙官有单独的傩舞表演(过桌仪式)与详细的介绍经文。陆桥负责护送花枝过桥,过桌时舞动双刀彰显武将的勇猛;花林仙官曾是备受嫂嫂欺凌的孤儿,被婆王收养后成为负责看花与送花的女神,继陆桥之后过桌,翩翩起舞中做"麒、麟、长生帝旺"等手语,为主家送"麒麟之子"。婆王作为祭祀主神,在花林仙官之后出场,享纳祭品为祭主消愿。花山众神祇中,婆王、花林仙官、陆桥的傩神化现象,凸显出"架桥求花"在还愿婆王仪式中的核心地位。

---

① 图250是2020年1月1日笔者在环江县下南乡高川屯跳肥套仪式现场拍摄。
② 受访人:谭福军,男,1959年生,肥套文化区级传承人,2020年1月3日在下南乡波川村还愿仪式现场提供信息。
③ 图251是2020年1月3日笔者在环江县下南乡高川屯跳肥套仪式现场拍摄。
④ 图252是2020年1月3日笔者在环江县下南乡高川屯跳肥套仪式现场拍摄。

中篇　中国傩文化的现场研究

图251　花林仙官面具　　　图252　陆桥面具

（三）架桥求花仪式的流程与内容

还愿婆王仪式中，博公使用不同的材料与方法先后搭建"布制阴阳桥""竹制阴桥""红布檐桥""花布阳桥"。架桥的目的在于"求花"，因此架桥过程中穿插种花—采花—送花—揽花等环节。"架桥求花"仪式性地再现了象征新生命的花枝离开婆王掌管的生命花园"花山大庙"，冲破各种艰难险阻，最终到达祭主子嗣花田的过程。具体的架桥过程及意义如下：

1. 阴阳桥

阴阳桥（图253①）是还愿婆王仪式中搭建的第一座桥梁。此桥在祭主堂屋的门口搭建，以板凳作为桥墩，木板作为桥面，桥面上先放一条蓝布代表阴桥，蓝布上面放一条白布代表阳桥②。阴阳桥连接婆王所在的花山与人间，婆王及其部下走阴桥降临人间，代表新生命的花枝走阳桥降临人世③。为确保花枝能平安通

---

① 图253是2020年1月3日笔者在环江县下南乡高川屯跳肥套仪式现场拍摄。
② 每位祭主只需架一座白布阳桥与蓝布阴桥。图253中所拍摄的场景是父子二人同时做的还愿仪式，所以架有两座桥梁。
③ 架阴阳桥的过程中，博公吟诵的经书（谭仁福：《红筵架桥集》，手抄本，2019年，第25—26页）中有如下内容：
《架阴阳二桥》：拜才主 舍才君／先架阴桥接圣通／万丈天宫难得过／阴桥先架度神仙／天桥地桥通六国／千般万物尽通行／架得长生并帝旺／千千万万到桥头／万岁三楼过桥度／众员降赴齐来临／花山群营同一路／有船过渡到世间／今日拜还同婆会／阴阳架队接花枝。
《架阳桥》：贺桥梁 贺桥梁／先架阴桥后架阳／尧王世论多洪水／后又夏禹立海湖／大海无船难得过／阳桥重架接接儿孙／六国九州人难过／蔡氏架桥种壮元／我放阳桥落下地／五男二女上桥行。

183

图253 阴阳桥　　　　　　　　　图254 种五方花

过阳桥，博公举行解关仪式，驱赶蹲守桥头与桥尾以及东南西北中五方的"剋男害女"的冤魂、恶兽（青犬、赤犬、白犬、黑犬、黄犬、蟒蛇）等。

解关仪式结束，花枝渡过阳桥来到人世间，成为东方的木兰花、南方的赤莲花、西方的金钱花、北方的水仙花、中央的牡丹花。为了将花枝吸引到祭主的子嗣花田，博公、采花公、守花婆每人持五枝花枝，举行"种五方花（也叫种花五斗）"仪式（图254①），即从东南西北中五个方位种花。在祭主堂屋摆放的圆桌上放有柑橘、粽子、花生、糖果等孩子们喜欢的零食，博公用红鸡蛋与粽子角、米桶制作成花担放在祭主面前，代表祭主的子嗣花田。博公用壮欢的形式，分别吟唱采花公、灯、鸡蛋、米粽、糯米、糖果、柑橘的来历，共唱五轮，每唱完一轮，博公、采花公、守花婆分别向祭主装有花担的米桶插一枝花，以此象征将东南西北中五方的生命之花种入祭主家的生命花园。

2. 阴桥

阴桥是还愿婆王仪式中搭建的第二座桥，是用祭主事先选好的夫妻竹制作而成。在"鲁班伐木架桥、瑶王巡山打鸟"等傩舞表演后，博公将竹子做成的阴桥从供奉婆王的神坛（祭主的堂屋）连接到祭主卧房的门口。

架竹阴桥开始时，博公先举行"放桥竹竿"仪式，以此为鲁班选取架桥用

---

① 图254是2020年1月3日笔者在环江县下南乡高川屯跳肥套仪式现场拍摄。

图 255　鲁班伐木架桥　　　　　　图 256　瑶王巡山打鸟

的"长生木",即可以开花结果的神木。选竹结束后,佩戴鲁班面具的博公出场,表演伐木架桥。鲁班向祭主讨要赏钱后,开始从东南西北中五个方位寻找长生木。鲁班选好长生木后,通过诙谐的表演,展示伐木的过程,时而砍到脚,时而碰到头,最终成功砍伐长生木(图255[①])。鲁班退场后,佩戴瑶王面具的博公出场,表演巡山打鸟。瑶王是管理山林的神灵,发现山林中竹子被砍后,找祭主赔偿,并为祭主寻找麒麟、凤凰、龙、鹿四个象征吉祥的神兽(图256[②])。

这里的鲁班和瑶王都是外来神灵,鲁班是汉族广为供奉的行业神,瑶王是瑶族的始祖神。鲁班又称公输般,中国古代将其敬奉为木工、泥匠、造船匠、建筑师等职业的祖师。汉朝的《礼记注疏》中曾记载"奇技,奇器,若公输般"[③],唐朝段成式的《酉阳杂俎》中曾记载"今人每睹栋宇巧丽,必强谓鲁般奇工也"[④]。还愿婆王仪式中鲁班被描述为早年失去父母的孤儿,在神灵的帮助下学习冶炼技术,并为皇帝建造了宫殿。

瑶王出现在还愿婆王仪式中的原因,可以从毛南族的《瑶王还花》传说中找到[⑤]。传说古时候毛南族的祖先去花山向婆王求得三枝生命花,但在回家的路上

---

① 图255是2020年1月3日笔者在环江县下南乡高川屯跳肥套仪式现场拍摄。
② 图256是2020年1月3日笔者在环江县下南乡高川屯跳肥套仪式现场拍摄。
③ 李乔,《中国行业神崇拜》,中国华侨出版公司,1990年,第51页。
④ 麻国钧,《〈扇鼓神谱〉献艺六剧考论》,《戏曲研究》2010年第81期。
⑤ 2020年1月3日在还愿仪式现场谭承松馆长、谭福军师傅都向笔者提起了瑶王还花的故事。

图257　阴桥部桥

却丢了一枝；瑶王发现了遗失的花枝，不辞万里将它送还了毛南族祖先。在这个传说里，三枝花与婆王的花楼上、中、下三层相对应。因此，为了报答瑶王的恩惠，毛南族还愿仪式中迎请瑶王。瑶王表演结束后，博公将鲁班选取的"长生木"制作成竹篾，与红布编织在一起，制成阴桥的桥头。为阴桥桥头开光后，两名博公将阴桥桥头架在手持花篮的祭主头上转圈，即部桥仪式（图257[①]）。博公举行部桥仪式时吟诵如下经文[②]：

《部桥》

鲁班降临架桥起，

接男渡女入房中，

一转二转……十转，

今日送来家富贵，

一步送去到房中，

部送花红与社主，

红鸾天喜应夫妻。

之后，博公将阴桥桥头固定到神坛，用竹篾将桥头连接至祭主卧房门口，至此阴桥搭建完成。

3. 檐桥

檐桥是还愿仪式中架设的第三座桥梁，永久放置在祭主卧房门口（图258[③]）。此桥用祭主事先准备好的夫妻竹编制成桥身，再将其用红布包裹，之后在红布正中央贴上十五孩童纹样的剪纸。

---

① 图257是2020年1月3日笔者在环江县下南乡高川屯跳肥套仪式现场拍摄。
② 谭福军，《过桌牡丹花家六官》，手抄本，2019年，无页码标示。
③ 图258是2020年1月3日笔者在环江县下南乡高川屯跳肥套仪式现场拍摄。

架设檐桥由安桥—部桥—运桥三步组成。安桥是先将檐桥摆放在祭主堂屋的天地师的神位之下,博公诵经请家中供奉的主神"三界公"为架桥仪式证明。部桥在安桥之后,是指博公、守花婆、采花公中的两人各自手持檐桥的一端,举起檐桥在手持花篮的祭主头上转圈的过程,这一过程需根据祭主的生辰八字选取吉时进行。运桥在部桥之后,博公吟诵"鲁班降临架桥起,接男渡女入房中"等经文,将檐桥移到卧房门口,与竹阴桥连接到一起。架檐桥结束后,开始表演傩舞,三光(为众神仙引路的神灵,图259①)、三元与社王(为祭主的还愿仪式作证明,图260②)、陆桥(为花山众神以及花枝开路,图261③)依次上场。

图258 檐桥

图259 跳三光

图260 跳三元与社王

图261 跳陆桥

---

① 图259是2020年1月3日笔者在环江县下南乡高川屯跳肥套仪式现场拍摄。
② 图260是2020年1月3日笔者在环江县下南乡高川屯跳肥套仪式现场拍摄。
③ 图261是2020年1月3日笔者在环江县下南乡高川屯跳肥套仪式现场拍摄。

4. 阳桥

阳桥是还愿婆王仪式搭建的最后一座桥梁。阳桥由花布架成,博公先给花布开光。之后,身着朝服的博公(图262[①])与佩戴瑶王面具(图263[②])的博公依次表演踏桥送花。表演者以红布为中心从东南西北中五个方向舞蹈,以此表现"观五方花—拾五方花—踏五方桥—送五方花"的过程。瑶王踏桥送花环节结束后,采花公登场表演采花,瑶王用红布包裹的木棍模拟男性生殖器,从东南西北中五个方位插入采花公的两胯之中,表示将花种传递给采花公(图264[③])。最后采花公将采得的花枝赠予祭主。

图262 博公踏桥送花

图263 瑶王踏桥送花

图264 采花公采花

---

① 图262是2020年1月3日笔者在环江县下南乡高川屯跳肥套仪式现场拍摄。
② 图263是2020年1月3日笔者在环江县下南乡高川屯跳肥套仪式现场拍摄。
③ 图264是2020年1月3日笔者在环江县下南乡高川屯跳肥套仪式现场拍摄。

中篇　中国傩文化的现场研究

图265　花林仙官送花

图266　背长生鸡

　　踏桥送花仪式结束后，守花婆与采花公各持一端将阳桥举起，在祭主的头上转圈，即部桥仪式。部桥仪式结束后，博公将阳桥一端系在神坛，另一端系在卧房门口，与此前架好的檐桥与阴桥系在一起。架完阳桥后，佩戴花林仙官面具的博公表演傩舞。花林仙官先后做"麒、麟、长生帝旺"等手语，为祭主赐送麒麟儿（图265[①]）。之后，博公将一只公鸡（长生鸡）放到祭主背上，若长生鸡能顺利从堂屋到达卧室，则表示还愿仪式成功（图266[②]）。背鸡仪式结束后，开始表演傩舞，婆王、蒙官与三界（证明祭主已经还愿）先后上场。

　　傩舞表演结束后，博公将红腰带送给祭主，祭主给在场的家人和博公分发红腰带表示共享福气，即"纳定"仪式。之后，博公与守花婆以及祭主再次围坐在一起，将还愿婆王仪式中所有的花枝再次种到祭主家的子嗣花田，即"揽花仪式"（图267[③]）。揽花仪式结束后，博公将连接神坛与祭主卧房门口的阴桥和阳桥撤掉，阴桥桥头与花枝悬挂于卧房门口的内侧，檐桥则永远保留在卧房门口。

　　还愿婆王仪式中，博公先后搭建起阴阳桥—阴桥—檐桥—阳桥，架构起生命花园—人间—主家的通路，以此迎请婆王为首的花山诸神以及象征新生

[①] 图265是2020年1月3日笔者在环江县下南乡高川屯跳肥套仪式现场拍摄。
[②] 图266是2020年1月3日笔者在环江县下南乡高川屯跳肥套仪式现场拍摄。
[③] 图267是2020年1月3日笔者在环江县下南乡高川屯跳肥套仪式现场拍摄。

图267 揽花

命的花枝。"架桥"的目的在于"求花",因此,架桥仪式与求花仪式交织在一起。阴阳桥搭建完成后举行"种五方花"仪式,旨在将婆王赐予的生命之花种入祭主家的子嗣花田。阳桥搭建前要举行"踏桥送花"仪式,传说毛南族祖辈曾向婆王求得三枝花(分别对应婆王花楼的上中下三层),但是路上丢失一枝,瑶王巡山时发现了丢失的花枝,不远万里将其送还主人。瑶王踏桥送花表演正是对这一场景的仪式性再现,这一环节在表达对瑶王感恩的同时,也为花枝遗失建构起预防机制。"踏桥送花"环节表演结束时,采花公表演"采花",即瑶王躺地,采花公俯身在瑶王体前,瑶王用模拟生殖器在采花公胯间摇摆,通过男性之间的模拟性行为完成花枝(子嗣)从神圣空间到世俗空间的传递。阳桥搭建完成后,花林仙官为祭主赐送麒麟之子,寓意祭主家既子孙满堂,又出人中龙凤。仪式结束拆除所搭桥梁之前,为防止花枝误入他处,博公与主家一行人将仪式中所用花枝重新栽种一遍,即揽花仪式。

通过架桥仪式生命之花和诸多神灵降临人间。仪式中的各种桥梁既是为迎接婆王、三界、三元、社王、陆桥、花林仙官、花山诸神而架设,也是为迎接神圣的生命之花和幸福而架设。还愿婆王仪式的架桥求花过程中诸多神灵登场,"花界—俗界"的界限随着仪式空间从庭院—堂屋—卧室的转变而逐渐缩小。架桥过程中穿插的"种花→送花→采花→揽花"等环节,使生长于花界的无形生命之花转变为俗界的新生命。

(四)架桥求花中还愿婆王仪式的意义呈现

花崇拜与花神信仰具有世界普遍性。希腊神话中天后赫拉因触碰了花神栽种的神奇花草,孕育出战神阿瑞斯[①];广西地区的《巫经》中有"凡儿初生,精魂

---

① 杨建锋,《古希腊神话与传说》,百花洲文艺出版社,2018年,第16页。

缔结于花树之间"的记录;广西壮语中将处于恋爱期的女性称作"花",将受孕女性称为"得花"①。壮族的创世神话《姆六甲造人》中也将创造人类的女神——姆六甲描述为从花中诞生的人物②。还愿婆王仪式中掌管"花山大庙"的婆王正是花神信仰的表现形式。

作为花神的婆王被定格为老祖母式的女性形象,她所掌管的"生命花园"位于想象中的"花山"之中。"居住于神山的老祖母式女神"的形象与道教中推崇的"西王母"形象有类似之处。"西王母"最早出现在《山海经》中,被描述为居住于昆仑山的一位半人半兽的怪神形象;经历春秋战国及两晋南北朝时期的演变,在《汉武帝内传》中西王母脱尽兽气,成为赐予武帝仙桃,授汉武帝长生之道的道教女仙之宗③。

广西毛南族地区过去盛行道教④。还愿婆王仪式的传承群体博公至今自称为道教弟子,奉太上老君与三元为祖师。另外,受五斗米道教的影响,还愿婆王仪式中的"种五方花"环节,在博公的手抄经书中常被写作"种五斗花"或"种花五斗"。由此可见,还愿婆王仪式是道教在地化过程中与广西土著巫俗结合的产物。道教中掌管"昆仑山"的"西王母"形象与土著巫俗中掌管"花山"的"婆王"形象经过漫长的历史发展熔铸在一起。

还愿婆王仪式的核心环节"架桥求花"中,桥被塑造为连接生命花园与人间世界的媒介,"架桥"被视作"求花"的先决条件。桥梁具有将不同的两岸、两极或两端联系起来的实际功能,在山多水多的中国广西地区桥的功能更为突出,因而桥的意境渗透入当地民众的宇宙观。周星在研究桥相关的民俗时曾指出:"中国南方民族的宇宙观由幼儿降生之前所在的花界、现世人生展开的俗界、人死之后要去的阴界构成,而花界与俗界之间有山河阻隔,只有搭桥幼儿的灵魂才能降临俗界。"⑤花界、俗界、阴界构成的"三界观"在还愿婆王仪式中得到生动呈现。在还愿婆王仪式中人类生命从花界的"花枝"转变为俗界中母体内的胚胎。

还愿婆王仪式反映了毛南族人民独特的世界观与生命观,即不把生命的孕

---

① 廖明君,《植物崇拜与生殖崇拜》,《广西民族学院学报》1995年第2期。
② 岑贤安,《论布洛陀神格的形成及演变》,《广西民族研究》2003年第4期。
③ 李南,《道教与密教中的女性崇拜》,《南亚研究》1998年第1期。
④ 广西壮族自治区编辑组,《广西仫佬族毛南族社会历史调查》,民族出版社,2009年,第148页。
⑤ 周星,《境界与象征:桥和民俗》,上海文艺出版社,1998年,第1—10页。

育过程单纯看作生物学过程,而是将其想象为"花界—俗界"的空间转换过程。从"三界观"来看,生命之花从花界向俗界移动的过程就是生命在母体孕育的过程,死亡则是生命之花从俗界向阴界移动的结果。因此,在与祈子有关的还愿婆王仪式中,架设连接不同空间的各色桥梁成为必不可少的环节。可以说,还愿婆王的祈子原理是将生物学的孕育过程想象为生命空间转换的仪式过程,这种思维认知基于巫术中的"相似律"。

"花神"和"生命花园"的相关神话传说与信仰文化广泛分布于中国南方,以及越南、韩国、日本等地。其中,中国南部少数民族的"花婆信仰"与韩国济州岛的迎请佛道仪式中的西天花田信仰有异曲同工之处。迎请佛道仪式是迎请掌管西天花田的生育女神降临祭坛的祈子仪式。巫师通过搭建"西天江沿桥"连通生命花园与人间,迎请生育女神"三乘奶奶"等神灵降临祭坛。迎请佛道仪式中,"架桥"的目的也是"求花",因而穿插有"斩花—浇花—偷花"等环节,以戏剧的形式呈现巫师在西天花田偷取生命花的过程。由此可见,中国的还愿婆王仪式与韩国的迎请佛道仪式在仪式目的与结构方面具有共同之处。

但是,中国的还愿婆王仪式和韩国的迎请佛道仪式由于在不同的社会文化中形成发展,所以两者也存在差异。例如,还愿仪式中婆王运用五行原理"东方木兰花,南方赤莲花,西方金银花,北方水仙花,中央牡丹花"创造了花山花园,这里红花象征女孩,白花象征男孩;但济州岛的迎请佛道仪式中生育女神三乘奶奶运用"东方绿花,西方白花,北方黑花,南方红花,中央黄花"的五行原理,开辟出"西天花田",花田里的绿花代表男孩,白花代表女孩,黑花代表短命,红花代表长寿,黄花代表出人头地。虽然两种仪式中都出现了生育女神利用五行原理创造生命花园的主题,但花田中生命花的象征意义却明显不同。因此,文化传承现场的民俗志式研究对于展现民俗文化的世界普遍性与地区独特性具有积极意义。

附:笔者在毛南族跳肥套现场收集的傩面造型(图268—图270):

图268 谭仁福师傅所持面具(16枚)(笔者2020年1月4日拍摄于高川屯)

非遗视域下中韩傩文化的现场研究

三元	欧官	社王	蒙官	太子
三界	仙乔	雷王	杜丹	雷兵
婆王	花林	三光	地主五娘	师公
瑶王	六曹	家仙	无名	土地

图269 谭仁川师傅所持面具（20枚）（笔者2019年12月30日拍摄于波川屯）

中篇　中国傩文化的现场研究

图270　谭三岗师傅所持面具(18枚)(笔者2016年12月23日拍摄于思恩镇安良村)

第三节　罗城仫佬族依饭仪式

罗城是中国唯一的仫佬族自治县，"依饭节"是罗城仫佬族民众的代表性巫傩仪式，2006年入选第一批国家级非物质文化遗产。依饭节也被称作"依饭道场""喜乐愿""做地台""贺香火"等，是当地民众为秋收感恩酬神、祈求子嗣兴旺与村落安宁，以三年或五年为周期，于立冬后冬至前举行的村落集体性祭祀仪式。当地发现的用于记录依饭仪式祭祀目的、时间、祭品的古文书《依饭簿》中描述，依饭仪式主要的祭祀对象是"梁王"与"吴王"[1]。广西傩文化研究专家顾乐真进行历史考证后指出，梁王与吴王是北宋时期因成功镇压瑶民起义而获得朝廷嘉奖的融县郡守"梁熹"与"吴辅"[2]。古代地方知识精英撰写而成的《依饭簿》中，将梁、吴二王奉为依饭仪式的祭祀对象，是当时处于政治边缘的族群与中央王权的文化互动过程[3]。然而，在当地的民间传说中梁、吴两人则被描述为身份卑微但心地善良的狱卒，两人因同情被关押在狱中的仫佬族祖先而将其偷偷释放，从狱中逃脱但天黑找不到去路的仫佬族祖先在白马姑娘的帮助下得以返回家中。仫佬族后人感恩梁、吴两人以及白马姑娘而举行依饭节祭祀三人。[4]可见依饭节的来源与祭祀对象存在多元解释空间。

罗城仫佬族的依饭仪式在20世纪六七十年代中断，80年代初逐步恢复。1982年为筹备罗城仫佬族自治县成立，当地政府在大银屯举行了一次依饭节[5]。1989年大梧屯稻米丰收，村民自筹部分资金并在政府的资助下举办依饭节。

---

[1] 现发现的成书于1710年的吴姓《依饭簿》中记载："宋徽宗封融县梁善吴辅为神敕……天禧瑶蛮为梗 尔善尔辅奋起遐裔 麈击以毙 魂魄刚毅勇大 威灵广庇其民……帝封敕香山大庙梁吴二帝侯王 助朝护国八庙王侯并及社王土主祖先 统集歇马 一切尊神 崇奉香火 始立龛堂一座 五年两会 七岁为期 每逢亥卯未年 奉请三元帅 祈神集福 依饭地台愿款 祈求人畜平安 天苍五谷 依饭加增 年年有利 岁岁有余"（湖南省艺术研究所，《沅湘傩文化之旅》，时代文艺出版社，2000年，第212页）。
现发现的成书于1880年的谢姓《依饭簿》中记载："遡吾先祖以来 历代香火 愿侍奉吴梁二帝侯王 子孙世守无替 每逢辰戌丑未之年 定于清明日期 办牲上局 以春期祭致 至冬十月 遇二未之日 请师回祠合筵大朝 诚祈风调雨顺 物阜人康 福报攸归矣"（程宗宁，《仫佬族依饭节保护与传承研究》，广西民族大学硕士毕业论文，2018年，17页）。
[2] 顾乐真，《"梁吴"考略——广西师公土俗神考析之一》，《民族艺术》1993年第1期。
[3] 银浩，《帝国意志的民间隐喻——仫佬族民间信仰若干问题研究》，《中外文化与文论》2015年第31期。
[4] 李干芬，《仫佬族传统节日文化》，《广西民族研究》1994年第4期。
[5] 根据罗城县档案馆的资料记录，1983年中央政府正式批准成立罗城仫佬族自治县（档案馆资料查阅时间：2021年2月22日）。

2006年依饭节被认定为国家级非物质文化遗产后，特别是2014年修订的《罗城仫佬族自治县自治条例》中将"立冬日"确定为公休日"依饭节"之后①，八九十年代零星举行的依饭节成为政府每年大力承办的民族节庆。政府介入后的依饭节多集中于一天一夜举行，程宗宁②、卢纯③、莫乔雅④等年轻学者都对此类依饭节进行过详细的民俗志分析。笔者曾对谢忠厚师傅（依饭节国家级非遗传承人）掌坛的大银屯依饭节（2019年11月23日—24日）、上凤立屯依饭节（2020年11月7日）、棉花天坑景区依饭节（2020年11月8日），银法湘师傅（依饭节广西壮族自治区自治区级非遗传承人）掌坛的百标屯依饭节（2019年12月2日—4日）进行过现场考察。其中，百标屯依饭节完全由村民自筹经费，遵照传统惯例举行三天两夜，这一现场的民俗志分析尚不多见⑤。接下来笔者结合现场资料对百标屯依饭节的仪式过程进行论述。

百标屯位于罗城县黄金镇一带，距离县城约30千米，每天只有一趟班车往返于县城与百标屯，地理位置相对偏僻。百标屯内主要有银姓、谢姓、莫姓、林姓、刘姓、于姓、罗姓等七大姓氏，共110户人家400余名村民；其中银姓、谢姓、莫姓三个姓氏为仫佬族，共60余户，占村内人口比例最多。这一村落的银姓祖先据说是百年前从大银屯迁徙而来，所以至今该村举行依饭节的日期需要在大银屯依饭节之后。百标屯的传统文化生态保存较完整，每年阴历三月的婆王祭祀以及二月与八月的春秋两社祭祀都得到持续传承，相关图片资料可参见图271—图273⑥。

百标屯的银姓村民从20世纪80年代开始恢复依饭节，按照"五年做两头"的惯例，即五年中头尾做两次，至今已坚持做过八次。原来村内银姓、谢姓、莫姓各自举办依饭节，现在三个姓氏的仫佬族共同举办依饭节，以人口占多数的银姓为主体。由于村里没有祠堂，所以依饭节轮流在村民家中举行，仪式所需经费

---

① 《罗城仫佬族自治县自治条例》的具体内容可查阅"广西人大"官网，网址：https://www.gxrd.gov.cn/html/art144853.html。
② 程宗宁，《仫佬族依饭节保护与传承研究》，广西民族大学硕士毕业论文，2018年。
③ 卢纯，《仫佬族依法节仪式中的祖先崇拜研究》，云南大学硕士毕业论文，2011年。
④ 莫乔雅，《仫佬族依饭节的文化内涵与当代传承》，广西师范大学硕士毕业论文，2008年。
⑤ 广西大学唐健清与付宜玲两位同学当时也参与观察了百标屯依饭节过程，两人通过戏剧学角度对百标屯依饭节的要素进行过论述。两人的论文分别为《戏剧表演学视域下广西仫佬族"傩愿戏"中人物角色研究》（唐健清，《歌海》2021年第2期）、《从戏剧观演关系看广西仫佬族"依饭仪式"中的生命崇拜》（付宜玲、唐健清，《戏剧之家》2021年第15期）。
⑥ 图271—图273是2019年12月2日笔者在罗城县黄金镇百标屯拍摄。

图271 百标屯的婆王庙

图272 百标屯中央的社

图273 百标屯入口的社

由各家各户共同出资。村民中威望高的人被推选为"会首",负责仪式经费的收取、祭品的置办、依饭节演行团队的邀请等具体事务。承办当年依饭仪式的家庭男主人被称作"冬头",在上届依饭仪式中通过集体抽签选定,协助会首处理依饭仪式的筹备工作。另外,需要选出一名熟悉依饭仪式流程的老人担任"神厨",在仪式进行中守在祭坛旁边,协助演行团体完成互动环节。举行依饭仪式的两天三夜里,各户选出一人作为代表,在仪式现场帮工准备祭品、观看表演、参与抽签。村民认为在自己家中举行依饭仪式会带来福气与好运,所以争先参与选定冬头的抽签仪式。

百标屯的依饭节按照祖上惯例在立冬之后至冬至之前择日举行。村里历来邀请同姓的银姓道公执礼依饭仪式,以前由道公银景辉师傅掌坛,之后其弟子银法湘(1963年出生)担任掌坛师傅。银法湘作为银姓道师的第18代传人,2015年被认定为广西壮族自治区自治区级非遗传承人。2019年的百标屯依饭节由银法湘与他的儿子两人完成。银法湘作为主巫负责傩舞表演与唱本吟诵,他的儿子则作为辅助负责打鼓配乐与制作花枝。依饭仪式在冬头家的堂屋举行,祭

中篇　中国傩文化的现场研究

图274　依饭仪式祭坛位置

图275　祖先牌位

坛(图274①)安设在"天地君亲师之位"红色牌位(这一牌位左侧写着"银氏门中历代先祖之位",右侧写着"梁吴二帝依饭公爷白马姑娘尊神位"图275②)的下方。

祭坛之上摆放着用A4纸绘制而成的代表梁九官、吴帝、女娲、白马姑娘、盘古、神农、鲁班、牛哥、织女、白花男、红花女、雷公、雷母、婆王(含大婆、二婆、三婆)、蛇王、月仙翁、桥头婆、南帝君、北帝君、土地公、开光童子、青龙、白虎、朱雀、玄武、勾陈、日神、月神、金木水火土五行神、公太爷等36神灵的神像(图276③)。这些纸绘神像有一部分在依饭仪式中作为面具使用。

百标屯的依饭仪式主要由生殖崇拜色彩浓厚的演剧构成。担任主巫的道师佩戴不同的纸绘面具,吟诵与性行为有关的唱词或直接与村民讲荤话。依饭道场也被称作"地台依饭",银法湘保管的《地台之盘古宗》中记述"地属阴、台为阳、女属阴、男属阳;专讲男女讲阴阳",也就说地台依饭本身就是讲授男女阴阳

---

① 图274是2019年12月2日笔者在罗城县黄金镇百标屯依饭仪式现场拍摄。
② 图275是2019年12月2日笔者在罗城县黄金镇百标屯依饭仪式现场拍摄。
③ 图276是2019年12月2日笔者在罗城县黄金镇百标屯依饭仪式现场拍摄。银法湘的经书中记录了36神灵的名称,但当时仪式的祭坛上仅有31幅画像,各个画像的名字当事人也说不清。

非遗视域下中韩傩文化的现场研究

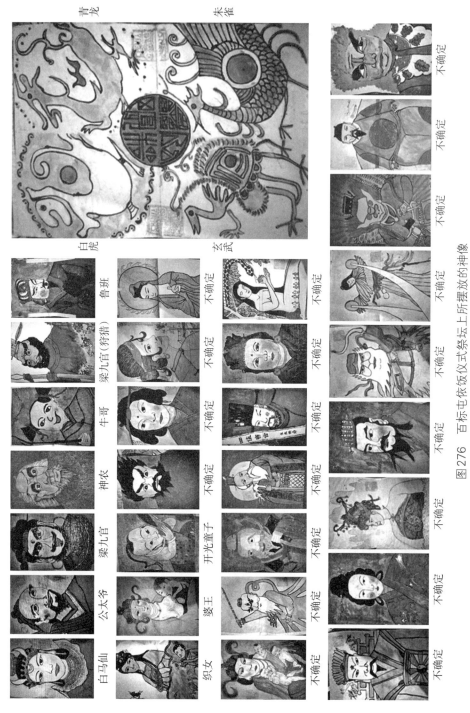

图 276 百标屯依饭仪式祭坛上所摆放的神像

的场合①。百标屯依饭仪式三天两夜的具体日程如表3所示：

表3　2019年12月2—4日百标屯依饭仪式内容

仪式结构	时间（2019年12月）	仪式环节
安坛请神	2日23:30—3日2:00	开光、启师、开圣灯、宣榜文
娱神	3日9:30—10:00	公太爷回家
	3日12:50—13:30	梁九打猎
	3日15:00—15:30	牛哥放牛
	3日16:40—17:00	唱神农
	3日19:20—20:30	牛哥卖牛
	3日21:20—22:00	鲁班伐木架桥
	3日23:20—23:50	婆王过桥（猜花宗）
送神	4日0:10—1:50	翻跟头、清洗香炉、点牲
	4日2:00—2:20	分食12密、分花枝
	4日2:30—2:50	猪尿泡打头
打卦	4日10:20—10:30	锣鼓
	4日10:30—10:50	集体抽签

安坛请神（图277②）需要在深夜的11点左右开始，也就是十二时辰的第一个时辰——子时开始，先后包括开光、启师、开圣灯、宣榜文四个环节。"开光"是指道师迎请梁九官、婆王、牛哥、开光童子为仪式中使用的道具赋予神圣性的过程；"启师"是指道师迎请祖师净化祭坛的环节；"开圣灯"是指道师迎请开光童子，象征性点亮祭坛圣灯的仪式；"宣榜文"是指道师向神灵宣读参与依饭仪式的村民姓名与置办祭品的过程。

娱神部分道师佩戴不同的纸绘面具吟诵唱词，歌颂神灵的功绩与神威，进而为村落祈福，主要包括公太爷回家、梁九官打猎、牛哥放牛、唱神农、牛哥卖

---

① 《罗城依饭节文化调研项目》课题组：《罗城依饭节文化调研报告》，内部资料，2015年，第6页。
② 图277是2019年12月3日笔者在罗城县黄金镇百标屯依饭仪式现场拍摄。

图277 安坛请神

牛、鲁班伐木架桥、婆王过桥(猜花宗)等七个环节。"公太爷回家"环节(图278[①]),道师头戴象征祖先的公太爷面具,手持代表拐杖的木棍,从门外缓缓走进安设祭坛的堂屋,边走边与村民对话,时而描述依饭仪式现场的布置,时而感叹过去生活的艰难,偶尔穿插荤话。"梁九官打猎"环节(图279[②]),道师佩戴梁九官面具手持长矛,在主家院子中表演捕猎猪、鸡、鸭的动作,之后村民将猪、鸡、鸭宰杀,制备成祭品。"牛哥放牛"环节(图280[③]),道师佩戴牛哥面具手持长棍,不断敲击面

图278 公太爷回家

图279 梁九官打猎

---

① 图278是2019年12月3日笔者在罗城县黄金镇百标屯依饭仪式现场拍摄。
② 图279是2019年12月3日笔者在罗城县黄金镇百标屯依饭仪式现场拍摄。
③ 图280是2019年12月3日笔者在罗城县黄金镇百标屯依饭仪式现场拍摄。

图280　牛哥放牛　　　　图281　唱神农　　　　图282　牛哥卖牛

前的铁质托盘，托盘内摆放着用芋头和红薯制作成的水牛与黄牛模型。"唱神农"环节（图281[①]），道师佩戴神农面具手持稻穗，吟诵神农的功绩，祈福农业的丰收。"牛哥卖牛"环节（图282[②]），道师佩戴牛哥面具与扮演"买牛商人"的村民互动，大致内容为：放牛郎对白马姑娘一见钟情，想迎娶白马姑娘为妻，为了婚礼筹钱决定把牛卖给商人，于是放牛郎和买牛商人讨价还价。"鲁班伐木架桥"环节（图283[③]），道师佩戴鲁班面具手持木制斧头，先表演砍伐东南西北中五方木材的场景，之后再表演架桥场景。"婆王过桥（猜花宗）"环节（图284[④]），道师佩戴婆王面具，手持象征男孩的白色花枝与象征女孩的红色花枝，蹲坐在以粽子为桥墩、以竹竿为桥面的花桥前面；时而表演为孩子喂奶的场面，时而表演为孩子缝制衣服与鞋子的场面，时而将两种花枝交叠表现男女性行为；然后，先后送白色花枝与红色花枝过桥，并将其赠给守候在桥头的村民代表，在此期间道师以唱月令的方式让村民回答一月到十二月的代表花名。"婆王过

---

① 图281是2019年12月3日笔者在罗城县黄金镇百标屯依饭仪式现场拍摄。
② 图282是2019年12月3日笔者在罗城县黄金镇百标屯依饭仪式现场拍摄。
③ 图283是2019年12月3日笔者在罗城县黄金镇百标屯依饭仪式现场拍摄。
④ 图284是2019年12月3日笔者在罗城县黄金镇百标屯依饭仪式现场拍摄。

图283　鲁班伐木架桥　　　　图284　婆王过桥（猜花宗）

桥"是整个仪式的高潮部分，这也凸显出子嗣兴旺是仫佬族依饭仪式的核心理念。

送神仪式紧接在"婆王过桥"之后举行，主要包括翻跟头、清洗香炉、点牲、分食12密、分花枝、猪尿泡打头等环节。"翻跟头"（图285[①]）、"清洗香炉"（图286[②]）、"点牲"（图287[③]）三个环节为一个整体，首先道师头上、腰上、裤腿上分别系上红布条，手拿公鸡翻36个跟头，然后主家将供奉祖先的香炉清洗，最后道师向村民事先准备好的稻穗与用芋头制作成的牛模型撒鸡血。道师翻36个跟头既是送神的过程，又是借助神灵的威力为村民祈福的过程。"分食12密"是指村民共同分享用黄豆、花生、绿豆、栗子、高粱、玉米、红薯、芋头、芝麻、小米、甜酒、白糖等12种食材制作成的特殊食物（图288[④]）。分享完12密，村民从旁边摆放的装有红、白花枝的脸盆中取走代表女孩的红色花枝与代表男孩的白色花枝各一枝。"猪尿泡打头"环节中，道师首先向事先准备好的猪尿泡吹气制作成球

---

① 图285是2019年12月4日笔者在罗城县黄金镇百标屯依饭仪式现场拍摄。
② 图286是2019年12月4日笔者在罗城县黄金镇百标屯依饭仪式现场拍摄。
③ 图287是2019年12月4日笔者在罗城县黄金镇百标屯依饭仪式现场拍摄。
④ 图288是2019年12月4日笔者在罗城县黄金镇百标屯依饭仪式现场拍摄。

中篇　中国傩文化的现场研究

图285　翻跟头

图286　清洗香炉

图287　点牲

形,然后在与村民说笑过程中不断用猪尿泡击打村民头部,最后将猪尿泡拿到屋外用脚踩破,以此寓意驱邪。

百标屯依饭节的最后一个环节是确定下一届仪式承办主家的抽签过程。吃过早饭后,道师端坐在祭坛前,村民们则围站在道师旁边,有意愿承办下届依饭仪式的村民走到祭坛中央背对着道师跪在地上,道师将用于占卜的筊杯交予村民,村民向身后抛掷筊杯(图289[①])。如果筊杯落地时一凹一凸(又名一阴一阳),则表示被神选中。当地村民认为在自己家中举行依饭仪式会带来福气,所以都积极参加这一环节。新主家选出后,道师将插有花枝的米碗(象征"依饭公爷")交给新主家。在村民们的簇拥下,新主家小心翼翼地

图288　分食12密

---

① 图289是2019年12月4日笔者在罗城县黄金镇百标屯依饭仪式现场拍摄。

图289　抛掷筊杯　　　　图290　新主家安置依饭公牌位

将米碗捧到家中,将其摆放在供奉祖先的祭坛之上(图290①)。至此,依饭仪式正式结束。

2006年"罗城仫佬族依饭节"被认定为国家第一批非物质文化遗产后,当地政府开始积极介入依饭节的传承,也因而呈现了民间节日逐渐官方化的趋势。罗城县城驻地附近村落(大银屯、大梧屯、上凤立屯)的依饭节在政府的主导下,都呈现出一天一夜的相似仪式结构(具体内容在后文第四章非遗介入部分做具体阐述)。正因如此,完全由民间主导、遵照传统惯例举行的百标屯依饭节,在凸显仫佬族依饭文化多样性方面具有重要意义。

附:罗城县民族局保存的仫佬族依饭节传统木质面具(图291②)与新造36神面具(图292③),以及百标屯依饭节村民合影(图293④)。

---

① 图290是2019年12月4日笔者在罗城县黄金镇百标屯依饭仪式现场拍摄。
② 图291是2021年2月24日笔者在罗城县民族局拍摄。
③ 图292是2021年2月24日笔者在罗城县民族局拍摄。
④ 图293是2019年12月4日笔者在罗城县黄金镇百标屯依饭仪式现场拍摄。

中篇　中国傩文化的现场研究

图291　罗城县民族局保存的仫佬族依饭节传统木质面具（15枚）

非遗视域下中韩傩文化的现场研究

图292　罗城县民族局保存的新造36神面具（展示用）

〔**难忘的调研日志之四：意外电话**〕

  2020年11月8日，早上我从罗城县城赶去棉花天坑，想去看看企业主办的依饭节是怎样的。听说棉花天坑是当地新开发的一个旅游扶贫项目，为吸引游客从去年开始在景区举办依饭节。由于景区新开发不久，所以县城还没有直达的班车，只能先坐班车到附近的四把镇上，再打听下一步的路线。在县城去往四把镇的班车上，我向坐在旁边的阿姐打听去天坑的方法。阿姐说现在那边正在修路没有班车，只能从镇上打摩的过去。阿姐很善良，担心我外地口音被讹，所以下车后帮我跟摩的司机讲好价钱才离去。

  从四把镇到棉花天坑的路况坑坑洼洼，人坐在摩托车后座感觉快飞出去了。但司机的开车技术还不错，一边开车还一边问："怎么这么沉？"我赶忙解释："背包沉！"大概颠簸了有半个小时，终于到了天坑景区。我想必须得为回程的交通方式做好准备。所以跟摩的司机要了电话号码，下午或晚上如果找不到车回去的话，打电话让他再来接一趟。摩的司机说没有问题。

  棉花天坑的依饭节从下午开始持续到晚上结束。道公师傅们结束后，顺路把我拉回了四把镇上。镇上没有住宿的地方，这个时候也没有班车回县城了，只能打车回去。路边停着私人的面包车，有些担心安全问题。所以想到了下午的摩托车司机，毕竟打过一次交道，总比完全陌生的人放心些。打电话过去问现在能不能跑一趟县城，摩的司机回复说，现在在跟朋友喝酒不能出车了。于是，我搭路边车到了县城旅馆。

  第二天早上看到摩的司机发来的短信，问有没有找到车？当时觉得这位师傅很负责，所以礼节性回复："多谢，安全到达！"因为之前在调研过程遇到了很多好人，所以没有多少戒心。事情到此为止的话，就是一次普通的调研。然而，没想到从那天开始，这位摩的司机开始不断地发一些奇怪的短信，所以果断将其拉黑。但是没过多久，时不时会有陌生号码打电话过来，当时特别想破口大骂一顿或者直接把手机扔了。但还是努力控制住了情绪进行了冷处理，搞清楚是骚扰电话后立马挂掉。大概持续了近两个月，对方终于停止了骚扰。

第四节 广西境内其他傩文化

  广西境内有壮、汉、瑶、苗、侗、仫佬、毛南、回、京、彝、水、仡佬族等12个世居民族,笔者近五年来对汉、毛南、仫佬、苗、侗族聚居的特定区域进行过相对较为深入的田野调查,但对壮族与瑶族的田野调查则开展得不顺利,对回、京、彝、水、仡佬族的巫傩仪式则尚未涉猎。本节结合笔者所收集的碎片式田野资料对壮族与瑶族的巫傩仪式进行概述。

广西地区壮族人口分布广泛,各地的壮族巫傩仪式也呈现出一定的地域性特点。笔者的田野调查对象主要有柳江区丧葬仪式、都安县文场、天峨县跳蚂拐,其中前两个调研对象是不定期举行的个人(家庭)性巫傩仪式,第三个调研对象是定期举行的村落共同体性巫傩仪式。由于丧葬巫傩仪式的特殊性,有时主家会对外部调查者存在忌讳,有时丧葬仪式本身规模小只设文坛因而无法观察到傩舞表演,所以笔者一直未能收集到同时开设文武两坛的壮族丧葬巫傩仪式,只能通过走访师公收集傩面。村落共同体定期举行的天峨县跳蚂拐仪式举行时间与苗族的跳芒蒿仪式重合,2020年笔者将调研重心从跳芒蒿仪式转移到跳蚂拐仪式时突发疫情,因而只进行了实地调研却未能观察到民俗现场。

2020年9月22—23日笔者跟拍了柳江区江湾屯韦金乐师公掌坛的丧葬仪式。这场仪式在亡者出殡的前夜举行,只设文坛,由五位师公合作完成,主要过程包括"安坛礼请""行孝""破狱""过奈何桥""装粮"等。"安坛礼请"环节,师公们吟诵经文迎请茅山教主、释迦文佛、张赵李天师、四大金刚、陈林李氏、三位奶娘、左师右神、十殿阎王、青龙白虎、三清大道等神灵为亡者超度(图293[①]),仪式结构与灵山汉族的佛道超度仪式相似(相关内容可参照本章第一节)。"安坛礼请"环节结束后,师公们用瓦罐将一只鸡倒扣于地上制作成"地狱"(图294[②])后,举行"行孝"仪式。五位师公身披佛家袈裟,头戴五佛帽,分别持大锣、小锣、小鼓、摇铃、铁刀等,带领着亡者家人绕行"地狱"(图295[③])。行孝结束后,亡者家人围跪在"地狱"前,一名师公用壮语说唱亡者的身世与挂念,接着佩戴土地公面具(图296[④])的师公上场吟诵月令歌,据说土地公将挑着亡者的灵魂去求元始天尊赦免地狱之苦[⑤],之后师公打破"地狱",释放出象征亡者灵魂的鸡。

[①] 图293是2020年9月22日笔者在柳州市柳江区江湾屯葬礼仪式现场拍摄。
[②] 图294是2020年9月22日笔者在柳州市柳江区江湾屯葬礼仪式现场拍摄。
[③] 图295是2020年9月22日笔者在柳州市柳江区江湾屯葬礼仪式现场拍摄。
[④] 图296是2020年9月22日笔者在柳州市柳江区江湾屯葬礼仪式现场拍摄。
[⑤] 韦金乐师公,男,江湾屯葬礼超度仪式的掌坛师傅,2020年9月22日在柳州市柳江区江湾屯葬礼仪式现场提供信息。

中篇　中国傩文化的现场研究

图293　安坛礼请

图294　"地狱"造型

图295　行孝

图296　土地公

"破狱"环节结束后,师公带领亡者家人用白布在院子里架设起"奈何桥"(图297①)。师公引领亡者家人围绕奈何桥转圈,并在东南西北四个方向祭拜,每绕行一圈就在桥头唱一段悲歌(图298②)。过"奈何桥"结束后,亡者的家人轮

---

① 图297是2020年9月23日笔者在柳州市柳江区江湾屯葬礼仪式现场拍摄。
② 图298是2020年9月23日笔者在柳州市柳江区江湾屯葬礼仪式现场拍摄。

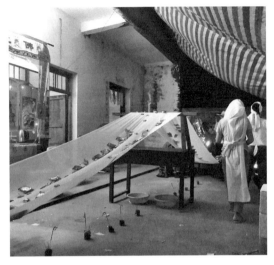
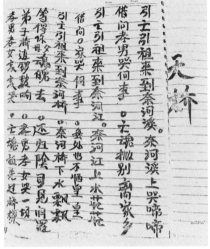

图297 过奈何桥　　　　　　　图298 过奈何桥所用经书

流蹲坐在灵柩前双手交叉将谷子和米饭装到碗里,即所谓"装粮",寓意亡者离开前为子孙赐福。装粮结束后,文坛法事基本完成,师公与亡者家人稍做休息,准备出殡。

柳州市柳江区江湾屯的壮族葬礼超度仪式中,因只设文坛所以没有观察到武坛时举行的傩舞表演。2019年12月21日笔者在走访柳江区乐山屯覃祖大师公时收集到壮族葬礼时所用傩面(图299①),具体包括白马姑娘、功曹、鲁班、土地公、张天师等,这些面具都是用纸浆制成。2020年1月17日笔者走访河池市

白马姑娘　　　功曹　　　鲁班　　　土地公　　　张天师

图299 柳州市柳江区乐山屯壮族师公覃祖大保管的傩面

---

① 图299是2019年12月21日笔者在柳州市柳江区乐山屯覃祖大师公家中拍摄。

都安县九送屯壮族师公韦精韩时,收集到的葬礼面具全部为木制面具,面具造型与柳江壮族傩面有显著区别(图300①),具体包括关云长、赵公明、小妹、土地公、马华光、雷震子、大瑶、小瑶、真武等。除上述个人(家庭)传承的壮族葬礼仪式以外,笔者于2020年1月14日对村落共同体传承的跳蚂拐仪式进行了事前调研,在河池市天峨县纳洞村壮族师公向宝业师傅处收集到了蚂拐面具(图301②)。本计划当年进行蚂拐仪式现场跟拍,但半月后(2020年2月24日)突发疫情,活动全面取消。

笔者的广西巫傩仪式调研中,金秀瑶族盘王节的调研情况与壮族葬礼调研情况相似,至今仍处于碎片化状态,无法对其进行系统解读。2020年11月29日—12月1日金秀瑶族自治县的横村举行盘王节仪式。这次盘王节仪式主要是将原位于县城广场的盘王塑像搬迁至村内新落成不久的盘王庙(图302③)的庆

关云长　　　赵公明　　　小妹　　　土地公　　　马华光

图300　河池市都安瑶族自治县九送屯壮族师公韦精韩师傅所藏葬礼面具

雷震子　　　小瑶　　　大瑶　　　真武

---

① 图300是2020年1月17日笔者在河池市都安县九送屯壮族师公韦精韩家中拍摄。
② 图301是2020年1月14日笔者在河池市天峨县纳洞村壮族师公向宝业家中拍摄。
③ 图302是2020年11月29日笔者在来宾市金秀瑶族自治县横村拍摄。

跳蚂拐的旧面具

跳蚂拐的新面具

图301　河池市天峨县壮族师公向宝业师傅所藏跳蚂拐面具

图302　横村新落成的盘王庙

中篇　中国傩文化的现场研究

图303　盘王塑像

图304　梅山与茅山两座神像

祝仪式。仪式开设文武两坛，本村李日生道师（75岁）主掌武坛，从邻村（上古陈村）邀请来的盘志强道师主掌文坛。29日下午县政府主导的盘王节结束后，横村村民把盘王塑像（图303①）用车运到村里的广场旁边，但因为过了进庙的吉时，所以等第二天才能进庙。30日凌晨李日生道师在家中拜别祖师后，带着梅山和茅山两尊神像（图304②）来到盘王塑像前，带领村民一起将盘王塑像送入村头新建成的盘王庙。

在11月30日—12月1日两天期间，两支道师队伍按照各自的方式举行文坛与武坛。盘志强道师带领七名弟子在盘王庙前搭设文坛，其中又细化为盘王坛（上坛）、中坛（师傅坛）、下坛（客人坛）三个坛。文坛法事主要以诵经为主（图305③）。李日生道师则带来其他四位道师在盘王庙内搭设武坛。武坛法事主要以傩舞表演为主（图306④）。傩舞表演具体包括跳三元、跳土地、跳盘古、跳社公、跳冯吉、跳刘大姑娘、跳三郎、点兵唱、跳开山、跳金钗等十个环节。村民于夜间在文坛师傅的经书吟诵中，穿梭于盘王庙表演黄泥鼓舞（图307⑤）。笔者为了

---

① 图303是2020年11月29日笔者在来宾市金秀瑶族自治县横村村内广场拍摄。
② 图304是2020年11月29日笔者在来宾市金秀瑶族自治县横村盘王仪式现场拍摄。
③ 图305是2020年11月29日笔者在来宾市金秀瑶族自治县横村盘王仪式现场拍摄。
④ 图306是2020年11月29日笔者在来宾市金秀瑶族自治县横村盘王仪式现场拍摄。
⑤ 图307是2020年11月29日笔者在来宾市金秀瑶族自治县横村盘王仪式现场拍摄。

图305　盘王仪式的文坛

图306　盘王仪式的武坛

图307　村民的黄泥鼓舞

图308　盘王仪式武坛经书

厘清横村盘王仪式中文坛、武坛、黄泥鼓舞三者之间的演行关系,以及仪式的演行结构与吟诵经书内容(图308[①]),于2021年2月16—17日又去过横村,但因为中间联络人的沟通问题,未能顺利见到当事人,所以至今尚无法对横村盘王仪式进行系统解读。

---

① 图308是2020年12月1日笔者在来宾市金秀瑶族自治县横村盘王仪式现场拍摄。

中篇　中国傩文化的现场研究

附：2020年来宾市金秀瑶族自治县横村盘王仪式中所使用的面具（图309[①]）。

冯吉　　　不确定　　　不确定　　　刘大姑娘　　　不确定

不确定　　　开山　　　不确定　　　不确定　　　三元

不确定　　　不确定　　　不确定　　　不确定　　　不确定

图309　2020年横村盘王仪式中所使用傩面（15枚）

[①] 图309是2020年12月1日笔者在来宾市金秀瑶族自治县横村盘王仪式现场拍摄。据道师盘志强师傅（1943年生）说，面具制作出来后要通过诵经安名之后才会有自己的名字，所以很多相似面具的名字只有面具主人才知道。

〔**难忘的调研日志之五：学术伦理的拷问**〕

　　为确保课题研究对象的多样性，一直想跟拍一场壮族丧葬仪式，也因此尝试与几位壮族师公联系。终于，2020年11月22日从韦师公处得知，他们第二天晚上要去江湾屯做一场超度法事。为避免给师公队增添麻烦，11月23日下午我准备了一份礼金赶到主家家中（新宅），想取得谅解。主家是三兄弟，我见到家中大哥说明来意，大哥很不高兴地说："我们这边葬礼很讲究，不希望外人过来打扰。"我尽力解释只拍摄师公法事过程，如果介意可以不拍摄，只在现场观察。家中大哥态度很坚决，于是我只好离开。

　　村子离可以搭车的路口很远，我失落地往回走。走到半路的时候，接到韦师公的电话。韦师公询问了我的位置，我把见过主家并被拒绝的事情告知了他。韦师公得知事情的经过后，专门来到村口把我接回村子。来到葬礼现场（主家的老宅），家中的二哥和三哥正在现场，韦师公向他们解释："学校老师过来记录传统文化，没事的。"我让韦师公转达了一点心意，并保证只拍摄师公们的法事过程，不拍摄家人。二哥、三哥不好意思驳韦师公的面子，没有说什么。

　　过了一段时间，家中大哥得知这个消息，从新宅气冲冲地跑到老宅，走到我面前说："不是说不让拍吗？你要是个男的，我们直接把你给抬出去了！"我一时也不知该怎么办，韦师公赶紧过来劝解说："这现在是传统文化，不是迷信，没事的。"大哥也被勉强劝住了。我当时也陷入了极度矛盾中，主家这种抵触情绪下，我不应该继续留在现场，但当时已经深夜也没法离开村子，而且自己确实需要这么一个现场。所以，自己收起录像机，只用相机拍摄了几个重要的场面。天蒙蒙亮的时候，很担心再次与大哥碰面，所以跟韦师傅谎称回学校上课，逃离了现场。

　　每次想到这次田野调查，总被学术伦理拷问。如果换作我是主家大哥，可能我也会很生气。也许当天被拒后应该直接离开，也许当时不该单独去见主家，也许……

第六章
村民主导型傩文化的传承实态

村民主导型巫傩仪式较巫师主导型巫傩仪式数量少、结构简单，大多集中在春节期间，主要代表为融水苗族芒蒿仪式与安太侗族帽告仪式。村民主导的巫傩仪式以简单粗犷的傩舞表演为主，无经书吟诵，与宗教性仪式相比更注重游戏性、娱乐性、参与性。苗族芒蒿仪式与侗族帽告仪式均呈现鲜明的狩猎文化特点，面具造型具有亦人亦兽的两面杂糅性；两种巫傩仪式的分布也都呈现集群式，即某一地区的众多村落集中传承，但类型相同细节却各有特点。笔者对芒蒿仪式进行了较为深入的田野调研，由于疫情突发对帽告仪式的调研则存在不足。

第一节 安陲苗族芒蒿仪式

（一）调查经纬

族群认同是以文化认同为基础，并通过文化要素进行表达的。"芒蒿"是广西融水苗族自治县安陲乡各村屯普遍信奉的傩神。该地村民在每年正月初七或初九，都会自发地以自然屯为单位，举行为期一天的跳芒蒿仪式。这种仪式源于当地人对祖先开拓领地的共同记忆，这段族源历史通过仪式性的周期展演，不断形成强大的文化聚合力，成为表达族群认同的象征符号。

芒蒿由村民佩戴怪异的木质面具，身披厚重的野草衣或稻草衣装扮而成，通过沿街巡游、与民嬉戏等方式，驱赶瘟疫传递福运。芒蒿是苗语发音的汉字标记，也写作"芒篙""芒哥"等。迄今为止，人们对芒蒿的具体含义还没有形成共识，但有三种观点影响比较广泛。第一种观点认为芒蒿是苗族民众表达生殖崇拜的造型物①；第二种观点认为芒蒿是指代村落的"共同祖先"②；第三种观点认为芒蒿是保护村落安宁与农业丰产的守护神③。

作为"芒蒿故乡"的安陲在过去常有土匪出没，社会秩序相对混乱。1933年国民政府肃清土匪后社会秩序得到稳定，因而取名"安陲"，寓意"安定边陲"之意。安陲乡位于海拔2 081米的元宝山东侧。元宝山有野人出没的传说曾流传甚广。当地人口由苗族、瑶族、侗族、壮族、汉族等组成，其中苗族人口占63%④。苗族被认为是古代蚩尤的后代，唐朝末年从中国北方陆续逃亡至安陲乡一带。当时平地已有汉族与壮族居住，山脚已有侗族居住，苗族因而在海拔较高的山腰上安家⑤。

安陲乡所属的融水苗族自治县是中国成立的首个苗族自治县，也是广西壮族自治区内唯一的苗族自治县。融水县的土地总面积中85%为山地，耕地不足。另外，这一地区处于高寒地带，1954年改良稻种之前，一年只能种植一次水稻。因此，对当地民众来说，烧荒耕作、狩猎采集也是维持生活的重要手段⑥。此后，狩猎和采集逐渐消失，2003年经济结构调整为农业51%，山林20%，养殖业13%，其他16%⑦。这个地区曾经是贫困地区，现在已经脱贫。

目前还没有关于芒蒿文化分布的官方数据统计。安陲乡所辖的13个行政村内共包括109个自然村屯。2018年春节时安陲乡政府为吸引外地游客，曾发布过"安陲乡春节坡会等文体活动安排"。这份资料中介绍了73个自然村的春节活动日程，而举办跳芒蒿仪式的村屯有18个。笔者在近几年的实地调查中发现，在这18个村屯中，其中的一个村屯并不举行跳芒蒿仪式，也历来没有跳芒蒿传统。

目前，关于芒蒿文化的文献研究有8篇左右，数量不多的原因可能与当地交通不便造成的调研困难有关。先行研究分为具体的个案研究⑧与不涉及具体案

---

① 覃桂清，《苗族古代的生殖器崇拜》，《民间文学论坛》1986年第3期。
② 顾乐真，《苗族芒蒿的文化审美意识》，《民族艺术》1993年第2期。
③ 凤绍师、凤绍明，《融水苗族芒哥文化起源及传承与发现》，《融水苗学研究文集》2014年第4期。
④ 贾祯，《广西融水苗族源流探析》，《融水苗学研究文集》2013年第3期。
⑤ 戴民强，《融水苗族》，广西民族出版社，2011年，第2页。
⑥ 贾星文，《融水苗族自治县地方志》，生活·读书·新知三联书店，1998年，第666页。
⑦ 戴民强，《融水苗族》，广西民族出版社，2011年，第3页。
⑧ 这一类型的论文有《苗族古代的生殖器崇拜》（覃桂清，《民间文学论坛》1986年第3期)、《苗族芒蒿的文化审美意识》（顾乐真，《民族艺术》1993年第2期）。

例而对安陲芒蒿文化进行总体性论述①两种。前者由于调查地的不同,研究内容和结论方面有一定差异;后者无法细节性呈现芒蒿文化的具体特征。笔者从2016年10月—2021年2月对安陲乡芒蒿文化展开实地调研,结合当地近20个村屯的芒蒿仪式调研,通过比较研究呈现芒蒿文化的普遍性与独特性。具体的调查村落有吉曼村的吉曼屯;乌吉村的乌吉屯、乌翁屯、板岩屯、乌勇屯;大田村的大田屯、下六秀屯、上六秀屯;大伞村的小平沟屯;三寸村的三寸屯、岩脚屯、九邓屯;九同村的曹口屯、阳帮屯、九同屯、大利屯;暖坪村的岩脚屯、拉马屯;江门村的狮子屯;安宁村大袍屯(原属于安陲乡,现属于融安乡);大墩村吉兴屯(原属于安陲乡,现属于融安乡)等。

对多个芒蒿仪式现场的比较分析使芒蒿造型的多样性更加凸显。本书以一手田野调查资料为基础,首次尝试对芒蒿文化进行类型划分,对芒蒿文化分化的原因进行解析;再结合族群研究的相关理论,对芒蒿仪式中的族群认同与边界的文化表达进行探讨。

(二) 芒蒿仪式的传承形态

芒蒿仪式是指每年正月初七或初九,广西安陲地区的苗族村民自发举行的共同体祭祀仪式。芒蒿仪式主要在吉曼村、乌吉村、三寸村、大田村、九同村、暖坪村、大伞村等所辖的近17个自然屯内传承。其中汉族村屯狮子屯是2018年才开始举行这一仪式,狮子屯之外的其他村落多为苗族村落。

1. 跳芒蒿的起源

"吉曼屯入乡始祖梁德佬身披芒藤,驱赶野兽吓跑强盗"的传说被普遍视作芒蒿仪式的起源传说②。这一传说的具体内容如下:

> 苗族猎人梁德佬(又名梁国隆)在元宝山东麓山脚下发现几处土地肥沃的洼地,于是他便从家里带了一些稻谷种子撒播到这些洼地并立誓:"如今我在这

---

① 这一类型的论文有《广西融水芒哥坡会的体育人类学分析》(钱应华、杨海晨,《广西师范大学学报》2014年第1期),《原生态的和谐展演:融水芒哥坡会文化研究》(朱斯芸,《红河学院学报》2014年第5期)。
② 顾乐真的《苗族芒蒿的文化审美意识》(《民族艺术》1993年第2期),凤绍师、凤绍明的《融水苗族芒哥文化起源及传承与发现》(《融水苗学研究文集》2014年第4期),凤绍师、赵志勤的《苗族人民的保护神——"芒哥"》(《融水苗族研究文集》2012年第2期),韦玲玲的《生态审美视域中融水苗族芒蒿文化研究》(2013,广西民族大学硕士学位论文)中都提及这一起源神话。

里播种放谷,到了九冬十月,如果没有虫害、鼠鸟不食、谷胀禾黄,我就来此安居乐业。"等到九、十月,他再来这里时发现稻谷长得很好,就带着家人来这里定居,这个地方就是今天安陲乡的吉曼村吉曼屯。当时元宝山东麓人烟稀少,野兽猖獗。梁德佬上山放牧或采集香菌木耳时,经常受到猛兽的攻击。有一次在遭遇猛兽攻击时,他急忙躲进一堆芒藤,急中生智把芒藤缠在自己身上,抖动着披缠在身上的芒藤吓跑了猛兽。以后他又用树皮做了面具,使装扮更加具有威慑力。就这样梁德佬发明了芒蒿的雏形。之后,从外地迁入的异族人经常去抢劫偷盗梁家的财物,使梁家生活陷入了困境。有一次梁德佬上山采香菌时,听到噼里啪啦的声音,以为是野兽,于是又穿上芒藤草衣,跳出来准备吓跑它,结果发现是强盗来偷盗香菌。身披芒草衣的梁德佬挥舞着石块吓跑了强盗。①

从上述故事内容可知,吉曼屯的开乡始祖梁德佬为了驱赶猛兽和强盗而发明创造了芒蒿装扮。梁德佬原名梁国隆,是吉曼屯梁姓的第十五代祖先,约300年前从元宝山西侧的安太乡培秀村迁徙到安陲乡吉曼屯。如今居住在培秀村的梁氏子孙,也敬奉梁国隆为祖先。然而,培秀村并没有跳芒蒿的文化传统。培秀村村民梁秀全说:"梁国隆是培秀村梁氏的第二代祖先,有一天他和哥哥吵架,一气之下就迁徙到吉曼屯。那时为驱赶周边的强盗,梁国隆创造了芒蒿。"②也就是说,培秀村村民也认为吉曼屯是芒蒿文化的发源地。

现在芒蒿文化的传承村屯,大多与吉曼屯有着紧密的血缘或地缘联系。一般来说,这些村屯大多都与吉曼屯敬奉相同的村落祖先,或是本身是从吉曼屯搬迁出的村屯。例如吉曼屯梁姓的后代组成的迁徙村落,或是因通婚而入赘吉曼屯的外姓人后代迁徙而形成的村落。

2. 跳芒蒿的仪式流程

融水县内的各苗族村屯,在每年正月初三至十七,依次在村屯周围的山坡举行新年庆典。这种新年庆典在当地称为"坡会"。各个村屯举行的坡会中芦笙踩堂是共同环节。除此之外,各个村屯还举行斗鸡、斗鸟、斗马等比赛。2005年融水县政府从当地100处坡会中选出15处,以"苗族系列坡会群"的名义,申请了"国家级非物质文化遗产目录",芒蒿仪式作为正月初九乌勇坡会与正月

---

① 凤绍师、赵志勤,《苗族人民的保护神—"芒哥"》,《融水苗族研究文集》2012年第2期。
② 梁秀全,男,1943年生,培秀村村民,梁国隆哥哥的第13代孙,2019年7月24日在自家家宅中提供信息。

十七安陲芒蒿坡会的构成要素,被纳入国家非遗保护名录。

因为苗家人喜欢单数,认为单日是吉日,所以重要活动均选择在单日举行。初一、初三、初五村民多以家庭为单位进行祭祖活动;初七、初九村民则以村屯为单位举行祈福仪式。按惯例举行芒蒿仪式的日期决定装扮芒蒿的数量,即初七举行则装扮七个芒蒿,初九举行则装扮九个芒蒿。现在由于人口的增长与流动,各村屯对芒蒿的数量不再严格要求,仅根据当年村民的参与情况临时决定装扮芒蒿的数量,人少则装扮三五个,人多则装扮十余个。但必须遵循"做单不做双"的原则,即芒蒿的数量一定要为单数,不能是双数。芒蒿扮演者没有年龄与性别的限制,但由于芒蒿衣与木质面具的重量近10千克,而且在仪式中需要不断走动与跑跳,所以大多由年轻力壮的男性扮演。芒蒿扮演者需要连续做够三年、五年等单数次数才能终止。当地村民认为扮演芒蒿会带来好运、身体健康、财运亨通。

各村屯的芒蒿仪式在基本流程上大同小异,大都包含"芒蒿下山巡游—芒蒿坪地嬉戏—芒蒿重归深山"三个环节。举行芒蒿仪式的当日清晨,屯里年长的主事人和青壮年自发地集中在屯头或屯尾的既定地点,年长者用稻草或芒蒿草编织成的衣服和历代沿用的木质面具将年轻人装扮成芒蒿。装扮完成后,主事人敲击铜锣带领芒蒿下山,沿屯里的主干道巡游(图310[①])。在巡游过程中芒蒿可以与村民追逐打闹,但不允许进入房屋内。对此当地村民有两种说法:其一,认为山中之神芒蒿进入屋内会惊吓到家中祖先[②];其二,因为芒蒿身形庞大,进入屋内会破坏家具[③]。因此,芒蒿追人至当地吊脚楼一楼时,最多只能上到第三节台阶就必须止步。

"芒蒿坪地嬉戏"是仪式的高潮。巡游结束后,芒蒿与村民全部聚集在芦笙坪前,村民通过放鞭炮、撒钱、撒

图310 芒蒿巡游

---

① 图310是2018年2月24日笔者在融水县安陲乡乌翁屯芒蒿仪式现场拍摄。
② 乔石保,男,1937年生,大田村大田屯村民,2019年2月9日在自家家宅中提供信息。
③ 梁建雄,男,1969年生,三寸村三寸屯村民,芒蒿面具制作世家第五代传承人,2019年2月12日在自家家宅中提供信息。

图311　芒蒿与村民踩堂

糖等方式欢迎芒蒿[①];芒蒿则通过甩泥巴、送拥抱、抹黑脸等方式与村民嬉戏。村民相信与芒蒿接触会人财两旺,老人则身体健康,孩子则不易生病,所以老人主动邀请芒蒿摸自己或孩子的头。临近日落,男性村民吹起芦笙,女性村民随乐踩堂,芒蒿或手持竹棍模拟男性吹芦笙,或与女性共同踩堂(图311[②])。之后,芒蒿跟随主事人到屯外隐蔽处脱下芒蒿衣扔掉,统一放好面具,悄悄返回村屯。

3. 跳芒蒿仪式的社会功能

新年庆典的芒蒿仪式具有多种功能。第一,芒蒿仪式的基本功能是驱邪祈福。这种功能可以从村民对芒蒿的两种认识得以证实。第一种认识是把芒蒿看作是赶走一年中村屯积聚的各种不祥之气的可怕之神。因此,芒蒿面具制作师傅说芒蒿面具造型越凶越好[③]。安陲乡一带流传这样的说法,如果孩子不听话,大人就吓唬说"芒蒿来了"。也就是说,芒蒿造型中表现出来的凶煞是为了更好地发挥驱邪的基本功能,因此村民愉快地迎接表情凶煞的芒蒿。

---

① 芦笙坪前,村里德高望重的老人会念一些吉祥话,例如,乌勇屯坡会时老人诵读的吉祥话:把芒哥请到我们芦笙坪/进我们芦笙堂/芒哥来驱邪赶鬼/芒哥到消恶除晦/芒哥来老者长寿/芒哥到少儿健康/芒哥来五谷才熟/芒哥到六畜才旺/我们的嘴巴有油/我们的口水成药/我吐口水给狗/狗会赶猎/我吐口水上石头/石头上会长青苔/我吐口水上木栋/木栋会长香菌/我讲成就成/我讲是就是(戴民强,《融水苗族》,广西民族出版社,2011年,第114页)。
② 图311是2019年2月11日笔者在融水县安陲乡大田屯芒蒿仪式现场拍摄。
③ 梁建雄,2019年2月12日在自家家宅中提供信息。另外,乔思琼,男,1962年生,大田村大田屯村民,芒蒿面具制作人,2019年2月12日在大田村自家家宅中提供信息。

第二种认识是将芒蒿视作带来丰年、健康、幸运的可敬之神。村民们争先恐后地与芒蒿接触,正是因为他们相信这样的肢体接触会带来健康和幸运。在跳芒蒿现场,有很多男性村民向芒蒿分发香烟或拥抱芒蒿;也有不少妈妈或奶奶邀请芒蒿抚摸自己孩子的头(图312①)。不仅如此,当地村民普遍相信扮演芒蒿会增添当年的好运,因此很多村民积极参与芒蒿仪式。

图312　为儿童赐福的芒蒿

另外,在稻种改良之前,很多村屯都用稻草制作芒蒿衣,因为他们相信芒蒿会带来稻谷丰收。②

第二,芒蒿仪式通过周期性再现对祖先的共同记忆来增强共同体的凝聚力。笔者调查发现传承芒蒿的村屯大多与吉曼屯有血缘或地缘关系,即这些村屯都将梁德佬供奉为祖先,或者将吉曼屯视为"祖堂"。根据芒蒿面具制作者提供的信息,芒蒿面具之所以设定黑色为背景色并雕刻出满脸皱,正是为了纪念祖先刀耕火种时期的艰苦生活③。而且芒蒿巡游结束后,在芦笙坪与女性村民共同跳逆时针圆圈舞时,女性舞者会歌唱说:"父亲和母亲带着小伙子和姑娘们来到芦笙坪,在这里向各位及祖先展示踩堂舞。"④苗族是一个迁徙频繁的民族,因而无法像汉族那样建造固定的祠堂或神堂供奉祖先。因此,苗族形成了供奉芒蒿这样移动形态祖先的独特传统。祭祀共同祖先的仪式是整个村屯的庆典。男性村民在芦笙坪忙碌,女性村民则在村口迎接客人(图313⑤)。在这样的合作过程中,村屯的凝聚力也进一步增强。

第三,跳芒蒿仪式也为男女青年提供了交往的时空。未婚男女的交往是关系到村屯人口兴旺的重要事情。在跳芒蒿仪式现场,扮演芒蒿的小伙子靠近自

---

① 图312是2017年2月4日笔者在融水县安陲乡吉曼村吉曼屯芒蒿仪式现场拍摄。
② 梁汉文,男,1952年生,大伞村小平沟村村民,芒蒿面具制作世家第三代传承人,2019年2月12日在自家家宅中提供信息。
③ 云福徽,男,1952年生,乌吉村乌翁屯村民,其父为芒蒿制作人,2019年2月9日在自家家宅中提供信息。梁汉文,2019年2月12日在自家家宅中提供信息。
④ 戴民强,《融水苗学研究文集选编》,广西民族出版社,2016年,第192页。
⑤ 图313是2019年2月13日笔者在融水县安陲乡乌吉村乌勇屯芒蒿仪式现场拍摄。

图313 在村口迎客的苗族村民

图314 与女孩嬉戏的苗族芒蒿

己喜欢的姑娘,与她握手或拥抱,以示爱意(图314[1])。姑娘们也穿着最漂亮的衣服,在芦笙坪跳起圆圈舞,展现自己的魅力。晚上,小伙子们可以进入姑娘的家里彻夜长谈,即"坐妹"风俗,姑娘的父母也会高兴地迎接。而且,大部分芒蒿造型在身体前部悬挂着模拟生殖器营造出生殖崇拜的氛围,这与期望村屯人口兴旺不无关系。

第四,跳芒蒿仪式使村民在愉快的节日气氛中释放一年的精神压力。芒蒿巡游结束来到芦笙坪后,全村老少亦都聚集而来。去年赚了很多钱的人或者今年想发财的人会在芦笙坪放鞭炮,向芒蒿撒钱或糖果,芒蒿和村民争捡,现场气氛热闹非凡(图315[2])。仪式结束时大部分村民浑身沾满泥巴,当晚家家户户邀请亲朋好友唱歌饮酒。

第五,芒蒿仪式是新年劳作的序幕,仪式结束的第二天清晨,村民代表手持锄头到田间松土,进行象征性农耕仪式,这种仪式象征着新年第一次农作,即"开春仪式"[3]。与此同时,外出务工的村民也纷纷动身启程。因此,芒蒿仪式越晚举行,村民就可以拥

图315 芒蒿仪式的撒钱场面

---

[1] 图314是2017年2月5日笔者在融安县大坡村吉兴屯芒蒿仪式现场拍摄。
[2] 图315是2019年2月13日笔者在融水县安陲乡乌吉村乌勇屯芒蒿仪式现场拍摄。
[3] 梁世和,男,1946年生,吉曼村吉曼屯寨老,2017年2月7日在自家家宅中提供信息。

有越多的"法定"休息时间。改革开放后,随着生活条件的改善,各村屯举办芒蒿仪式的时间也从以往的初三初五逐渐演变到当下的初七初九。①

(三) 芒蒿造型的类型特征

虽然各村屯芒蒿仪式的基本流程相似,但芒蒿造型却各有特点。按照芒蒿衣制作材料与木质面具佩戴方式的不同,芒蒿造型呈现"野人型(图316②、图317③)""稻草人型(图318④)""野人与稻草人折中型"(图319⑤)三种分类,其具体造型特点如下:

1. 野人型芒蒿的特点

野人型芒蒿是用山中生长的一种绿色藤类植物(当地人称作"芒蒿草")将扮演者从头到脚全身遮盖,再将木质面具用绳系于头部,整体造型如同野人。这类芒蒿体态庞大,体前都悬挂着用当地芭蕉树芽做成的模拟男性生殖器。当地村民认为只有男性芒蒿才有力量驱赶野兽和土匪,捍卫村屯安宁⑥。这类芒蒿

图316 野人型芒蒿造型

图317 正在装扮中的野人型芒蒿

---

① 董姓阿伯,男,1931年生,乌吉村乌勇屯寨老,2017年2月7日在自家家宅中提供信息。
② 图316是2019年2月13日笔者在融水县安陲乡乌吉村乌勇屯芒蒿仪式现场拍摄。
③ 图317是2019年2月13日笔者在融水县安陲乡乌吉村乌勇屯芒蒿仪式现场拍摄。
④ 图318是2017年2月4日笔者在融水县安陲乡吉曼村吉曼屯芒蒿仪式现场拍摄。
⑤ 图319是2019年2月11日笔者在融水县安陲乡大伞村小平沟屯芒蒿仪式现场拍摄。
⑥ 杨妹发,女,1935年生,乌吉村乌勇屯村民,2017年2月7日在自家家宅中提供信息。

图318 稻草人型芒蒿造型

图319 野人与稻草人折中型芒蒿造型

图320 芒蒿坐妹环节

在芦笙坪与村民嬉戏时有"坐妹"环节（图320①），即年长者带领芒蒿与年轻苗妹握手或拥抱。生殖崇拜色彩浓烈。基于此，有观点认为芒蒿是苗族人民表达生殖崇拜时使用的一种狰狞可怕的怪面人。

野人型芒蒿所佩戴的木质面具，脸部轮廓与五官位置与人类相似，但血盆大口与锋利獠牙却与野兽相似，呈现出"亦人亦兽"的杂糅性。野人型芒蒿面具没有性别区分，色系搭配简单，大多由黑白红三色构成。油漆染料尚未普及之前，村民用锅灰涂抹脸部底色，用山里生长的木薯碾压成粉末涂抹白色的眉毛和眼眶，红色（用料未知）涂抹嘴唇②。当地人选择黑色作为芒蒿面具的底色，一方面是因为锅灰等原料取材方便；另一方面是为纪念刀耕火种时

---

① 图320是2019年2月13日笔者在融水县安陲乡乌吉村乌勇屯芒蒿仪式现场拍摄。
② 乔姓阿伯，男，1929年生，大田村大田屯村民，2019年2月9日在自家宅中提供信息。

中篇　中国傩文化的现场研究

图321　乌吉村乌勇屯芒蒿面具

图322　九同村九同屯芒蒿面具

期烧山开荒时用脏手擦拭汗水而致使脸花的祖先形象①。

野人型芒蒿的主要传承地是乌吉村乌勇屯(图321②)、九同村九同屯(图322③)、乌吉村乌翁屯(图323④)。乌吉村乌勇屯是由韦姓、杨姓、马姓、董姓等构成的多姓村；九同村九同屯是马姓、云姓、杨姓等构成的杂姓村；乌吉村乌翁屯是云氏同姓村，三个自然屯的祖先都曾在吉曼屯居住，后来因人口增多而迁徙到现居住地。在传承芒蒿仪式的

图323　乌吉村乌翁屯芒蒿面具

过程中，乌勇屯与九同屯选择保守方式，面具颜色至今保持黑白红搭配，面具轮廓维持粗犷线条；乌翁屯则不断革新，面具造型日趋细腻，皱纹与胡须等细节刻画精致，在彩色涂料普及后，新增了红绿搭配的面具样式。

---

① 云福徽，男，1952年生，乌吉村乌翁屯村民，其父为芒蒿面具制作人，2019年2月9日在自家家宅中提供信息。
② 图321是2017年2月7日笔者在融水县安陲乡乌吉村乌勇屯拍摄。
③ 图322是2019年2月10日笔者在融水县安陲乡九同村九同屯拍摄。
④ 图323是2018年2月22日笔者在融水县安陲乡乌吉村乌翁屯拍摄。

2. 稻草人型芒蒿的特点

稻草人型芒蒿是用稻草编成披风覆盖在扮演者的肩上，木质面具背面缝有包头布直接套在扮演者的头上，整体造型如同稻草人（图318）。这种芒蒿类型出现男与女、人与动物的二元对立，男性芒蒿体前悬挂着用稻草制作成的模拟生殖器，女性芒蒿身后背着用稻草制作而成的小芒蒿（图324①）。不仅如此，还出现了身穿女性苗衣，佩戴猴子面具的动物芒蒿（图325②）。这类芒蒿动作敏捷，在芦笙坪前嬉戏时，不断追逐村民将其脸抹黑（图326③），但仪式中没有"坐妹"环节。

图324　小芒蒿

稻草人型芒蒿所佩戴的面具开始出现模糊的男女之分，男性则脸颊宽、额头高、鼻翼高挺、牙齿外露、眼眶大，表情凶恶（图327④）；女性则脸颊窄、额头

图325　猴子造型

图326　芒蒿向村民抹黑赐福

---

① 图324是2017年2月4日笔者在融水县安陲乡吉曼村吉曼屯芒蒿仪式现场拍摄。
② 图325是2017年2月4日笔者在融水县安陲乡吉曼村吉曼屯芒蒿仪式现场拍摄。
③ 图326是2017年2月4日笔者在融水县安陲乡吉曼村吉曼屯芒蒿仪式现场拍摄。
④ 图327是2019年2月12日笔者在融水县安陲乡三寸村三寸屯梁建雄师傅家中现场拍摄，此面具为最古老的芒蒿面具之一。

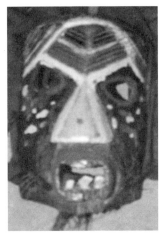 

图327 芒蒿公　　　图328 芒蒿母

低、鼻子扁平,唇不露齿、眼眶小,表情相对和善(图328①)。但这种相对性的区分标准过于主观,所以只有屯中老人或面具制作师傅才能准确掌握,普通村民需要借助芒蒿的整体造型(是否背有小芒蒿,是否悬挂模拟生殖器)才能区分芒蒿的性别。这一类型面具的颜色呈现黑、青、黄、赤、白的五方色,有些面具额头中间出现凸起或描白色圆点用以刻画象征神性的"眉间白毫相","亦人亦神亦兽"的三面糅合性得以体现。②

稻草人型芒蒿的主要传承地是吉曼村吉曼屯(图329③)、三寸村三寸屯(图330④)。吉曼村吉曼屯被视为芒蒿文化的发源地,原为梁姓同姓村,后陆续迁入马姓、凤姓、董姓⑤;三寸村三寸屯是梁姓、马姓、韦姓等构成的多姓村,将吉曼屯视为族堂。两个自然屯中至今仍由梁姓负责制作芒蒿面具和主持芒蒿仪式。20世纪50年代广西推行水稻品种改良,将传统的高秆品种改为矮秆品种⑥。矮秆稻草不适于编织芒蒿衣,又加上稻草衣接触皮肤后会引起瘙痒,所以三寸村三寸

---

① 图328是2019年2月12日笔者在融水县安陲乡三寸村三寸屯梁建雄师傅家中现场拍摄。此面具为最古老的芒蒿面具之一。
② 高静,《中韩乡傩仪式中面具造型的美学解读》,《民族论坛》2018年第2期。
③ 图329是2017年2月4日笔者在融水县安陲乡吉曼村吉曼屯芒蒿仪式现场拍摄。
④ 图330是2019年2月12日笔者在融水县安陲乡三寸村三寸屯梁建雄师傅家中现场拍摄。
⑤ 吉曼屯原为梁姓同姓村,后来马姓以女婿的身份入赘,凤姓以铁匠身份迁入,董姓因打赌中赢得梁姓土地而迁入(董文清,男,1936年生,吉曼村村民,2017年2月2日在自家家宅中提供信息)。
⑥ 《融水苗族自治县概括》编写组,《融水苗族自治县概括》,民族出版社,2009年,第82页。

图329 吉曼村吉曼屯芒蒿面具（11枚）

图330 三寸村三寸屯芒蒿面具

屯改用芒蒿草装扮芒蒿①。虽然三寸屯芒蒿的整体造型发生变化,但面具造型却坚持祖宗惯例,至今没有出现动物面具。而吉曼屯作为芒蒿文化的发源地,是至今唯一一个使用稻草装扮芒蒿的村屯。虽然芒蒿的整体造型没有发生显著变化,但面具造型中开始出现动物面具——猴子。当地人认为猴子与芒蒿都生活在山里,所以与芒蒿一起下山巡游。②

3. 野人与稻草人折中型芒蒿的特点

野人与稻草人折中型芒蒿在衣服的制作方法(披风式)和面具的佩戴方式(包头布式)上与稻草人型芒蒿相同,但是制作衣服的材料是采用芒蒿草而不是稻草(图318)。盛行这种类型芒蒿的村屯以前举行芒蒿仪式时,村民会同时制作稻草人型芒蒿与野人型芒蒿,两者的数量分配不固定,有一个以上的稻草人型芒蒿即可③。当地人认为两种造型的芒蒿功能互补,稻草人型芒蒿用于祈求稻谷丰收,野人型芒蒿则用于驱赶鬼神。20世纪50年代水稻改良后,因为矮秆稻草不再适合装扮芒蒿,所以两个村屯不再装扮稻草人型芒蒿,进而创造出野人型与稻草人型的折中造型。

野人与稻草人折中型芒蒿的面具呈现直观的男女之分,男性面具唇上有胡须,女性面具双颊涂胭脂。正是因为面具造型可以起到区分性别的作用,所以这类芒蒿体前不再悬挂模拟生殖器。据小平沟屯芒蒿面具制作世家第三代传人梁汉文师傅(67岁)证言,芒蒿面具之所以出现性别之分,是因为以前女人需要佩戴女性芒蒿面具参加仪式,女人扮演的芒蒿数量需成双数,男性扮演的芒蒿数量需成单数,但现在该屯的芒蒿都由男人装扮。

野人与稻草人折中型芒蒿主要分布在大伞村小平沟屯(图331④)、大田村大田屯(图332⑤)。小平沟屯是大伞村所辖范围内唯一一个苗族屯,周边均为瑶族屯。小平沟屯祖辈从吉曼屯迁徙而来,至今梁姓作为屯中大姓,仍负责芒蒿面具的制作与芒蒿仪式的主持活动。因为这样的血缘与地缘关系,小平沟屯的面具造型在色系上与吉曼屯面具造型一致,维持了黑、青、黄、赤、白五方色的色系特

---

① 三寸村三寸屯村民马兴荣(男,1949年生)、韦兴林(男,1960年生)、梁建雄(男,1969年生)2019年2月12日在村公所提供信息。
② 梁世和,男,1946年生,吉曼屯寨老,2017年2月4日在吉曼村吉曼屯自家家宅中提供信息。
③ 梁汉文,男,1952年生,大伞村小平沟屯村民,芒蒿面具制作世家第三代传承人,2019年2月12日在自家家宅中提供信息。
④ 图331是2019年2月9日笔者在融水县安陲乡大伞村小平沟屯拍摄。
⑤ 图332是2019年2月11日笔者在融水县安陲乡大田村大田屯芒蒿仪式现场拍摄。

图331　小平沟屯芒蒿面具　　　　　图332　大田屯芒蒿面具

点。因为当地经常有山猪出现,所以该屯创造出山猪面具,期望免受山猪侵害,并借助山猪的威力驱赶邪气[①]。

大田村大田屯是被苗族屯包围的壮族屯,与小平沟屯隔河相望,枯水季节两个村屯的村民可以自由来往。因为与周边的苗族村屯的通婚和交流,祖辈也曾有举办芒蒿仪式的习俗,但是这种习俗在"文化大革命"时中断。2010年在村民乔思琼(57岁)的带领下,向小平沟屯购买芒蒿面具重新恢复正月初七举办芒蒿仪式的习俗[②]。大田屯的芒蒿面具虽然在造型上与小平沟屯相似,但在色系上选择了黑白红色系,并且至今在芒蒿仪式中维系了女性扮演芒蒿的习俗,每年都有两名(或2的倍数)的女性参与芒蒿仪式表演。

4. 芒蒿造型的比较分析

"野人型芒蒿""稻草人型芒蒿""野人与稻草人折中型芒蒿"在整体造型和面具造型方面呈现诸多差异。整体造型可以从芒蒿衣的制作材料、是否悬挂模拟生殖器、是否背有小芒蒿等细节进行比较;面具造型可以通过颜色的构成、性别的区分、有无动物面具等细节进行比较。根据这些细节三种芒蒿造型的差异点可以整理为表4:

[①] 梁汉文,男,1952年生,大伞村小平沟屯村民,芒蒿面具制作世家第三代传承人,2019年2月12日在自家家宅中提供信息。

[②] 乔思琼,男,1962年生,大田村大田屯村民,芒蒿面具制作人与芒蒿仪式的主持人,2019年2月11日在芒蒿仪式现场提供信息。

表4 芒蒿类型的形态特征比较

类　　型		野人型芒蒿	稻草人型芒蒿	野人与稻草人折中型芒蒿
整体造型特点	芒蒿衣材料	芒蒿草	稻草	芒蒿草
	有无模拟生殖器	有	有(芒蒿公)	无
	有无小芒蒿	无	有(芒蒿母)	有(芒蒿母)
面具造型特点	颜色	非五方色	五方色	五方色/黑色
	性别	均为男性	模糊的男女区分	明确的男女区分
	有无动物面具	无	猴面具(部分村落)	野猪面具(部分村落)

首先,分析野人型芒蒿的特征。当地村民一直使用野草制作芒蒿衣,从而塑造出类似于山中野人形象的芒蒿造型。这种野人形象与传说中全身缠绕野草发明芒蒿的猎人梁德佬的形象一致。野人型芒蒿身前悬挂有芭蕉芽做的模拟生殖器,也有"坐妹"的独特环节。野人型芒蒿都是男性,因而芒蒿面具无须区分男女。也因为没有女性芒蒿,所以也不出现被妈妈背负的小芒蒿造型。野人芒蒿面具的颜色主要由黑、白、红组成。这种颜色的构成虽然蕴含纪念生活困苦时期祖先形象的意义,但也是使用村屯周围常见染料的结果。

野人型芒蒿的造型反映出鲜明的生殖崇拜。人类社会初期盛行的生殖崇拜思想在芒蒿仪式中得到鲜明呈现,这一点可以解读为野人型芒蒿的诞生与人类初期文化——狩猎文化有一定的联系。狩猎文化中,女性的作用比农耕文化中少,家庭观念也弱,人类和野生动物主要处于敌对关系。因此,在狩猎文化中诞生的野人型芒蒿没有出现象征女性和家庭的符号,也没有出现象征和谐生态观的动物面具。也就是说,野人型芒蒿的整体造型和面具造型反映的时代背景是狩猎文化而不是农耕文化。传承野人型芒蒿的自然村屯大部分都位于元宝山的中心,这一点也证明了这一点。

野人型芒蒿可以被视作三种芒蒿类型中最古老的形态。野人型芒蒿传承村屯的村民认为,入乡始祖是从吉曼屯迁徙而来,将吉曼屯敬奉为祖堂。野人型芒蒿的传承地与芒蒿文化发源地吉曼屯有着紧密的地缘关系。因此,这些村屯的野人型芒蒿极有可能是从吉曼屯传承而来,由于这些地区相对封闭,反而得以长期保存这一文化古形。

其次,分析稻草人型芒嵩的特征。稻草人型芒嵩传承地的村民们用稻草制作芒嵩衣,从而塑造出了稻草人的形象。稻草人型芒嵩造型,与野人型芒嵩相比,新出现了农耕文化元素。与狩猎文化不同,农耕文化中女性的生产活动变得重要,因此反映农耕文化的稻草人型芒嵩造型中开始出现男女性别区分。男性稻草人芒嵩身前悬挂着模拟生殖器,女性芒嵩稻草人身后背着小芒嵩,从这一点来看,整体造型的性别区分非常明显。芒嵩面具造型上通过脸的大小和鼻梁的高度来初步区分男女性别。仪式中出现的小芒嵩可以解释为随着农耕文化定居生活的普及,家庭观念得到加强。猴子面具的出现也可以解读为农耕文化中和谐生态观的文化表达。但最重要的是稻草人型芒嵩对当地村民来说,既是祈愿丰收和子孙兴旺的对象,也是祈愿稻谷丰收的对象。因此,稻草人型芒嵩与农耕文化关系紧密。

稻草人型芒嵩传承的吉曼屯被认为是芒嵩文化的发源地。当芒嵩文化发源地的吉曼屯祖先逐渐摆脱狩猎生活方式,不断吸收新的农耕文化元素时,便慢慢抛弃古形的野人型芒嵩,而创造出新的稻草人型芒嵩。借用神话考现学的观点[1],芒嵩起源传说中"猎人梁德佬将稻种撒入水坑"的描述其实就是对芒嵩造型改变埋下的伏笔。作为芒嵩文化古形的野人型芒嵩随着人口的移动从发源地传播到周边地区,而在芒嵩文化发源地却创造出新的芒嵩造型——稻草人型芒嵩。

再次,分析野人与稻草人折中型芒嵩的特征。该地区以1954年改良稻种为分水岭,此前这一地区的村民同时制作稻草人型芒嵩和野人型芒嵩,但此后由于矮秆的稻草不再适合制作芒嵩衣,所以开始用野草制作芒嵩。野人与稻草人折中型芒嵩的整体造型和面具造型的性别区分很明显。从芒嵩的整体造型来看,背有小芒嵩的是女性芒嵩,反之则是男性芒嵩。从面具造型来看,涂有胭脂的面具是女性,嘴上画着胡须的面具是男性。此外,在芒嵩仪式中,女性村民也可以扮演芒嵩。另一方面,男性芒嵩不再悬挂模拟生殖器,也就是说生殖崇拜的痕迹消失。总体看来,野人与稻草人折中型芒嵩造型的男女性别区分比以前更加明显,生殖崇拜色彩弱化,逐渐摆脱以男性为中心的文化形态。

---

[1] "神话考现学"这一用语参考林在海教授的论文《韩国神话的主题认识与民族文化本质》(《古朝鲜檀君学》2007年第17期)。

野人与稻草人折中型芒蒿的用色为五方色和黑色。五方色主要在与吉曼屯梁姓有血缘关系的村屯中使用,黑色主要在与梁姓没有血缘关系的村屯中使用。并且,平时经常出没的野猪也成为面具素材出现在芒蒿仪式中。总体看来,面具的颜色和造型既是反映血缘关系的要素,又是反映该地区村民现实生活面貌的要素。野人与稻草人折中型芒蒿也和其他两种类型的芒蒿造型一样,表现出了所属共同体的认同感和地域性。与此同时,野人与稻草人折中型芒蒿造型是"古形——野人型芒蒿"向"创新型——稻草人芒蒿"转换的过渡形态。

历史地理学派曾指出:"文化从中心地向四周传播时会显示出时间顺序,结果位于文化区域边缘的文化特色比距离中心地较近的文化特色更加古老",即"文化传播周圈论"[①]。具体来说,芒蒿文化因人口迁徙从文化发源地不断向周围传播,随着狩猎文化向农耕文化的更替,文化发源地在吸收农耕文化新文明后,逐步放弃原有的狩猎文化符号——野人型芒蒿,转而采用反映农耕文化的新符号——稻草人型芒蒿;新的稻草人型芒蒿在向周围传播过程中与古形——野人型芒蒿相碰撞因而产生了过渡形态的野人与稻草人折中型芒蒿;作为古形的野人型芒蒿因信息交流的停滞或断绝,反而在文化周边部得到完整的保存。利用文化传播周圈论来呈现芒蒿造型的变化,可以用图333表示。

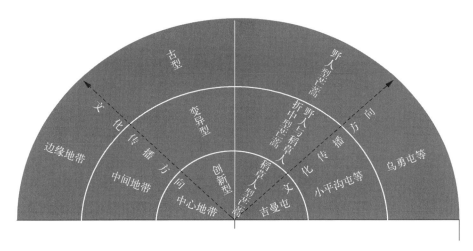

图333 文化传播周圈论与芒蒿造型变化的对应关系

---

① 〔日〕绫部恒雄(著)、周星(译),《文化人类学的十五种理论》,贵州人民出版社,1988年,第20页。

值得一提的是,在交通和通信相对发达的当下,各村屯村民之间的交流也更加频繁,但三种芒蒿类型的造型差异却更加深化。具体来说,在尼龙绳子普及的今天,乌勇屯村民在装扮野人型芒蒿时仍坚持用野藤制作和固定芒蒿衣,以此来凸显野人型芒蒿的传统性。虽然稻种改良后矮秆稻草不适合制作芒蒿衣,但吉曼屯村民在装扮稻草人芒蒿时仍遵照祖上惯例使用稻草,以此呈现芒蒿文化发源地的历史性。近年来恢复芒蒿仪式的壮族村屯——大田屯是唯一允许女性扮演芒蒿的村屯,以此凸显了自身芒蒿文化的独特性。不仅如此,各个村屯的村民在制作芒蒿面具时都使用不同的材料。吉曼屯使用杉树的主干部分,三寸屯使用红杉的根部,小平沟屯使用一种名为"都都翁"的空心树,乌勇屯使用一种名为"都金汤"的实心木。村民根据自身独特的地域性和历史性,创造村屯的芒蒿造型,体现与众不同的共同体认同感。

克洛德·列维-斯特劳斯(Claude Levi-Strauss)曾指出:"一个族群到另一个族群之间,当造型样式维持不变时,语义功能会颠倒。反之,当语义功能维持不变时,造型样式会颠倒。"[1]在芒蒿仪式的语义功能(即基本功能)维持不变的情况下,各村屯根据各自的地理环境与历史经验创造出不同样式的芒蒿造型,以此来增强族群认同、凸显族群边界。"野人型""稻草人型""野人与稻草人折中型"三类芒蒿造型的共存,是文化传播周圈论作用下,芒蒿文化在历史传承中不同时间横截面的共时性呈现,是族群表达不同层次认同与边界的象征性表达。

附:安陲乡其他村落的芒蒿面具(图334—图341):

---

[1] 〔法〕克洛德·列维-斯特劳斯(著),张祖建(译),《面具之道》,中国人民出版社,2008年,第71页。

图334 江门村狮子屯芒蒿面具(9枚)

图335 暖坪村岩脚屯芒蒿面具(11枚)

图336 三寸村岩脚屯芒蒿面具（7枚）

下六秀屯（5枚）

上六秀屯（9枚）

图337 大田村下六秀屯与上六秀屯芒蒿面具

中篇　中国傩文化的现场研究

图338　阳帮屯芒蒿面具

图339　暖坪村拉马屯芒蒿面具

图340　九同村曹口屯芒蒿面具

图341　乌吉村板岩屯芒蒿面具

〔难忘的调研日志之六：跌落梯田水渠〕

　　融水县安陲乡交通有些不方便，山路陡峭，不敢自己开车。从乡府所在地往返山里村落的班车一天只有一班。所以，如果错过了班车时间又雇不到车的话，就只能靠步行或者搭过路车。乡间民风淳朴，车主见陌生人招手大多会顺路捎一段。2017年2月7日早上，我步行从半山腰的乌吉屯经由板岩屯、乌翁屯，到了山顶的乌勇屯，顺利拍摄到了四个寨子的芒蒿面具。下午从山顶下山时有两条路可选：一条是沿着绕山环行的大路返回，虽然平缓但是太远；另一条是顺着山边梯田走直路下山,路难走但近很多。思前想后,我选择了近路。

从山顶往下看梯田时,感觉梯田每层的距离并不大,但真的走到田间才发现梯田的断面之间距离有近一米。开弓没有回头箭,我硬着头皮往下走,走到一个梯田水口,宽度大约五六十厘米左右。我琢磨着按平时自己的跳跃能力,跨过去应该没有问题,然而我忘了当时身后还背着电脑、相机、录像机。于是,我助跑、起跳,然后"哐当"落进了水渠里。水深大概到膝盖,背包都进了水,裤子、鞋子也都湿透了。我赶紧跑到大路边,把背包里的家当拿出来控水,电脑和录像机问题不大,但相机的镜头里面已经进水了。

我收拾好背包,这次老老实实地沿着大路往山下走。当时正值正月,山里的天气有些冷,我被自己的决定搞得哭笑不得,也因而觉得不那么冷了。也不知道走了多久,两个骑摩托车的年轻人经过,把我捎到了搭班车的路口,终于顺利赶上了回家的车。

第二节　安太侗族帽告仪式

融水县安太乡一带的部分侗族与苗族村落每年正月初一举行驱邪祈福的"帽告仪式"。"帽告"是当地侗语的汉语标记,也写作"磨个"[①],具体含义不详。仪式当天,村寨里的青年们按照惯例或用棕树皮、或用麻袋、或用被单等物遮住脸部,装扮成帽告公、帽告婆、帽告妹,在村内游街嬉戏后归山。笔者发现这一傩文化现象实属偶然。在被称作芒蒿发源地的吉曼屯调研时,屯里主持芒蒿仪式的梁姓家族说祖先来自安太乡的培秀村。为了搞清芒蒿仪式是否起源于安太培秀,2019年7月24日笔者赶到了培秀村。培秀村老人告知村里历来没有芒蒿传统,但是当地的培地苗寨有大年初一做帽告的习俗。在赶往培地的乡间小巴上,跟村民闲聊中得知寨怀、洞安等侗寨也有做帽告的习俗。于是,当天走访了培地、寨怀、洞安三个村寨。三个村寨都在大年初一跳帽告,都严守"帽告做单不做双""帽告走水不走桥""只允许男人扮帽告"的共同原则,但帽告面具的制作材料各不相同,培地村使用被单,寨怀村使用棕树皮、洞安村使用麻袋。这次调研主要以访谈为主,重要访谈人对帽告的讲述如下:

---

① 融水苗族自治县安太乡志编写组,《安太乡志》,融水县印刷厂,1989年,第215页。

侗寨寨怀屯老年会会长石光文[①]：我们做帽告是为了庆丰收，国泰民安，只在初一搞，日期固定。帽告不能进门，只能在路上活动，进到家里不利于主家。我们(是)明朝末年从湖南迁过来，到这里也是先打猎后农耕。帽告像野人，能驱赶邪气，让人身体健康，如果身体有病的人让帽告跳过去身体就好了。帽告要穿女人的衣服，女帽告多，穿苗衣，男的少，穿大老爷的衣服。一直以来，公的多，母的少。只能搞单数，不能搞双数。帽告不能走桥，只能过水，不能登楼、登梯。走桥的话对村上的人不利，如果帽告过桥的话，村子就会不顺。帽告走的路线也是固定的。有个村寨曾让女人装扮帽告，结果村子事后出了很多不好的事情。所以一直不让女人做。扮演帽告的人不能被人知道。做完以后送帽告去山里，不给人看，都要用棕皮遮脸。"文化大革命"的时候，我们几年不做，因为帽告像野人一样，象征社会倒退，所以不做了。等到(20世纪)70年代以后才开始重新搞。因为没有搞帽告，所以村里不太顺利，帽告就像村里的保护神。搞帽告就是希望村子热闹起来，也要看村子有没有人能牵头做这个习俗。培地是苗族，也一直搞帽告，他们是一直用口袋把脸盖起来。苗族和我们不一样，他们用口袋，我们用棕皮。

苗寨培地屯老年会会长贾庆意[②]：我们拿被单，拿花花绿绿的被单从头到尾把人包起来扮帽告。我们的第26代祖先路过这里，看到有人把一对鹅放到村中央的水塘，第二年再来时发现鹅长得很好，所以觉得这里可以生活，就搬到了这里。我们之所以搬到这里是因为以前做拉鼓的时候，大财主带着家人过来观看，结果财主的老婆被误伤了，所以财主就追杀我们，于是我们就搬到了这里。我们一共15个兄弟，8个兄弟是苗家，7个兄弟是侗家。我们以前搞拉鼓，现在不搞了，现在已经没有人会唱那个歌曲了。13代人以前搞过拉鼓，帽告是年年搞。一个是图个热闹，一个是为了赶鬼。以前的人信鬼信神的，搞完帽告村子里就平安了。帽告也不要东西，一个师傅敲鼓，要说两句话"一切牛鬼蛇神、大小纠纷，赶你下河，跟风上去，跟河下去"，我们村就平安了。由于发生过两次火灾，村民大部分从老屯搬走了，现在只有大屯搞帽告，只要是培地屯的村民(都)可以参加，但只有贾家的人才可以扮帽告，他姓只能作为观众。现在主要是十五六岁调皮的孩子扮帽告，因为要跑、要跳所以体力好的年轻人参与多，结

[①] 石光文，男，1940年生，融水县安太乡寨怀屯老年会会长，2019年7月24日在自家家宅中提供信息。
[②] 贾庆意，男，1947年生，融水县安太乡培地屯老年会会长，2019年7月24日在自家家宅中提供信息。

婚的人也可以。听说寨怀屯那边的帽告会抱人，我们村的帽告不抓人、不抱人。我们这里是龙脉，龙就停在这里，村民砌起了土地龙神庙，里面放条泥鳅，保护1 000多户村民身体健康、人财两旺。大年初一我们全屯要拜神龙，每个人都要送三斤糯米饭，送一大碗猪肉或鱼肉，一两斤酒也可以，敬村里龙神，晚上帽告搞完就集体吃。帽告跑上跑下总共跑三趟后结束，数量越多越好，最少五个或七个。龙神和帽告没有关系。

侗寨洞安屯老年会会长唐东玲[①]：我们村用麻袋扮帽告，女帽告穿苗衣，男帽告穿破棉衣，帽告需要做单数，主要为了风调雨顺，让帽告驱赶鬼。帽告不给进屋里，我们也都在屋外。我们扮帽告的时候有三个人披裀子同时跑三次，我们村子的老人站在村头放三次鞭炮，等于说来回六次把帽告赶六次。我们的祖先从湖南迁过来，先到了融水的铁坑村，我也不太清楚具体搬迁的过程，已经搬来有四五百年了，我们到这里已经是第18代了。这个屯唐姓与何姓最多。帽告是侗话，就是赶鬼神的意思。女人不可以扮帽告，因为以前只有男人才可以管村子，男人是村子的家长。"文化大革命"时期不给搞帽告，改革开放后又恢复了。现在按老规矩年年搞，我们高高兴兴踊跃参与。已婚未婚都可以，唐姓与何姓都可以，但其他外姓只能看不能扮。装扮帽告的过程不给外人看，不能叫帽告扮演者的名字。小孩们都很怕帽告的，但刚出生一两年的孩子给帽告抱一下就会健康。帽告会拉人踩堂、吹芦笙。主持帽告的老人要选有老婆且儿女双全的有福气之人负责，送帽告的时候老人会讲风调雨顺之类的好话。正月初一、初二、初三我们都在寨子里，过了十五会选日子做开农仪式，以前各家让结婚生育过的女人穿蓑衣、戴雨帽、背锄头，用禾草做成火把拿到田里点火烧掉，并烧一炷香就表示可以种田和开工了。现在是找一个好日子打锣，就表示可以出门了。

2020年1月24—26日笔者为拍摄帽告仪式现场再次来到安太乡，原计划跟拍培地屯的"敬龙神、跳帽告"仪式的全部过程，但因为疫情影响，培地屯与洞安屯24日晚宣布取消全部活动，所以只完整跟拍了寨怀屯的帽告仪式。寨怀屯由老寨与新寨两个屯组成，主要姓氏为石姓、邓姓、贾姓、潘姓，其中石姓最多。老寨与新寨仅隔一条街，据说老寨风水地理呈"蛇形"，故人口不旺，而新寨则呈

[①] 唐东玲，男，1946年生，融水县安太乡洞安屯老年会会长，2019年7月25日在自家家宅中提供信息。

中篇　中国傩文化的现场研究

图342　佩戴棕树皮面具的帽告妹

图343　老寨装扮的帽告公

图344　新寨装扮的帽告公与帽告婆

现"蚂拐形"故人丁兴旺，同时为避免"蛇地"对"蚂拐地"的不利，两个寨子中间种有杉树林①。新寨形成已有二三百年历史，但依然将老寨视为"祖寨"，新寨与老寨分开举办帽告仪式。新寨需等老寨的帽告仪式宣布开始后才能开始，也要等老寨帽告仪式结束后才能结束。两个寨子的帽告面具都由棕树皮制作（图342②）。2020年老寨共装扮7名帽告，包括1名帽告公（图343③），6名帽告妹；新寨共装扮25名帽告，其中1名帽告公，1名帽告婆（图344④），23名帽告妹。

寨怀屯老寨与新寨的帽告仪式结构相似，都包括"帽告下山""帽告嬉戏""帽告游街""帽告过河"四个部分。"帽告下山"是指村民们聚集在村头或村尾的某家吊脚楼下装扮帽告（图345⑤），完成装扮后帽告在木鼓、大钹、小钹的伴奏下走进村内的过程。因为帽告需要不断跑跳，所以帽告扮演者均为年轻男性。扮演者先用棕树皮遮面，再用女性亮衣罩头，帽告妹身着侗族传统女性衣裙，帽告公则身着废弃的蚊帐、床单等，帽告婆身着一般女性衣裙。"帽告嬉戏"是指帽告们在村内广场伴随芦笙踩堂后，与村民嬉戏，或与村民拥抱，或将

---

① 2020年1月26日寨怀屯老寨村民石庆生（男，1960年生）与新寨村民石光文（男，1940年生）都在接受笔者访谈时提及这个故事。
② 图342是2020年1月25日笔者在融水县安太乡寨怀屯老寨帽告仪式现场拍摄。
③ 图343是2020年1月25日笔者在融水县安太乡寨怀屯老寨帽告仪式现场拍摄。
④ 图344是2020年1月25日笔者在融水县安太乡寨怀屯新寨帽告仪式现场拍摄。
⑤ 图345是2020年1月25日笔者在融水县安太乡寨怀屯老寨帽告仪式现场拍摄。

图345　村民在装扮帽告

图346　帽告在与村民嬉戏

村民拖入泥塘(图346①)。此时帽告扮演者需要遵照族中老人所定的规矩,不可以拉扯老人、女人、孩子。"帽告游街"是指帽告们在鼓乐的带领下按照既定的路线在村里巡游,一般要走到村头、村尾、村中央等指定的三处位置,村民燃放炮仗表示送鬼驱邪三次(图347②)。"帽告过河"是指仪式结束时村民将帽告送出村子的过程,此时需要将帽告们送到附近河流的对岸,而且严格遵守"帽告只走水路不走桥"的规矩(图348③)。

寨怀屯帽告仪式中除1名帽告公外(体前悬挂模拟男根),其余帽告均身着女装。至于为何是这种"女多男少"的结构,当地老人也讲不清楚。但当地明确禁止女人装扮帽告,原因是女性装扮帽告会给村寨带来不吉利。笔者从不同的村民口中听说过,邻村在十几年前有女人装扮帽告后,帽告仪式当天有人放炮仗

---

① 图346是2020年1月25日笔者在融水县安太乡寨怀屯新寨帽告仪式现场拍摄。
② 图347是2020年1月25日笔者在融水县安太乡寨怀屯新寨帽告仪式现场拍摄。
③ 图348是2020年1月25日笔者在融水县安太乡寨怀屯新寨帽告仪式现场拍摄。

中篇　中国傩文化的现场研究

图347　帽告走到村内指定位置

图348　帽告过河

时炸到手,有人修篱笆时掉下来①。"女性"与"母性"的角色在中韩民间巫傩仪式中有时共同呈现分离状态,即女性本身是否定的存在,但母性本身却是肯定的存在。2022年3月24—29日笔者在调研韩国恩山别神祭时也发现了相似的现象。恩山别神祭由儒家式祭祀与巫俗式祭祀两部分组成。儒家式祭祀部分由男性负责,巫俗式祭祀部分由巫女负责。敬神所用的祭品均由男性祭官制作,女性因为"不净"所以需要远离祭场(图349②),但奇怪的是向神敬献的祭物需要用到母猪而不是公猪,究其原因是母猪具有生育能力(图350③)。可见,中韩巫傩仪式中对性别的解读共同呈现一定的功利性。

图349 韩国恩山别神祭男性在制作敬神年糕

图350 恩山别神祭城隍堂中敬献的祭物

---

① 2020年1月26日寨怀屯老寨村民石庆生(男,1960年生)与新寨村民石光文(男,1940年生)都在接受笔者访谈时提及这个故事。
② 图349是2022年3月26日笔者在韩国恩山面恩山别神祭保存会会馆拍摄。
③ 图350是2020年3月26日笔者在韩国恩山面恩山别神祭保存会会馆附近的城隍庙拍摄。

〔难忘的调研日志之七：突发疫情〕

  安太乡的帽告仪式在大年初一早上举行，但除夕夜里村里的孩子们会举行逐门除疫仪式，我想记录这个过程，所以除夕早上从家中出发赶往安太乡。2020年1月24日上午坐班车到达融水县城车站后，才发现从县城发往安太的乡间小巴已因春节停运了。幸亏打听到还有一辆自己跑车拉客的面包车可以开到安太。傍晚到达安太街上安顿好住处，拿出手机一看，发现家人发来短信息告知"有疫情，注意安全"。得知这个消息，赶紧打电话给培地屯、洞安屯、寨怀屯村委的人，问帽告活动是否还正常进行？挺幸运顺利拍摄了除夕晚上孩子们逐门除疫的过程与大年初一寨怀屯两个寨子跳帽告的过程。

  1月26日调研结束打算从安太乡坐车回家，这时候才知道原来往返安太乡与融水县城的班车因为疫情都停运了，具体什么时候恢复还不清楚，更有人说出安太乡的路口已经封了！我决定步行返回，从安太顺着大路走了很久，路上真的不见一辆车。走着走着偶然间回头一看，居然发现一辆黑色的私家车从后面行驶过来，我赶紧招手，车主爽快地停下车。这是一对年轻夫妇带着襁褓中的孩子过完年从安太回融水的娘家。年轻车主听到我的北方口音，半开玩笑地问："您不是从疫区过来的吧？"临下车时我执意给车费，车主就是不肯收，最后匆匆扔下跑开。疫情刚出现，大家都心惊胆战，在这么特殊的情况下，这对善良的夫妇还是愿意帮助陌生人，这份感激至今难忘。

第七章
中韩傩仪演行结构与要素的异同

　　第六章重点考察的灵山汉族巫傩仪式、环江毛南族肥套仪式、罗城仫佬族依饭仪式、柳江壮族丧葬仪式、瑶族盘王仪式为巫师主导型巫傩仪式，融水苗族芒蒿仪式与安太侗族帽告仪式为村民主导型巫傩仪式。两种类型的巫傩仪式均以木鼓、铜锣、铙钹等打击乐器伴奏，但巫师主导型受原始道教（梅山教或茅山教）的影响，以程式化的仪式歌舞（道教舞步或手势）与手抄经书的吟诵为主要表演形式，所使用的面具造型细腻精致（讲究对称美、善用色彩凸显人物性格），性别与身份特征明显；与之相反，村民主导型则呈现前宗教状态，以非程式化的巡游嬉戏（类似于狩猎驱逐场面的再现）为主要表演形式，无唱本，所使用面具造型粗犷奔放（追求轮廓美、色彩运用自由），呈现亦人亦兽的杂糅性，性别身份区分模糊（图351与图352）。另外，仅就巫师主导型巫傩仪式的面具造型来看，原始道教神灵"三元"的面具与民间生育神"婆王"的面具等出现次数多（图353），同时由于巫傩仪式具有驱邪的基本功能，所以象征非日常的、不正常的口鼻歪斜的面具造型也较为普遍（图354）。

　　基于广西巫傩文化的巫师主导型与村民主导型两大类型划分，以及巫师主导型巫傩仪式的共性要素，本章对中韩两国巫傩文化的演行结构与要素展开比较分析。本章以"巫师主导"与"村民主导"的传承集团属性为标准，选取笔者所调查现场中的典型案例，围绕中韩两国巫傩仪式中演行结构以及傩面与唱本进行具体比较（图355）。中韩巫师主导型巫傩仪式的比较对象选取"广西灵山汉族跳岭头仪式"与"庆尚北道东海岸别神祭"，村民主导型巫傩仪式的比较对象选取"广西融水苗族跳芒蒿仪式"与"庆尚北道河回别神傩舞祭"。韩国民俗学家林在海曾指出："传承方式的对等性、人文地理环境的对等性、历史着眼点的

中篇　中国傩文化的现场研究

广西巫师主导型巫傩仪式中的面具　　　　广西村民主导型巫傩仪式中的面具

汉族三娘面具　　毛南族社王面具　　苗族芒蒿面具　　侗族帽告面具

图351　广西巫师主导型与村民主导型傩仪面具造型对比图之一

广西巫师主导型巫傩仪式中的面具造型

冠的对称　　脸型的对称　　黑色—凶恶　　白色—冷静　　红色—耿直

毛南族面具的对称美　　　　　　汉族面具的色彩运用

广西村民主导型巫傩仪式中的面具造型

苗族芒蒿面具的轮廓美与自由用色

图352　广西巫师主导型与村民主导型傩仪面具造型对比图之二

广西巫师主导型巫傩仪式中三元面具

瑶族跳盘王中三元　　仫佬族做依饭中三元　　汉族跳岭头中三元　　毛南族还愿中三元

广西巫师主导型巫傩仪式中婆王面具

仫佬族做依饭中婆王　　毛南族还愿中婆王　　汉族跳南堂中婆王

图353　广西巫师主导型傩仪中共性面具之三元面具与婆王面具造型

都安壮族的大瑶小瑶面具　　柳江壮族的鲁班面具　　金秀瑶族的开山面具　　环江毛南族的担公面具　　灵山汉族的扭相面具

图354　广西巫师主导型傩仪中共性面具之口鼻歪斜面具造型

对等性、现场调研的对等性、采访对象的对等性是考量比较研究中比较对象是否合适的5大标准。"① 从传承方式来看,中国广西的"灵山汉族跳岭头""融水苗族跳芒蒿"与韩国庆尚北道的"东海岸别神傩舞""河回别神傩舞"都是为祈祷村落安宁与农业丰收的集体性祭祀仪式。从人文地理环境来看,中国广西与韩国庆尚北道地区地理环境相似(三面环山、一面临海),人文环境相近(自古巫俗、佛教、儒教相融合),农业基础相同(稻作为主)。从历史着眼点来看,四个典型巫傩仪式都有百年以上的传承历史,而且至今仍然可以捕捉到传承现场,与此同时"灵山汉族跳岭头"与"融水苗族跳芒蒿(作为苗族系列坡会群的组成部分)"是中国的国家级非物质文化遗产,"东海岸别神祭"与"河回别神傩舞祭"是韩国的国家重要无形文化财,四个案例极具代表性。从现场调研以及采访对象来看,笔者在2013年9月—2022年6月期间对四个典型案例进行了长期的实地考察,对当地村民、傩舞传承人、傩面制作人等进行了深入访谈。

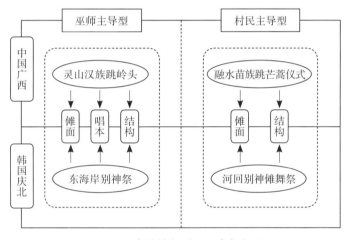

图355 中韩傩仪对比研究框架图

第一节 巫师主导型傩仪演行结构与要素的比较

中国广西灵山汉族跳岭头与韩国庆尚北道东海岸别神祭都是村落共同体为

---

① 〔韩〕林在海,《比较民俗学的方法论属性及比较研究的课题》,《比较民俗学》2000年第18期。

祈求农渔业丰产、村落安宁、村民平安,邀请巫师演行集团以歌舞娱神的形式祭祀村落保护神的周期性集体巫俗仪式。前文中(上篇/第三章"巫师主导的渔村型别神祭"、中篇/第五章/第一节"灵山汉族巫傩仪式")已对庆尚北道东海岸别神祭(竹边三里)、广西灵山汉族跳岭头(大桂岭村)的仪式结构进行过详细叙述,因此这一节重点围绕两种巫傩仪式的演行结构与要素进行比较分析。

(一)演行结构比较

中国广西灵山汉族跳岭头(以下简称"跳岭头")与韩国庆尚北道东海岸别神祭(以下简称"别神祭")的演行结构均呈现净化祭坛—请神娱神—送神遣鬼的三段式结构。跳岭头由安坛、跳清灯、跳夜灯、跳复相四个环节组成。其中,跳清灯主要以吟诵叙事巫歌的形式详细介绍神灵的业绩与逸闻趣事;跳夜灯则以傩舞展演与非叙事性巫歌(抒情性或教述性巫歌)吟诵展开,按照跳三师、跳师郎、跳四帅、跳童子、跳忠相、跳下罡、合食的顺序进行;跳复相则分为傩舞送神与龙船送鬼两部分。别神祭主要以巫歌吟诵与巫舞表演进行,按照不净巫歌、请座巫歌、迎堂巫歌、和会巫歌、祖先巫歌、世尊巫歌、地神巫歌、山神巫歌、城主巫歌、天王巫歌、群雄将军巫歌、痘神巫歌、乞粒巫歌、龙王巫歌、降神巫歌、花舞—船舞—灯舞、巫剧遣鬼的顺序展开。为便于跳岭头与别神祭的比较,笔者设定"演行要素—演行环节—演行阶段"三个层次进行具体分析。演行要素包含语言性要素(巫歌)与动作性要素(舞蹈、祭礼)。巫歌根据内容构成细化为叙事性巫歌与非叙事性巫歌,舞蹈根据表演形式细化为仪式舞(无戏剧性冲突)与演剧(有戏剧冲突)两种;祭礼是指宗教性突出的祭祀仪式。在这样的参数下,两种巫傩仪式可以整理为表5、表6的内容。

中国跳岭头(大桂岭村)与韩国别神祭(竹边三里)的演行都以巫歌吟诵和舞蹈表演为主,以祭礼与巫剧为辅,但各演行要素的结合方式却存在显著差异。跳岭头中的跳清灯环节主要吟诵叙事性巫歌,跳夜灯环节主要吟诵非叙事性巫歌,即同一神灵的叙事性巫歌与非叙事性巫歌为互补关系。然而,别神祭中叙事性巫歌与非叙事性巫歌则呈现二元对立关系。叙事性巫歌("齐马首长短"巫歌)详细描述某一神灵从出生到成神的过程、经历的磨难、取得的成就业绩、受到人们的敬仰等,世尊巫歌、沈清巫歌、痘神巫歌、乞粒巫歌等属于这一类[①],

---

① 〔韩〕朴京淑、徐大锡,《韩国口碑文学大系 别册附录Ⅲ》,韩国精神文化研究院,1992年,第454页。

表5　跳岭头(大桂岭村)演行结构

演行阶段	演行环节	演行要素					演行意义
		内容	巫歌			傩舞	
			祭礼	叙事性	非叙事性	仪式舞	演剧	
净化祭坛	安坛	安坛	○	○				吟诵《武坛安师科》,在道公祖师的护佑下净化祭坛
请神娱神	跳清灯	唱神			○			吟诵《武坛清灯》,歌颂三师、四帅、祖师、功曹、阳神、观音、灶王、南堂、神农、雷神、北帝等诸多神灵的伟大业绩与逸闻趣事
请神娱神	跳夜灯	跳三师			○	○		吟诵《武坛夜灯》,道公佩戴三师、师郎、四帅、朱千岁、顾帅、九官、三娘、八娘等神灵面具表演傩舞
		跳师郎				○		
		跳四帅				○		
		跳童子				○		
		跳忠相				○		
		跳下罡				○		
		合食	○					安慰杂鬼邪神(五方精上场)
送神遣鬼	跳复相	复相			○	○		以傩舞形式拜送神灵
		送龙船	○		○			巫术形式驱赶杂鬼邪神

表6 别神祭演行结构（竹边三里）

演行阶段	演行环节 内容	演行要素 祭礼	巫歌 叙事性	巫歌 非叙事性	傩舞 仪式舞	傩舞 演剧	演行意义
净化祭坛	不净巫歌			○	○		净化祭场
请神娱神	请座巫歌			○	○		迎请除村落保护神之外的各路神仙入座（Puneori舞—教述巫歌—剑舞—脯舞—个人才艺—驱杂鬼舞）
请神娱神	迎堂巫歌	○		○	○		迎请村落保护神（上堂爷爷和下堂奶奶）（迎上堂神仪式—接神竿—迎下堂神仪式）
请神娱神	和会巫歌			○	○		请村落保护神以及其他各路神仙合力确保别神祭举办成功（Puneori舞—教述巫歌—剑舞—脯舞—个人才艺—驱杂鬼舞）
请神娱神	祖先巫歌			○	○		拜请建村始祖和各家祖先保佑农（渔）业丰收与村落安宁（Puneori舞—教述巫歌—剑舞—脯舞—个人才艺—驱杂鬼舞）
请神娱神	世尊巫歌	○	○		○	○	讲述的是生育之神（名为"释迦牟尼"的和尚）破戒与女人生子的故事，这首巫歌的吟诵目的是祈求多子与长寿（Puneori舞—教述巫歌—僧舞—铰舞—捉小偷巫剧—驱杂鬼舞）
请神娱神	地神巫歌			○	○		拜请掌管阳宅与土地的土地神保佑村落安宁与家庭幸福（Puneori舞—教述巫歌—剑舞—脯舞—个人才艺—驱杂鬼舞）
请神娱神	山神巫歌			○	○		拜请各大名山的山神，保佑村落平安祥和（Puneori舞—教述巫歌—剑舞—脯舞—个人才艺—驱杂鬼舞）
请神娱神	城主巫歌	○	○		○		城主巫歌讲述掌管家庭安宁的城主神与灶王夫人相识以及寻找城主神木的故事。这首巫歌的吟诵目的是祈求家庭安宁（Puneori舞—教述巫歌—立城主神竿—敬酒—米占—祝词）

（续表）

演行阶段		演行环节					演行意义
		内容	演行要素				
			祭礼	巫歌		傩舞	
				叙事性	非叙事性	仪式舞	演剧	
净化祭坛								
请神娱神		天王巫歌			○	○		拜请天上的天王保佑人间和平安宁（Puneori舞—教述巫歌—剑舞—脯舞—个人才艺—驱杂鬼舞）
		沈清巫歌	○	○		○		沈清巫歌讲述孝女"沈清"为使盲人父亲重见光明而弃身投湖的故事。这首巫歌的吟诵目的是祈求眼疾痊愈（Puneori舞—长篇叙事巫歌—驱杂鬼舞）
		群雄将军巫歌	○		○			拜请将军神，借助将军神的威力驱赶恶疾，保佑村民身体安康（Puneori舞—教述巫歌—将军巫歌—脯舞—咬铜盆—消灾—驱杂鬼舞）
		痘神巫歌		○		○	○	讲述水痘神惩治心怀不轨的船夫与诡计多端的金财主，厚待心地善良老奶奶的故事。这首巫歌的吟诵目的是预防水痘等传染病（Puneori舞—长篇叙事巫歌—驱杂鬼舞）
		乞粒巫歌		○		○		讲述巫师的始祖"济民奶奶"在乞讨途中施展法术让乐善好施的人行好运、让吝予施舍的人行倒霉运的故事。这首巫歌的吟诵目的是彰显巫祖神善恶分明的性格与神通广大的能力（Puneori舞—长篇叙事巫歌—驱杂鬼舞）
		龙王巫歌	○		○			拜请龙王，保佑渔业丰收和出海平安（Puneori舞—教述巫歌—剑舞—脯舞—个人才艺—驱杂鬼舞）
		接神竿仪式	○					村落保护神显现
送神遣鬼		花舞—船舞—灯舞				○		巫女群舞送神灵归位
		巫剧遣鬼					○	男巫用演剧遣送杂鬼邪神

非叙事性巫歌("请拜长短"巫歌)多为教述巫歌,重在说明神灵的职能,不净巫歌、请座巫歌、迎堂巫歌、和会巫歌、祖先巫歌、地神巫歌、山神巫歌、天王巫歌等都属于这一类,"有无个性鲜明的主人公登场,是否以主人公的活动为叙述重心"是区分齐马首长短巫歌与请拜长短巫歌的重要标准[1],另外齐马首长短巫歌的主人公多为单一神灵,但请拜长短巫歌的主人公则为某一类的神灵群体[2]。叙事性巫歌与非叙事性巫歌的不同构图使跳岭头与别神祭呈现出截然不同的请神结构,即跳岭头通过叙事性巫歌与非叙事性巫歌的并行实现复式请神(图356),而别神祭通过叙事性巫歌与非叙事性巫歌的两者择一实现单式请神(图357)。

呈现复式请神结构的跳岭头通过跳清灯与跳夜灯两个环节进行两次请神娱神,但由于坚持"歌舞不并行"的原则,跳清灯的叙事性巫歌吟诵与乐器演奏交替进行,跳夜灯的非叙事性巫歌吟诵与傩舞交替进行,祭礼则穿插在巫歌吟诵与傩舞表演的空隙,因而跳岭头的演行方式具有单线性。呈现单式请神结构的别神祭则通过叙事性巫歌或非叙事性巫歌二选一的形式实现单次请神娱神,但每首巫歌吟诵中巫舞与巫乐同时进行,祭礼或巫女的个人才艺展示穿插在巫歌之后,因而别神祭的演行方式具有复线性。以单线演行方式为特征的跳岭头在各个演行环节呈现单一焦点,即跳清灯的焦点为巫歌吟诵,跳夜灯的焦点为

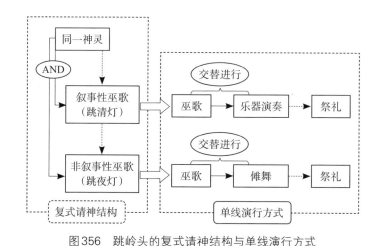

图356　跳岭头的复式请神结构与单线演行方式

---

[1] 〔韩〕朴京淑、徐大锡,《韩国口碑文学大系 别册附录Ⅲ》,韩国精神文化研究院,1992年,第455页。
[2] 〔韩〕金衡勤,《东海岸死灵祭结构的现场论研究》,京畿大学硕士学位论文,2005年,第93页。

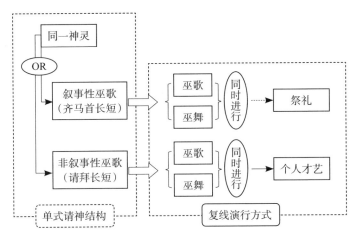

图357 别神祭的单式请神结构与复线演行方式

傩舞表演,这种单一焦点化使表演者的"一人多角(即同一演行者既可以作为巫歌吟诵者,又可以作为傩舞表演者,也可以作为乐器演奏者)"成为可能,因而节约了人力。以复线演行方式为特征的东海岸别神祭则在每个演行环节都呈现多焦点化,表演者需要载歌载舞,因而每个巫女大多专攻一首巫歌,相互之间分工明确。

跳岭头中巫歌吟诵与傩舞表演顺序不能随意变动,而别神祭中巫歌吟诵顺序则可以根据村民的参与程度进行适度调整。跳岭头中所请的神灵身份上存在高低关系,由高到低分别为衙师(三元、北帝、师郎)、衙帅(赵帅、邓帅、马帅、关帅)、衙圣(社王、城隍、庙王等)、衙殿(五官)、衙雷(五雷)、衙吏(功曹)、衙仙(鲁班、三娘、朱千岁等)[①]。由于跳岭头中神灵的出场顺序与其身份存在直接关系,因而不能随意变动。与此相反,别神祭以韩国巫俗的"并立神观"为基础,即认为巫俗神灵职能上相互独立,地位上彼此平等,不存在从属和纽带关系的神灵体系[②]。别神祭中拜请的众多神灵都有自己特定的职能,神灵只与信众发生关系,神灵之间没有任何交流也不能相互干涉,巫歌的吟诵顺序与神灵的身份没有关系,因而可以进行适度调整。例如由于紧接在巫歌之后的祭礼过程(如沈清巫歌后的松针测吉凶、乞粒巫歌后的巫婆卖糕等)需要村民积极参与才能

---

① 周永忠,《"跳岭头"研究》,中山大学博士论文,2008年,第130页。
② 〔韩〕任晳宰,《韩国巫俗研究序说》,《亚细亚女性研究》1970年第9期。

完成,所以这类巫歌的吟诵顺序会根据祭坛现场村民的人数发生变动。

从跳岭头与别神祭的演行现场来看,跳岭头的演行大多不需要村民参与,演行者(道公)按照既定程序吟诵巫歌表演傩舞,基本不与现场观众互动,可以说是一种闭环式演行结构,因而祭场整体氛围更加庄重神秘;别神祭的演行中,演行者(巫女)会不间断地与现场观众互动,巫剧与祭礼部分更是需要村民参与才能完成,可以说是一种开放式演行结构,巫歌吟诵结束后的巫女个人才艺展示使祭场气氛犹如庆典般热烈活跃。跳岭头与别神祭之所以呈现两种不同的现场气氛,与演行集团的属性有很大关系。跳岭头的演行集团——道公群体是以地缘关系为纽带结成的非固定性组织,组织中道师的神通能力与个人德行是地区居民最为看重之处。道公团体一般不与地区居民就跳岭头的表演费用议价,如无特殊情况地区居民也不会随意更换演行团队,因而道公团体与地区居民之间是一种朴素的互信关系,商业性较弱。别神祭的演行集团——世袭巫群体是以血缘关系为纽带结成的较为固定的表演组织,艺术表现力是组织内部与地区居民最为看重之处。世袭巫集团与地区居民则呈现商业关系,别神祭举行之前双方会就演行费用与演行内容等签订合同,地区居民也会根据世袭巫的演行能力决定是否更换表演团队。

(二)演行要素之巫歌比较

巫歌是跳岭头与别神祭中重要的演行要素。灵山跳岭头中吟诵《武坛清灯》与《武坛夜灯》两本唱本,唱词多为七言律诗。唱词内容由诸多篇"格"(有时也称作"科")组成,每篇格的长短不一,长者有160句,短者则8句,格按照演行的时间与固定句式,可以分为请神格、祝愿格、送神格三种。"请神格"是叙事性巫歌,详细叙述神灵的出生成长过程与伟大业绩等,这类唱词多在跳清灯环节吟诵;"祝愿格"是非叙事性巫歌,简要歌颂神灵的业绩后向神祈福,这类唱词多在跳夜灯环节吟诵;"送神格"与"祝愿格"相似,也是非叙事性巫歌,简要赞颂神灵威力后请神驱邪祈福,这类唱词多在跳复相环节吟诵。三类唱词格的具体分类见表7。

请神格、祝愿格、送神格的开头与结尾分别套用不同的固定句式(图358[①]),

[①] 图358中的唱词内容根据刘真明抄录的《武坛清灯》与《武坛夜灯》唱本整理。

表7 跳岭头巫歌类型

请 神 格	祝 愿 格	送 神 格
武坛安师科	三师格	复相师郎格
三师杀牲格	四帅格	反忌社王格
杀牲四帅格	祖师格	城王格
杀牲监官格	灵官格	庙王格
台盘格	引光格	祖师格
点坛格	三师官格	三官格
茶司格	师郎格	九官格
酒司格	云梯格	千岁格
三师格	中相社王格	圣爷格
四帅格	城隍格	土官格
祖师格	庙王格	反忌下江格
功曹格	祖师格	捉五方精
阳神格	八娘格	
观音格	神农格	
灶王格	三官格	
南堂格	九官格	
八娘格	千岁格	
神农格	顾岁格	
佛子格	圣爷格	
城社二王格	土官格	
监灯格	下江四官格	
月令格	五官格	
鲁班格	太婆三娘格	
	合食五官格	

```
┌─────────────────────────────────┐  ┌─────────────────────────────────┐
│ A-1:请神格开始部分的套用句式    │  │ A-2:请神格结束部分的套用句式    │
│                                 │  │                                 │
│ 起首朝阳鼓,                     │  │                                 │
│ ****锣鼓***(拟声词),            │  │ 今日稟信有狀諸,                 │
│ 打得鼓嚮鏗亂嚮,                 │  │ ****（神灵名称）到坛前,         │
│ *******(神灵名称与职能),        │  │ ****（已请神）安则在,           │
│ 朝間神在**(神庙名称),           │  │ ****（待请神）上坛前.           │
│ 功曹攢狀廟門求,                 │  │                                 │
│ 入壇鑒受**酒,                   │  │                                 │
│ 戒男唱出***(神灵出身),          │  │                                 │
│ 未唱前皇并後漢,                 │  │                                 │
│ 自諳嘗初***(神灵经历或逸事).    │  │                                 │
└─────────────────────────────────┘  └─────────────────────────────────┘

┌─────────────────────────────────┐  ┌─────────────────────────────────┐
│ B-1:祝愿格开始部分的套用句式    │  │ B-2:祝愿格结束部分的套用句式    │
│                                 │  │                                 │
│ 祠堂锣鼓应**(拟声词),           │  │ 三界直扶来攬狀,                 │
│ *******(神灵名称职能),          │  │ *******（到神庙请神灵）,        │
│ 出聖原在***(神灵出处),          │  │ 元迎**粧賣馬（神灵名称）,       │
│ 巡遊下降領**(财物).             │  │ 聖人暫降赴壇*（祭坛位置）,      │
│                                 │  │ 手執南朝賣一笺,                 │
│                                 │  │ ****（为村落祈福）.             │
└─────────────────────────────────┘  └─────────────────────────────────┘

┌─────────────────────────────────┐  ┌─────────────────────────────────┐
│ C-1:送神格开始部分的套用句式    │  │ C-2:送神格结束部分的套用句式    │
│                                 │  │                                 │
│ 祠堂锣鼓应**(拟声词),           │  │ 三界直扶来攬狀,                 │
│ 去諸*****(神灵名称与职能),      │  │ *******（到神庙请神灵）,        │
│ 出聖原在***(神灵所处神庙),      │  │ 元迎**粧賣馬（神灵名称）,       │
│ 巡遊下降領**(祭物).             │  │ 聖人暫降赴壇*（祭坛位置）,      │
│                                 │  │ 手執南朝賣一笺,                 │
│                                 │  │ 瘟司速起赴上龍船.               │
└─────────────────────────────────┘  └─────────────────────────────────┘
```

图358　跳岭头唱词中套用句式

所套用的固定句式(以下简称"套用句式")以第三人称叙述,固定句式以外的句子则用第一人称叙述,通过人称的变换让巫歌吟诵者实现人与神身份的切换。套用句式会因词语字数的对称或押韵略有变化,有时也会省略。跳岭头仪式中重要神灵会同时拥有请神格、祝愿格、送神格,大多数神灵则只有祝愿格。跳岭头为武坛法事,将"北帝"视为祖师,因而"祖师格"以请神格、祝愿格、送神格三种形式呈现(图359[①])。

与跳岭头演行中道公们手持唱本逐字逐句诵读不同,别神祭演行中巫女全程背诵巫歌。1968年韩国学者金泰坤对别神祭口述巫歌(宋东淑为首的世袭巫

---

① 图359中"祖师格"内容摘录自刘真明抄录的《武坛清灯》与《武坛夜灯》之中。

中篇　中国傩文化的现场研究

A：请神格形式出现的《祖师格》

朝闻师在五台顶，功曹撰状庙门寻；
入坛鉴受年例酒，戒男唱出帝原因；
未唱前皇并後汉，自讲当初帝出身；
静乐国王是我父，善勝琼台是母亲；
甲寅元年生下我，三月初三生帝身；
七岁王公生太子，拜辞父母去修真；
我去武当山学法，山上全无有一人；
山上全无有一個，武当山上好修真；
三十九年未成佛，我要回头看母亲；
回归我过长安水，遇逢太子佛观音；
观音化作娘子相，手提犁口去磨金；
郎君借问娘子道，你磨犁口有何因；
娘子答言郎子道，我又磨来做锈针；
郎君拍手呵呵笑，何年何月得成针；
娘子答言郎君道，世间只要耐心人；
耐者吃斋得成佛，耐磨犁口得成针；
复首抵头想一计，复回山上坐三春；
四十二年功果满，白日腾空路紫雲；
头上勒出青丝髪，脚踏龟蛇步七星；
开化元年神鬼乱，六洞魔王会吃人；
立起铁旗亚北斗，五雷天将近归身；
六丁六甲坐左右，劈杀将军前後根；
今日众信有状请，戒男佩带帝随身；
擎令三聲帝下降，高坐瑶台作证盟。

B：祝愿格形式出现的《祖师格》

祖师恰相貌堂堂，法律乾坤守武当；
头上勒出青丝髪，脚踏龟蛇步斗罡；
弟子佩带随行将，六将飞扶护戒男；
三界直扶来攬状，三将口上武当山；
元迎祖师桩宝马，圣人暂降赴内堂；
手执南朝保一笺，村屯喜庆得安康。

C：送神格形式出现的《祖师格》

祖师修行七六年，武当山上念真仙；
四十二年功果满，功成果满好玄天；
龟蛇捧足随左右，仗剑驱邪灭鬼冤；
三界直扶来攬状，攬将口上武当山；
元迎祖师桩宝马，圣人暂降赴坛前；
手执南朝宝一笺，瘟司速起上龙船。

图359　跳岭头唱词《祖师格》的三种形式

集团）进行文本记录之前①，别神祭巫歌多以口头传承，也因而由于演行者与演行时间及地点的不同，巫歌内容略有不同。2007年尹东焕曾对金长吉为首的世袭巫集团的巫歌进行整理后出版了《韩国的巫歌11》②一书。这里以韩国学者的巫歌记录文本为依据对别神祭的巫歌进行考察。

与跳岭头唱本的韵文体不同，别神祭的巫歌为散文体，这一差异与两种巫歌的演行方式有关。跳岭头的巫歌表演为单线演行方式，既没有音乐伴奏也没有舞蹈并行，因而道公们在集体长时间诵读唱词时需要借助唱词的押韵进行节奏把控；别神祭的巫歌表演为复线演行方式。音乐伴奏与舞蹈插入发挥了节奏控制的作用，因而不重视唱词的押韵。跳岭头巫歌吟诵中通过套用固定句式区分巫歌的请神、祝愿、送神三种功能，东海岸别神祭巫歌吟诵中则借助舞蹈来对巫歌功能进行区分。比如巫歌正式吟诵前，巫女表演的Puneori舞功能类似于请神格开始部分的套用句式；巫歌吟诵结束后巫女表演的驱杂鬼舞功能则类似于

---

① 1968年金泰坤记录的对象是宋东淑为首的世袭巫集团的巫歌，巫歌记录整理后于1979年以《韩国巫歌集》（集文堂，1979年，第248—371页）为名出版发行。
②〔韩〕尹东焕，《韩国的巫歌11》，民俗苑，2007年。

请神格结束部分的套用句式。跳岭头巫歌的单线演行方式与别神祭巫歌的复线演行方式的鲜明对比,对于理解巫歌发展过程中从神秘性的严肃经文向艺术性的娱乐文学转化的历史过程提供了一个切入口。

  虽然跳岭头与别神祭的巫歌在文体样式上存在差异,但在修辞运用上存在共同之处,两种巫歌中都可以发现对偶句、三叠句、五方句。对偶句是将对比性的描述并排在一起的修辞方式,巫歌中多运用动物、历史人物等形成对偶句。如图360中的别神祭巫歌(A-1)与跳岭头巫歌(A′-1)中分别通过箕子—檀君、梁山伯—祝英台、韩信—刘伶等历史人物,A-2与A′-2中则借助大小蜘蛛网、狗—猫—鸡—白鸠等动物元素构成对偶句。三叠句是指对同一对象进行三种对照性描述,或者对三种对象进行相似性描述的修辞方式。如图361中的别神祭巫歌(B-1)与跳岭头巫歌(B′-1)中分别通过第一、第二、第三的时间顺序,B-2与B′-2中则借助三次脱衣动作与上中下三个方位构成三叠句。五方句是指从

东海岸别神祭巫歌中的对偶句	
A-1: <서낭맞이굿> (原文)	<迎堂神巫歌> 翻译
첫 번 치국을 잡으시니, 箕子천년 치국이요.	第一個王朝時代是箕子的千年治國
두 번 치국을 잡으시니, 檀君천년 치국이라.	第二個王朝時代是檀君的千年治國
	-出處: 金泰坤,『韓國巫歌集1』,集文堂, 1979, p.280
A-2: <세존굿> (原文)	<世尊巫歌> 翻译
왕거미줄 걷어내기, 꺼문연기 되어서 하늘로 올라간다.	大蜘蛛網被撥開,變成黑煙飛上天空.
세거미줄 걷어내기, 흰연기 되어서 하늘로 올라간다.	小蜘蛛網被撥開,變成白煙飛上天空.
	-出處: 金泰坤,『韓國巫歌集1』,集文堂, 1979, p.257
跳岭头巫歌中的对偶句	
A′-1:<武坛夜灯-城王格>	A′-2<武坛清灯-台盘格>
风过树顶梁山伯, 笋笛开花是祝英. 雪水写书是韩信, 鹅毛落地是刘伶. -出处: 刘真明, 手抄本, 51页	猫儿新整未成佛, 狗儿衣把览来牵. 母鸡衣把笠来笠, 白鸠飞过佛台前. -出处: 刘真明, 手抄本, 12页

图360 别神祭与跳岭头巫歌中的对偶句对比

东海岸别神祭巫歌中的三叠句

B-1: <제면굿>(原文)   <濟民奶奶巫歌> 飜譯
한 차례를 들고 때리니 앞다리 선각이 쭈글턱 핀다.   第一次烧火棍打下去狗前腿断了.
뒷 차례를 한번 때리니 뒷다리 후각이가 줄떡 빈다.   第二次烧火棍打下去狗後腿断了.
삼 슥차례 거듭떠 때리니 목심이 지는구나.   第三次烧火棍打下去狗一命呜呼.

                -出處: 金泰坤,『韓國巫歌集1』, 集文堂, 1979, p.363

B-2: <세존굿>(原文)   <世尊巫歌> 飜譯
장삼도 훨훨 벗어 던지는 대로 던지고,   脱掉长衫扔到遠處.
바랑도 후훌 벗어 되는대로 던져 버리고,   解下背囊扔到遠處.
고갈도 훨훨 벗어 되는대로 던지고,   摘下帽子扔到遠處.

                -出處: 金泰坤,『韓國巫歌集1』, 集文堂, 1979, p.318

跳岭头巫歌中的三叠句

B'-1: <武坛清灯-庆师格>   B'-2: <武坛清灯-城社二王格>
第一跟师执筊子, 低头唱咀眼迷迷.   上国阜头有個榨, 那個榨油油有青.
第二跟师学我唱, 鄧声恰俊细鸡啼.   中国阜头有個榨, 那個榨年纳税丁.
第三跟师学跳鬼, 及得师爷脚步齐.   下国阜头有個榨, 那個榨油油恰清.
-出处: 刘真明, 手抄本, 69页   -出处: 刘真明, 手抄本, 71页

图361　别神祭与跳岭头巫歌中的三叠句对比

五个方位展开描述的句式。如图362中别神祭巫歌(C-1)与跳岭头巫歌(C'-1)中直接运用东南西北中五个方位展开描述,C-2与C'-2中则分别借助丑方—未方—酉方—卯方—戌方与东海—南海—西海—北海进行方位描述。对偶句、三叠句、五方句等修辞的运用使巫歌的韵律性增强便于吟诵,同时也折射出巫歌的思想深度。老子曾指出"道生一,一生二,二生三,三生万物"[①],阴阳五行观念更是影响深远,笔者认为巫歌中三叠句与五方句的运用正是这些观念的符号化。

(二)演行要素之傩面比较

傩面在跳岭头中作为神体的象征,是不可或缺的演行要素,但在别神祭中作为戏剧道具,只是选择性要素。正由于傩面在两种巫傩仪式中地位迥然不

---

① 詹首谦,《老子解说》,光明日报出版社,2013年,第133页。

```
              东海岸别神祭巫歌中的五方句
C-1:        <성주굿>(原文)                          <城主巫歌> 飜譯
     동쪽으로 뻗은 가지는 노기공명이 열려 있고,    東邊枝上結出官祿功名,
     남쪽으로 뻗은 가지는 富貴공명이 열려 있고,    南邊枝上結出富貴功名,
     서편으로 뻗은 가지는 자슥공명이 열려 있고,    西邊枝上結出子嗣功名,
     북쪽으로 뻗은 가지는 外孫奉祀도. 열네 있네.   北邊枝上結出外孫奉祀,
     중앙으로 뻗은 가지는 문필봉 자식봉아 손사봉이가  中央枝上的前後左右
     전후좌우로 열였더라.                          結出文筆峰, 子孫後代峰.

                        -出處: 金泰坤, 『韓國巫歌集1』, 集文堂, 1979, p.289

C-2:        <성주굿>(原文)                          <城主巫歌> 飜譯
     축방에는 소 메기고,                           丑方栓住生,
     이방에는 양 메기고,                           未方栓住羊,
     유방에는 닭 메기고,                           西方栓住鷄,
     모방에는 토끼 메기고,                         卯方栓住兎,
     술방에는 개 메기다.                           戌方栓住狗,

                        -出處: 金泰坤, 『韓國巫歌集1』, 集文堂, 1979, p.296

                        跳岭头巫歌中的五方句

┌─────────────────────────────────┬─────────────────────────────────┐
│ C'-1:<武坛清灯-鲁班格>          │ C'-2:<武坛清灯-四帅格>          │
│                                 │                                 │
│ 東方取木官说曲,南方去木官说弯.  │ 東海龙王是我父,南海龙王是母亲.  │
│ 西方取木官有要,北方取木着虫残.  │ 西海龙王生下我,北海龙王养育身.  │
│ 桌我十人思一计,担刀担斧往中央.  │                                 │
│ 我去中央冲凳木,冲凳大木大長生.  │                                 │
│        -出处:刘真明,手抄本,99页 │        -出处:刘真明,手抄本,28页 │
└─────────────────────────────────┴─────────────────────────────────┘
```

图362 东海岸别神祭与跳岭头巫歌中的五方句对比

同,因而呈现的样态也差异明显。作为核心要素的跳岭头傩面佩戴方式、制作材料、造型种类趋于多元;而作为选择要素的别神祭傩面则在演行现场用纸笔简易绘制而成,佩戴方式与制作材料单一,造型趋同。

  跳岭头傩面按照佩戴方式的不同可以分为明相与暗相两种。灵山地区将傩面称为"相"。"明相"是指将傩面用带子固定于前额部分,纸绘三元面具采用明相佩戴方式(图363[①])。"暗相"是指将傩面罩住整个脸部(图364[②]),多数木质

[①] 图363是2020年9月28日笔者在灵山县大桂岭跳岭头仪式现场拍摄。
[②] 图364是2020年9月28日笔者在灵山县大桂岭跳岭头仪式现场拍摄。

中篇　中国傩文化的现场研究

图363　明相　　　　　　图364　暗相　　　　图365　明相佩戴的师郎面具

面具都采用这种佩戴方式,但因为跳岭头仪式在炎热的八九月举行,有时道公为了散热透气会将暗相佩戴方式调整为明相佩戴方式。木质师郎面具根据演行需要采用不同佩戴方式,如跳夜灯时采用暗相佩戴方式,跳复相是采用明相佩戴方式(图365①)。

跳岭头傩面按照制作材料的不同,可以分为纸绘面具与木雕面具两种。纸绘面具为A4纸大小的长方形,上层为纸板便于彩绘,下层为竹篾增强硬度。跳岭头中共有监官与三元四个纸绘面具(见前图132、135—137),但监官面具只作为神像摆放在祭坛,不作为面具佩戴上场表演。木雕面具多选用具有驱虫效果的樟木制作,眼白与鼻孔镂空,以黑、白、红三种颜色为主(图366②)。木雕面具多为连冠造型,师与郎(见前图138—139)、朱千岁与顾帅(见前图148—149)等身份对等的神灵,其傩面的面部细节完全相同,仅借助冠部纹样的不同进行区分。这样的相似性雕刻技法不仅便于傩面制作,也有利于演行者与观众理解傩面所代表人物之间的相互关系。

跳岭头傩面按照造型的不同,可以分为人脸造型、半人半兽造型、动物造型

---

① 图365是2020年9月28日笔者在灵山县大桂岭跳岭头仪式现场拍摄。
② 图366是2020年9月28日笔者在灵山县大桂岭跳岭头仪式现场拍摄。

图366 广西灵山大桂岭跳岭头现场拍摄的部分木雕面具

三种。人脸造型又包括男性面具与女性面具两类。女性面具柳叶眉、丹凤眼、樱桃嘴,整体造型端庄秀气(图367);男性面具多五官端正、剑眉倒竖,既有沉着冷静的文官形象(图368),又有彪悍威猛的武将造型(图369)。半人半兽造型是指面具整体似人脸,但局部呈现某些兽类特征,如人面鸡喙的邓帅面具(图370)与獠牙突出的五方精面具(图371)。动物造型则面具造型整体为动物形象,如猪头造型的五雷面具(图372)。[①]

与跳岭头演行中傩面的不可或缺性不同,别神祭中傩面的使用并不广泛,只有少数村落的别神祭中才有傩舞表演传统,庆尚北道地区的竹边三里历来没有傩舞传统,釜山地区的青沙浦东海岸别神祭中穿插傩舞表演,其相关内容已在上篇/第三章/第四节"东海岸别神祭的傩戏表演"部分进行过详细叙述,这里仅从傩面对比角度展开探讨。别神祭的面具制作简易,世袭巫集团

---

① 图367—372都是2020年9月28日笔者在灵山县大桂岭跳岭头仪式现场拍摄。

中篇　中国傩文化的现场研究

图367　女性傩面八娘

图368　男性傩面三师（文官）

图369　男性傩面三官（武官）

图370　半人半兽傩面　邓帅

图371　半人半兽傩面　五方精

图372　动物傩面　猪头五雷

的男性巫师在祭仪现场用黑色与红色两种油性笔在白色硬纸板上绘制出人脸后将其剪下，再在人脸的耳朵位置系上带子便于佩戴。与跳岭头傩面注重写实、讲究程式化不同，别神祭傩面造型怪诞滑稽，以凸显傩戏的社会批判功能。正如前文所述，东海岸别神祭的傩面人物都是存在道德污点的负面形象，"年老两班"（见图66）贪图小妾美色、抛妻弃子；原配"老太婆"（见图67）则不顾颜面当众放尿,寻找情夫解决性需求;小妾身份的"京城小妹"(见图68)则唯利是图、无情无义;两班的两个傻儿子"二愣子"(见图69)和"半吊子"(见图70)则不顾伦理,公开调戏父亲的小妾;赤脚医生(见图71)嗜酒如命、医术低劣。如果说,跳岭头傩面重在塑造神圣性,那么别神祭傩面则意在凸显世俗性。

跳岭头中道公佩戴神圣傩面,结合道教手势与禹步,营造出庄严神秘的傩舞氛围;别神祭中巫师佩戴世俗傩面,借助诙谐讽刺的台词,演绎出观众共情的家庭伦理大戏。跳岭头与别神祭中傩面的不同地位与傩舞的迥异演绎方式,生动反映出巫傩仪式从娱神为主的仪式舞向人神共乐的傩戏发展过程中,神圣性减弱世俗性增强的具体路径。别神祭的傩戏主题聚焦于妻妾矛盾,一方面可能因为演行集团主要为巫女,故关注女性问题;另一方面可能因为别神祭的宗教功能逐渐弱化于庆典功能,故将易于共情的家庭问题作为演绎素材。那王岭村、大芦村等部分村落的跳岭头中,也出现了反映民众日常生活的傩戏场面(如"娶妇"),但从跳岭头整体演行结构来看,无言的仪式舞表演仍然占主导地位,这反映出跳岭头虽然也经历了从傩舞向傩戏发展的世俗化过程,但当下其驱邪祈福的宗教功能依然优先于人神共娱的庆典功能,这一现象也折射出跳岭头所植根的民间道教系统维系着较好的传承生态。

第二节　村民主导型傩仪演行结构与要素的比较

中国融水苗族村落的芒蒿仪式与韩国河回村的别神傩舞祭都是村民为祈祷村落安宁和农业丰收,于正月初自发组织的,以傩舞为主要表演形式的集体性祭祀仪式。芒蒿仪式广泛分布于融水县安陲乡一带的众多村落,本节中选取被视为芒蒿文化发源地的吉曼屯为比较对象展开。从人文地理环境来看,位于中国广西柳州市融水苗族自治县的吉曼村与位于韩国安东市丰川面的河回村都是以稻作为生业的偏远山村(吉曼村位于元宝山脚下,河回村位于花山脚下),都是血缘关系紧密的宗族村落(吉曼村以梁姓家门为主,河回村以柳姓家门为主)。从历史着眼点来看,吉曼村芒蒿仪式与河回村别神傩舞祭都具有悠久的传承历史,而且至今仍然可以捕捉到传承现场。因而,吉曼村芒蒿仪式与河回村别神傩舞祭是观察村民主导型中韩巫傩仪式异同的突破口。

（一）演行结构比较

　　吉曼村芒蒿仪式与河回村别神傩舞祭都以非程式化的傩舞表演为主，呈现演行结构松散的共同点。前者为无言的驱赶狩猎形态，按演行时间可划分为芒蒿下山巡游—芒蒿坪地嬉戏—芒蒿重归深山三部分；后者呈现初步的戏剧形态，1978年（李昌熙出现后）出场顺序固定为降神—阁氏乞粒—神兽净场—屠夫杀牛—老妇诉苦—和尚破戒—两班·士大夫争斗—堂祭—新婚同房—巫师送神（虚天巨里巫舞）十部分。两种傩舞的仪式结构及其意义在前文（上篇/第二章/第一节"河回别神傩舞祭的仪式构成"与中篇/第六章/第一节"安陲苗族芒蒿仪式"）中已详细叙述，不再赘述。单从两种傩舞的上述演行形态来看不具备可比性，但通过两者起源传说的对比，可对两种傩舞的结构成因与社会功能实现间接比较。

　　难以驾驭文字的底层民众发明了口头文学对自身的历史文化进行长久记忆与世代传承，因此虽然无法通过文献考证吉曼村跳芒蒿与河回村别神傩舞的历史，但通过民间传说仍可以了解两种傩舞的历史由来。"梁德佬传说"与"许道令传说"分别被看作是吉曼村芒蒿仪式与河回村别神傩舞祭的起源传说。两则传说分别描述了两种村民主导型傩舞的产生过程。

　　"梁德佬传说"的内容梗概如下[①]："吉曼村的开辟者梁德佬在山中采摘香菌木耳时突遇野兽袭击，他急中生智将野草披在身上挥石乱舞，最终吓跑野兽得以脱身。之后为增强对野兽的威慑力，梁德佬又制作了怪异的木质面具与野草衣同时使用，从而创造出了芒蒿。后来芒蒿不仅用于驱赶野兽，也用来驱赶强盗。"吉曼村历来被称作芒蒿文化的发源地，梁德佬被奉为吉曼村的始祖，现在村里的梁氏族长称是其第14代子孙，据此判断梁德佬可能生活在距今200—300年前。

　　吉曼村每年正月初七举行隆重的芒蒿仪式，从村民中选出的年轻力壮者身披稻草，头戴面具，装扮成芒蒿，沿着既定的路线行进。芒蒿们在行进过程中不说话也没有固定的舞蹈动作，只是不断地追逐着村民向他们的脸上抹稻草灰。村民认为接受芒蒿抹灰，老人会长寿，孩子会健康，已婚女人会多生子。芒蒿装扮者走完既定路线后，迅速脱下稻草衣躲到事先商定的房子里，表示芒蒿已回归山林，跳芒蒿仪式结束。第二天清晨，村里派一名德高望重的老人到田间举行象征性的"开耕仪式"，即简单地松土锄地并说几句吉利话，以此表示正式进入农作期。

[①] 凤绍师、赵志勤，《苗族人民的保护神——"芒哥"》，《融水苗学研究文集》2012年第2辑，第56—58页。

"许道令传说"的内容梗概如下[①]:"河回村灾难频发,村里一名姓许的公子在梦中受神的旨意,开始躲起来制作傩面。正当他制作最后一个傩面的下巴时,暗恋他的金氏少女突然闯入,致使他当场吐血而亡,金氏少女也因愧疚自杀身亡。村民为化解金氏少女的怨气,将她奉为城隍神安置于城隍堂(也称"上堂",位于花山半山腰),定期举行别神傩舞进行祭祀。许公子则被奉为城隍神的配偶神安置于下堂(位于花山脚下),接受简单的祭拜。"这个故事中的"许公子"身份不详,只是河回村流传一句乡言"许氏建地盘,安氏树家门,柳氏摆宴席"[②],意思是说"许氏最早开辟了河回村,之后安氏取代许氏在河回村家门兴旺,最后柳氏又取代了安氏在河回村发展壮大。"据此分析,许公子应该是河回村最早开拓者中的一员或是其后代。许公子吐血而亡后仅被村民奉为辅神——"城隍神的配偶",而抑郁自杀的金氏少女则被奉为村落主神——"城隍神",这种令人费解的现象与河回村别神傩舞祭的传承集团有直接关系。

河回村从高丽末年逐渐成为柳氏宗族村,柳氏成为掌握村里政治和经济特权的统治阶级,其他姓氏多为依附于柳氏的奴隶或佃农,属于被统治阶级。河回村别神傩舞祭的传承主体正是柳氏之外的被统治阶级。每五年或十年以及村里突发瘟疫或出现精神异常者时,从被统治阶级中选出的"山主"会组织底层民众举行别神傩舞祭祀,并要求柳氏提供经济支援,如果柳氏不同意,山主则会警告村里会出现大的灾难。柳氏是河回村土地的所有者,出于自身经济利益以及缓和阶级矛盾的考虑,大多会同意提供祭祀费用,但受儒家"淫祀论"的影响,他们不会直接参与傩舞祭祀。正是由于柳氏统治阶级的不参与,河回村的底层民众在别神傩舞祭祀期间通过讽刺剧的形式对各种社会不公进行犀利的批判。

"梁德佬传说"和"许道令传说"的核心内容可以概括为表8。两则传说从不同侧面揭示出"驱赶"是傩舞最本初的功能,吉曼村芒蒿仪式是驱赶有形的野兽,河回村别神傩舞祭是驱赶无形的怨气。在这一基本功能上,梁氏家门世代繁衍生息的吉曼村,梁氏子孙将祖先崇拜思想融入傩舞仪式中,使芒蒿仪式成为兼具驱邪与祭祖双重功能的宗教仪式;而在阶级矛盾尖锐的河回村,受压迫的底层民众将现实批判意识融入傩舞仪式之中,使别神傩舞祭从驱邪祈福的宗教仪式发展成为控诉社会不公的祭仪性反抗仪式。

---

① 〔韩〕安东文化研究所,《安东文化的谜团》,知识产业社,1997年,第167—168页。
② 〔韩〕安东文化研究所,《安东文化的谜团》,知识产业社,1997年,第168页。

表8 吉曼村芒蒿仪式与河回村别神傩舞祭起源传说的对照表

对　　　照	吉曼村芒蒿仪式	河回村别神傩舞祭
傩舞的产生背景	驱赶山中野兽	安慰自杀怨魂
傩舞的基本功能	驱邪祈福	驱邪祈福
傩舞的衍生功能	纪念始祖	反抗压迫
傩面的诞生缘由	增强对野兽的威慑力	驱赶村里的灾难

傩面造型是傩舞基本功能与衍生功能共同作用的产物。根据起源传说，梁德佬为增强对野兽的威慑力从而创造了芒蒿傩面，因此用于驱兽的芒蒿傩面表情狰狞；许公子为消除村里的灾难开始制作傩面，但由于金氏少女的乱入导致了男女双亡憾事的发生，因而用于化解怨气的河回傩面本身留有缺憾（傻瓜面具无下巴）。吉曼村跳芒蒿衍生出祭祖功能之后，芒蒿傩面与稻草做成的婴孩模型和生殖器模型相搭配，使芒蒿的生殖象征被凸显，芒蒿傩面的狰狞感也因整体造型的滑稽感得到中和。河回村别神傩舞祭衍生出反抗压迫的社会功能之后，河回傩面分化为神灵面具与世俗面具两类，世俗面具与犀利的台词相结合，成为底层民众发泄社会不满的代言人。

（二）演行要素之傩面比较

芒蒿傩面与河回村别神傩舞祭傩面（以下简称"河回傩面"）就整体来看共同点明显，材质上都是由木头雕刻而成；组合上都由动物造型和非动物造型构成；外观上都重视面部着色和五官塑造。但就细节来说，两种傩面又各有特点，芒蒿面具由杉木制成，由猴面和怪面组成，面部涂黑、青、黄、赤、白五方色，整体造型抽象夸张；河回面具由桤木制成，由神兽面和人面组成，面部涂粉白、土黄、暗紫等皮肤色，整体造型细腻写实。这些整体上的共同点与细节上的不同点是两种傩面可以进行对比分析的前提。接下来，结合两种傩舞的传承现场，具体对比分析一下两种傩面的造型特点及其成因。

吉曼村芒蒿仪式中登场的芒蒿数量并不是固定的，而是每年村民根据人员状况和经济情况共同商定，少则三五名、多则十几名不等，因为苗族喜欢单数，所以登场芒蒿的总数要为单数。2017年吉曼村芒蒿仪式中一共有11名芒蒿登场，包括1个猴面造型和10个怪面造型（图373）。10个怪面造型没有专属名字，只是1号面

图373 2017年吉曼村芒蒿仪式所用面具（编号版，11枚）

具的佩戴人会在身前挂一个稻草做的男性生殖器，故被村民称作"芒蒿公"，2号面具的佩戴人会在身后背一个稻草做的孩子，故被村民称作"芒蒿母"，芒蒿公的鼻子要比芒蒿母高挺肥实。① 芒蒿傩面的造型怪异，虽然五官分布位置与人类相同，

---

① 梁世和，男，1946年出生，吉曼村吉曼屯梁氏族长，2017年2月3日在自家家宅中提供信息。

但血盆大口与锋利白牙却与兽类相似，而五彩的面色与额头中央的突起又增添了几分神性。这种"亦人亦兽亦神"的傩面特征可以称为"三面糅合性"①。

芒蒿面具的三面糅合性与芒蒿功能的三重性相关。苗族是一个历经频繁迁徙的民族，因躲避战乱和疲于生计，苗族人民无暇建立庙宇供奉众多的神灵，所以苗族村落的神庙数量非常少，吉曼村更是一个都没有。在这种情况下，不占用供奉空间，不需要烦琐祭祀程序的"芒蒿"成为吉曼村村民推崇的神灵。芒蒿出没于山中，每年仅在农闲时节下山一天，通过游街的形式为村民解决疾苦，而且不需要村民准备祭品供奉。对于生存环境恶劣的山民来说，最大的困苦莫过于野兽侵袭，其次则是对疾病致死的恐惧和对繁衍子嗣的渴望，因此芒蒿被寄予的主要使命是驱兽、延寿、赐子。芒蒿傩面的三面糅合性正是这三项使命相互交融的艺术表现，通过血口和利齿刻画出的兽性来震慑野兽；通过五方色和眉间突起渲染出的神性来去病延寿；通过形似男根的高鼻隐喻出的性崇拜来刺激繁殖。

三面糅合性使每个芒蒿傩面都可以独立地发挥驱兽、延寿、赐子的宗教功能，也因此跳芒蒿时傩面的使用数量和出场顺序相对灵活，而且除芒蒿公与芒蒿母以外的傩面也都是随机选用。匠人在制作芒蒿傩面时，不是原封不动地复制旧模型，而是在遵守高鼻大嘴的基本特征下进行自由发挥②，所以芒蒿傩面的整体造型相似，但细节却各不相同。再结合芒蒿傩面都没有被赋予个体专属名称的特点，可以看出当地村民对芒蒿傩面造型的认知是具有模糊性的，即芒蒿傩面造型是一个具有高鼻大嘴特征的框架形象而不是细节精准的固化实体。这种认知的模糊性为芒蒿傩面造型的多样化传承创造了条件。

河回村别神傩舞祭中登场的面具数量是固定的，共11个，其中包括两个动物面具（名为"注之"的神兽）、三个女人面具（阁氏、妓女、老太）、六个男人面具（两班、士大夫、僧人、屠夫、傻瓜、仆人）。正如前文所述，除动物面具之外的九个人物面具可以通过"三分法"进行归类，即从傩面的下巴造型来看，可分为活动型、固定型、缺失型三类；从傩面的鼻梁造型来看，可分为高挺型、矮扁型、横断型三类；从女性傩面的口部造型来看，可分为大开型、微开型、紧闭型三类。下巴造型象征话语权，鼻梁造型代表社会地位，女性口部造型暗喻生育能力。③

---

① "三面糅合"的概念是受延保全先生的"多面糅合"概念启发而提出的（延保全，《中国傩面文化审美特征略论》，《民族艺术》1996年第2期）。
② 梁荣华，男，1963年出生，吉曼村吉曼屯芒蒿傩面制作人，2016年10月16日在自家家宅中提供信息。
③ 〔韩〕林在海，《河回傩面与河回傩舞》，知识产业社，1999年，第90—93页。

两班、士大夫、僧人、屠夫的下巴可以自由活动、鼻梁高挺肥实，代表其拥有绝对的或相对的自由话语权；仆人下巴被固定、鼻梁被削断则表示其身份低贱、没有任何话语权；与仆人同属社会底层的傻瓜虽鼻梁高挺，但没有下巴，这是因为傻瓜是精神障碍者，对社会地位没有概念，可以随心所欲表达自己。同时，男尊女卑社会中的女性毫无社会地位，所以女性傩面的下巴都被固定，鼻梁也低矮扁平。另外，民间信仰中认为女性的生育力会影响农业的丰收，所以女性的生育力在傩面造型上被委婉细致地刻画出来，嘴巴紧密的阁氏代表尚未生育的状态，嘴巴微开的妓女代表旺盛生育的状态，嘴巴大开的老太代表丧失生育能力的状态。[①]

河回傩面的三分法造型将社会阶级的对立和男女两性的不平等以及村民对农业丰收的渴望形象地表现出来。对于河回村的被统治阶级来说，无法预知的自然灾害和日益加重的阶级压迫是造成生活困苦的根源，而且相对于偶发性的天灾，常时性的人祸危害更大。因此，河回傩面在被寄予基本的驱邪祈福的宗教功能之外，社会批判功能被凸显出来。九个人物面具中，只有阁氏面具属于神灵面具，其余八个面具都是世俗面具。村民将阁氏面具看作金氏女城隍的神体，举行模拟性新婚同房仪式满足城隍神的（性）需求，希望能通过化解城隍神的怨气来预防天灾的发生，进而确保村落安宁和农业丰收。河回村别神傩舞祭持续的半个月里，这种宗教性强的仪式仅在城隍堂前举行一次。

八个世俗面具分别在场地剧"屠夫杀牛—老太诉苦—和尚破戒—两班·士大夫争论"中登场。"老太诉苦"以老太自言自语的形式，控诉儒教社会中男性对女性的压迫；"和尚破戒"演绎了僧人经受不住妓女诱惑而破戒的场景，意在控诉宗教圣职人员的虚伪；"屠夫杀牛"和"两班·士大夫争论"是通过底层民众（屠夫、仆人、傻瓜）的独白以及与两班、士大夫的对白，表达对两班、士大夫好色与无知的辛辣嘲讽。平日里身份低下、没有任何话语权的奴隶和佃户在傩舞祭祀期间，戴上傩面以神的名义对村里的统治阶层柳氏进行无情的戏谑与谩骂，甚至可以到柳氏两班的庭院，以表演傩舞为名当面对柳氏进行讽刺挖苦。这种讽刺剧在河回村别神傩舞祭持续的半个月中反复进行。

三分法使河回傩面的个性鲜明，围绕着既定的戏剧冲突，傩面间彼此关系紧密，因而河回傩面的上场数量与出场顺序相对固定。匠人在制作傩面时，严格按照旧模型进行复制，确保新旧傩面的形神一致，因此河回傩面造型的传承具有稳定

---

① 〔韩〕安东文化研究所《安东文化的谜团》，知识产业社，1997年，第170页。

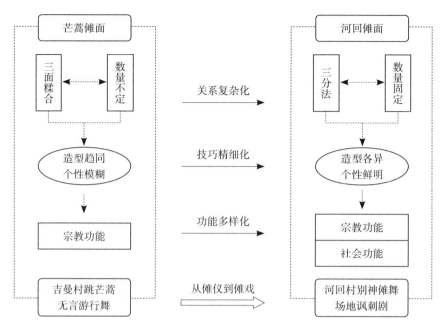

图374　芒蒿傩面与河回傩面对比图

性。而且结合每个河回傩面都被赋予专属名称的特点，可以看出当地民众对河回傩面的认知具有精准性。河回傩面造型传承的稳定性和其民众认知的精准性与芒蒿傩面造型传承的多样性及其民众认知的模糊性形成鲜明的对比。这种鲜明的对比也勾勒出乡傩从宗教性仪式向艺术化戏剧的演变进程中傩面的变化趋势。

　　以三分法为主要特征的河回傩面与以三面糅合为主要特征的芒蒿傩面相比，在傩面间的依存程度、制作技巧的精细程度、功能的分化程度方面呈现出由简至繁的趋势。首先，从傩面间的依存程度看：在吉曼村芒蒿仪式中，芒蒿傩面佩戴人自由跑跳，彼此间无互动，各自可以独立地发挥宗教功能；在河回村别神傩舞祭仪式中，河回傩面佩戴人通过台词或动作展示既定的戏剧冲突，在互动中共同发挥现实批判的社会功能。其次，从傩面制作技巧的精细程度看：芒蒿傩面侧重写意，多以直线雕刻法凸显其粗犷之风，又因造型趋同，所以制作技法相对简单；河回傩面侧重写实，多以曲线雕刻法表现面部细节，又因造型各异，所以制作技巧相对复杂。最后，从傩面功能的分化程度来看：芒蒿傩面造型相似，均属于神灵面具，担负着驱邪祈福的宗教功能；河回傩面造型各异，细分为神灵面具和世俗面具两类，分别担负着驱邪祈福的宗教功能和批判阶级压迫的社会功能。

相互依存度低、制作技巧简单、宗教功能突出的芒蒿傩面以无言游行的表演方式呈现,形成了意在和谐人与自然关系的宗教祭祀仪式"吉曼村芒蒿仪式";相互依存度高、制作技巧复杂、社会批判功能突出的河回傩面以场地讽刺剧的表演方式呈现,形成了意在和谐人与人关系的祭仪性反抗仪式"河回村别神傩舞祭"。

如前文所述,河回傩面中呈现"寓动于静"的辩证美学,两班面具通过曲线雕刻实现笑脸和怒脸两种表情,即两班面具的佩戴人仰头朝上或脸部朝前时向观众呈现的是开怀大笑的表情,但低头朝下时向观众呈现的却是怒气十足的表情。同时,林在海教授发现河回傩面均呈现左右不对称性,即以鼻梁为中心的竖线与以眼和嘴为中心的横线都呈倾斜状态[①]。各傩面的倾斜程度有差异,仆人面具和阁氏面具的不对称性最为突出,仆人面具的双眼及鼻梁歪斜,嘴角左侧上沉而右侧下扬;阁氏面具鼻梁左倾,左眼紧闭而右眼半开。林教授认为河回傩面鼻梁线的倾斜反映男尊女卑的社会不公平现象,河回傩面双眼和嘴为中心的两横线倾斜代表统治阶级压迫被统治阶级的社会不公平现象,这种以"扭曲的傩面造型反映失衡社会现实的表现方式"使河回傩面造型上的艺术性与功能上的现实性达成辩证统一[②]。

韩国学者对河回傩面中辩证美学的解读为我们认识芒蒿傩面的文化含义提供了启示。芒蒿傩面与河回傩面相似,都是通过高鼻深目打造出整体造型的立体感,这种立体感使芒蒿傩面在不同角度呈现出不同的样态。然而,与河回傩面中两班面具通过上下移动交替展示笑脸与怒脸不同,芒蒿傩面通过左右移动交替展示怪面与兽面。芒蒿傩面由于五官位置分布与人类相同,所以正面形象虽怪异但有几分人像,而突兀的高鼻侧面观看时如同喙,所以侧面形象更接近兽类。虽然芒蒿傩面与河回傩面立体感的呈现效果不同,但"静态造型动态呈现"的美学原理是相通的。

同时,河回傩面中运用"扭曲造型反映社会失衡"的艺术表现手法在芒蒿傩面中得到了"逆向"运用。与不对称性的河回傩面显著不同,芒蒿傩面大多左右对称,对称美有助于烘托造型的正面形象。芒蒿既是为当地村民驱邪祈福的神灵,也是披荆斩棘建立村落的祖先神,因此村民对芒蒿充满崇敬之情,这种美好的情感艺术升华后表现为芒蒿傩面的对称美。可以说,河回傩面用不对称性表达社会之恶,芒蒿傩面用对称性呈现人心之美,两种傩面从不同侧面呈现了艺术与生活的辩证关系。

---

① 〔韩〕安东文化研究所,《安东文化的谜团》,知识产业社,1997年,第96页。
② 〔韩〕林在海,《河回傩面与河回傩舞》,知识产业社,1999年,第76页。

下篇 韩国傩文化的非遗保护及其启示

非遗视域下中韩傩文化的现场研究

近半个多世纪以来，中韩两国民俗文化共同迎来了遗产化与资源化的浪潮。20世纪80年代改革开放初期的中国政府与90年代地方自治制度实行初期的韩国政府，基于经济薄弱的现实，为发展经济不约而同地将视线集中于前期资本投入较少的民俗资源旅游开发上。然而，韩国的民俗资源化以30余年的遗产化为前提，即20世纪60年代起兴起的"无形文化财挖掘保护运动"已将全国各地的重要民俗文化纳入文化财保护法的体系之下，90年代的旅游资源化实质上是非物质文化遗产生产性保护的一环。与此相对，中国民俗遗产化则晚于资源化20余年，2005年中韩端午争议之后大批民俗文化被认定为"非物质文化遗产"。正因为中韩民俗资源化与遗产化的顺序不同，导致两国非遗保护实践样态呈现一定差异。

韩国1962年颁布《文化财保护法》，1964年出台《文化财保护法实施规则》，正式对国内的传统文化进行制度保护，截至2022年共指定153项国家级无形文化财。中国2005年出台《国务院办公厅关于加强我国非物质文化遗产保护工作的意见》，2006年开始对国内传统文化进行制度保护，截至2022年共指定1 557项非物质文化遗产项目。中国的非遗指定数量是韩国的10倍，但韩国入选联合国教科文组织的人类非遗代表作数量为21项，占国内国家级无形文化财总量的13.91%，而中国入选联合国教科文组织的人类非遗代表作数量为42项，仅占国内国家级非遗总量的2.7%。也就是说，中国的非遗世界化进程与韩国相比尚存在一定的差距，韩国较为成熟的非遗保护开发实践对我国有一定的借鉴意义。

第八章
韩国傩文化的保护开发实践

众所周知,民俗的遗产化与资源化实质上是知识精英、政府权力、商业资本共谋的文化他者化过程。韩国巫傩文化能摆脱朝鲜时代的迷信标签,跃升为"韩民族的精神文化内核",首先得益于韩国学者对"巫俗传统论"的建构。韩国学者对本土巫俗文化的价值挖掘开始于日本殖民统治时期,巫俗作为对抗殖民统治的"抵抗文化"被赋予了鲜明的民族主义色彩。韩国摆脱日本殖民统治后,在应对西方化与独裁化等民族危机过程中,呈现本土性、基层性、边缘性的巫俗文化再次成为知识精英建构民族性、民众性新文化的奠基之石。近百年间伴随韩国政治格局变动而被知识分子创出的"巫俗传统论"话语体系在一定程度上成为巫俗"去魅化"的过滤机制。

20世纪60年代朴正熙执政后,开始大力推行"祖国近代化"运动,发展经济。大批传统文化在近代化与工业化进程中被破坏,这也促成了1964年韩国文化财保护制度的诞生。文化财制度施行初期,巫俗文化的认定并不顺利。江陵端午祭在1966年申请认定无形文化财时就遭遇挫折,虽然文化财审议委员都肯定其历史价值与艺术价值,但因为是巫俗信仰,所以当年并未被通过,经过多方说服后1967年才得以认定[1]。但文化财制度对巫俗的排斥态度在20世纪80年代逐渐消融。这种转变是因为在"民众文化运动"中,巫傩文化被知识精英塑造为抵抗西方外来文化与国家独裁文化的民族传统。

20世纪90年代韩国加入WTO,逐步卷入全球经济市场;也是在这一时期韩国开始正式实行地方自治制度。各地方政府为提高地方知名度、发展地区经济

---

[1] 〔韩〕任东权,《江陵端午祭的无形文化财指定经纬》,《江原民俗学》2002年第16期。

考虑到经济薄弱的现实,不约而同地将目光转向前期投入少的传统文化资源开发项目上。因此,"江陵端午祭""安东国际傩舞庆典"等大批在传统共同体巫仪基础上打造而成的旅游庆典成为地方的观光宣传名片。为顺应全球消费资本主义的发展趋势,韩国文体部从1998年开始对全国的地区庆典进行等级评价并择优进行经济资助。这也标志着传统文化的商品化时代正式到来。

为深入解读韩国巫傩文化遗产化与资源化的历史过程,本章中分别对韩国巫傩文化保护话语体系的建构、韩国无形文化财制度的发展过程、民俗资源化中民俗学定位三个方面展开论述,进而反思中国巫傩文化的社会评价、非遗保护制度改善、乡村振兴运动中民俗学的定位等问题。

第一节 韩国"巫俗传统论"话语体系的建构

韩国知识精英近百年间在应对民族危机时,将巫俗视为民族精神固有性与本质性的象征载体,从而逐步建构起"巫俗传统论",即"巫俗是韩国最具民族性与民众性的传统文化"的话语体系。韩国的巫俗传统论诞生于19世纪末至20世纪初朝鲜爱国文人发起的"檀君神教运动",发展于20世纪二三十年代朝鲜改良派文人倡导的"文化民族运动",成熟于20世纪60年代至80年代青年知识分子主导的"民众文化运动"之中。

雷蒙德·威廉斯(Raymond Williams)曾指出:"任何一种文化都要从其过去和现在的全部可能的领域中选择出某些意义和实践加以强调;而所谓传统则是一种进行有意选择和有意联系的过程,这种过程为当代秩序提供一种历史的和文化的认可"[①]。韩国传统社会中曾被定性为"淫祀""迷信"的巫俗跃升成为民族性、民众性的文化代言者,正是知识精英在"反殖民"与"反独裁"中为重构民族精神内核而对社会历史文化进行有意选择的结果。

"巫俗传统论"的影响下,巫俗在当代韩国社会呈现出社会评价与宗教功能两极化的矛盾状态。一方面巫俗作为科学与理性的对立面,"迷信、欺诈"等负面形象在韩国社会中根深蒂固,因此至今不被国家认可为正统宗教;而另一方

---

① 〔英〕雷蒙德·威廉斯,《马克思主义与文学》,王尔勃、周莉译,河南大学出版社,2008年,第124—125页。

面巫俗被学者赋予"纯粹的韩国传统宗教、韩国文化的地核"[①]等正面意义,成为国家或地方政府认定的"重要无形文化财",纳入国家制度保护体系之中。

(一)檀君神教运动中诞生的"巫俗传统论"

20世纪初日本侵略朝鲜前后,极力宣扬"日鲜同祖/同源论",主张日本与朝鲜是同一始祖的血脉分支,日朝合并是历史的回归。这一说法最早由研究《古事记》《日本书纪》等古籍的日本国学研究者提出,具体说法略有不同,其中影响较广的说法是"日本始祖'天照大神'的弟弟'素戈鸣尊'与朝鲜建国神话中开辟古朝鲜的'檀君'为同一人物"[②]。"日鲜同祖/同源论"的说法由来已久,早在1666年林春斋的《东国通鉴》序文以及1781年藤原贞幹的《冲口发》中就有所提及[③]。"日鲜同祖/同源论"虽曾受到日本国内东洋史学家的批评[④],但1890年仍被编入东京帝国大学的国史教材《国史眼》,之后又出现在日本的小学与中学教材之中。于是,源于古代神话的"日鲜同祖/同源论"逐渐演变为历史事实,成为日本政府建构民族优越感的政治工具。

1905年《乙巳条约》签订后朝鲜沦为日本的保护国,日本殖民政府打着"日鲜同祖/同源论"的旗号[⑤],"肩负"起所谓"对黑暗野蛮的朝鲜进行文明启蒙的使命"[⑥],其重要的举措之一就是加强对朝鲜宗教团体的管控。1906年日本统监

---

① 〔韩〕金东圭,《韩国巫俗的多样性——学术谈论与巫觋自我认同形成之间的影响关系》,《宗教研究》2012年66期。
② 《日本书纪》中记载有:"素戈鸣尊"带领他的儿子"五十猛"降临到"曾尸茂梨"(韩国江原道春川的牛头山)。据此日本的国学研究者提出"日鲜同祖论"。后来这一观点被日本官方学者进一步演绎,担任中枢院议长的岛田三郎指出:朝鲜的始祖是素戈鸣尊的儿子五十猛(〔韩〕崔慧珠,《日据强占期朝鲜研究会的活动与朝鲜认识》,《韩国民族运动史研究》2005年42期);阿部辰之助提出:素戈鸣尊与朝鲜始祖檀君是同一人物(〔日〕保坂祐二,《崔南善的不咸文化圈与日鲜同祖论》,《韩日关系史研究》2000年第12期)。
③ 〔日〕保坂祐二,《崔南善的不咸文化圈与日鲜同祖论》,《韩日关系史研究》2000年第12期。
④ 日本国内东洋史学家对日鲜同祖论的批评主要有:津田左右吉认为《古事记》与《日本书纪》中素戈鸣尊与朝鲜关系的描述系后人添加的内容;白鸟库吉则认为中日韩的古代传说不具备史料价值,主张檀君神话是一然和尚捏造而成;今西龙则认为朝鲜的历史是停滞的历史,与日本的发展阶段不同(〔韩〕任敦姬,〔美〕Roger L. Janell,《崔南善的1920年代的民俗研究》,《民俗学研究》1995年第2期)。
⑤ "日朝合并"的1910年,"日鲜同祖论"的极力倡导者喜田贞吉出版《韩国的合并与国史》一书,提出"太古时期日本就曾统治过韩国,日本是富强的本家,而韩国是贫弱的分家,日朝合并是分家回归本家,是太古时代两国关系的历史再现"(〔韩〕任敦姬,〔美〕Roger L. Janell,《崔南善的1920年代的民俗研究》,《民俗学研究》1995年第2期)。
⑥ 1910年朝鲜总督府首任总督寺内正毅宣布"自己的责任就是对黑暗野蛮中的朝鲜进行文明开化"(〔韩〕李龙范,《日据的巫俗管制政策与巫俗的变化》,《历史民俗学》2015年第49期)。

府颁布《宗教宣布的相关规则》，规定朝鲜本土所有的宗教团体必须接受统监府的认可与管制①；1912年朝鲜总督府正式颁布《警察犯处罚规则》，将巫俗等民间宗教定义为"阻碍朝鲜文明化的陋习与恶习"②，对未能取得警务局认可的巫事活动进行严厉制裁；1915年朝鲜总督府又出台《布教规则》，规定只允许日本神道、佛教、基督教三类宗教在朝进行布教活动③。这一系列政策出台后，朝鲜本土的巫觋们为征得日本殖民当局的认可，不得不合流日本民间宗教，以日本民间宗教"教派神道"的名义在朝活动。

于是，1910年到20世纪30年代朝鲜巫觋成立的敬奉日本神灵的宗教组织（如朝鲜男巫李学宰成立的敬奉日本"天照大神"的"天照教"），或是朝日巫觋联合创立的供奉日本土俗神灵的宗教组织（如朝鲜巫女寿莲与日本巫女中木高一联合创立的供奉日本开天辟地之神"天之御中主神"的"奉神教"）等亲日巫俗团体在朝鲜国内不断涌现。这类组织所搭建的神堂，大多将日本神灵置于主位，而将朝鲜神灵置于次位（如神宫奉敬会的神堂里将日本的始祖神"天照大神"供奉在中央，而将朝鲜的始祖神"檀君"与朝鲜王朝的开辟者"李成桂"供奉在左右）。1909年伊藤博文被朝鲜义士安重根枪杀后的第二年，奉神教的朝鲜巫女寿莲甚至为其举行了隆重的追悼法事，还将其牌位供奉在自己的神堂，为其守孝三年。④

朝鲜亲日宗教组织不供奉本国神灵而公开敬奉日本神灵的现象引起了当时《大韩每日申报》的关注。1910年3—7月，该报先后刊发"妖巫狼狈"（针对寿莲为伊藤博文守孝事件）、"奇怪的宗教界"（针对朝鲜巫觋的亲日行为）等报道。《大韩每日申报》由当时主张"国粹保全论"的朝鲜民族主义史学家朴殷植、申采浩等人主办⑤，面对日本宗教对朝鲜的渗透，他们发表评论说："这无疑是掠夺韩民族精神，加速韩民族自我毁灭的诡计。"⑥在这样的时代背景下，朝鲜的爱国文人为抵制日本精神侵略重新凝聚涣散民心，开始积极探索新的文化政治理念，于是"檀君民族主义"应运而生。

"檀君民族主义"是指将"檀君"设定为朝鲜民族的共同始祖，通过挖掘

---

① 〔韩〕文惠珍，《对〈巫党来历〉的出现时期与著书背景的考察》，《首尔与历史》2016年第94期。
② 〔韩〕李龙范，《日据的巫俗管制政策与巫俗的变化》，《历史民俗学》2015年第49期。
③ 〔韩〕徐永大，《韩末的檀君运动与大宗教》，《韩国史研究》2001年第114期。
④ 〔韩〕文惠珍，《对〈巫党来历〉的出现时期与著书背景的考察》，《首尔与历史》2016年第94期。
⑤ 〔韩〕金道衡，《1920～30年代民族文化运动与延禧专门学校》，《东方学志》2013年第164期。
⑥ 〔韩〕文惠珍，《对〈巫党来历〉的出现时期与著书背景的考察》，《首尔与历史》2016年第94期。

作为檀君后裔的同质性而唤起民众的民族认同感,从而谋求民族团结与发展的一系列思想运动及社会实践①。檀君相传是开辟朝鲜半岛第一个国家"古朝鲜"的神话人物②,最早出现在高丽时期一然和尚所写的《三国遗事》(1281)之中。16世纪以后由于朝鲜王朝盛行侍大主义与慕华思想,檀君的朝鲜始祖身份逐渐被"箕子"所取代。但在20世纪初朝鲜文人主导的檀君民族主义运动中,檀君作为民族始祖的身份得以凸显,并被赋予了"民族宗教(巫俗)始祖"的新身份。

《巫党来历》是被推定为著成于19世纪末至20世纪初的一部伪书③。此书封面印有"乙酉仲春兰谷"的落款,真实作者与成书时间不详,因全文用汉字写成(个别固有词除外),所以韩国学界认为其作者与读者均为当时受教育程度高的文人阶层,该书的核心内容是"上元甲子唐尧时期,檀君降临人间开设神教,神教正是巫俗的起源"④。后代学者认为《巫党来历》中关于檀君神教的描述受到当时"檀君教"发行刊物的影响⑤。

1909年2月5日罗喆、金允植、金教献等人公开举行供奉"檀君大皇祖神位"的祭天仪式,正式宣布成立"檀君教"(为躲避日本殖民当局的审查,同年7月改名为"大倧教")⑥。1914年大倧教第二代教主金教献发表的《新檀民史》(这部书被称作韩国近代第一部国史教科书)中,将朝鲜民族称为"神坛民族",将朝鲜的民族文化称作"神教文化",把民族史与民族文化的发展过程都定义为神教传统的延伸⑦。1908年史学家申采浩发表的《读史新论》与1915年史学家朴殷植发表的《韩国痛史》中,也都延续金教献的观点,将朝鲜历史的源头追溯到檀君时代,将檀君文化视为"国魂、国粹"⑧。

其实,在檀君民族主义运动兴起之前,檀君与巫俗没有任何关系,檀君既

---

① 〔韩〕郑永勋,《韩国史中的"檀君民族主义"及其意义》,尹内贤,《东亚地区与人类》知识产业社,2005年,第59页。
② "檀君神话"神话的具体内容可以参阅孙卫国的《传说、历史与认同:檀君朝鲜与箕子朝鲜历史之塑造与演变》(《复旦学报(社会科学版)》2008年第5期)。
③ 《巫党来历》韩国学界推测其成书时间可能是1885年(许大锡),或是1910年(金成礼),或是1910—1930年(徐永大)(〔韩〕文惠珍,《对〈巫党来历〉的出现时期与著书背景的考察》,《首尔与历史》2016年第94期)。
④ 〔韩〕文惠珍,《对〈巫党来历〉的出现时期与著书背景的考察》,《首尔与历史》2016年第94期。
⑤ 〔韩〕文惠珍,《对〈巫党来历〉的出现时期与著书背景的考察》,《首尔与历史》2016年第94期。
⑥ 〔韩〕徐永大,《韩末的檀君运动与大倧教》,《韩国史研究》2001年第114期。
⑦ 〔韩〕全景洙,《"巫俗"研究百年的大纲与曲折》,《民俗学研究》2012年第31期。
⑧ 〔韩〕金道衡,《1920~30年代民族文化运动与延禧专门学校》,《东方学志》2013年第164期。

不曾出现在巫仪吟唱的巫歌之中,也未曾出现在巫仪供奉的神像之列①。朝鲜王朝时期(1932—1910),受儒家思想的影响,巫俗一直被文人阶层视为"淫祀""迷信",巫俗的传承者"巫觋"更是与私奴、僧侣、白丁、广大(艺人)、丧舆军、妓女、工匠被归类为"八大贱民",连出入城门的资格都没有②。然而,在国家逐步沦为日本殖民地的时局下,朝鲜文人对巫俗的态度发生巨大改变,通过把民族始祖檀君设定为巫俗创立者与巫觋团体首领的方式,将"巫俗"提升到"国教"的高度。

E. P. 汤普森曾指出,民众对过去的记忆与历史意识都是通过文化活动与宗教仪式得以建构的③。在主权沦丧外来宗教势力不断渗透的时代背景下,朝鲜文人通过著书创教的方式将巫俗提升到国教的高度,正是期望重构民族的历史记忆,凝聚殖民统治下的涣散民心。而巫俗之所以在这一时期成为"被选择的传统",是因为如下三个原因:

第一,底层民众传承的巫俗由于缺乏文献记录无法探明具体的历史起源,因而存在将檀君设定为教主的诠释空间。第二,长期以来受中国儒家思想与道教、佛教、西方基督教等外来宗教的排斥,朝鲜本土自生的巫俗处于社会边缘,因而巫俗的本土性与边缘性符合知识阶层挖掘民族固有精神文化重建民族记忆的政治诉求。第三,日本民族主义者在明治维新时期,通过将敬奉开国始祖"天照大神"的民间宗教"神道"提升为国教的方式,建立了以天皇为中心的近代国家;正是受此影响,朝鲜文人选择将与日本神道相似的巫俗设定为国教,并将古朝鲜建国神话中出现的开国始祖檀君设定为巫俗的创始人,旨在复制日本近代化的发展模式。④

19世纪末20世纪初,朝鲜爱国文人进行的檀君神教实践活动受到了日本殖民当局的镇压,檀君相关的思想主张也遭到了日本学者的强烈批判。1894年白鸟库吉发表《檀君考》,认为檀君是僧人一然捏造而成;1929年今西龙发表《檀君考》,否认古代国家檀君朝鲜的存在,主张朝鲜的神话不成体系缺乏自律;20世纪30年代以后的村山智顺、秋叶隆等日本学者的朝鲜巫俗研究论著中则对檀

---

① 〔韩〕文惠珍,《对〈巫党来历〉的出现时期与著书背景的考察》,《首尔与历史》2016年第94期。
② 〔韩〕文惠珍,《对〈巫党来历〉的出现时期与著书背景的考察》,《首尔与历史》2016年第94期。
③ 转引自〔韩〕金光亿,《抵抗文化与巫俗仪礼——现代韩国的政治脉络》,《韩国文化人类学》1991年第23期。
④ 〔韩〕任敦姬,〔美〕Roger L. Janell,《崔南善的1920年代的民俗研究》,《民俗学研究》1995年第2期。

君神话避而不谈①。

（二）文化民族运动中发展的"巫俗传统论"

1919年"三一独立运动"爆发，日本殖民政府认识到"以往的统治方式冲击了朝鲜的传统文化习俗，因而激起当地民众的民族抵抗情绪"②，因此将统治策略从"武断统治"调整为"文化统治"。文化统治期间（1919—1939），日本殖民政府继续宣扬"日鲜同祖/同源论"③，一方面放宽对朝鲜宗教、出版、言论、结社的管控，积极培养拉拢亲日势力；另一方面大力资助日本学者对朝鲜巫俗展开调查研究，以期更好地掌控朝鲜民众的精神世界。

1919—1941年村山智顺受朝鲜总督府的委托开始对朝鲜巫俗进行研究，先后发表《朝鲜的鬼神》（1929）、《朝鲜的巫觋》（1932）等，这些论著在分析朝鲜的鬼神观念与巫仪结构后，寻找朝鲜巫俗与日本神道的相似之处，进而建议执政当局对朝鲜巫俗加以"改善"使其成为日本同化政策"心田开发"的工具④。1930—1933年赤松智城与秋叶隆在日本帝国学士院的资助下对朝鲜的民俗文化进行全国性的实地调研，后来发表《朝鲜巫俗的研究》（1937年，赤松智城、秋叶隆合著）、《朝鲜巫俗的现地研究》（1951年，秋叶隆著）等。这些论著强调朝鲜巫俗的"女性主导"（朝鲜巫俗的始祖是中国或印度出身的公主以及巫俗传承主体多为女性等）、"农村传承"（朝鲜巫仪多以家庭或村落为单位举行，呈现保守性）、"过度包容"（朝鲜巫俗对儒家思想和佛教等无抵抗地全盘接受）三大特点，以此凸显朝鲜社会文化的停滞性与落后性，从而推导出"朝鲜民族缺乏主见，因而无法应对外来挑战，注定无法成为独立自主的民族国家"的结论。⑤

日本学者对朝鲜巫俗进行全面调查研究的20世纪二三十年代，朝鲜本土学者也将巫俗纳入研究视野。"三一独立运动"后，朝鲜文人内部分化为主张武装抗日的革命派与主张避免与殖民政府发生正面冲突的改良派。改良派为推进

---

① 〔韩〕金成礼,《日据时期巫俗谈论的形成与殖民性再现的政治学》,《韩国巫俗学》2012年第24期。
② 〔韩〕李智媛,《1920～30年代日据的朝鲜文化支配政策》,《历史教育》2000年第75期。
③ 1919年"三一独立运动"后,赴任朝鲜总督府第三任总督的斋藤实将"日鲜同祖论"作为文化政治的核心,在朝鲜培养亲日分子;1920年喜田贞吉在朝鲜视察后,有感于朝鲜民众的不满情绪,发表《日鲜同民族同源论》的文章,从遗物、语言、神话、风俗等方面来论证日朝两民族的同祖同源,从而强调日本对朝统治的正当性,批判朝鲜独立运动（〔韩〕金和经,《关于日帝强占期朝鲜民俗调查事业的研究——以秋叶隆的调查与研究为中心的考察》,《东亚人文学》2010年第17期）。
④ 〔韩〕崔锡永,《日据大韩帝国强占前后对朝鲜巫俗的视线变化》,《韩国巫俗学》2005年第9期。
⑤ 〔韩〕金成礼,《韩国巫教的历史考察》,《韩国宗教研究》1999年第1期。

朝鲜的社会改革，积极尝试在本土的传统文化中融入西方的价值理念创造新文化；于是他们发起了"文化民族运动（The Cultural Nationalist Movement）"，深入农村开办夜校教授民族语，发起爱用国货运动发展民族工业，开展史学与文化研究提升民族自豪感与自信心[①]。李能和、崔南善等改良派学者认为，承载民族精神、凸显民族自信的文化因素不应存在于受中国文化影响的贵族文化之中，只可能存在于底层民众的文化之中，因而开始对朝鲜巫俗展开研究[②]。

李能和[③]（1869—1943）士大夫阶层出身，被认为是韩国宗教学与民俗研究的奠基人，1927年发表的《朝鲜巫俗考》是韩国国内最早的综合性巫俗研究著作[④]。因1921年担任朝鲜总督府学务局编修官，1922年担任朝鲜史编纂委员会委员，韩国摆脱日本殖民统治后被定性为"亲日反民族行为者"[⑤]。李能和对巫俗的认识在"三一独立运动"前后发生显著变化。1919年之前的论著中他将"巫俗"视作迷信，因而将其称作"鬼神术数"；受"三一独立运动"中民族主义的影响，1919年之后的论著中他将"巫俗"表述为"神教"[⑥]。他的巫俗研究以文献研究为主，通过整理古朝鲜到朝鲜王朝时期巫俗的相关文献资料，将巫俗的源头追溯至檀君神教时代；同时运用文化比较的方法将朝鲜、中国、日本的历代巫俗进行比较，挖掘三者的相同之处（比如三个国家的巫觋在巫仪中都使用铜铃等），进而提出文化同源的观点；但对三国巫俗文化的差异性却避而不谈，这也间接地响应了日本殖民当局宣扬的日鲜同祖/同源论。[⑦]

崔南善（1890—1957）是文化民族运动的核心人物[⑧]，曾因起草"三一独立运动"宣言而被捕入狱，出狱后提出"朝鲜在政治独立之前应该首先实现精神独

---

① 〔韩〕任敦姬，〔美〕Roger L. Janell，《崔南善的1920年代的民俗研究》，《民俗学研究》1995年第2期。
② 〔韩〕任敦姬，〔美〕Roger L. Janell，《崔南善的1920年代的民俗研究》，《民俗学研究》1995年第2期。
③ 李能和的主要作品有：《百教会通》（1912）、《朝鲜佛教通史》（1918）、《朝鲜神教源流考》（1922）、《朝鲜巫俗考》（1927）、《朝鲜女俗考》（1927）、《朝鲜解花史》（1927）、《朝鲜儒学及儒学思想史》（时间不详）、《朝鲜基督教及外交史》（1928）、《朝鲜神事志》（1929）、《朝鲜宗教史》（1937）、《朝鲜道教史》（1959）等。
④ 〔韩〕全景洙，《"巫俗"研究百年的大纲与曲折》，《民俗学研究》2012年第31期。
⑤ 〔韩〕赵显高，《通过〈朝鲜巫俗考〉看李能和的巫俗理解》，《爱山学报》2015年第41期。
⑥ 〔韩〕全景洙，《"巫俗"研究百年的大纲与曲折》，《民俗学研究》2012年第31期。
⑦ 〔韩〕金成礼，《韩国巫教的历史考察》，《韩国宗教研究》1999年第1期。
⑧ 崔南善在1920—1930年的10年余间，先后在《东亚日报》《东明》《启明》等报刊上发表《不咸文化论——通过朝鲜刊东方文化的渊源与以檀君为契机看人类文化的一部分》（1925年日文写成）、《檀君否认的妄——文教的朝鲜狂论》（1926）、《檀君论》（1926）、《萨满教札记》、（1927）等40余篇文章。

立,为此应开创'朝鲜学'来研究本民族的精神思想"①。崔南善认为"文化决定民族的生存价值,只有文化强者才能拥有生存权,所以将朝鲜学定位于历史学,通过史学研究挖掘朝鲜民族在亚洲的文化影响力"②。于是,崔南善在主张檀君朝鲜是历史史实的基础之上对东北亚地区的萨满信仰展开研究,通过论证各地与太阳崇拜有关的地名与"檀君"相关的词源之间的关系,提出了覆盖蒙古、土耳其、日本中亚、巴尔干半岛、黑海沿岸的"不咸文化圈"理论;并主张檀君开创的古朝鲜处于这个文化圈中心,是整个东北亚人类文明的发源地③。

  崔南善的"不咸文化圈"理论将朝鲜民族的历史提升到世界文明的高度,这使殖民统治下的韩国民众饱受挫折的民族自尊心大受鼓舞。也因此,20世纪20年代崔南善的论著备受追捧,其本人也收到各种社会团体的讲学邀请。然而,由于"不咸文化圈"理论建立在主观的词源分析基础之上缺乏客观的事实依据,因此被当时学界质疑为臆说,甚至被嘲讽为脱离社会现实的文人闲谈。④受挫后的崔南善被日本殖民政府收编,1928年成为朝鲜总督府下设机构朝鲜史编修委员会的成员,韩国摆脱日本殖民统治后被认定为"亲日反民族行为者"。

  孙晋泰(1900—?⑤)是对崔南善"不咸文化圈"理论持批判态度的学者之一。他1927年毕业于日本早稻田大学历史学专业,曾在日本学者西村真次的指导下系统接受过历史学与人类学的学术训练,1932年与宋锡夏等人创立了"朝鲜民俗学会"⑥,1934年与李丙焘等人创立了"震檀学会"⑦,是韩国民俗学与历史

---

① 〔韩〕李泰勋,《1920年代崔南善朝鲜学研究和实践的局限》,《史学研究》2018年第131期。
② 〔韩〕崔南善,《朝鲜历史通俗讲话开题》,《东明》1922年第1卷。
③ 中日韩很多学者都曾论述过崔南善的"不咸文化论",如中国学者曹中屏的《崔南善与其"不咸文化论"考》,日本学者保坂祐二的《崔南善的不咸文化圈与日鲜同祖论》(《韩日关系史研究》2000年第12期),韩国学者李泰勋的《1920年代崔南善朝鲜学研究和实践的局限》(《史学研究》2018年第131期)等。
④ 〔韩〕李泰勋,《1920年代崔南善朝鲜学研究和实践的局限》,《史学研究》2018年第131期。
⑤ 孙晋泰在朝韩内战爆发后的1950年9月28日前往朝鲜(North Korean),20世纪60年代因糖尿病及肾病等原因去世,具体死亡时间不详〔韩〕崔光植,《孙晋泰的生涯与学术活动——以新资料为中心》,《历史民俗学》2000年第11期)。
⑥ 朝鲜民俗学会的成立被视作韩国民俗学的诞生标志,当时有朝鲜人孙晋泰、宋锡夏、郑寅燮,以及日本人秋叶隆、今村鞆5人参加,将收集民俗资料、普及民俗知识、相关学者的交流以及促进与郭为学会的联系作为主要目的,1933年1号发行学会期刊《朝鲜民俗》,发行4期后停刊。
⑦ 日本占领朝鲜后,朝鲜本国的学术研究处于停滞状态,相反日本学者对朝鲜进行了大量研究并用日语发表论著,导致日本人比朝鲜人更了解朝鲜的信息与知识。所以1934年孙晋泰、李丙焘、赵润济等朝鲜学者成立了"震檀学会",主要从事韩国历史的研究,并发行4期学会期刊《震檀学报》,后来受日本政府的镇压,1945年恢复活动。

学的奠基人①。孙晋泰主张民俗学是研究民族文化的科学②,指出以往民族主义者在巫俗研究中所建构的"民族"概念缺乏历史性,倡导在民众生活史中探寻具有历史性的民族文化③。

因此,孙晋泰运用现场调研与资料搜集等方式,对朝鲜的民间信仰展开实证主义研究,通过对禁绳、立石、城隍庙等民众现实生活中常见的"民俗残留物"进行考察,探寻固有的民族文化及其历史演变过程。孙晋泰的实证研究使巫俗的学术定位从充满神话色彩的古代宗教回归到现实的基层民间信仰。孙晋泰将自己的研究称作"土俗学研究",把研究焦点集中在农民、渔民、商贩以及奴隶等被统治阶级的生活文化,因而被认为是朝鲜本土最早的"民众"发现者④。这种研究倾向,可能受当时日本民俗学者柳田国男在被统治阶级(常民与庶民)的生活文化中探寻民族文化固有性的研究范式的影响。⑤

总之,20世纪二三十年代朝鲜巫俗作为近代化过程中日渐消亡的朝鲜本土文化的象征,成为日本学者与朝鲜学者共同关注的研究对象。村山智顺、赤松智城、秋叶隆等日本学者在殖民政府的经费资助下展开的朝鲜巫俗研究,其结论意在凸显朝鲜民族文化的劣等性、停滞性,从而服务于殖民政府对殖民地民众的精神管控。而李能和、崔南善、孙晋泰等朝鲜学者在殖民政府的许可范围内对本土巫俗展开的研究,目的则在于发现民族固有信仰与文化的独创性、先进性。

霍米·巴巴(Homi K. Bhabha)曾指出,"模拟(mimicry)"是对抗殖民统治者启蒙性训育的有效策略,"模棱两可的"或"含混的"话语体系既是对本体的模仿又与之不同,这样便对宗主国的话语霸权产生了强有力的解构作用⑥。朝鲜本土学者期望借助对殖民话语体系的有意"模拟"从而建构起制衡殖民话语霸

---

① 20世纪20到30年代孙晋泰先后发表《朝鲜上古文化研究:朝鲜家屋形式的人类学的土俗学的研究》(1926)、《朝鲜上古文化研究:"禁绳"文化的土俗学研究》(1926)、《朝鲜上古文化研究:"苏涂,积石檀,立石"的土俗学的宗教学的研究》(1926)、《朝鲜上古文化的研究:朝鲜古代宗教的宗教学的土俗学的研究》(1927)、《朝鲜神歌遗篇》(1930)、《关于朝鲜古代山神的性》(1934)、《巫觋的神歌》(1936)等70余篇文章,韩国摆脱日本殖民统治后学术研究从民俗学转向历史学([韩]柳基善,《1930年代民俗学研究的一个侧面——以孙晋泰的民俗学研究属性为中心》,《民俗学研究》1995年第2期)。
② [韩]孙晋泰,《孙晋泰先生全集2》,太学社,1981年,第23页。
③ [韩]金成礼,《韩国巫教的历史考察》,《韩国宗教研究》1999年第1期。
④ [韩]金成礼,《巫俗传统论的创出与流用》,《亚细亚文化》2006年22期。
⑤ [韩]金成礼,《巫俗传统论的创出与流用》,《亚细亚文化》2006年22期。
⑥ 王宁,《叙述、文化定位和身份认同——霍米·巴巴的后殖民批评理论》,《外国文学》2002年第6期。

权的"民族话语体系"①,也因此巫俗继檀君神教运动以后,在文化民族运动中再次成为"被选择的传统"。

(三)民众文化运动中成熟的"巫俗传统论"

20世纪中后期,韩国在政府主导下迅速完成了产业化与城市化进程,实现了经济的飞跃发展。然而,经济高速增长的同时诸多社会弊端凸显,20世纪60年代至80年代韩国社会爆发了一场青年知识分子主导、社会各界广泛参与的"民众文化运动",期望通过挖掘韩国传统文化中的"民族性"与"民众性②",从而抵抗"西方化"与"独裁化"的主流文化。

在众多传统文化类型中,巫俗仪式之所以脱颖而出成为民众文化运动中"被选择的传统",根本原因在于巫俗所具有的本土性、基层性、边缘性特点与当时青年知识分子立志创造"民族性、民众性"新文化的政治诉求相契合。在产业化与城市化的推进下,以农村为载体的"共同体文化"迅速消亡,取而代之的是人与人之间关系冷漠、疏离的商业文化。新旧文化交替中产生的自我迷失感与独裁政治中产生的个人剥夺感,加剧了民众对逝去传统的乡愁与危机意识,从而对西方外来文化与国家主流文化产生怀疑。青年知识分子意识到"商业文化是西方舶来的低级'消费文化',是导致韩国丧失文化主体地位的元凶"③;因而倡导挖掘不受外来文化"污染"的本土文化重塑韩国文化的民族性。巫俗历来被视为韩国的本土文化,呈现出其他传统文化类型所不具备的"纯粹性",这种本土性和纯粹性与知识分子重塑民族性文化的理念契合。

20世纪80年代随着工人阶级加入民众文化运动之中,创造民众性新文化的呼声高涨。封建社会庶民传承的巫俗文化,长期以来被统治阶级视作"邪教"被排斥在国家权力之外,呈现出基层性与边缘性的历史特点。民众文化运动的发起者与参与者大多游离于财阀、官僚、军部所结成的利益同盟之外,处在政治或经济权力的边缘,这与古代巫俗传承群体的社会境遇相似。除此之外,共同体

---

① 〔韩〕金成礼,《巫俗传统论的创出与流用》,《亚细亚文化》2006年22期。
② 韩国学者对"民众"的理解复杂多样,总体分为两类:第一类是从实践性的激进主义立场出发将"民众"定性为指代劳动者、贫农、都市贫民的阶级概念;第二类是泛指游离于政治权力之外的,追求平等与民主价值观的群体(〔韩〕金光亿,《抵抗文化与巫俗仪礼——现代韩国的政治脉络》,《韩国文化人类学》1991年第23期)。
③ 〔韩〕宋道英,《1980年代韩国文化运动与民族·民众性文化样式的探索》,《比较文化研究》1998年4期。

性的巫俗仪式①不分性别、年龄、社会地位向所有人公平开放,这与民众文化运动中试图建构"人与人平等友爱""政治资源与机会平等分配"新文化的理念一致。②也因此,巫俗仪式成为民众文化运动中创造"民众性"新文化的母体。

民众文化运动在20世纪80年代达到高潮,但随着1989年"柏林墙的倒塌"及1990年韩国文人政府的建立而销声匿迹③。然而,这场运动对韩国学界的影响却并未消失。在民众文化运动的影响下,巫俗研究者们从不同的角度挖掘巫俗文化中积极性的价值理念,以期改变巫俗在传统社会中形成的"迷信陋俗"的消极形象④。例如:宗教学专家柳东植1975年发表的《韩国巫教的构造与历史》(延大出版部)中指出"巫教是通过歌舞将天、地、人、神融合于一体的韩国基础性宗教,古代巫教随着时代的变迁与其他宗教不断融合变异的生命力是韩国文化创造力的源泉";民俗学者金泰坤1981年发表的《韩国巫俗研究》中通过对巫教神话与仪式过程的分析,探寻韩国文化的基底结构,提出"原本论(Arche-pattern)",即主张"巫教的思维模式是外来宗教传入之前韩国人最初的宗教意识,是韩国文化的源泉";民俗学家金仁会1987年发表的《韩国巫俗思想研究》(集文堂)中提出"巫俗文化的本质性价值观是追求天、地、人的和谐统一以及以人为本的理念";当时兼任国家文化财委员会委员的学者赵兴胤1997年发表的《韩国巫的世界》中指出"和谐是巫俗的基本构成原理,巫俗通过修复失衡的人生状态发挥宗教功能,巫俗的和谐观是解决现代社会中宗教矛盾与伦理缺失的基础性道德准则"⑤。

虽然韩国摆脱日本殖民统治后学者们以巫仪现场为中心的研究方法⑥与日据时期韩国本土学者以古代文献为主的研究方法有所不同,但两种研究通过挖掘巫俗的固有性、传统性、纯粹性从而探寻民族精神文化原形与本质的研究目的一脉相承。巫俗作为民族精神文化的原形与本质的象征载体成为韩国学界共识之处,也因此大量的巫俗文化事象被指定为国家或地方的"无形文化

---

① 集体性巫仪主要指村落共同体巫仪(마을굿)与大同巫仪(대동굿)。
② 〔韩〕金光亿,《抵抗文化与巫俗仪礼——现代韩国的政治脉络》,《韩国文化人类学》1991年第23期。
③ 〔韩〕韩阳明,《庆典政治的两种风景:国风81与大学大同祭》,《比较民俗学》1998年26期。
④ 〔韩〕金成礼,《韩国巫教研究的历史考察》,《韩国宗教研究》1999年1期。
⑤ 〔韩〕金成礼,《韩国巫教研究的历史考察》,《韩国宗教研究》1999年1期。
⑥ 民俗学者金泰坤从20世纪60年代到1979年的近20年间对韩国的巫俗仪式进行了持续的现场调研(〔韩〕金成礼,《韩国巫教研究的历史考察》,《韩国宗教研究》1999年1期);民俗学者洪泰汉从20世纪50年代至2016年曾参与调查了1500场巫仪(〔韩〕洪泰汉,《巫俗大众化的方向与巫俗研究的方向》,《韩国巫俗学》2016年33期)。

财"。虽然韩国学界及民众对巫俗的历史价值与艺术价值给予高度评价,但巫俗的宗教价值仍不被国家与社会认可。大部分韩国人在生活遇到困难时会私下求助于巫俗仪式,但事后会对此感到羞愧;即便韩国巫觋本身在当今社会中也会产生自我认同危机。①

第二节　韩国"无形文化财制度"的历史发展

1962年1月10日"无形文化财"概念出现在韩国光复后颁布的首部文化遗产保护法《文化财保护法》之中。随着《文化财保护法施行令》(1962年6月26日)、《文化财保护法施行规则》(1964年2月15日)相继颁布,韩国无形文化财制度逐渐成形。这一制度的诞生不仅对日本殖民时期遭受打压的民族文化重建发挥了至关重要的作用,而且也为后来韩国"文化兴国"战略的建立奠定了坚实的基石。韩国无形文化财制度施行的60年间,共指定153项国家重要无形文化财(截至2022年1月31日),其中的21项入选联合国教科文组织的"人类无形文化遗产"。韩国成为国际社会无形文化遗产保护传承的示范国家。

韩国无形文化财制度自诞生以来,历经了萌芽期(1962—1969)、发展期(1970—1989)、完善期(1990—2014)、独立期(2015—至今)四个阶段,发展成为当下以"传统文化的创造性继承与活用"为目的,以"维护典型"为基本原则的文化遗产保护专门法。韩国无形文化财制度60年的历史演进中,"1970年技(艺)能保有者认定制度导入""1982年国家主导传授教育体制建立""1994年无形文化财'改恶'方案出台""1999年名誉保有者认定制度的增设""2016年《无形文化财保全及振兴法施行令》中典型取代原形"等事件最具影响力。

韩国学者李长烈(2005)与曹顺子(2018)曾对韩国无形文化财制度发展史进行过阶段划分,前者的划分方式为"政策成立的准备期(1945—1961)""项目指定制度的成立与启蒙活动(1962—1969)""保有者认定制度的成立与推进(1970—1982)""传授教育的成立与宣扬(1983—1989)""传授教育管理的自律化(1990—1999)""开放性政策改革与推进(1999—2001)"等六个阶段,后者的划分方式为"无形文化财制度的形成(20世纪60年代)""韩国无形文化财制度

---

① 〔韩〕李龙范,《巫俗相关无形文化财制度的意义与局限》,《比较民俗学》2011年45期。

的确立(1970—1980)""保有者自律权的扩大与无形文化财制度的改革(20世纪90年代)""全球标准的吸收与韩国无形文化财制度的转变(2000年以后)"等四个阶段。笔者综合以上两种观点提出萌芽期、发展期、完善期、独立期的四分法,利用韩国国家法令情报中心数据库所保存的60年间《文化财保护法》修订记录、文化财管理局自1965年连续发行的刊物《文化财》(国立首尔大学中央图书馆馆藏版)、文化财厅的无形文化财相关数据,对各阶段韩国无形文化财的变化及其原因进行了梳理。但由于60年间韩国的文化财保护法经历了200余次修订,因此无法全面兼顾,只对较为重要的条令修订进行分析。

(一) 无形文化财制度的萌芽期(1962—1969)

1962年1月韩国正式颁布《文化财保护法》,同时宣布1933年日本殖民政府——朝鲜总督府制定并沿用的《朝鲜宝物古迹名胜天然纪念物保存令》(以下简称"保存令")废止。1945年美军接管韩国后,为尽快稳定社会秩序决定继续启用日据时期的政府人员,并于1945年11月出台了《关于以前法令效力的规定》,宣布"截至1945年8月9日仍在使用的朝鲜旧政府法令,在朝鲜军政府颁布废止命令之前继续有效"[①],因而包括"保存令"在内的大量日据时期旧法令得以沿用。1961年朴正熙发动"五一六"军事政变上台,7月颁布了《关于整理旧法令的特别措施法》,要求同年12月30日之前对日据时期(1910—1945)、美军政时期(1945—1948)、过渡政府时期(1948—1961)的旧法令进行整理,未被整理的法令1962年1月20日起自行废止[②]。也因此,在"保存令"即将失效的十天前,自1947年以来反复审议但始终悬而未决的韩国本土文化遗产保护法令终于登上历史舞台。

韩国的《文化财保护法》是在修订"保存令"的基础上,借鉴1950年8月日本颁布的《文化财保护法》编制而成[③]。这部法令中将"文化财"划分为"有形文化财""无形文化财""纪念物""民俗资料"四种类型。"无形文化财"被定义为"具有重要历史价值与艺术价值的演剧、音乐、舞蹈、工艺技术等无形的文化遗

---

① 〔韩〕韩国法制研究会编,《美军政法令总览》,韩国法制研究会,1971年,第139页。
② 〔韩〕吴世卓,《文化财保护法原论》,周留城图书出版社,2005年,第113—114页。
③ 据传1952年精通日语的张建相(音译)负责翻译了日本1950年出台的《文化财保护法》,并在此基础上起草了韩国的《文化财保护法》。张建相日据时期曾在朝鲜总督府任职,韩国摆脱日本殖民统治后担任国立民俗博物馆事务官。参见〔韩〕李长烈,《韩国无形文化财政策——历史与出路》,关东出版社,2005年,第59页。

产"①。1961年10月成立的"文化财管理局"②主管《文化财保护法》的具体实施。文化财管理局内部设有"文化财委员会",负责文化财的调查、审议、咨询等工作,其成员大多是相关领域学识渊博与德行出众的学者。1962年5月8日负责无形文化财与民俗资料咨询审议的文化财委员会第二分科委员会③,召开第一次会议商讨了无形文化财指定的具体标准,历史性、艺术性、学术性、乡土性以及是否濒临传承危机成为重要依据④。1964年《文化财保护法施行规则》出台后,同年"宗庙祭礼乐"被指定为第1号重要无形文化财,至此韩国的无形文化财时代正式开启。

1964—1969年共指定重要无形文化财31项(约占韩国重要无形文化财总数的20%)⑤,其中艺能类有25项,工艺类有6项。这一时期所指定的无形文化财,主要是《人间文化财》一书中所推介的对象和"全国民俗艺术竞演大会"的获奖作品⑥。1960年7月—1962年11月时任《韩国日报》评论委员的芮庸海(民俗学者,1964—1995年曾担任文化财委员会委员),推出了以"人间文化财"为题的50期连载报道,介绍全国各地的民间艺人与匠人,1963年相关报道汇编为《人间文化财》(语文阁出版社)一书正式出版。20世纪60年代被指定的工艺类重要无形文化财大多是此书推介的对象。也因此,芮庸海被视作韩国"人间文化财"之父。

"全国民俗艺术竞演大会"(1999年更名为"韩国民俗艺术庆典")原是1958年8月李承晚政府为庆祝"大韩民国成立10周年暨解放13周年",而要求

---

① 1962年《文化财保护法》,法律第961号第2条,参考韩国国家法令情报中心:www.law.go.kr。
② 1961年10月文化财管理局作为文教部的外局设立,1968年7月改编为文化公报部的外局,1989年12月又改编为文化部的外局,1993年3月改编为文化体育部的外局,1998年2月改编为文化观光部的外局,1999年5月升格为文化财厅(文化财厅官网:www.cha.go.kr)。
③ 20世纪60年代无形文化财委员会共设立三个分科委员会,第一分科委员会负责国宝、古迹等文化财的相关事务,第二分科委员会负责演剧、音乐、舞蹈、工艺、民俗等无形文化财的相关事务,第三分科委员会负责名胜、天然纪念物等事务(1962年《文化财保护法》,法律第961号第5条,参考韩国国家法令情报中心:www.law.go.kr)。
④ 会议上商讨的无形文化财指定标准为:1)有助于理解民族生活变迁与发展的文化事象;2)形成年代相对悠久,并能体现其时代特点的文化事象;3)形式和技法上具有传统特点的文化事象;4)具有突出艺术价值的文化事象;5)能够成为学术研究珍贵资料的文化事象;6)具有鲜明的乡土特色等的文化事象;7)因濒临传承危机而处于丧失原有文化价值边缘的文化事象(1962.5.8文化财委员会第二分科委员会第一次会议记录,《文化财》创刊号,1965)。
⑤ 据韩国文化财厅网公布数据,截至2021年12月韩国重要无形文化财指定总量为153项(网址:https://www.heritage.go.kr)。
⑥〔韩〕李长烈,《韩国无形文化财政策——历史与出路》,关东出版社,2005年,第66页。

各地选送具有乡土特色的民谣、舞蹈、演剧等节目进行舞台竞技的偶发性活动。1961年朴正熙将这项竞演大会确定为每年举办的例会,并赋予其"挖掘民族艺术"的新使命。①1962年《文化财保护法》颁布后,担任文化财委员会委员的民俗学者开始负责全国民俗艺术竞演大会的评审工作,大会中获得"大统领奖"或"国务总理奖"的作品大多被指定为重要无形文化财。20世纪60年代所指定的31项重要无形文化财中,有18项是这项大会的获奖作品②。

20世纪60年代韩国政府为"彰显国威"③,开始频繁在海外举行民族艺术展演。这类演出主要由国立国乐院承担,以呈现"韩国美"的宫廷乐、民俗乐、传统舞蹈等为主要内容。而此时出台的无形文化财制度则成为海外艺术展演素材的筛选机制。④也因此,这一时期被指定的重要无形文化财大多为艺术性突出,适合舞台展演的宫廷艺能类项目。这些项目大多由专业艺人传承,虽然并没有濒临传承危机,但因为国家对外宣传的政治需要而被指定为无形文化财。

然而,当时真正面临传承危机的民俗文化却未能纳入文化财保护体系之中。因为当时普通民众对无形文化财的概念陌生,所以文化财委员会委员在各地调研傩舞、巫俗等庶民文化时,相关传承人为隐藏自己过往的庶民身份大多拒绝配合⑤。由于当时的《文化财保护法》中只有指定重要无形文化财的条款,并没有同步认定相应技(艺)能保有者的规定,也缺乏传授教育机制,所以传承人的积极性并不高⑥。也因此,文化财管理局于1965年创办了《文化财》定期刊物,进行文化财的民众启蒙,并每年举办"文化财爱好周"宣传活动,唤起社会对文化财的关注。

(二)无形文化财制度的发展期(1970—1989)

1970年朴正熙政府为确立政权的合法性,全国范围内掀起了破旧立新的"新

---

① 〔韩〕韩阳明,《韩国民俗艺术庆典对民俗传承的影响》,《韩国民俗学》2009年第50期。
② 〔韩〕李长烈,《韩国无形文化财政策——历史与出路》,关东出版社,2005年,第71页。
③ 〔韩〕丁秀珍,《无形文化财制度的成立及其历史性的回顾》,《韩国民俗学》2004年第40期。
④ 〔韩〕丁秀珍,《无形文化财的诞生》,历史批评社,2008年,第194页。
⑤ 〔韩〕任东权,《江陵端午祭的无形文化财指定经纬》,《亚细亚江原民俗》2002年第16期。
⑥ 1968以前文化财管理局在指定重要无形文化财时,会以官方文件的形式公布技(艺)能保有者的姓名以提升其传承信心,但由于当时国家经济落后,无法给保有者提供经济资助;1968年韩国经济有所好转后,文化财管理局开始为60岁以上的重要无形文化财技(艺)能保有者每月提供固定的"生计补助金",用于改善传承人的生活条件(李长烈,《韩国无形文化财政策——历史与出路》,关东出版社,2005年,第80—81页)。

农村运动",这一过程中大批传统文化被视作旧社会残余而遭到破坏。为了避免重要无形文化财传承中断,1970年《文化财保护法》修订时正式导入重要无形文化财技(艺)能保有者认定制度,规定无形文化财指定时必须同步认定项目的技(艺)能保有者,无法认定保有者的项目将不能被指定为重要无形文化财;若保有者死亡且后继无人时,该项目的重要无形文化财指定将自动解除[①](法律第2233号第8条)。1971年文化财管理局对此前指定的重要无形文化财进行了保有者追加认定,并为保有者发放生计补助金[②]。1970年《文化财保护法施行规则》修订时,将能否准确掌握"原形"并将其再现视作认定技(艺)能保有者的重要标准(文化公报部令第19号第14条)。也就是说,随着重要无形文化财的指定与保有者的认定实现同轨,"原形"也被逐渐发展为无形文化财制度的核心理念[③]。

1970年《文化财保护法》中新增了地方文化财制度,具有乡土文化保存价值但未被国家指定的文化财,各地方政府可将其指定为地方文化财,中央政府为地方文化财的传承保护提供部分经费资助(法律2233号第54条)。在这样的背景下,1971年济州岛的"海女歌曲"成为首个被指定的地方无形文化财。地方文化财制度的诞生,填补了国家文化财制度的真空地带,使各地富有乡土特色的文化遗产得到保护。但由于当时地方文化财与国家文化财的指定标准并没有明显差异,从而出现了地方文化财与国家文化财的重复指定的情况;同时由于认为国家文化财优于地方文化财的社会偏见,部分地方文化财的技(艺)能保有者因热衷于国家文化财保有者申报而疏忽了对地方文化财的传承义务。因此,1999年文化财管理局出台的"无形文化财制度改善方案"中,对地方无形文化财变更为国家无形文化财进行了约束[④]。

1980年文化振兴正式写入韩国第五共和国的宪法,政府加大了对文化事业的财政支持,也因此这一时期国家主导的无形文化财传授教育体系得以确立。1982年《文化财保护法》修订时,新增了"文化公报部长官为传承保存重要无形

---

① 这一条款在1999年时得到重新修订,即取消自动解除的规定,需要经过文化财委员会的审议才决定无形文化财的解除。如果保有者全部死亡,也不解除该项目的无形文化财认定,而是对其进行特别管理。
② 1972年起生计补助金的发放对象由60岁以上调整为50岁以上,1977年起49岁以下的保有者也可以领取一定金额的生计补助金(50岁以上的保有者每月领取4万韩元,49岁以下的保有者每月领取2.4万韩元),1978年开始取消保有者的年龄差别统一发放额度(李长烈,《韩国无形文化财政策——历史与出路》,关东出版社,2005年,第90页)。
③ 〔韩〕李载弼,《对无形文化财保护制度履行过程与成果的探讨》,《文化财》2011年第44期。
④ 〔韩〕李长烈,《1990年代重要无形文化财管理制度改善及其问题》,《韩国民俗学》2003年第37期。

下篇　韩国傩文化的非遗保护及其启示

文化财,委托保有者开展技(艺)能传授教育,国家提供相应活动经费,并为接受传授教育的学徒提供奖学金,保有者具有传授奖学生的推荐权"的内容(法律第3644号第24条)。1983年《文化财保护法施行令》修订时,对传授教育体系进行了更加具体的规定,指出"文化公报部长官有权对保有者开展的传授教育进行指导与监督,并对传授奖学生进行审核并颁发履修证;同时从获得履修证的人员中与能力出众的乐师中选拔传授教育辅助者(包括保有者候补、传授教育助教、乐师三类),帮助保有者开展传授教育"(大统领令第11184号第18—20条)。以"传授奖学生制度"与"传授教育辅助者制度"为支撑的重要无形文化财传授教育体系建构成型(图375①)。但由于这一时期文化公报部长官将传授教育体系中的履修评价权、履修证发放权、传授奖学生的推荐权都委任给了保有者,因而导致20世纪90年代保有者的文化权力过于集中现象。②

20世纪七八十年代指定的重要无形文化财共有71项,占韩国重要无形文化财总量的46%,其中工艺类有28项,艺能类有43项③。这一时期所指定的工艺

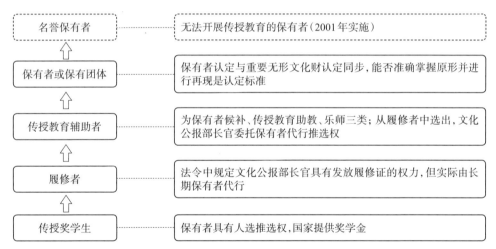

图375　20世纪80年代韩国无形文化财的传授教育体系

---

① 图375参照朴东锡的图表修改而成《文化财保护法》,民俗苑,2005年,第383页。
② 〔韩〕李长烈,《1990年代重要无形文化财管理制度改善及其问题》,《韩国民俗学》2003年第37期。
③ 20世纪80年代开始指定重要无形文化财时,既认定保有者个人也认定保有团体。1982年《文化财保护法》修订时新增了"保有团体认定"与"保有者复数认定"的规定(法律第3644号第5条),"保有团体认定"是指重要无形文化财技(艺)能的保存与再现无法由个人完成,而需要由多个人共同完成的情况时,予以保有团体认定(《文化财保护法施行规则》(文化公报部令第77号));"保有者复数认定"是指已认定保有者的重要无形文化财,如果有能力出众的人选出现时可进行追加认定(法律第3644号第5条)。

类项目主要是韩国"传承工艺大典"的获奖作品[①]。1973年文化财管理局在昌德宫举办了"人间文化财工艺作品展示会",这项展示活动在1977年时增设了评奖环节,1978年开始成为每年举行的例会。1979年这项活动的举办规模扩大并新设"大统领奖""国务总理奖""文化公报部长官奖"等高级别奖项,因而成为韩国传统工艺匠人们的最高竞技舞台,1986年活动名称正式更名为"传承工艺大典"[②]。

与此同时,"全国民俗艺术竞演大会"仍然是艺能类重要无形文化财的主要筛选机制。"原形性"与"艺术性"是这一竞演大会的主要评审标准[③],然而在压缩的时间和局限的空间内进行的艺能竞技,根本不可能真实地再现文化原形。各地政府为了获取好名次,在准备参赛节目时大多会邀请民俗学者和相关专家根据全国民俗竞演大会所规定的时间和地点,对文化要素进行选择集中与嫁接合成。[④]这也导致了参赛节目为突出艺术效果而采用人海战术问题的出现[⑤]。随着诸多弊端的暴露,20世纪90年代开始文化财管理局不再将"全国民俗艺术竞演大会"的获奖作品指定为重要无形文化财。地方政府、文化财委员、相关专家推荐成为艺能类无形文化财挖掘指定的重要途径。

(三)无形文化财制度的完善期(1990—2015)

20世纪90年代韩国迈入经济繁荣期,在时代转折期,韩国无形文化财制度迎

[①] 〔韩〕李长烈,《1970—80年代政府的无形文化财保护政策——以保存与传承为中心》,《历史民俗学》2003年第17期。
[②] 传承工艺大典介绍资料参照"国家无形文化财技能协会"官网:www.kpicaa.co.kr/。
[③] 〔韩〕韩阳明,《韩国民俗艺术庆典对民俗传承的影响》,《韩国民俗学》2009年第50期。
[④] 韩国国立安东大学民俗系韩阳明教授曾对国家重要无形文化财第68号"密阳百中游戏"的嫁接合成过程做过描述:20世纪60年代密阳地区在端午和流头(农历六月十五)以及七夕时举行一种"病身巫舞风俗"(笔者注:村民模拟傻子或残疾人跳动作怪异的舞蹈)。1972年密阳国乐协会以"病神巫舞游戏"的名字参加了庆南民俗艺术演演大会(也是"全国民俗艺术竞演大会"的预选赛),当时演出内容由"问候舞—驱煞舞—病身舞—自由舞"四部分组成。1975年再次参加预选赛,这次将名字改为"密阳田间游戏",演出内容上增加了"打鼓舞"。1975年第三次参加预选赛时,演出内容变为"除草民谣—上刀山—踩地神(笔者注:类似于中国的逐门除疫)"。1979年时将"一人打鼓舞"增加为"五人打鼓舞",并新增加了歌舞剧"密阳阿里郎"。1980年通过预选赛备战"全国民俗艺术竞演大会"时,在民俗学者的建议下将名称改为"百中游戏",并且在当地文化专家的指导下新增了"农神祭"和"五方神将舞",优雅的贵族巫舞代替动作怪异的病身巫舞。1980年10月"密阳百中游戏"在第21届全国民俗竞演大会上获得"国务总理奖",同年11月17日被指定为国家重要无形文化财第68号,参赛时的演出剧本被定义为"原形"(韩阳明,《韩国民俗艺术大典对民俗传承的影响》,《韩国民俗学》2009年第50期)。
[⑤] 〔韩〕金基衡,《全国民俗艺术庆典的历史和性质》,《韩国民俗学》2009年第50期。

来了重大变革。1993年5月文化财管理局(1993年3月改编为文化体育部外局)对外颁布了"重要无形文化财管理改善计划",宣布文化财管理局局长有权推荐保有者候补与助教,这一举措试图加强行政干预进而削减保有者的文化权力;同年7月文化财管理局召开文化财委员会会议,在未与相关保有者商议的情况下直接认定了保有者候补,事后将决议结果通报给相关保有者[1]。保有者候补历来被视为保有者的继承人,此前都由保有者推荐,因此文化财管理局单方面的通告立即引发了保有者的强烈不满。部分保有者为维护自身的既得利益,发动新闻媒体提出抗议,并向青瓦台递交请愿书,要求文化财管理局纠正错误决议[2]。文化财管理局迫于舆论压力选择妥协,于是出现了1994年文化财保护法令的"改恶"修订。

1994年10月《文化财保护法施行令》修订中,规定"文化体育部长官委托重要无形文化财保有者或保有团体,对接受传授教育的人进行考核并为技(艺)能达到相当水平的人发放履修证;保有者或保有团体发放履修证后的15天内,需将情况报告给文化体育部长官"(大统领令第14399号第18条)。同年11月《文化财保护法施行规则》修订中,指出"重要无形文化财保有者或保有团体有权向文化财管理局推荐自己的传授教育辅助者(包括保有者候补、传授教育助教、乐师),推荐人数需是文化财管理局选定人数的两倍,文化财管理局局长召集文化财委员会相关专家对推荐人进行审核"(文化体育部令第17号第22条)。通过这样的法令修订,文化财管理局将重要无形文化财传授教育体系中的履修评价权、履修证发放权、传授教育辅助者推荐权等全部让渡给保有者。因此,重要无形文化财的保有者迅速成为文化特权阶级。

绝对权力必将引发绝对腐化,保有者文化权力过度集中导致的诸多弊端,很快成为社会焦点。1999年11月4日时任文化财专门委员的民俗学者朱刚玄在《周间东亚》刊发了题为《厌恶人间文化财》的文章,对重要无形文化财保有者的权力滥用问题进行了无情揭露[3]。

"人间文化财"早已成为"文化贵族"或"文化权力"的代名词了,传授助教

---

[1] 1993年7月28日文化财委员会审议后选定了重要无形文化财第5号盘索里、第27号僧舞、第92号太平舞、第97号除煞舞、第10号螺钿漆器匠、第7号固城五广大、第82—1号东海岸别神舞等七位保有者候补,但盘索里与除煞舞的保有者不同意官方选定的保有者候补([韩]李长烈,《1990年代重要无形文化财管理制度改善及其问题》,《韩国民俗学》2003年第37期,242—243页)。
[2] [韩]李长烈,《韩国无形文化财政策——历史与出路》,关东出版社,2005年,第247页。
[3] 《周间东亚》网址:weekly.donga.com/3/all/11/62030/1。

等人却沦落为现代版的"奴仆"。……现行的《文化财保护法》不过是保障这些文化贵族特权的"奴婢文书"罢了。……重要无形文化财的保有者早已成为特权阶级。因为一旦认定为保有者就等于获得了终身保障,哪怕成为植物人,政府也会每月发放90万元(传承支援金)。

有些保有者甚至还会偷窃传授助教的权力,把自己的妻子或女儿推荐为助教,一家人获得双份利益。……因此,对保有者享有过多政府资助的批判之声很高。而且保有者们还享有医疗保险优惠,死亡时会获得100万抚恤金,生病时可以获得慰问金。最重要的是,保有者有机会出席各种比赛担任评委,从而获得极高的社会名望,也容易被聘为大学教授。虽然只是少数,但确实存在个别保有者打着"培养继承人"的旗号乱搞男女关系。一旦被认定为保有者就能获得终身保障,如此安乐的"文化权力"谁不动心呢!

保有者文化特权引发的社会争议,最终促成了1999年12月"文化财保护制度改善基本计划"的出台。文化财厅(文化财管理局1999年5月升格后的名称)吸取1993年改革失败的教训,事先通过公听会、恳谈会、舆情调查等多种方式广泛征求意见后,谨慎地制定出削减保有者文化特权的改革方案。其主要内容包括三点:第一,重申保有者复数认定以及废除保有者认定的年龄下限,为年轻的传授教育辅助者创造更多保有者认定机会①。第二,导入名誉保有者认定制度,当保有者高龄无法正常开展传授教育时,将被取消保有者身份而转变为名誉保有者身份。名誉保有者仍享有与保有者相同的政府经济资助,但只充当顾问角色,不再拥有传授教育的实权。第三,2000年起新认定的保有者只被赋予保有者身份,不再享有政府每月发放的传承支援金,但政府为其公开活动提供经费支持,之前认定的保有者按旧规定执行,但其传承支援金额度不再上调。②这样的改革方案无疑从根本上动摇了既成保有者的文化权力,既成保有者在利己主义的驱动下发动了集体抵制。

2000年4月部分保有者临时成立"重要无形文化财总联合会",在首尔举行公开集会进行所谓"维权运动",明确要求文化财厅撤回"名誉保有者认定制度""保

---

① 其实,保有者复数认定1970年就已经提出来,但由于既成保有者不愿与人分享文化特权,因此长期以来每个重要无形文化财项目都只有一名保有者,直到其死亡才会重新认定。之所以取消保有者的年龄下限,是因为此前认定保有者时要求满足50岁以上的年龄要求,这导致了即使保有者位置出现空缺,年轻的传授辅助者也不能被认定为保有者。
② 〔韩〕李长烈,《1990年代重要无形文化财管理制度改善及其问题》,《韩国民俗学》2003年第37期。

有者复数认定与废除保有者认定年龄下限""停止给新认定保有者发放传承支援金"等决议①。但这次文化财厅没有一味妥协而是坚持保有者复数认定决议,在2000年与2001年两年期间为31项重要无形文化财认定了52名保有者,创造了保有者认定数量的历史最高纪录;并在2001年3月《文化财保护法》修订时明文规定:"文化财厅长官有权在重要无形文化财保有者无法正常进行技(艺)能传授教育时,通过文化财委员会审议将其认定为名誉保有者。保有者被认定为名誉保有者时,其保有者资格即被解除"(法律第6443号第5条)。但由于保有者团体的强烈反对,名誉保有者制度直到2005年才得以施行。与此同时,文化财厅迫于保有者团体的压力也做出一定让步②,即从2004年起将保有者的传承支援金从90万韩元增加到100万韩元,同时也给新认定的保有者发放相同金额的传承支援金。

2001年3月文化财厅顶住保有者团体的压力对《文化财保护法》全面修订后,韩国无形文化财制度的"原形保存主义、重点保护主义、国家主导传授教育体系、活用主义"四大基本特征趋于稳定③,之后10余年间的条令修改多为细节的完善与补充。2008年3月《文化财保护法》再次修订时,对保有者的义务(开展传授教育和定期公开技(艺)能)与文化财委员会的义务(向社会公开会议记录),以及保有者解除的具体标准进行了详细规定④,以此来确保文化财保护法

---

① 〔韩〕李长烈,《韩国无形文化财政策——历史与出路》,关东出版社,2005年,第209—217页。
② 2001年到2002年保有者团体先后在各大报纸发表《怎么能如此苛待人间文化财》(《周间东亚》2001年5月17日)《文化财厅觉醒吧! 愤怒的人间文化财,20多人发表关于文化财指定胁迫的抗议声明》(《朝鲜日报》2002年2月22日)《记者手册:人间文化财的眼泪》(《朝鲜日报》2002年2月24日)等文章,不断给文化财厅施压。
③ "原形保存主义"在1999年1月《文化财保护法》修订时被确定为文化财保护的核心理念,即"文化财的保存、管理、活用中必须以维持原形为基本原则"(法律第5719号第2条),因而也成为重要无形文化财指定与保有者认定的重要依据。"重点保护主义"是指重要无形文化财的指定实质上是对文化进行优劣选择的过程,只有被认为是"有价值的"或"重要的"的文化遗产才会得到制度的集中保护。"国家主导传授教育体系"是指国家虽然将传授教育委托给保有者,但通过介入履修评价、履修证发放等过程,对保有者的传授教育进行监督管理。"活用主义"是文化财保护法的重要目标,文化财保护法的第一条内容就是"本法的目标是通过文化财的保存与活用来提高国民的文化涵养,以及为人类文化的发展做出贡献"(法律第961号第1条)。李长烈,《韩国无形文化财政策——历史与出路》,关东出版社,2005年,第151—157页。
④ 《文化财保护法》的第36条规定"重要无形文化财的保有者除特殊情况外,每年需要举行一次以上的技(艺)能公开活动"(法律第9002号);《文化财保护法施行令》的第26条规定"重要无形文化财的保有者公开技(艺)能时,需在舞台或广场等公开场所面向国民进行展演或实操"(大统领令第21046号);《文化财保护法》的第13条规定"无形文化财保有者出现身体或精神异常时,以及触犯法律或海外移民时将解除认定"(法律第9002号);《文化财保护法》的第4条规定"文化财委员会以及协同分科委员会需要公开会议记录,其内容包括会议的时间地点、出席人员、审议内容与决议,但涉及个人隐私或造成人员财产损失时可以不公开"。

的实效性、公平性、透明性。2014年1月《文化财保护法》修订时对保有者认定标准进行了完善,新增了"认定特定保有者存在困难的项目,可以按照大统领令只指定项目而不认定保有者"(法律第12352号第24条),以此实现了国内无形文化财制度与联合国教科文组织《保护非物质文化遗产公约》的并轨。也因此,入选"人类非物质文化遗产代表作名录"的"阿里郎"(2012年)与泡菜文化(2013年)分别于2015年与2017年被指定为重要无形文化财。

1990—2014年韩国重要无形文化财指定数量较之前明显减少,20余年间总共指定32项重要无形文化财,其中有11项是1996年一年内指定,不及无形文化财制度发展期指定数量的1/2。之所以出现这种情况,是因为这一时期韩国各地重要的无形文化遗产已基本被挖掘,文化财厅已将工作重心从文化财的挖掘指定转移到资源开发[①]。1996年韩国全面实行地方自治后,各地政府为发展经济提高地区知名度,纷纷致力于重要无形文化财的旅游开发;1999年《文化产业振兴基本法》出台后,各地政府开始大力推进"民族文化原形的文创开发项目",重要无形文化财成为主要素材[②]。也因此,这一时期韩国无形文化财保护与"资源化""观光化"融合在一起。

(四)无形文化财制度的独立期(2015年至今)

20世纪末随着韩国无形文化财资源化与观光化时代的到来,无形文化财的历史性和原真性成为各地政府旅游开发的宣传口号。在这一趋势下,无形文化财的"复原主义"愈演愈烈。由于韩国传统文化大多在日本殖民时期已传承中断,后来无形文化财指定过程中记录的"文化原形"多为学者二次创作的结果,所以过度的"复原主义"导致了无形文化财"不可知论"现象的出现[③]。掌握"文化原形"书面知识的民俗学者逐渐剥夺文化传承人的能动性,导致了"民俗知识逆转"现象的产生[④]。更何况,无形文化财制度在设定"文化原形"概念之初就存在重大缺陷,即"各地为备战全国民俗艺术竞演大会或申报文化财指定而进行文化复原→专家介入后对复原作品修改润色→无形文化财指定"的常见流程

---

① 〔韩〕曹顺子,《韩国无形文化财制度史研究》,民俗苑,2018年,第117页。
② 〔韩〕裴永东,《文化创意化事业中"文化原形"概念的含义与局限》,《人文创意》2005年第6期。
③ 〔韩〕南根佑,《民俗的文化财化和观光化:以江陵端午祭的folklorism研究为中心》,《韩国民俗学》2006年第43期。
④ 〔韩〕申镐,《"民俗"知识的逆转:1960年以后江陵端午祭为例》,《比较民俗学》2001年第21期。

中诞生的"文化原形"本身就是"歪曲的原形"①。这种脱离文化原有传承脉络的"歪曲原形"被无形文化财制度赋予话语权而真正处于脉络化传承状态的民俗事象却被边缘化②。

越来越多的民俗学者认识到"原形"这一概念不适用于无形文化财,因为持续性与可变性是文化的两大基本属性,而"文化原形"概念无视文化的可变性,直接导致无形文化财丧失自我创造能力③。无形文化财制度的社会评价也急转直下,从"保护发展传统文化的积极性培育政策"转变为"国家意志操纵的消极性文化管控政策"④。为了推动无形文化财制度的合理化,韩国民俗学界积极行动起来。2005年韩国民俗学者大会召开了以"我们文化的原形"为题的学术研讨会;2006年韩国民俗学学会组织了以"无形文化财的原形保存与创造性继承"为主题的学术发表会。以这些学术会议为契机,学者们围绕"原形主义的危害"与"保护文化原形与实现文化创新的双赢途径"等问题展开激烈的讨论。民俗学界的不懈努力最终推动了2015年韩国无形文化财制度的重大改革。

2015年3月《文化财保护法》第43次修订时将无形文化财条例独立,经过一年筹备后,2016年3月28日韩国正式颁布首部无形文化财专门法《无形文化财保全及振兴法》(简称《无形文化财法》,法律第13248号)以及配套的《无形文化财保全及振兴法施行令》(大统领令第27056号)。这部新法对"无形文化财"进行了重新定义,即无形文化财是指在世代更迭中形成并流传下来的固有的技法、形式、知识(大统领令第27056号第2条);新提出了"典型"概念,即构成无形文化财价值的本质性特征(法律第13248号第2条)。"典型"概念全面取代以前无形文化财制度中使用的"原形"一词,即"能否准确掌握典型并将其再现"成为认定技能保有者(团体)的标准(法律第13248号第2条),"维持典型"被设定为无形文化财保存和振兴的基本原则(法律第13248号第3条)。⑤"典型"概念的导入旨在缓和"原形"概念所导致的文化传承中产生的隔绝性和停滞性,提高文化的连续性和内在的驱动性,从而实现对无形文化遗产的有效保护与开发⑥。

---

① 〔韩〕韩阳明,《对重要无形文化财艺能领域原形与传承问题的反思》,《韩国民俗学》2006年第44期。
② 〔韩〕李京烨,《无形文化财和民俗传承的现实》,《韩国民俗学》2004年第40期。
③ 〔韩〕林在海,《无形文化财的价值再认识与创造性继承》,《韩国民俗学》2007年第45期。
④ 〔韩〕姜正元,《无形文化财制度的问题与改善方案》,《比较文化研究》2002年第8期。
⑤ 无形文化财保全与振兴法,(韩)国家法令信息中心网,http://www.law.go.kr/lsInfoP.do?lsiSeq=199519。
⑥ 〔韩〕宋准,《对无形文化遗产保存与活用的小考》,《南道民俗研究》2008年第17期。

高丽大学民族文化研究院民俗学研究所研究员宋准被认为是无形文化财制度中导入"典型"概念的倡导者[①]。他通过举例阐述"典型"概念的含义。"典型是来源于版画印刷术的一个概念,某作者按照一定的原理,使用相同的模板,反复印刷版画,虽然每幅作品都有微妙的差异,但是都可以被视作同一作者的作品。以无形文化财——凤山傩舞为例。如果某次演出能体现凤山傩舞固有的舞蹈动作和台词等基本原理,即便表演者中有人失误,也可以认定为'典型的'凤山傩舞"[②]。也就是说,与强调特定时期唯一形态的"原形"概念不同,"典型"概念重视文化事象的生成原理,兼顾无形文化的瞬间性与空间性,以及内在驱动性[③]。

理论上完美的"典型"概念在无形文化财制度的实际运作中却引发新的争议[④]。因为,"典型"概念所指的沉淀于文化现象基底的生成原理是抽象的、模糊的,在推导生成原理的过程中仍然无法避免主观性和偶然性。况且,这种通过各种资料的比对与系统分析提炼而成的超时空的、绝对性的生成原理,在无形文化财制度的实际运作中极有可能成为不可动摇的衡量标准。也就是说,"典型"概念虽然承认细小的、周边性的、不重要的变化,但仍会把某项要素奉为绝对原则,因而从本质上看与"原形"概念并无差异[⑤]。

"典型"概念无法缓和"原形"概念对唯一性与绝对性价值的追求,最根本的原因是法规制度的运作逻辑,因为法规制度在实际运作时,需要有具体的与固定的形态作为认定或奖惩的标准[⑥]。例如《无形文化财保全及振兴法》的第21条规定:"保有者、保有团体、传授教育助教在能力显著衰退,无法按照典型再现和讲习国家无形文化财时,应解除其传承资格";第24条规定:"传承人在传承过程中损毁无形文化财的典型时,有关部门应对其行为进行制止"。因此,虽然"典型"的含义不同于"原形",但在法规制度的运作逻辑下,同样会成为造成文化传承停滞的绝对标准。

[①] 〔韩〕许永浩,《"原形"的神话,"典型"的逻辑——以足傩中"原形"与"典型"争议为中心》,《无形遗产学》2016年第1卷第1号。
[②] 〔韩〕宋准,《对无形文化遗产保存与活用的小考》,《南道民俗研究》2008年第17期。
[③] 〔韩〕宋准,《对无形文化遗产保存与活用的小考》,《南道民俗研究》2008年第17期。
[④] 〔韩〕裴永东,《无形文化财制度的民俗学实践》,《实践民俗学》2018年第31期。
[⑤] 〔韩〕许永浩,《"原形"的神话,"典型"的逻辑——以足傩中"原形"与"典型"争议为中心》,《无形遗产学》2016年第1卷第1号。
[⑥] 〔韩〕丁秀珍,《无形文化遗产的文化政治学》,《实践民俗学》2015年第26期。

第三节　民俗资源化中韩国民俗学的定位探索

21世纪初韩国的涉农政策由强调农业生产转向重视农村空间性魅力开发。全国各地掀起了以Green Tourism为主要形式的民俗资源化运动。韩国民俗学围绕Green Tourism过程中出现的村民矛盾、体验项目雷同、农村文化商品化等展开讨论,就民俗学在乡村振兴运动中的学术定位,提出了"积极指导者"与"冷静观察者"两种截然不同的主张。乡村振兴与消费主义的双重语境促使韩国民俗学重新认识观光脉络中文化原真性的主观性与可变性。

（一）民俗资源化的兴起背景

21世纪初韩国的涉农政策发生重大转变,由强调农业生产转向重视农村空间的多元开发,农业逐渐从第一产业转变为第三产业。这种转向是韩国国家主导的近代化以及新自由主义的世界化过程中,农业不断被边缘化的结果。20世纪60年代以来,韩国在政府主导的近代化过程中,农村依附于农业,只是被视作保障工业发展的劳力与粮食储备库。随着大量年轻劳动力涌向城市,农村老龄化严重,尽管国家先后出台《农渔村发展特别措施法》(1990)、《农渔村整备法》(1994)等临时性补偿政策,加大对农村基础设施的投入,但并没能扭转农村日渐没落的局面①。1995年韩国加入WTO,在市场开放的压力下,国内财阀企业为占据更大的国际市场,大肆制造"吸引国外资本,创造更多就业机会"的社会舆论②,促使政府牺牲农业(允许国外农渔产品自由输入)换取制造业的利益③。随着市场开放的扩大,国家为保护本国粮食生产而推行的"二重谷价制度"被视作导致大米丧失竞争力的元凶④,最终于2005年被废止。至此,韩国社会中农业丧失

---

① 〔韩〕李海振,《农村政策理念(paradigm)的变化与农村地区开发事业——以农村村落综合开发事业为例》,《农村社会》2009年第19期。
② 〔韩〕丁秀珍,《消费主义时代的农村观光与民俗研究》,《韩国民俗学》2011年第54期。
③ 2003年9月11日在墨西哥坎昆举行第五次WTO阁僚会议时,韩国农民李京海带领农民斗争团打出"WTO kills Farmers"的口号,反对将农业纳入WTO的协商条款,并于当天以死明志。
④ 1969年开始韩国政府开始实行从农民手中高价回收大米和大麦后再低价销售给消费者的"二重谷价制",其中产生的差额由韩国银行垫付。这种秋谷收买政策是国家保护动荡世界市场中农民利益的基础性措施(〔韩〕金哲圭,《韩国农业体制的危机与世界化:从宏观历史的角度》,《农村社会》2006年第16期)。

了作为第一产业的存在基础,再也无法负责农村的生计①。

　　1995年韩国正式实行地方自治制度,地方分权与均衡发展成为时代主流。特别是2003年卢武铉领导的"参与政府"上台执政后,摒弃过去的产业主义思维,重视地区革新与农村的多元化价值,将农村作为社会、经济、文化的复合空间进行综合性开发②。于是自20世纪末起,韩国掀起了以"创建农村"为主题的乡村振兴运动:1995年山林厅推出"创建山村体验村事业"的公开募集活动;2001年行政自治部开始实施"乡村信息化事业";2002年更是进入高潮,农林部开始实施"创建绿色农村体验示范村事业",行政自治部开始推出"建设美丽乡村事业",农村振兴厅推出"创建农村传统主题村事业",文化观光部推出"创建文化历史村事业",海洋水产部开始推出"创建渔村体验观光村事业";2009年行政安全部推出"创建绿色村落事业"。中央及地方政府资助的各种体验村落建设数量2013年达到2 726个③,2015年仅中央政府用于各类体验村落建设的财政支出就高达12 000亿韩元(折合人民币约70.5亿元)④。

　　这些创建各类体验村落项目的初衷是采用自下而上的公开募集方式,动员各地农村组织根据自身村落的特点积极向政府申报,通过对"农村空间性魅力(Rural Amenity)"⑤的开发,增加农民的非农收入,促进城乡协调发展⑥。另一方面,2004年7月韩国正式实行每周五天工作制,城市居民为缓解平日的工作压

---

① 据韩国农村振兴厅的统计数据:2016农业GDP占比1.8%,粮食自给率仅占23.3%(OECD的最低值)([韩]农村振兴厅,《第2次农村振兴事业基本计划(2018—2022)》,农村振兴厅,2018年,第14页)。
② [韩]李海振,《农村政策理念(paradigm)的变化与农村地区开发事业——以农村村落综合开发事业为例》,《农村社会》2009年第19期。
③ [韩]金载湖,《对创建新农村政策事业的批判——没有哲学的Green Tourism》,《民俗研究》2009年第18期。
④ [韩]卞惠善,《以人为本的村落创建推进战略》,忠北研究院,2018年第12期。
⑤ "Rural Amenity"概念20世纪末在欧盟国家兴起,2000年起开始在韩国流行,是指场所具有的独特魅力。OECD指出Amenity中的场所不只是指舒适的环境,而是指反映农村地区精神风貌的独特要素,可以为社会成员提供社会性与经济性价值的资源。换言之,Rural Amenity是指空间的差异性,这种差异性可以还原为农村地区特有的田园风光、历史遗迹、生态环境、文化传统等观光资源或具有经济价值的特产物([韩]丁秀珍,《消费主义时代的农村观光与民俗研究》,《韩国民俗学》2011年第54期)。
⑥ "创建绿色农村体验示范村事业"的目标如下:1.利用亲环境农业、自然景观开发农村体验观光,以此来提高农业的附加价值,增加农民的收入;2.将绿色农村体验示范村打造成满足城市人多种需要的休闲、体验空间,用于开发农村体验观光,促进城乡交流。"创建农村传统主题村事业"的目标如下:挖掘保存固有的农村传统文化进行主题开发,通过体验学习、民宿、农产品直销来振兴农村社会,促进城乡交流,打造具有魅力的农村([韩]农林部,《均衡发展特别会记指南》,2005年,第316—326页;[韩]金载湖,《对创建新农村政策事业的批判——没有哲学的Green Tourism》,《民俗研究》2009年第18期,再引用)。

力，治愈因城市社会中人际关系疏离而导致的自我迷失与人性缺失，也渴望走进农村感受农村社会的人情味①。2013年朴槿惠上台后推出"第六产业化（Sixth Industry）"战略，即依托农村的有形与无形资源，将农业（第一产业）与食品、特色产品的制造加工（第二产业）和流通销售，以及文化体验与观光服务（第三产业）有机融合，实现1+2+3=6的效果，从而创造新的农业附加值②。在这样的社会背景下，以农村的自然环境与文化景观，以及传统文化与生活文化为对象的Green Tourism被视作增加农民非农收入（主要指民宿收入、农产品售卖收益等）的重要来源，因而成为意在振兴乡村经济的"创建农村事业"的核心策略。

Green Tourism又称作"可持续观光""农业观光""农村观光""生态观光""farm stay（农场体验）"等，源于社会精英阶层对资本主义发展导致农村荒废化的自觉意识，其理想模式是城市游客携家人在农村短暂居住享受闲暇的过程中感悟农村社会的生态、文化、历史价值③。Green Tourism不同于一般意义上的观光（tour），即城市游客不只是用眼睛去看农村或农业、农民文化，而是通过身体力行来感受农村文化的价值④，因而重视如下四个方面：第一，体验以民俗为代表的农村生活文化或劳作方式；第二，与当地村民进行交流；第三，在接触自然与生态的过程中感受其意义；第四，提供观光服务的主体是当地村民，而不是外来资本。其中，重视第三点的旅游形态又被称作生态旅游（eco-tourism）；强调第一点与第四点的旅游形态则被称作农业旅游（agri-tourism），渔村旅游则被称作蓝色旅游（blue-tourism）。Green tourism在一定程度上涵盖了生态旅游、农业旅游、蓝色旅游三种意义。Green Tourism被认为是克服以城市为中心的近代大众旅游弊端的替代性旅游（Alternative Tourism）模式，倡导在尊重农（渔）村地区文化本质与保护自然环境的基础上，改变城市与农村的不对等关系，促进社会从生产主义向人本主义转变，进而克服近代文明引发的各种社会弊病⑤。

---

① 〔韩〕南根佑，《民俗的观光资源化与民俗学研究——以green tourism为中心》，《韩国民俗学》2009年第49期。
② 〔韩〕朴始贤，《农村观光的第六产业化商业模型》，《农渔村观光研究》2015年第22期。
③ 〔韩〕金载湖，《对创建新农村政策事业的批判——没有哲学的Green Tourism》，《民俗研究》2009年第18期。
④ 〔韩〕金载湖，《对创建新农村政策事业的批判——没有哲学的Green Tourism》，《民俗研究》2009年第18期。
⑤ 〔韩〕南根佑，《民俗的观光资源化与民俗学研究——以green tourism为中心》，《韩国民俗学》2009年第49期。

Green Tourism对于传统农业近于崩溃、老龄化趋势日渐严重的农村来说，无疑是一缕希望。因此，韩国全国各地农村为争取政府的财政支持，吸引更多的城市游客，纷纷推出各种文化体验项目①。这些体验项目大多是农村组织委托外部咨询公司在短时间内（通常为三个月）创作开发而来，咨询公司由于人力问题，大多未开展充分的村落调研就根据已出版的民俗文化类书籍或报告，设计开发体验项目；又加上个别咨询公司同时介入多个村落的体验项目开发（有两家咨询公司曾介入了20多个村落的体验项目设计②），由此全国各地的Green Tourism体验项目出现了千篇一律的局面③。

不仅如此，在标榜Green Tourism的体验村落建设过程中，破坏农田修建公用停车场、公共厕所、住宿设施等情况时有发生，为套取政府扶持资金虚报游客数量的事件也屡见不鲜；但由于供求双方缺乏持续性沟通，农民在Green Tourism中获得非农收入却非常有限④。因此，对Green Tourism的负面评价不断发酵，2006年9月15日《国民日报》刊发了《有名无实的农村观光……游客对雷同的体验项目反应冷漠》的报道⑤，这标志着韩国社会对以Green Tourism为重心的"创建农村事业"进入反思阶段。

（二）Green Tourism引发韩国民俗学的定位反思

20世纪末韩国政府在"创建农村事业"初期侧重对农村基础设施的扩充，所以邀请建筑学、园林设计学、旅游学、农学方面的专家参与到各种体验村落的企划过程中，却忽视了民俗学对农村文化的挖掘保护功能⑥。也因此，民俗学相对于农学、旅游学等学科，对创建村落事业的关注起步较晚。2000年韩国国立安东大学民俗学研究所定期发行的学术刊物《民俗研究》（第10期）首次集中探

---

① 例如："自然生态体验项目"（乘坐竹筏、水田捉鲶鱼、观察野花）、"民俗工艺体验项目"（稻草工艺、木匠工艺、天然染色、垒碎石塔）、"农产品采挖体验"（挖野菜、土豆、红薯，采摘生栗子）、"传统游戏体验项目"（踢稻草球、打陀螺、放风筝）、"传统饮食体验项目"（制作松糕、荞麦凉粉、年糕、大枣糖）等体验项目〔〔韩〕金载湖，《Green Tourism中传统文化体验项目与民俗的活用》，《韩国民俗学》2007年第46期〕。
② 〔韩〕丁秀珍，《农村观光与民俗研究的再考——利川紫采村为个案研究》，《实践民俗学研究》2009年第13期。
③ 〔韩〕金载湖，《Green Tourism中传统文化体验项目与民俗的活用》，《韩国民俗学》2007年第46期。
④ 〔韩〕金载湖，《对创建新农村政策事业的批判——没有哲学的Green Tourism》，《民俗研究》2009年第18期。
⑤ 国民日报，"有名无实的农村观光产业……游客对雷同的体验项目反应冷漠"，2006年9月15日，https://news.naver.com/main/read.nhn?mode=LSD&mid=sec&sid1=102&oid=005&aid=0000257202。
⑥ 〔韩〕金载湖，《Green Tourism中传统文化体验项目与民俗的活用》，《韩国民俗学》2007年第46期。

讨"民俗与观光"问题[①]；2007年该研究所又公开发行论文集《村落民俗资源化如何进行》聚焦"民俗文化的资源化"问题[②]；2008年6月与8月该研究所围绕"创建村落事业"召开两次学术研讨会，相关成果汇编成《创建村落如何进行》一书于2009年公开发行[③]。韩国民俗学会也于2008年6月召开以"创建村落与民俗学研究"为主题的学术会议，韩国实践民俗学会则于2009年2月主办以"当前民俗作为观光资源的价值及其歪曲问题"为主题的研讨会。

韩国民俗学界普遍肯定创建村落事业对于传承农村民俗文化以及发展农村经济具有积极作用，但围绕Green Tourism引发的村民矛盾、体验项目的设计雷同、农村文化商品化等问题展开讨论的过程中，就民俗学在Green Tourism中的定位问题产生了"积极指导者"与"冷静观察者"两种截然不同的主张。

1."Green Tourism中积极指导者"的民俗学定位

"Green Tourism中积极指导者"的学术主张建立在对创建村落事业中暴露问题的批判基础之上。随着时间的推移，以Green Tourism为重心的创建村落事业在运作内容、运作主体、运作实效方面逐渐暴露出诸多弊端。

首先，从运作内容来看：各地村落创建过程中推出的体验项目大多雷同，具有地区特色的传统文化并没有被开发出来[④]。一方面体验项目的相关企划者与运营者大多缺乏民俗学专业背景，只是把农村常见的衣食住行等生活文化与耕作方式，以及手工技艺等作为开发对象，不重视具有显著地区特色的传统文化的挖掘。另一方面各类体验村落的创建主体并没有把文化体验项目作为主要创收来

[①] 《民俗研究》第10期由《民俗学者的教养旅行传统与文化观光》（李尚贤）、《博物馆观光的意义与历史文化的探索理解》（裴永东）、《渔村文化观光的可持续性开发》（权参闻）、《民俗演行艺术的尽兴体验观光》（赵鼎贤）、《从文化观光政策看民俗的定位》（金明子）、《地区文化要素作为观光资源的开发方向》（汉尚日）、《基于观光的文化影响的地区观光开发方向》（金圭浩）等7篇文章构成。
[②] 《村落民俗资源化如何进行》（安东大学韩国学研究院附属民俗学研究所著，民俗苑，2007）由《从村落文化展示馆刊村落文化的资源化过程》（裴永东）、《全南地区村落巫事的文化指导编成》（罗景洙）、《传统文化的数码主题化开发方案——局限与可能性》（金昌民）、《传统童谣"驼背老奶奶"的文化主题资源化的可能性》（便解文）、《民俗学传统与文化主题的变通》（李润先）、《地方博物馆中村落民俗的资源化过程与方法》（李永载）、《利用德尔菲法对岁时风俗开发价值的评价研究》（金美熙）等7篇文章构成。
[③] 《创建村落如何进行》（安东大学韩国学研究院附属民俗学研究所著，民俗苑，2009）由《从多文化主义刊农村嫁入女性问题与村落创建构想》（林在海）、《牧溪文化历史村落创建的促进状况与价值创出》（李昌植）、《创建村落事业中山村民俗与地区传统的创造性开发》（李尚贤）、《对日本的"创建村落"实践策略的考察》（金美英）、《对创建新农村政策事业的批判——没有哲学的Green Tourism》（金载湖）、《利用共同体信仰的庆典化进行的村落开发》（赵鼎贤）等6篇文章构成。
[④] 〔韩〕金载湖，《Green Tourism中传统文化体验项目与民俗的活用》，《韩国民俗学》2007年第46期。

源,而是更多地关注农特产品的销售,传统文化的经济价值尚未受到重视。

其次,从运作主体来看:农民并没有真正成为创建村落事业的行为主体,很多时候只是地方政府政绩工程的被动配合者①。地方政府大多将获得中央政府的财政扶持视作政治资本,因此为确保辖区内村落成功申报为各类体验村落的创建单位,会事先对特定村落进行包装改造。成功申报为体验村落创建单位后,从外部聘请来的专家(事务长)②则会全面负责体验村落的建设与运营工作,除个别农户外,村民的整体参与度并不高。不仅如此,因为村落创建过程中产生的利益与权力分配问题,运作主体(以事务长代表的运营委员会)与村民、政府之间产生出各种矛盾③。

最后,从运作实效来看:过分强调经济效益,忽视了农民自身幸福感与自信心的提升,背离了保护传承农村文化价值的 Green Tourism 初衷④。创建村落事业中修建的各种基础设施与开设的各类体验项目都是为城市游客准备,农民沦为向城市游客提供食宿的服务者。政府在评价创建村落事业的成败时,只重视来访游客数量与旅游收益,忽视了创建村落的终极目标是"孕育美丽人性,创造美丽文化"⑤,因此"文化搭台,经济唱戏"的 Green Tourism 加速了农村文化的商品化,加重了农村对城市的依附程度。

创建体验村落事业在运作内容、运作主体、运作实效三方面的弊端存在一定的因果联系:由于最初忽视了对农村文化资源的基础性调研工作,导致无法筛选出用于资源开发的地区特色文化,因而不能确立具有地区独特性的文化资源开发方向,只能模仿别人;也因此所开发的文化体验项目千篇一律、缺乏竞争力,最终挫伤了村民的自信心与积极性⑥。

在这种背景下,民俗学积极介入 Green Tourism 将有助于克服当前创建村落事业遭遇的困境。首先,民俗学具有挖掘地区传统文化的专业特长,能在田野调查的基础上把握农村传统文化的分布及其特点,为开发具有地区特色的文化体验项

---

① 〔韩〕金载湖,《创建(体验)村落与村落民俗的活用方案》,《韩国民俗学》2008年第48期。
② 韩国农村振兴厅2006年9月开始实行"事务长制度",以国库出50%,地方政府出40%,村集体出10%的形式,每月支付事务长工资(多为100万韩元),委托其负责创建体验村落事业的运营事宜,以及协调村内相关事务。
③ 〔韩〕孙台源,《入选农村开发事业村落的政治过程》,《实践民俗学研究》2011年第17期。
④ 〔韩〕金载湖,《Green Tourism 中传统文化体验项目与民俗的活用》,《韩国民俗学》2007年第46期。
⑤ 〔韩〕金载湖,《对创建新农村政策事业的批判——没有哲学的 Green Tourism》,《民俗研究》2009年第18页。
⑥ 〔韩〕李海准,《为促进文化资源开发的百济文化主题扩大方案》,《百济文化》2004年第33期。

目提供理论依据,从而解决当前Green Tourism中各地文化体验项目雷同的问题①。其次,由于民俗是民众在地区归属感与身份认同感基础上历史选择的结果②,因此开发设计当地村民喜闻乐见且容易操作的民俗文化体验项目,不仅能提高村民在Green Tourism中的参与热情,而且能增强村落共同体的凝聚力,从而化解利己主义引发的村民矛盾冲突③。最后,以Green Tourism为重心的创建村落事业终极目标不只是改善农村的物质条件,更要提高村民的幸福感与自信心④;民俗学发挥对传统文化正能量的解读功能,帮助村民设计开发体现文化自信的体验项目,从而使村民成为与城市游客人格对等的文化输出者,摆脱服务者的身份⑤。

2. "Green Tourism中冷静观察者"的民俗学定位

"Green Tourism中冷静观察者"的学术主张则从消费资本主义的角度出发,将农村与农村文化的商品化视作时代发展的必然趋势,认为民俗学的积极介入不仅不能解决以Green Tourism为重心的创建村落事业中发生的各种问题,反而会隐匿当下农村问题的本质,沦为将农业危机的责任转嫁给农民的官僚主义话语体系的追随者⑥。持"Green Tourism中冷静观察者"的学者对"Green Tourism中积极指导者"的民俗学定位进行了全面反驳:

首先,持"Green Tourism中冷静观察者"的学者认为投入大量人力物力财力的民俗学全面调研活动未必能挖掘出村落民俗的地区差异,退一步讲即便能挖掘出地区特色鲜明的文化资源,也未必能成为消费资本主义时代吸引游客的魅力之物⑦。因为自1920年韩国民俗学诞生以来,一直强调民俗学调研的重要性,并持续开展了调研活动(如20世纪60年代文化公报部下设的文化财管理局资助、韩国文化人类学会实施的"全国民俗综合调查事业"),但民俗的地域性至今也没有被明确挖掘出来。况且有研究证实,创建村落事业的成败与地区特色的文化体验项目关系不大,而是取决于运营主体的营

---

① 〔韩〕金载湖,《Green Tourism中传统文化体验项目与民俗的活用》,《韩国民俗学》2007年第46期。
② 〔韩〕李海准,《地区庆典与文化观光资源的联动方案——以恩山别神祭与扶余地区为中心》,《百济文化》1998年第27期。
③ 〔韩〕金载湖,《创建(体验)村落与村落民俗的活用方案》,《韩国民俗学》2008年第48期。
④ 〔韩〕金载湖,《创建(体验)村落与村落民俗的活用方案》,《韩国民俗学》2008年第48期。
⑤ 〔韩〕金载湖,《Green Tourism中传统文化体验项目与民俗的活用》,《韩国民俗学》2007年第46期。
⑥ 〔韩〕丁秀珍,《消费主义时代的农村观光与民俗研究》,《韩国民俗学》2011年第54期。
⑦ 〔韩〕南根佑,《民俗的观光资源化与民俗学研究——以green tourism为中心》,《韩国民俗学》2009年第49期。

销水平。①创建村落的运营主体根据游客的喜好与人身安全问题,以及文化体验项目的可操作性等会对咨询公司策划出的体验项目进行不断调整,一些受游客欢迎或易于操作的体验项目会被相邻村落借鉴模仿,这也是造成当下各地 Green Tourism 中出现文化体验项目雷同的主要原因。因此,持"Green Tourism 中冷静观察者"的学者质疑"民俗学者以开发地区特有传统文化的名义介入农村观光的主张缺乏说服力",进而提出"民俗学者应该观察农村观光实际运作过程中,以地区特有传统文化为主题的体验项目被改变调整的过程及其背后原因"②。

其次,持"Green Tourism 中冷静观察者"的学者认为,Green Tourism 引发的村民内部以及外来运营专家与当地权力集团之间的诸多矛盾,是财富与权力重新分配引发的村落秩序整合的必然产物③,将这些矛盾归结为村民自身的认识不足或自信心缺乏的看法是启蒙主义、行政主义④。因为农民的生业与生活文化都属于"社会舞台的后台(staged back region)",为了保持一种坚定的社会现实感有必要保持一些神秘感⑤,所以将这些后台文化从现实生活的脉络中截取出来展现给游客只会产生违和感,无法提升村民的自信心与自豪感⑥。因此,持"Green Tourism 中冷静观察者"的学者指出:"民俗学不应只是为了提高村民的参与度而专注于寻找农村观光中各种矛盾的具体解决方案,而应该关注在农村观光过程中村落发生的变化及其原因,即 Green Tourism 是从谁的立场出发?为了谁的利益推进?在这一事业的大规模推进过程中农民有意或无意地卷入了怎样的社会变动之中?在这一过程中农村秩序如何重组?"⑦

最后,持"Green Tourism 中冷静观察者"的学者认为,农村观光是消费资本主义深化的产物,农村文化的商品化趋势不可逆转。农村在众多发展可能

---

① 〔韩〕金载湖,《Green Tourism 中传统文化体验项目与民俗的活用》,《韩国民俗学》2007年第46期。
② 〔韩〕丁秀珍,《农村观光与民俗研究的再考——利川紫采村为个案研究》,《实践民俗学研究》2009年第13期。
③ 〔韩〕丁秀珍,《消费主义时代的农村观光与民俗研究》,《韩国民俗学》2011年第54期。
④ 〔韩〕丁秀珍,《农村观光与民俗研究的再考——利川紫采村为个案研究》,《实践民俗学研究》2009年第13期。
⑤ 〔美〕Dean MacCannell 著,《旅游者:休闲阶层新论》,张晓萍译,广西师范大学出版社,2008年,第103页。
⑥ 〔韩〕南根佑,《民俗的观光资源化与民俗学研究——以 green tourism 为中心》,《韩国民俗学》2009年第49期。
⑦ 〔韩〕丁秀珍,《农村观光与民俗研究的再考——利川紫采村为个案研究》,《实践民俗学研究》2009年第13期。

性中之所以定位为城市大众休闲的空间,是因为休闲、观光、服务业才是真正反映现代消费资本主义本质的关键词①。在文化与经济间界限不断消失的消费资本主义时代,农村观光的经营主体为了获取更多的经济利益会不断地对农村的民俗文化进行改造与重构,因此作为观光资源的民俗文化不同于历史性浓厚的传统文化,而是作为展品或商品等特定目标而人为选择性重构的新文化②。在此基础上,持"Green Tourism 中冷静观察者"的学者提出:"民俗学应停止对农村观光中伪民俗的批判,而应该通过冷静的现场观察认识农村生活主体的观光实践,即农村观光中参与主体根据自身利益对文化的重构过程及其引发的争议。"③

综上可见,"Green Tourism 中积极指导者"的民俗学定位立足于探寻民族精神文化本质的传统民俗学研究理念,主张发挥学科对民俗文化原形的挖掘与诠释功能,从服务社会的角度出发积极参与到以 Green Tourism 为重心的村落创建事业中解决具体问题。"Green Tourism 中冷静观察者"的民俗学定位则受后现代主义影响,在解构传统民俗学的基础上,提出关注 Green Tourism 现场"伪民俗"的创造过程以及村落秩序整合过程,以观察者的身份开展 Folklorism 研究④。韩国民俗学对 Green Tourism 中的研究定位之争,其实是在消费资本主义时代民俗商品化不可逆转的共识下,反思"本质主义"与"建构主义"两种民俗学基础理念⑤,探索学术纯粹性与社会服务性的平衡支点。

(三) 消费资本主义冲击下民俗的原真性与商品化

21 世纪初韩国涉农政策之所以从强调农业生产转向重视农村空间的多元开发,既是对以往失败涉农政策的反思,又是应对农渔产品输入自由化的政策性调整,更是消费资本主义深化的必然结果。20 世纪末随着"后福特主义"生产

---

① 〔韩〕丁秀珍,《农村观光与民俗研究的再考——利川紫采村为个案研究》,《实践民俗学研究》2009 年第 13 期。
② 〔韩〕南根佑,《民俗的观光资源化与民俗学研究——以 green tourism 为中心》,《韩国民俗学》2009 年第 49 期。
③ 〔韩〕南根佑,《民俗的观光资源化与民俗学研究——以 green tourism 为中心》,《韩国民俗学》2009 年第 49 期。
④ 〔韩〕南根佑,《green tourism 的文化政治学——B 村的观光实践为中心》,《韩国民俗学》2012 年第 56 期。
⑤ "本质主义民俗学"认为民族精神文化的内核存在于民俗文化的原形之中,因而重视挖掘民俗文化的原形;"建构主义民俗学"认为民族精神不是恒定不变的,而是随着文化的变迁被不断地重塑(高静,《从原形解构看韩国学术界对江陵端午祭的认识论转变》,《文化遗产》2016 年第 3 期)。

机制的出现,社会逐步从生产时代过渡到消费时代,消费成为建构社会关系、推动社会发展的决定性力量。[1]资本家为了销售生产过剩的产品、加速资本流动、获取更大利益,利用大众媒体和各种营销手段刺激控制大众的消费欲望,将消费塑造为大众日常生活的必要环节与人生的根本意义[2]。在广告刻意渲染出的浪漫主义氛围下,个人消费不再满足于商品本身,而转变为享受商品的品牌与形象营造出的虚幻体验的浪漫艺术[3]。也因此,消费资本主义时代出现两种新的消费趋势:第一,大众市场兴起时尚产业,不仅包括服饰、装饰品、装潢方面,还包括休闲运动等整个生活领域;第二,消费类型从商品消费转向服务消费[4]。集时尚业与服务业于一身的休闲观光业因"寿命"短(一场旅行远比一辆汽车的寿命要短),因而极大地加快了消费速度。

在休闲观光业崛起的消费资本主义时代,生活步伐的加快使人们的日常生活充满易变性与短暂性,从而导致人们难于维持对于连续性的任何稳定的感受,丧失了对未来的憧憬。不确定性引发的痛苦加重了人们追求安定、持久、浪漫家园的欲望,象征逝去家园与过去回忆的美学形象逐渐成为商品,乡愁产业应运而生。同时随着"时空压缩(Time-space Compression)"现象的加剧,空间的壁垒不断被时间突破,从而促使资本对空间内场所的差异性更加敏感[5]。为了吸引资本,世界各地纷纷利用传统文化凸显各自场所的独特性与差别性,力争在地区竞争中占据优势。也因此,挖掘农村空间性魅力的乡愁产业在全球迅速崛起。

英国休闲研究专家克里斯·罗杰克(Chris Rojek)指出,乡愁产业是为了达成商业目的而人为重构或创造"过去之物"的行为[6]。虽然从旅游脉络上说,游览景点(或景物)的文化原真性(Authenticity)是吸引游客的魅力所在,但乡愁产业中的"过去之物"与历史实存的原真性没有任何关系,只是用

---

[1] 荣鑫,《从生产到消费:资本主义拜物教批判的历史性反思》,《北方论丛》2014年第1期。
[2] 卢风,《论消费主义价值观》,《道德与文明》2002年第6期。
[3] 〔英〕柯林·坎贝尔著,《浪漫伦理与现代消费主义精神》,章戈浩译,《西北师大学报(社会科学版)》2006年第43期。
[4] 〔美〕戴维·哈维著,《后现代的状况:对文化变迁之缘起的探究》,阎嘉译,商务印书馆,2003年,第356页。
[5] "时空压缩"由戴维·哈维提出,是指那些把空间和时间的客观品质革命化了,以至于我们被迫,有时是用相当激进的方式来改变我们将世界呈现给自己的方式的各种过程(《后现代的状况:对文化变迁之缘起的探究》,商务印书馆,2003年,第300页)。
[6] 〔英〕克里斯·罗杰克著,《后现代主义与休闲》,崔锡浩译,日新社,2006年,第225页。

作询唤（Interpellation）①想象中乡愁的象征符号。乡愁产业通过戏剧性设计（Tableaux）②持续询唤大众媒体制造出的浪漫家园想象，从而实现其休闲娱乐价值。英国社会学家约翰·厄里（John Urry）也曾指出，"对于游客来说，最核心的旅游动机不是游览对象的原真性，而是能否带来不同于日常的新奇感受"③。也因此，Green Tourism 作为乡愁产业的一种，为了满足城市游客对浪漫家园想象而设计开发的文化体验项目大多是拼凑出的文化半成品、仿造品，虽然脱离文化传承脉络、缺乏原真性，但并不妨碍其观光价值的实现④。

以 Green Tourism 为重心的"创建农村事业"虽然被社会精英赋予了"保护生态""治愈人性"等近代文明史的意义，但对于参与其中的农村组织或农民个体来说，则是农（渔）业崩溃后维持生存的一种经济手段。虽然韩国政府与学者不断强调创建村落事业中"地区居民的主体性"与"自主式地区发展"⑤，但是对于已经卷入资本主义普遍市场（Universal Market）的休闲观光产业来说，自主与自由只是大众媒体营造出的神话，价格调控与市场力（Market forces）才是话语权的拥有者⑥。也就说，休闲活动在消费资本主义时代被美化为逃离日常生活的自由选择，但这种逃离的自由早已被商品化的休闲产业牢牢控制。因此，在消费资本主义全球蔓延的经济背景下，以 Green Tourism 为重心的"创建农村事业"本质上无法摆脱资本的运作原理，农村民俗的商品化不可逆转。

不可逆转的文化商品化促使韩国民俗学界重新认识民俗的原真性（Authenticity）问题。诞生于20世纪20年代日本殖民统治时期的韩国民俗学，受到德国浪漫民族主义的影响，向来重视通过城隍庙、立石、禁绳等历史遗留物来探寻民族文化原形与本质⑦；20世纪90年代文化观光产业兴起以后，民俗学希望民俗观光能发挥教育作用促进民俗本质（即民俗文化中蕴含的民族文

---

① "询唤"是指主体被"召唤"或被引入存在的一个过程。"主体"可以是指个人或关于某种行为的话题（〔英〕克里斯·罗杰克著，《休闲理论原理与实践》，张凌云译，中国旅游出版社，2010年，第16页）。
② Tableaux 是指为营造过去的氛围，而运用电影唱片、模型、全息照片、动画的行为（〔英〕克里斯·罗杰克著，《后现代主义与休闲》，崔锡浩译，日新社，2006年，第225—228页）。
③ 〔韩〕李镇教，《商品化"传统"消费的文化意义："韩国民俗村"的事例研究》，《实践民俗学研究》2014年第23期。
④ 〔韩〕南根佑，《民俗的观光资源化与民俗学研究——以 green tourism 为中心》，《韩国民俗学》2009年第49期。
⑤ 〔韩〕农村振兴厅，《居民共同参与的农村村落》，农村振兴厅，2019年，第54页。
⑥ 〔韩〕金文谦，《资本主义与休闲》，《社会研究》2002年第4期。
⑦ 高静，《韩国"巫俗传统论"话语体系的百年建构历程》，《西南民族大学学报》2021年第4期。

化原形)的大众普及,因而强调民俗文化原真性的重要性,对观光脉络中导致文化原真性歪曲或丧失的商品化持否定态度[1]。但随着民俗资源化成为学术焦点后,民俗学者们开始关注到"民俗商品化的两面性"与"文化原真性的主观性"的问题。

"民俗商品化的两面性"是指民俗商品化犹如一把双刃剑,在引发民俗同质化与他者化的同时,也为被遗忘民俗事象的挖掘复原与价值再赋予提供了契机[2]。具体而言:就民俗商品化的消极影响来看,观光产业的"麦当劳化"[3]趋势导致了各地民俗文化的独特性丧失;另外,观光脉络中农民与外来游客的买卖行为产生的权力关系,导致了地区民俗丧失了原有意义成为他者化的游客文化。就民俗商品化的积极影响来看,地区居民在文化观光产业中认识到民俗文化的经济价值,因而积极参与到民俗文化的挖掘保护之列。共同体性民俗事象的复原有助于增强地区的认同感与凝聚力。

"文化原真性的主观性"是指观光脉络中的文化原真性与民俗文化本身的真实性无关,是游客有感于景观而发生的心理状态,因而具有主观性与可变性。丁秀珍基于观光文化原真性定义的主观性,指出"观光脉络中的文化原真性无法被评价,评价行为是将知识精英的特权性视线强加于观光地居民现实生活的新殖民主义(文化殖民主义)"[4]。李镇教综合德国历史人类学Joana Breidenbach的"主观性原真性"[5]、英国社会学家约翰·厄里的"经验性原真性"[6]、中国文化研究学者王宁的"实存性原真性"[7]观点,在对"韩国民俗村"的

---

[1] 〔韩〕李尚贤,民俗学者的教养旅行传统与文化观光》,《民俗研究》2000年第10期。
[2] 〔韩〕文玉表,《通过观光看文化的生产与消费:以河回村为例.韩国文化人类学》2000年第33期。
[3] "麦当劳化"现象是指自发性正在系统地被标准化所代替、自由被控制代替、选择被管辖代替、自我决定被自我约束代替的过程,它强调自由和选择是经过编排后的选择背景下发生。"麦当劳化"现象把全球的标准化和严格管辖表现为商业和文化中设计好的种种活动的自然结果,生活各个方面都遭到追求高效率性、可计算性、可预测性、可控制性的无形冲击,多样化的选择减少(〔英〕克里斯·罗杰克著,《休闲理论原理与实践》,张凌云译,中国旅游出版社,2010年,第178—179页)。
[4] 〔韩〕丁秀珍,《民俗作为观光资源的原真性与商品性》,《民俗学研究》2009年第6期。
[5] "主观性原真性"是指"原真性既无法用外部标准衡量,也无法由事物本身确定,而是它取决于当事人协商后的主观解释"。
[6] "经验性原真性"是指"对于游客来说,最核心的旅游动机不是游览对象的原真性,而是能否带来不同于日常的新奇感受"。
[7] "实存性原真性"是指"对于游客来说,原真性不是鉴别事物真伪的客观性问题,而是一种归结于心情愉悦的心理感受问题"。

民俗志式分析基础上归纳出"经验性乡愁"①与"想象性乡愁"②两种情感动机及文化消费模式,以此来凸显民俗文化原真性的多层性与可变性③。

总之,在"消费资本主义"与"乡村振兴运动"的双重语境下,作为乡愁产业的农村观光业迅速崛起,农村民俗文化的资源开发已成必然之势。在商业利益的诱惑下,农村民众不再是无意识传承原真性民俗的浪漫主义者,而是根据自身需要有意识利用改造民俗的现实性生活主体。在这样的背景下,韩国民俗学开始重新认识商品化中的民俗原真性,不再执着于真假民俗的讨论。"民俗歪曲论"逐渐被"民俗创造论"与"民俗适应论"所代替,越来越多的学者将视线转向观光脉络中生活主体对民俗文化的客体化过程。

---

① "经验性乡愁"是游客基于自身或自身所属群体过去真实的经历而产生的乡愁情感,这种模式的文化消费模式一定程度上重视文化的原真性。
② "想象性乡愁"是电视剧、电影、广告等大众媒体制造出的"想象的乡愁",基于模式的文化消费重视游戏性,对文化的原真性没有要求。
③〔韩〕李镇教,《商品化"传统"消费的文化意义:"韩国民俗村"的事例研究》,《实践民俗学研究》2014年第23期。

第九章
韩国傩文化保护开发经验对广西的启示

中国的非物质文化遗产保护制度较韩国起步晚,但发展极为迅猛。自2006年国务院公布第一批国家级非物质文化遗产名录后,至今的16年间已认定了1 557项国家级非遗项目,是韩国60年间指定国家级无形文化财总量的10倍之多。非物质文化遗产保护开发需要学者的智库支撑与政府的行政作为相结合,韩国巫傩文化的无形文化财保护开发正是基于本土学者历经百年建构而成的"巫俗传统论"以及在这一话语体系下对巫傩现场的资料收集与学术研究。

因此,随着中国非遗运动的到来,巫傩文化在极短时期内实现了身份逆转。这种突如其来的转向,难免使政府与传承人在面临巫傩文化非遗保护的具体问题上产生困惑,到底对被冠以"非遗"美名的巫傩文化该如何加以保护呢?本章先对广西巫傩文化非遗保护的瓶颈问题进行阐述,再结合韩国巫傩文化的保护实践提出个人建议。

第一节 广西傩文化非遗保护及其瓶颈

多民族聚集的广西地区自古以来是巫傩文化的资源宝库,自21世纪初国家掀起非遗保护运动以来,仫佬族依饭节、毛南族肥套仪式、融水苗族系列坡会群(芒蒿文化)、壮族蚂㘛节、瑶族盘王节、钦州跳岭头等各族代表性巫傩文化均入选国家级非物质文化遗产代表性项目名录。得益于国家非遗政策的扶持、地方政府的重视、项目传承人的努力、地区居民的参与,广西巫傩文化的传承生态得到极大改善,入选"国家级非遗"的巫傩事象被打造成各地的旅游文化名片,成为拉动地方经济与提升地区居民文化自信的重要媒介。

广西非遗保护开发实践的成就是主要的,这反映出中国非遗制度的整体合理性。为今后中国非遗制度的进一步完善,笔者结合广西巫傩文化非遗保护开发现场,对"文化原形的隐遁"与"文化要素的缺失"两个瓶颈问题展开论述。本节论述主要涉及罗城仫佬族依饭节与融水苗族芒蒿仪式两个现场。之所以选择这两个现场是因为两者作为民族特色文化入选国家第一批非遗保护名录,地方政府在高度的文化自觉下,较早地开展了非遗保护开发实践,因而能较全面地呈现非遗保护开发的瓶颈问题。对非遗保护开发瓶颈问题的关注,不是意在探讨参与主体的责任缺失,而是以此反思非遗制度对巫傩文化保护的结构性问题。

(一)文化原形的隐遁

在2011年《中华人民共和国非物质文化遗产法》颁布以前,国家出台的一系列非遗相关公文中,"非物质文化遗产"与"保护"两个词语俨然如固定词语组合般形影不离,例如《关于加强我国非物质文化遗产保护工作的意见》(2004)、《关于开展全国非物质文化遗产保护督查工作的通知》(2009)等。然而,国内首部非遗法命名时,"保护"二字却销声匿迹了。孟令法曾指出:2006年9月文化部向国务院提交了《中华人民共和国非物质文化遗产保护法草案》,2007年与2008年两年间就"保护"两字的使用问题专家们展开了激烈讨论,最终删除"保护"两字后在2009年才确定方向列入一档项目[①]。康保成认为,《中华人民共和国非物质文化遗产法》(以下简称"非遗法")的命名中没有沿用"保护法"的名称是一种创新,因为并不是所有的非物质文化遗产都值得保护[②]。因此,在这部非遗法提出了"保存"与"保护"两种措施,并且对属于"保护对象"的非遗传承作出相关要求。具体条文如下[③]:

第三条 国家对非物质文化遗产采取认定、记录、建档等措施予以保存,对体现中华民族优秀传统文化,具有历史、文学、艺术、科学价值的非物质文化遗产采取传承、传播等措施予以保护。

第四条 保护非物质文化遗产,应当注重其真实性、整体性和传承性,有利

[①] 孟令法:《中国文化遗产保护政策的历史演进》,《遗产》2019年第1期。
[②] 康保成:《〈中华人民共和国非物质文化遗产法〉形成的法律法规基础》,《民族艺术》2012年第1期。
[③] 中国非物质文化遗产网: https://www.ihchina.cn/zhengce_details/11571。

于增强中华民族的文化认同,有利于维护国家统一和民族团结,有利于促进社会和谐和可持续发展。

根据上述第三条可知,虽然所有的非物质文化遗产都是"保存对象",但只有"体现中华民族优秀传统文化,具有历史、文学、艺术、科学价值的非物质文化遗产"才是值得被"保护对象"。2011年颁布的《中华人民共和国非物质文化遗产法释义》对这一条的解释中特别指出"跳大神这一民俗,其可能具有历史价值,但其本身是反科学的,不属于优秀传统文化,不应进行传承、传播、不是保护的对象"[①]。这种法理上似乎讲得通的规定,在巫傩文化的非遗保护现场实则矛盾重重。中国作为历史悠久的农耕文明国家,以村落共同体为传承根基的民间祭祀仪式,大多都是向农神或祖先神祈祷农业丰收与国泰民安。这种承载民众朴素而美好愿望的集体祭祀仪式,本身就是巫傩文化的一种表现形式。这些村落共同体性的巫傩文化从社会功能来看,发挥了增强国家与民族认同,促进社会和谐的积极作用,也因此中国各民族的代表性巫傩文化现多被认定为国家级非遗。然而,从敬神娱神的演行结构来看,却与现代科学存在距离,似乎不应该囊括在"保护对象"之列。在缺乏充分的民俗学理论支撑下,对于基层地方政府部门来说,界定已认定国家级非遗的巫傩事象是"保存对象",还是"保护对象"就成了难题。尽管如此,由于村落共同体传承的巫傩事象大多是民族节庆,在"国家级非遗"名誉的加持下,无疑成为地方政府旅游开发的重点。也因此,各地政府通过"创新"对原有的巫傩事象进行改造,使巫傩文化的传承符合非遗法中的第四条,即有利于增强中华民族的文化认同,有利于维护国家统一和民族团结等。也就是说,在"保存"与"保护"的非遗法双重尺度下,地方政府为进行民俗资源开发,通过弱化巫傩类国家非遗的民间信仰属性,凸显其符合主流价值的社会功能,进而在拓宽巫傩文化传承空间的同时,也为政府的保护开发赋予合理性。

第三十一条 非物质文化遗产代表性项目的代表性传承人应当履行下列义务:

(一)开展传承活动,培养后继人才;

---

① 信春鹰(主编),《中华人民共和国非物质文化遗产法释义》,法律出版社,2011年,第11页。

（二）妥善保存相关的实物、资料；
（三）配合文化主管部门和其他有关部门进行非物质文化遗产调查；
（四）参与非物质文化遗产公益性宣传。

2015年开始文化部与教育部启动对非遗传承人群研修研习培训计划试点，提升传承人的再创造能力。此后，"非遗创新"似乎逐渐取代"非遗保护"成为新的热词。在自上而下全国倡导非遗创新的舆论环境下，再看非遗法中对传承人义务的规定："培养后人、保存资料、配合调查、参与公益"，就会发现"维持原形"并不是传承人的必须履行的义务。这一点对于巫傩类国家级非遗传承人来说，意义尤为特殊。因为如果维持文化原形，那么巫傩文化的民间信仰性必然凸显，这很可能使巫傩文化从法律层面就被定格为"保存对象"，从而丧失传承资格；但如果进行"创新"或"改造"，既不违背现行非遗法的规定，又切合了国家提倡的主流思想，更重要的是可以拓展巫傩文化的传承空间。因此，对于已认定为国家级非遗的巫傩文化传承人，积极创新是一种极为明智的选择。

只是，"国家非遗法的'保存与保护'双重标准""地方政府热衷民俗资源的旅游开发""国家大力倡导非遗创新""传承人不肩负'维持原形'的法律义务"等因素共同交织在一起，巫傩类国家级非遗的传承到底呈现怎样的状态呢？近20年间仫佬族依饭节的传承变化也许能从微观层面对此问题进行回应。

1. 仫佬族依饭节的非遗认定

2004年4月文化部与财政部联合出台《关于实施中国民族民间文化保护工程的通知》后，各基层文化保护部门开始了对当地民俗事象的采集整理工作。在这样的社会背景下，当年罗城县文物所开展了对依饭节的视频记录工作，所记录的对象是政府资助下大银屯银氏宗族举办的依饭仪式。罗城地区的依饭节在20世纪六七十年代因"文化大革命"而中断传承，其间大量木质面具、纸质经书、布质画像被焚毁，传承人遭到社会批判，依饭节的传承根基几近崩溃。进入80年代，因罗城仫佬族自治县成立等政治事件，政府开始资助县府附近村落恢复依饭节；然而，由于举办依饭节花费巨大，没有政府资助的话，有能力举办依饭节的村落并不多，也就是说，依饭节传承群体的演行机会屈指可数。

2004年大银屯依饭节的执礼师傅是当时已经92岁高龄的梁天才（1912年生）道师。梁天才是罗城县四把镇双寨屯梁氏道师家族的第12代传人，15岁起随父学习技艺,45岁成为家族中的掌坛师傅[1]。20世纪80年代罗城地区零星恢复依饭节后,梁天才带领自己的儿子梁殿甫(1949年生),与同村谢氏道师家族的年轻一代谢忠厚(1967年生)、谢帮能(1968年生)等人组成相对固定的演出团队。梁天才的团队是当时为数不多的能完整执礼依饭仪式的团队,也因此被选定为文物管理所视频记录的对象。

2004年大银屯的依饭节在村内祠堂举行,为期一天一夜。从罗城文物管理所制作的55分钟纪录片可知:第一,祭场的空间布局为摆设有面具、令旗、米碗、酒杯的祭坛架设在祠堂祖先牌位之前(图376[2]);第二,仪式演行结构为主巫(梁天才担任,身着明朝武官补服)负责吟诵经书与咒术性仪式(翻36跟头与阴阳合和),助巫(谢帮能担任,身着明朝武官补服)佩戴不同面具表演傩舞,乐师(梁殿甫、谢忠厚等担任)演奏铜锣、鼓等打击乐,村民围坐在道师身边观看(图377[3])。也就是说,2004年大银屯依饭节中只有一张祭桌,祭桌之上的红色令旗上写有众多神灵的名称,并没有凸显某一特定神灵。另外,主巫的长时间巫歌吟诵与助巫的无言傩舞是主要演行形式。

2005年罗城县文化部门开始积极准备依饭节的国家级非物质文化遗产申报工作。文化馆工作人员依据2004年梁天才执礼的依饭节过程,编写了《国家级非物质文化遗产代表作申报书:仫佬族依饭节》(以下简称"申报书")。虽然当时梁天才执礼的依饭仪式是按顺序吟诵《焚香通用》《清筵科目》《劝圣科目》

图376　2004年依饭节祭桌摆放　　　图377　2004年依饭节演行形态

[1] 参考2005年罗城县政府编写的《国家级非物质文化遗产代表作申报书:仫佬族依饭节》。
[2] 图376是从2004年罗城县文物管理所制作纪录片中截取的画面。
[3] 图377是从2004年罗城县文物管理所制作纪录片中截取的画面。

《熟筵科目》《牛歌科目》《团兵科目》等经书,并无明确的流程划分,但申报书中为便于叙述与理解,将依饭节的仪式流程划分为"起坛、请圣、点牲、唱牛歌、合兵、送圣"等六个环节。2006年5月罗城仫佬族依饭节正式被认定为第一批国家级非物质文化遗产代表性项目,随之申报书成为"记录的原形",申报书中出现的依饭节六个仪式环节广泛出现在对外宣传资料之中。2007年国家正式导入传承人认定制度后,梁天才的儿子梁殿甫被认定为广西壮族自治区级非遗传承人。2012年梁殿甫去世后,谢忠厚被替补为自治区级非遗传承人,并于2018年升格为国家级非遗传承人。

2. 资源化中仫佬族依饭节的创新

自2009年起政府开始致力于依饭节的旅游节庆开发,当年11月28—29日"首届仫佬族依饭文化节"隆重开幕。这次文化节包含山歌擂台赛、手工艺竞技、舞草龙与舞猫狮等传统歌舞表演、特产售卖等众多活动,而作为主题的依饭节以"原生态依饭节"的名义被压缩为三个小时在四把镇双寨村举行。在首届仫佬族依饭文化节上最引人瞩目的是开幕仪式上的众人祭拜白马娘娘铜像活动。罗城县档案馆保管的《中国罗城首届仫佬族依饭文化节工作总结》中,有如下描述[①]:

> 参加依饭文化节的仫佬族干部群众和领导嘉宾,一同祭拜仫佬族人尊奉为圣母的"白马娘娘"和先祖圣贤,表达对恩人,对先辈和对祖国母亲的感恩之情,充分体现了仫佬族是一个懂感恩重礼教的少数民族,"白马娘娘"也由过去的虚化形象变成今天的实物铜像,在《依饭节赋》配乐唱诵声中,身着艳丽仫佬族服装的600名群众面向"白马娘娘"敬奉供品,虔诚朝拜,场面宏大而感人。

正如前文(中篇/第一章/第三节/罗城仫佬族依饭节)中所论述,依饭节的祭祀对象在当地发现的古文书《依饭簿》中,记述为融县郡守"梁吴二王";在当地的民间传说中,则描述为曾帮助仫佬族祖先逃离监狱的梁姓与吴姓狱卒以及白马娘娘。2009年罗城县政府主导的首届仫佬族依饭文化节中,实体化的对象是白马娘娘而不是梁吴二王,而将白马娘娘赋予"祖国母亲"的新含义后,则与

---

① 罗城县档案馆藏,2009年,《中国罗城首届仫佬族依饭文化节工作总结》,内部资料,第3页,查阅时间:2021年2月23日。

图378　安放在文化馆大厅的白马娘娘

"维护国家统一和民族团结"的主流意识相符合。首届仫佬族依饭文化节结束后,白马娘娘铜像被安放在罗城县文化馆一楼大厅(图378①)。

政府主导的依饭文化节在2013年、2017年、2020年先后举办了第二、三、四届。为了增加依饭仪式的舞台效果,政府为执礼依饭道场的表演团队提供红黄橙等色彩艳丽的演出服,锣、鼓、钹、镲等打击乐器,以及印有神像与傩面的彩色横幅,并且雇佣当地村民身着统一的民族服饰,手持装有红薯与芋头制作的黄牛与水牛模型的草筐端坐在舞台两侧(图379②)。政府不举行大规模依饭文化节的年份,为促进当地的旅游产业,会鼓励交通相对便利的村落举办依饭节,并为其提供经费支持。在政府的旅游资源开发影响下,依饭节也在悄然发生变化。

2019年11月23—24日大银屯在政府资助下,按照传统惯例选定吉日举办依饭仪式。这次仪式与2004年的依饭节相比,举办地点相同(都在村内的银氏祠堂举行)、举办时间相似(实际演行时间为一天一夜)。只是,这次依饭仪式的掌坛师傅是谢忠厚师傅。1967年出生的谢忠厚与梁天才同村,年轻时曾跟随叔父谢汝琼学习技艺,20世纪80年代起跟随梁天才一起参与依饭道场。2012年梁殿甫去世后,谢忠厚继承了梁氏家族经书,并被认定为自治区级非遗传承人,积极参与政府主导的依饭文化节,2018年升级为国家级非遗传承人。从传承谱系来看,谢忠厚师傅与梁天才师傅存在一定的师承关系,谢忠厚师傅也曾参

---

① 图378是笔者于2021年2月23日在罗城县文化馆大厅拍摄。
② 图379是笔者于2020年11月7日在罗城县上凤立依饭节现场拍摄照片。

下篇　韩国傩文化的非遗保护及其启示

图379　资源化介入后的依饭节舞台

与2004年梁天才师傅执礼的大银屯依饭仪式。尽管举行地点相同、演行时间相似、演行团队存在师承关系,然而经历了十年资源开发后,2019年大银屯依饭仪式从祭场的整体格局、演行结构都发生了巨大变化。

首先,从祭场的整体格局来看,2019年大银屯依饭仪式除在祖先牌位前摆放祭桌之外,在祭场中央新设了"中桌"(图380[①])。中桌之上摆放着三茶五酒与一张椅子,椅子上面供奉写有着"主道遐昌/梁吴二帝白马姑娘诸圣之位/民间巩固"的牌位(图381[②])。中桌的出现有两个功能:其一,实现空间区域的二次划分,创造新的舞台空间;其二,凸显梁吴二帝与白马姑娘的主神地位。2004年大银屯依饭仪式的演行过程中依据唱本吟诵36路神灵,并没有重点突出某特定神灵;2019年大银屯依饭仪式中梁吴二帝与白马姑娘神灵的凸显,与遗产化与资源化过程中知识精英对依饭节来源的追溯以及政府的造神运动(白马娘娘铜像的制作)的影响有一定关系。

[①]　图380是笔者于2019年11月23日在罗城县大银屯依饭节现场拍摄照片。
[②]　图381是笔者于2019年11月23日在罗城县大银屯依饭节现场拍摄照片。

图380　2019年银氏祠堂的祭场布局

图381　中桌上的牌位

其次,从演行结构与演行要素来看,2004年大银屯依饭仪式的主要演行结构为"主巫的巫歌吟诵+助巫的傩舞表演",其中巫歌吟诵与傩舞表演是核心要素;2019年大银屯依饭仪式的主要演行结构改变为"演行团体的锣鼓演奏+依饭仪式记录原形的压缩展示+演行团体的群舞",其中巫歌吟诵被大量压缩,傩舞消失。"演行团体的锣鼓演奏"是指2019年依饭仪式的开场与各环节过渡中插入长时间的锣鼓表演,谢忠厚师傅与三四名徒弟各自手持锣、鼓、钹等乐器环绕中桌进行演奏,以此营造喧闹的现场气氛(图382[①])。"依饭仪式记录原形的压缩展示"是指2019年依饭仪式演行过程中虽然大幅压缩了巫歌吟诵时间,但确保《申报书》中记录的起坛、请圣、点牲、唱牛歌、合兵、送圣等六个仪式环节的呈现,为便于现场观众理解,每个仪式环节开始前有人将写有相应环节名称的展示牌摆放在舞台中央。"演行团体的群舞"是指2019年依饭仪式中载歌载舞的双人歌舞或四人歌舞表演取代了原有的无言单人傩舞表演(图383[②])。

2019年大银屯依饭仪式中傩舞的消失,与傩面的传承历史和造型变化有一定的关联性。仫佬族道师们所持的傩面大多在"文化大革命"中焚毁,此后因高额制作费用与对再次被没收焚毁的担忧,因而20世纪80年代依饭节恢复后道师们基本上也不再置办傩面,需要时则租借傩面。现保管于罗城县民族局的15个木质面具,是现存的最古的老仫佬族依饭仪式面具。这组面具得以传承,也颇为

---

① 图382是笔者于2019年11月23日在罗城县大银屯依饭节现场拍摄照片。
② 图383是笔者于2019年11月23日在罗城县大银屯依饭节现场拍摄照片。

下篇 韩国傩文化的非遗保护及其启示

图382 演行团体环绕中桌进行乐器演奏

图383 演行团体表演四人歌舞

偶然。以下是罗城县民族局工作人员接受笔者的访谈时的记录:[1]

罗城的面具在"文化大革命"时大都被烧掉了,20世纪80年代做依饭的时候很难找到面具。但是在石塘屯偶然保留下15个面具。因为那家主人的爷爷在解放以前是有名的道师,但他的父亲却没有子承父业,所以到了他这一代周围的人都不知道他们家还留有傩面,也因而没有被没收烧掉。80年代其他村里举行依饭节时,这家主人就把自家的傩面租给道师们。90年代民族局打

---

[1] YZH,男,1964年生,民族局工作人员,2021年2月25日在办公室接受笔者访谈时提供信息。

算收藏一套傩面，于是就按照15个老面具重新复制了一套。为了老面具不遗失，所以就和面具主人商量了一下，给面具主人补了些钱，用新面具置换了老面具，老面具就保管在了民族局。

2000年以后，依饭节被认定为国家级非遗，很多外地人都慕名而来。当时用15个面具就难解说仫佬族依饭节中36路神灵。所以，按照依饭仪式经书中描述的36路神灵的样子，民族局请木匠师傅重新制作了一套完整面具（36个面具）。这新制作的36个面具主要是用于展示，所以没必要花更多的钱把面具的背面挖空。原来做依饭文化节的时候，就把36个面具挂在仪式现场。之后觉得挂上去再拿下来有些麻烦，于是就把36个面具的样子直接彩印到了横幅上，搞活动的时候直接挂横幅上去就行了。15个老面具与36个新面具现在都保管在民族局，道师们也没有自己置办面具，用的时候过来借就可以了。

近半个世纪以来，中国傩文化的命运如同过山车，20世纪六七十年代被当作迷信，是遭焚毁与被唾弃的对象，30年后又意外成为国家重点保护的"非遗"。对于亲历这种戏剧性变化的当事人来说，到底傩文化的价值在于傩面还是仪式流程，抑或是这种仪式所能带来的政治影响与经济效益？以及傩文化的价值评价今后还会不会发生变化？这些都是存在些许困惑的问题。所以，这些困惑导致基层政府与传承人面对采取傩文化保护具体措施时，无可避免地有些茫然。罗城县政府为了让傩面得到妥善保管收购老面具（图384[①]），并制作36个新面具（图385[②]）用于展示宣传。新面具的背面没有挖空，不再适合佩戴，所以逐渐在依饭仪式中消失（图386[③]）。

傩面在依饭仪式中消失后，传统依饭仪式中"巫歌吟诵+傩舞表演"的二元结构也逐渐解体。取而代之的是更有气势的锣鼓演奏与群体舞蹈。就2019年依饭仪式的演出形态，笔者曾采访过执礼师傅谢忠厚师傅[④]：

笔　　者：谢师傅，2019年您在大银屯执礼的依饭仪式与2004年梁天才师傅

---

① 图384是笔者于2019年11月23日在罗城县大银屯依饭节现场拍摄照片。
② 图385是笔者于2019年11月23日在罗城县大银屯依饭节现场拍摄照片。
③ 图386是笔者于2019年11月23日在罗城县民政局拍摄照片。
④ 谢忠厚，男，1967年生，国家非遗传承人，2022年1月19日接受笔者微信访谈时提供信息。

下篇　韩国傩文化的非遗保护及其启示

图384　罗城县政府收购的依饭仪式所用传统面具(15枚)

非遗视域下中韩傩文化的现场研究

图385 罗城县政府新造依饭仪式面具（36枚）

传统面具的正面和背面　　　　　　　新造面具的正面与背面

图386　新老面具对比

在大银屯执礼的依饭仪式好像有些不同之处。比如，2004年的依饭仪式中没有中桌，表演形式是梁师傅坐在祭桌旁边唱经书，另一名年轻师傅在祭桌前佩戴相应的面具跳傩舞，好像没有锣鼓表演和群舞表演。是不是谢氏与梁氏家族道师执礼的依饭仪式原来就不同啊？

谢师傅：谢氏与梁氏两家执礼的依饭仪式差不多的，依饭节原来是一人唱一人跳的形式。但现在的情况与过去不一样了，现在依饭节的规模大。所以，我重新编排了舞蹈，新增设了中桌。

笔　者：谢师傅，那您是根据什么编排舞蹈的呢？在哪里看到过吗？

谢师傅：这种舞蹈我们在打醮法事中会用到。

从上述访谈可知，传承人顺应国家与政府民俗资源开发的需要，为增强依饭仪式的观赏性而进行了积极的创新改造。其实，如果亲历2019年依饭节现场，就很容易理解这种创新改造的必要性。依饭节当天银氏祠堂被带着"长枪短炮"的拍摄者们围得水泄不通，身着统一服饰的村民站在祠堂院里友好地配合着摆出各种拍照姿势。这些拍摄者中有记者、学者、摄影爱好者等，他们拍摄的现场照片或出现在报纸、新闻等大众媒体，或出现在个人社交平台，无疑成为对外宣传的重要媒介。因此，这个外来者构成的拍摄者群体成为当地政府、传承人、村民不得不关注的对象。政府为村民提供统一服饰与少量劳务费，动员村民积极参与到依饭仪式现场热情接待来客；传承人为给拍摄者们提供更好的素材，将可视化的舞蹈动作与种类进行了创新，对"枯燥冗长"的巫歌吟诵进行了删减;2019年依饭节现场的村民们已经不再是津津有味围观道师表演的观众,而是小心翼翼被外来拍摄者凝视的演员。

总之,在民俗资源开发推进的十余年间,被认定为"国家级非遗"的仫佬族依饭仪式的既成形态与原有形态(以2004年的视频为基准)已经发生了巨大变化。然而,这种变化从某种程度上来说,与非遗法中"保存与保护"的双重标准有直接关系。仫佬族依饭仪式本身是歌舞酬神的民间祭祀活动,与非遗法释义中提及的"跳神"并无本质差异。为了使民族文化摆脱被历史封存的命运,当地政府通过造神运动,给民族恩人白马娘娘赋予"祖国母亲"新的意义;传承人将唱神、跳神的环节大幅删减,并将"民间巩固"新设为祭祀目标。罗城基层政府与传承人在努力证明:在现有非遗法的框架下,尽管巫傩文化的民俗本质很难改变,但巫傩文化的现代传承却可以改造为符合"有利于维护国家统一和民族团结,有利于促进社会和谐和可持续发展"的要求。也正是在这种创新下,巫傩仪式的原形在文化的中心地带逐渐隐遁。文化原形隐遁问题并不是仫佬族依饭节的独有现象,而是纳入国家非遗体系的巫傩文化当下传承中面临的普遍性问题。笔者认为,造成这一问题的主要根源并不在基层政府与传承人,而是非遗法中模棱两可的"保存与保护"双重设定,以及在没有确保文化原形首要地位的前提下鼓励创新的结构性问题。

(二)文化要素的缺失

中韩两国巫傩类非遗保护进程的差异之一在于学术铺垫的差异。20世纪30年代崔南善、李能和、孙晋泰等韩国学者为抵抗日本殖民当局的文化渗透,开始致力于本土巫傩文化的资料收集与学术研究(相关具体论述见本书下篇/第八章/第一节 韩国"巫俗传统论"话语体系的建构)。也就是说,20世纪60年代韩国政府颁布《文化财保护法》对巫傩类无形文化财进行制度保护时,韩国国内巫傩文化的学术研究已有一定积淀。不仅如此,巫傩类无形文化财正式指定以前,文化财管理局(1999年升级为文化财厅)会派出在相应领域有研究基础或田野经验丰富的民俗学者进行系统调查并撰写调研报告(相关具体论述见本书下篇/第八章/第二节 韩国"无形文化财制度"的历史发展),这在一定程度上保证了巫傩类无形文化财指定的系统性与完整性。

不同于韩国,中国在21世纪初开展非遗保护运动以前,巫傩文化的学术研究积累相对不足,虽然20世纪80年代曾出现过短暂的"傩文化研究热",但这股热潮主要集中于挖掘傩面与傩舞的多样性,对于巫傩文化的系统性与完整性关注相对较少。在非遗运动初期,基层政府的文化馆主要承担起非遗项目的申报工作,即在对地区文化的整合与筛选基础上确定申报对象,相关工作人员负责现场调研、撰写申报材料。也就是说,中国巫傩类非遗认定初期,学者似乎处于失语状态,因而导致了部分非遗事象存在重要要素缺失的现象。笔者以融水苗族芒蒿仪式的非遗认定为案例,对这一现象进行叙述。

芒蒿仪式作为苗族系列坡会群的构成部分于2006年被认定为第一批国家级非物质文化遗产。虽然芒蒿仪式广泛分布于安陲乡一带的众多村落,各村落的芒蒿造型也各有特点(相关具体论述参照本书中篇/第六章/第一节 安陲苗族芒蒿仪式),但只有正月初九的乌勇坡会与正月十七的安陲乡芒蒿节两个以芒蒿仪式为主题的坡会被纳入了国家非遗保护体系。前者是历史悠久的村落共同体巫傩仪式,后者则是乡政府为发展旅游业于1989年起牵头在政府所在地举行的文化展演活动。2016年"苗族芒蒿节"被认定为广西壮族自治区区级非物质文化遗产,乌勇屯的年轻傩面制作师傅杨胜福被指定为传承人,由此原来从属于系列坡会中的芒蒿仪式成为独立的非遗认定项目。虽然国家级非遗与自治区级非遗的认定都以乌勇屯为中心,但安陲乡政府则将吉曼屯作为芒蒿文化的发源地大力对外宣传,三村屯梁建雄作为芒蒿制作世家的传人,制傩技艺精湛而且家中保管着最古老的芒蒿面具。由于芒蒿仪式传承历史悠久并且分布地区广泛,又加上缺乏相关的文献记录,因此理清传承谱系并非易事。在这种情况下,众里择一的单一非遗认定势必会引发争议,加速芒蒿传承群体的序列化,因此复数认定或传承团体认定势在必行。

目前被认定为国家级非遗与自治区级非遗的芒蒿仪式为一天日程,主要包括芒蒿下山巡游—芒蒿坪地嬉戏—芒蒿重归深山三个环节(相关具体论述见本书中篇/第六章/第一节 安陲苗族芒蒿仪式)。然而,为募集芒蒿仪式所需费用与食物的游狗仪式,因不在芒蒿仪式当天举行而未受到关注。游狗仪式是在芒蒿仪式前后举行的逐门除疫活动,各村屯按照惯例或将小狗装入口袋让一人背在身后(图387[①]),或将小狗装入竹篓让两人抬在肩上(图388[②])逐门逐户讨要财物。村民纷纷加入游狗队伍,每到一处游行队伍或齐

[①] 图387是2018年2月20日笔者在融水县安陲乡乌吉村乌翁屯拍摄。
[②] 图388是2018年2月24日笔者在融水县安陲乡暖坪村暖坪屯拍摄。

图387　乌翁屯背狗仪式　　　　　图388　暖坪村抬狗仪式

唱祝福歌或说吉利话,主人则欣然拿出酒肉招待并捐钱捐物,所征集财物主要作为辛苦费分发给芒蒿扮演者。游狗仪式要走遍村内的每户人家,因而耗时较长,所以喜好单数日子的苗族村屯在芒蒿仪式的两天前或两日后举行游狗仪式。从游狗仪式与芒蒿仪式的相关性来看,二者存在必然联系,理应作为一个整体进行非遗认定。然而,由于民俗学者的失语,导致非遗认定中文化要素缺失现象的出现。

笔者认为,"非遗保护"首先应该是学术问题,其次才是行政与法律问题。中国非遗法自实施以来并未发生一起据此法执行的案件[①],也说明了非遗保护的特殊性。基于现行非遗制度的运作,"文化原形的隐遁问题"与"文化要素的缺失问题",政府应赋予学者更多的话语权,探索更符合中国文化生态的非遗保护体系。韩国具有充分学术铺垫的无形文化财制度在发展过程中,逐渐呈现"原形至尚"的倾向(相关具体论述参照本书下篇/第八章/第二节　韩国"无形文化财制度"的历史发展),民俗学者林在海教授与时俱进地提出了"洋葱原理"(图389),探索传统文化保护与创新的双赢途径。"洋葱原理"是指无形文化财的技能保有者以现实性为导向,在传承过程中不断地创造新的文化变异形;专家学者则通过历史研究不断地探寻传统文化的源流——文化古形[②]。笔者认为,结合中国巫傩文化的传承历程与当下生态,学者与传承集团的首要任务应是确保完整的文化原形,在此基础上再谈创新。

---

① 孟令法,《中国文化遗产保护政策的历史演进》,《遗产》2019年第1期。
② 〔韩〕林在海,《无形文化财的价值再认识与创造性继承》,《韩国民俗学》2007年第45期。

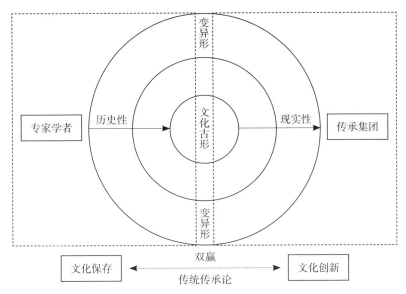

图389　笔者根据林在海教授的"洋葱原理"制作的可视图

第二节　傩文化非遗保护方式的多元化

2022年2月开始韩国政府逐步放开疫情管制措施,文化财厅随之宣布各项无形文化财的公开发表活动恢复正常。笔者因此有机会时隔五年对韩国巫傩文化现场进行调研(如表9所示)。所调研的15个现场中,除东海市於达渔村的丰渔祭(东海岸别神祭)由村民自发组织以外,其余14个现场都是在文化财厅或地方政府资助下由相应的保存会牵头组织。

表9　2022年韩国巫傩文化调研日程表

调查对象	巫傩类型(特点)	调查日期
蝟岛草船祭祀	国家级无形文化财公开发表;城隍巫舞	2022年2月2—3日
东海市於达丰渔祭	村落自发组织东海岸别神祭	2022/年2月14—17日
济州岛七摩里堂灵登巫仪	世界级无形文化遗产公开发表	2022年3月15—17日

(续表)

调查对象	巫傩类型（特点）	调查日期
恩山别神祭	国家级无形文化财公开发表	2022年3月22—29日
三角山都堂巫仪	首尔市无形文化财公开发表；城隍祭	2022年4月2日
烽火山都堂巫仪	首尔市无形文化财公开发表；城隍祭	2022年4月3日
栗岛都堂巫仪	首尔市无形文化财公开发表；城隍祭	2022年4月16日
机池市拔河游戏	世界级无形文化遗产公开发表（龙王祭）	2022年4月13—15日
河回别神傩舞祭	国家级无形文化财；定期演出	2022年4月22—23日
扬州别山台游戏	国家级无形文化财公开发表；傩舞	2022年5月7日
京畿道都堂巫仪	国家级无形文化财公开发表；城隍祭	2022年5月17日
慈仁端午祭祀	国家级无形文化财公开发表；新编巫舞	2022年6月3日
珍岛葬礼巫仪	国家级无形文化财公开发表	2022年6月4日
法圣浦端午祭祀	国家级无形文化财公开发表；洗怨巫舞	2022年6月5日
松坡山台游戏	国家级无形文化财公开发表；傩舞	2022年6月25日

现代化与城市化、老龄化与少子化的时代背景下，尽管政府将巫傩文化指定为国家或地方级无形文化财予以保护，依然阻挡不了巫傩文化日渐脱域的总体趋势。慈仁端午祭祀、珍岛葬礼巫仪等首尔圈以外的巫傩仪式现场几乎鲜有年轻人（图390[①]），首尔地区的巫傩仪式现场（三角山都堂巫仪、烽火山都堂巫仪、栗岛都堂巫仪）除保存会的成员外，几乎没有多少本地人参与（图391[②]）。韩国傩舞仪式（河回别神傩舞祭、扬州别山台游戏、松坡山台游戏）都已经完全成为舞台艺术（图392[③]）；东海岸别神祭（於达渔村丰渔祭）之所以仍能维系脉络传承是因为尚有部分渔民以出海捕捞为生业，但现场也几乎都

---

① 图390是2022年6月3日笔者在慈仁端午祭现场拍摄。
② 图391是2022年4月16日笔者在栗岛都堂祭现场拍摄。
③ 图392是2022年6月25日笔者在松坡山台游戏表演现场拍摄。

下篇　韩国傩文化的非遗保护及其启示

图390　2022年慈仁端午祭现场

图391　2022年栗岛都堂祭现场

图392　2022年松坡山台游戏现场

图393　2022年於达东海岸别神祭现场

是老人参与（图393①）。以村落为传承根基，旨在驱邪祈福、丰饶多产的共同体巫傩仪式，随着现代文明带来的技术革新与生活模式变化，赖以生存的空间正在逐步萎缩。

在巫傩文化脱域趋势不可避免的趋势下，韩国文化财厅与地方政府通过多种措施对巫傩文化进行保护。文化财厅对指定的每项国家级无形文化财通过认定"保有团体"（每月发放活动费150万韩元）、"名誉保有者（每月发放生活补助100万韩元）"、"保有者（每月发放生活补助150万韩元）"、"传承教育师（每月发放生活补助75万韩元）"等形式进行经费资助。如果认定保有者存在争议或无法认定个人的团体项目则只认定保有团体。保有团体每年组织一次公开发表会完整呈现所传承无形文化财的文化典型（"典型"的概念参照下篇／第八章／第二节韩国"无形文化财制度"历史发展），文化财厅会提供约1 200万韩元的活动费用（2022年为准），同时会派出相关领域的两至三名民俗学者进行现场观察评价。评价主要围绕仪式环节的完整性、传承人的参与程度、现场观众的满意度、保有团体筹备中的困难等。

各地方政府会根据当地的经济状况对无形文化财的传承进行额外资助。以恩山别神祭为例，扶余郡厅为不能获得中央生活补助的五名恩山别神祭保存会成员（履修者）提供每月30万韩元的生活补助金，具体人员由保存会内部推

---

① 图393是2022年2月15日笔者在松坡山台游戏表演现场拍摄。

荐①。保有者或传承教育师虽技能出众、经验丰富,但大多为年长者,所以传承活动需要年轻骨干成员具体推进,郡厅提供的额外资助无疑给年轻履修者们极大激励。不仅如此,扶余郡厅依托恩山别神祭每年的公开发表会,追加资本投入打造出地区文化庆典,提升地区居民文化福利的同时,吸引外来游客拉动地方旅游经济。

首尔地区已实现高度城市化,原有的村落共同体随着城市开发与重建大多支离破碎。作为商业文明、技术文明、西方文化交汇的敏感地带,首尔地区曾普遍存在的共同体巫仪——"都堂巫仪"作为前近代的文化遗留物,在现代文明与西方宗教的冲击下早已失去了传承根基与延续动力。在这种情况下,首尔市厅为了留住城市的乡土记忆,维系首尔土著市民的感情纽带,将各社区的都堂巫仪指定为首尔市级无形文化财,在认定传承人时采用了双向认定方式,即将拥有专业表演能力的巫师、乐师认定为保有者或传承教育师,将土著居民组建的保存会认定为保有团体,每年的公开发表会由保存会负责组织。这种双向认定在确保无形文化财文化艺术水准的同时,也兼顾了地区居民的参与程度。

也许正是得益于韩国文化财厅与各地方政府的多元化保护措施,韩国的巫傩文化虽然在现代文明冲击下,不断脱离原有传承脉络沦为舞台艺术,但仍能维持完整形态,并不断被注入新的传承动力。2022年笔者在参与观察於达渔村丰渔祭时发现时隔七年东海岸别神祭的演行内容与环节更加丰富。这次的演行团队与2015年竹边三里东海岸别神祭(相关论述参见上篇/第三章　巫师主导的渔村型别神祭)的演行团队基本相同,只是巫师团队中出现了三五名年轻面孔,他们大多是大学民乐系的毕业生或在读生。由年轻乐师(金云石,1985年出生)表演的送神环节巫剧部分,出现了笔者之前未见过的新内容——"安慰冤死军人"篇章(之前只有训长篇、冠礼篇、产子篇三个篇章,具体内容参见上篇/第三章　巫师主导的渔村型别神祭)。笔者很好奇这个巫剧篇章的来源,采访后得知这个篇章是金云石根据20世纪70年代东海岸别神祭的视频记录复原的篇章。

维持巫傩仪式形态完整性的意义在于巫傩仪式本身是一个具有承载能力的文化容器,歌、舞、乐、戏剧、(口头)文学等多种文化元素都紧密地附着在这一容器不同位置。因此,维持巫傩仪式形态的完整性,实质上是在保护文化元素的多样性,为文化艺术领域的创新储备源数据。近年来韩国的"江陵端午祭"

---

① 朴贤京,女,韩国忠南扶余郡厅文化财科科员,2022年3月28日在办公室接受笔者访谈时提供信息。

(2005)、"济州岛七摩里堂灵登巫仪"(2009)、"处容舞"(2009)等巫傩仪式先后被收录进世界级非物质文化遗产名录,以巫俗神话为蓝本创作的小说与电影《与神同在》、以巫俗仪式为核心元素的电影《哭声》等都成为现象级畅销作品。"守住旧传统"与"创造新文化"可以相得益彰,只要确立合理的规则让不同主体发挥各自所长,旧的传统将成为孕育新文化的母体,新文化可能又为旧传统拓展生存空间。

本书探讨韩国巫傩文化的非遗保护开发,归根结底是为了探索中国巫傩文化的当下与未来。2022年3月16日笔者参与观察了2009年收录入世界非物质文化遗产名录的"济州岛七摩里堂灵登巫仪式"。这一仪式是村民为驱邪祈福而邀请当地世袭巫集团向村落保护神歌舞献祭的村落共同体性巫俗仪式,巫歌吟诵与巫乐表演占据大部分时间,其间穿插短暂的傩舞表演①。从演行结构的复杂性与演行要素的多样性来看,济州岛七摩里堂灵登巫仪式与中国广西各地常见的巫傩仪式相比并无特别的惊艳之处。换言之,如果从艺术价值、乡土价值、学术价值来看,广西的很多巫傩仪式都达到了收录入世界级非物质文化遗产的水平。那么我们可以对巫傩文化进行公开保护吗?

笔者一直存在一个顾虑:"如果非遗制度对巫傩文化进行原形保护,会不会导致曾经危害社会的巫术迷信死灰复燃呢?会不会在非遗名号的加持下,巫俗信众增加呢?会不会引发社会倒退呢?"笔者把这些顾虑告诉了导师,导师长期从事韩国巫傩研究且担任过韩国文化财厅的文化财委员(2005—2008)。导师说:"应该相信每个人都拥有作出明智判断的能力,经历了现代文明洗礼后多少人会因为某项巫傩文化被指定为国家无形文化财而盲目追随呢?"②导师的话令我豁然开朗。曾经巫傩文化之所以盛行,是因为其拥有稳固的生存根基(农耕文化、村落共同体、落后的医术与技术、闭塞的信息网),但技术革命引发的社会变迁早已使得巫傩文化赖以生存的土壤不复存在了③。也就是说,非遗制度的介入也只可能保护巫傩文化的躯壳(仪式的完整性),不可能改变巫傩文化衰落的发展趋势。纵观中韩两国现存的巫傩仪式,艺术性突出的共同体性巫仪占据多

---

① 济州岛七摩里灵登巫仪主要包括阴历二月初一的灵登迎神祭与二月十四的灵登送神祭,其中后者是重点,主要包括"初感祭—供宴—龙王巫歌—播种仪式—阻厄—令坚游戏—道尽"等环节(相关资料参考"济州岛七摩里堂灵登巫仪"公开发表会宣传材料)。
② 2022年4月21日笔者拜访林在海教授时的谈话内容。
③ 举个简单例子,过去广西柳江壮族村落曾存在过"求花仪式",不孕不育的家庭会请师公做法事向神灵祈求子嗣。但随着医学的发展,这种巫傩仪式已经在柳江地区消失。

数,并且其民俗内涵也不再执着于一味求神,而是作为凝聚族群或社区的文化载体。讲究神秘性、咒术性的个人巫仪大多已被时代自然淘汰,现在婚丧嫁娶中保留的巫傩仪式更多是一种心灵慰藉形式。这种时代发展趋势下,在艺术性、学术性、乡土性价值尺度下认定的巫傩类非遗项目,即便不套用"保存与保护"的二次过滤机制,明确文化原形的重要性,也不会对社会发展造成多少负面影响。也许,我们的巫傩类非遗保护可以少一些顾虑。

〔难忘的调研日志之八:疫情中的田野调查〕

2022年2月14—17日通过韩国无形文化遗产院的同学得知东海市於达渔村举行丰渔祭的消息,这也是疫情三年来的首次东海岸别神祭。村里请了15位巫女与乐师过来连续表演三天,仪式现场只有几位村民代表在场。其间候选总统的拉选票队伍、当地市长和公务员等先后过来跟村民打过招呼。16号晚上10多位村民过来一起与巫女们唱歌跳舞,当时有几位村民现场摘掉了口罩。17号早上巫女们的表演刚开始没多久,突然负责的堂主巫收到消息,匆忙交代大家说"村里有些突发状况,大家尽快结束表演",现场气氛一下子变得很紧张,原定五个小时的表演,不到两个小时就结束了。原来昨天晚上来参加活动的村民中有人确诊了,而且那个人还没有戴口罩。突发状况让村民和巫女们有些不知所措。因为昨天表演的"痘神巫歌"是专门驱赶瘟疫的,没想到今天却发生这样的事情!堂主巫以村里保护神的名义反复安慰村民代表,"这么不容易的情况下,还坚持办东海岸别神祭,神灵很感动,做事多的人自然受非议也多,不要太在意"。

2月19日也就是结束於达渔村丰渔祭调研的两天后,突然接到一起调研的同学电话,询问我身体怎么样,是否感染了?原来当时站在我身边的摄像老师当天确诊了,所以让我自己赶紧测试一下。接到电话,多少有些慌张的我赶紧跑到超市买来测试条,忐忑不安地等着出结果,还好结果是阴性。当时在现场坚持没摘口罩、没吃东西可能帮了自己。

相比于於达丰渔祭田野调查的有惊无险,恩山别神祭的田野经历更加难忘。恩山面是标榜忠孝的百济古都,恩山别神祭是祭祀当地山神和福信将军的巫傩仪式,为期6天(3月23—28日),即便当下疫情参与人数也有五六十人。20世纪60年代就被指定为国家重要无形文化财第9号,为了感激民俗学者任东权教授促成无形文化财指定这件事,村民们还在传授馆门口立了一座"文学博士任东权先生不忘碑"。村民现在仍然遵守各种禁忌,别神祭仪式正式开始三天前不能吃荤腥,所以参与活动的保存会人员集体在传授馆食用素食。保存会事务局长告诉我,"村民深信神灵的庇佑,所以全国疫情严重,但恩山至今没有人感染新冠"。我随了礼金和参与仪式的人一起食用素餐,其间村民也很热情回答我的各种问题。

田野调查进行到第三天时,我正在院子里拍照,保存会事务局长突然脸色凝重地拿着一个测试条走到我身边说:"高老师,你不要多想,我们这里帮厨的大妈突然身体有些不舒服,我们担心你被我们感染,方便的话检测一下。"我脑袋当时一下子蒙了,首尔地区是当下韩国最严重的疫区,恩山别神祭保存会毫无芥蒂地接纳我,一个来自疫区的外国人,如果我的测试结果是阳性,该怎么面对后续状况呢!我赶紧接过测试条说:"我现在马上测。"在等待结果的那几分钟,我整个人紧张到发抖。结果出来,谢天谢地,阴性!为期六天的调研结束时,我去向保存会事务局长告辞,并把拍摄的一些照片拷给他,顺便又问起那位大妈的情况。原来大妈当时因为喝酒过量导致身体不舒服,现在已经没事了。保存会事务局局长再三让我不要介意测试条的事情。其实,是我由衷感激保存会的成员,愿意接纳一个来自疫区的陌生人。

参考文献

（一）韩国资料

1. 韩文论文

曹鼎铉.别神祭的传承力与祝祭性的演行原形[D].安东大学博士学位论文,2007.

曹鼎铉.东海岸别神祭巫业集团的特点与傩戏、送神巫剧的表现力[J].公演文化研究,2008(17).

曹鼎铉.收录为世界文化遗产后河回村的变化和村民的对应方式[J].民俗研究,2015(31).

成炳熙.河回别神祭游戏[J].韩国民俗学,1980(12).

崔光植.孙晋泰的生涯与学术活动——以新资料为中心[J].历史民俗学,2000(11).

崔锡永.日据大韩帝国强占前后对朝鲜巫俗的视线变化[J].韩国巫俗学,2005(9).

崔正如.新罗的祭仪,新罗文化祭学术发表论文集,1984(5).

丁秀珍.无形文化财制度的成立及其历史性的回顾[J].韩国民俗学,2004(40).

丁秀珍.韩国民俗艺术庆典真的是无形文化财的产房吗？[J].韩国民俗学,2009(50).

丁秀珍.民俗作为观光资源的原真性与商品性[J].民俗学研究,2009(6).

丁秀珍.农村观光与民俗研究的再考——利川紫采村为个案研究[J].实践民俗学研究,2009(13).

丁秀珍.消费主义时代的农村观光与民俗研究[J].韩国民俗学,2011(54).

丁秀珍.无形文化遗产的文化政治学[J].实践民俗学,2015(26).

韩晟勋.前近代巫俗谈论与民俗宗教中儒教育巫俗的关系[J].民俗学研究,2020(46).

韩阳明.庆典传统的传承与变化[J].实践民俗学研究,1999(1).

韩阳明.庆典政治的两种风景：国风81与大学大同祭[J].比较民俗学,1998(26).

韩阳明.对重要无形文化财艺能领域原形与传承问题的反思[J].韩国民俗学,2006(44).

韩阳明.地方庆典的传承与民俗的变化——以安东国际傩舞庆典为例[J].比较民俗学,2007(35).

韩阳明.韩国民俗艺术庆典对民俗传承的影响[J].韩国民俗学,2009(50).

韩阳明.关于传统庆典与庆典的演行结构与推进方式的试论——对解越与匍越的美学可能性的探析[J].比较民俗学,2010(43).

洪泰汉.巫俗大众化的方向与巫俗研究的方向[J].韩国巫俗学,2016(33).

黄缕诗.江陵端午祭的传统性和持续性[J].历史民俗学,1999(9).

黄缕诗.江陵端午祭传承的相关研究[J].人文学研究,2012(17).

姜正元.无形文化财制度的问题与改善方案——以艺能项目为中心[J].比较文化研究,2002(8).
金昌日.巫俗神话中花田的意义研究[J].韩国巫俗学,2006(11).
金成礼.韩国巫教的历史考察[J].韩国宗教研究,1999(1).
金成礼.巫俗传统论的创出与流用[J].亚细亚文化,2006(22).
金成礼.日据时期巫俗谈论的形成与殖民性再现的政治学[J].韩国巫俗学,2012(24).
金道衡.1920—30年代民族文化运动与延禧专门学校[J].东方学志,2013(164).
金东奎.对降神巫,世袭巫分类的考察[J].韩国巫俗学,2004(8).
金东圭.韩国巫俗的多样性——学术谈论与巫觋自我认同形成之间的影响关系[J].宗教研究,2012(66).
金光亿.抵抗文化与巫俗仪礼——现代韩国的政治脉络[J].韩国文化人类学,1991(23).
金衡勤.东海岸死灵祭结构的现场论研究[D].京畿大学硕士学位论文,2005.
金基衡.全国民俗艺术庆典的历史和性质[J].韩国民俗学,2009(50).
金京南.江陵端午祭仪研究[D].暻园大学博士学位论文,1996.
金京南.江陵端午祭的发展过程和现状[C].//民俗学术资料丛书编辑部,民俗学术资料丛书——岁时风俗9,我们的庭院出版社,2001.
金炯根.东海岸五鬼祭结构的现场论研究[D].京畿大学校硕士论文,2006.
金澜珠、宋载勇.日据强占期乡土娱乐振兴政策和民俗游戏的展开样态[J].比较民俗学,2011(44).
金泰坤.成造信仰考[J].后进社会问题研究,1969(2).
金完培.金应焕.河回假面的造型美及其制作过程[J].亚洲民族造型学报,2006(6).
金文谦.资本主义与休闲[J].社会研究,2002(4).
金信孝.东海岸别神祭的区域传承情况及变化[D].韩国安东大学民俗系博士毕业论文,2017.
金和经.关于日帝强占期朝鲜民俗调查事业的研究——以秋叶隆的调查与研究为中心的考察[J].东亚人文学,2010(17).
金载湖.对创建新农村政策事业的批判——没有哲学的Green Tourism[J].民俗研究,2009(18).
金载湖.Green Tourism中传统文化体验项目与民俗的活用[J].韩国民俗学,2007(46).
金哲圭.韩国农业体制的危机与世界化:从宏观历史的角度[J].农村社会,2006(16).
金正河.渔村民俗传承中渔村契的作用与传承样态——以釜山庆南渔村与城市渔港为中心[J].韩国民俗学,2018(67).
李长烈.1970—80年代政府的无形文化财保护政策——以保存与传承为中心[J].历史民俗学,2003(17).
李长烈.1990年代重要无形文化财管理制度改善及其问题[J].韩国民俗学,2003(37).
李海振.农村政策理念(paradigm)的变化与农村地区开发事业——以农村村落综合开发事业为例[J].农村社会,2009(19).
李海准.地区庆典与文化观光资源的联动方案——以恩山别神祭与扶余地区为中心[J].百济文化,1998(27).
李海准.为促进文化资源开发的百济文化主题扩大方案[J].百济文化,2004(33).

李惠求.别祈恩考,艺术论文集,1964(3).
李基东.民众文化运动论[J].韩国史市民讲座,1999(25).
李京烨.无形文化财和民俗传承的现实[J].韩国民俗学,2004(40).
李奎大.江陵国师城隍祭与乡村社会的变化——以乡吏层的弥陀契为中心[J].历史民俗学,1998(7).
李龙范.巫俗相关无形文化财制度的意义与局限[J].比较民俗学,2011(45).
李龙范.日据的巫俗管制政策与巫俗的变化[J].历史民俗学,2015(49).
李尚贤.民俗学者的教养旅行传统与文化观光[J].民俗研究,2000(10).
李尚贤.德国民俗学界的动向和韩国民俗学立身之地摸索[J].韩国民俗学,2010(51).
李泰勋.1920年代崔南善朝鲜学研究和实践的局限[J].史学研究,2018(131).
李载弼.对无形文化财保护制度履行过程与成果的探讨[J].文化财,2011(44).
李载浩.河回别神假面舞剧台词[J].韩国文学,1975(19).
李智媛.1920—30年代日据的朝鲜文化支配政策[J].历史教育,2000(75).
李镇教.河回村落的观光地化和行为主体间的相互作用[D].安东大学民俗系硕士学位论文,2000.
李镇教.安东国际傩舞庆典的展开过程和地区社会——以"地区活性化"问题为中心[J].实践民俗学,2013(22).
李镇教.商品化"传统"消费的文化意义:"韩国民俗村"的事例研究[J].实践民俗学研究,2014(23).
林在海.河回别神傩舞祭中出现的古代祭仪痕迹与别邑传统[J].安东文化,1993(14).
林在海.比较民俗学的方法论属性及比较研究的课题[J].比较民俗学,2000(18).
林在海.为促进地区庆典发展地方社会及地方大学的作用[J].比较民俗学,2001(20).
林在海.河回傩舞游戏的祭仪性与艺术性以及民众的创造力[J].安东学研究,2003(2).
林在海.韩国神话的主题认识与民族文化本质[J].古朝鲜檀君学,2007(17).
林在海.无形文化财的价值再认识与创造性继承[J].韩国民俗学,2007(45).
林在海.韩国傩舞的传统与魅力的再认识[J].比较民俗学,2008(37).
林在海.韩国庆典传统的持续样态与庆典性的再认识[J].比较民俗学,2010(42).
林赈泽.80年代演戏艺术运动的展开[J].创作与批评,1990(18).
柳汉尚.河回别神假面舞剧台词[J].国语国文学,1959(20).
柳基善.1930年代民俗学研究的一个侧面——以孙晋泰的民俗学研究属性为中心[J].民俗学研究,1995(2).
柳贞雅.河回傩舞游戏的意义变化[D].首尔大学人类学专业硕士学位论文,1989.
罗景洙.全南长兴郡夫山面虎契里别神祭调查研究[J].民俗学研究,2002(10).
南根佑.民俗的文化财化和观光化:以江陵端午祭的folklorism研究为中心[J].韩国民俗学,2006(43).
南根佑.民俗的观光资源化与民俗学研究——以green tourism为中心[J].韩国民俗学,2009(49).
南根佑.民俗的竞演和艺术化[J].韩国文学研究,2009(36).

南根佑. green tourism的文化政治学——B村的观光实践为中心[J]. 韩国民俗学,2012(56).
裴永东. 文化创意化事业中"文化原形"概念的含义与局限[J]. 人文创意,2005(6).
裴永东. 传统的乡村民俗成为公共文化资源化过程[J]. 比较民俗学,2015(58).
裴永东. 无形文化财制度的民俗学实践[J]. 实践民俗学,2018(31).
朴敬申. 东海岸别神祭的祭次与构成方法及特征[J]. 口碑文学研究,1994(1).
朴始贤. 农村观光的第六产业化商业模型[J]. 农渔村观光研究,2015(22).
朴镇泰. 从巫俗层面看河回傩舞游戏的成立[J]. 大邱语文论丛——我们的语言文字,1985(3).
朴镇泰. 韩国巫仪的结构与分化样相[J]. 比较民俗学,1992(9).
全景洙. "巫俗"研究百年的大纲与曲折[J]. 民俗学研究,2012(31).
任东权. 江陵端午祭的回顾与展望[J]. 临瀛文化,1984(8).
任东权. 江陵端午祭的回顾与展望[J]. 亚细亚江原民俗,1985(3).
任东权. 江陵端午祭的无形文化财指定经纬[J]. 江原民俗学,2002(16).
任敦姬,〔美〕Roger L.Janell. 崔南善的1920年代的民俗研究[J]. 民俗学研究,1995(2).
任敦熙. 国际无形文化遗产学术期刊的发刊意义[J]. 民俗消息,2006(128).
任敦熙. 林章赫,重要无形文化财保存传承的课题[J]. 文化财,1997(30).
任晢宰. 韩国巫俗研究序说[J]. 亚细亚女性研究,1970(9).
申镐. "民俗"知识的逆转——1960年以后江陵端午祭为例[J]. 比较民俗学,2001(21).
沈亨俊. 江陵端午祭主神交替问题的相关研究——围绕泛日国师的出现问题[J]. 历史民俗学,2013(43).
石大权. 韩国无形文化财政策的框架和运作历史[J]. 韩国传统公演艺术学,2015(4).
宋道英. 1980年代韩国文化运动与民族,民众性文化样式的探索[J]. 比较文化研究,1998(4).
宋潽. 对无形文化遗产保存与活用的小考[J]. 南道民俗研究,2008(17).
孙台源. 入选农村开发事业村落的政治过程[J]. 实践民俗学研究,2011(17).
田成熙. 东海岸别神祭中送神歌舞的样态与意义[J]. 比较民俗学,2014(55).
文惠珍. 对《巫党来历》的出现时期与著书背景的考察[J]. 首尔与历史,2016(94).
文玉表. 以观光为媒介的文化生产和消费——以河回村为中心[J]. 韩国文化人类学,2000(33).
徐永大. 韩末的檀君运动与大宗教[J]. 韩国史研究,2001(114).
许永浩. "原形"的神话,"典型"的逻辑——以足傩中"原形"与"典型"争议为中心[J]. 无形遗产学,2016(1).
尹东焕. 东海岸祭的传承与变化[D]. 高丽大学博士论文,2007.
尹东焕. 东海岸别神祭的演行要素和类型[J]. 民俗研究,2009(19).
尹东焕. 别神祭的历史性展开与庆典性[J]. 比较民俗学,2010(42).
尹东焕. 江陵端午祭的虚实[J]. 南道民俗研究,2014(29).
赵显高. 通过《朝鲜巫俗考》看李能和的巫俗理解[J]. 爱山学报,2015(41).
张筹根. 民俗艺术竞演大会的功过[J]. 韩国民俗学,1988(21).
郑亨镐. 韩国假面剧的类型与传承原理[D]. 中央大学博士学位论文,1994.
郑永勋. 韩国史中的"檀君民族主义"及其意义[C]//尹内贤,东亚地区与人类. 知识产业社,2005.

中村和代.从传承集团和演行情况看河回傩舞游戏的持续与变化[D].安东大学民俗系硕士学位论文,2005.

保坂祐二.崔南善的不咸文化圈与日鲜同祖论[J].韩日关系史研究,2000(12).

2. 韩文专著

安东文化研究所.安东文化的谜团[M].知识产业社,1997.

曹鼎铉、韩阳明.东海岸别神祭的现场[M].韩国民俗院出版社,2017.

曹基铉.临瀛文化大观——江陵市·溟州郡[M].江陵文化院,1982.

赵顺子.韩国无形文化财制度史研究[M].民俗苑,2018.

朝鲜总督府.部落祭[M].朝鲜总督府,1931.

崔常寿.河回假面剧的研究[M].高丽书籍株式会社,1959.

崔常寿.山台·城隍神祭假面剧研究[M].成文阁,1985.

崔常寿.韩国假面的研究[M].成文阁,1988.

崔南善.朝鲜常识问答续篇[M].三星文化文库,1972.

崔正如、徐大锡.东海岸巫歌[M].萤雪出版社,1974.

大韩民国文教部国史编纂委员会.(国译)中国正史朝鲜传[M].天丰印刷株式会社,1986.

丁秀珍.无形文化财的诞生[M].历史批评社,2008.

国立民俗博物馆.庆北的民俗文化02[M].国立民俗博物馆,2009.

国立文化财研究所.重要无形文化财第69号——河回别神傩舞游戏[M].彼我出版社,2006.

国立文化财研究所.重要无形文化财第13号——江陵端午祭[M].界闻社,1999.

韩国法制研究会编.美军政法令总览[M].韩国法制研究会,197.

韩国民俗学资料刊行会.古今笑丛第一辑[M].民俗苑,1996.

金善丰、金京南.江陵端午祭研究[M].宝库社,1998.

金泰坤.韩国民俗学原论[M].诗人社,1984.

金泰坤.韩国巫歌集[M].集文堂,1979.

金泰坤.韩国巫歌集1[M].集文堂,1992.

金泰坤.民俗文学与传统文化[M].博而精出版社,1997.

金宅圭、成炳熙.河回别神傩舞祭游戏调查报告[M].庆尚北道大邱,1978年.

金宅圭.韩国农耕岁时的研究[M].岭南大学出版社,1991.

李长烈.韩国无形文化财政策的历史和出路[M].关东出版社,2006.

李杜铉、沈雨晟.无形文化财指定调查报告书第133号河回神祭游戏[M].文化财管理局,1980.

李均玉.东海岸别神祭——庆尚北道蔚珍郡后浦面三栗别神祭/巫剧资料[M].博而精,1998.

李能和(著),徐永大(解).朝鲜巫俗考——透过历史看韩国巫俗[M].创批出版社,2008.

李载弼.丰渔祭[M].国立无形遗产院,2014.

林在海.民俗村——河回旅行[M].米粒出版社,1994.

林在海.安东河回村[M].大院社,1994.

林在海.河回傩面与河回傩舞[M].知识产业社,1999.

林在海等.河回傩面与韩国人的面孔[M].民俗院,2005.
林在海等.河回村的世界[M].民俗苑,2012.
南根佑.韩国民俗学再考[M].民俗苑,2014.
朴东锡.文化财保护法[M].民俗苑,2005.
朴京淑,徐大锡.韩国口碑文学大系别册附录Ⅲ,韩国精神文化研究院[M].1992.
朴镇泰.傩舞游戏的起源与结构[M].新闻社,1990.
宋锡夏.韩国民俗考[M].日新社,1960.
宋锡夏.民俗写真特别展图录：石南民俗遗稿[M].良书文化社,1975.
宋志香.安东乡土志(上)[M].大成文化社,1983.
孙晋泰.孙晋泰先生全集2[M].太学社,1981.
吴世卓.文化财保护法原论[M].周留城图书出版社,2005.
徐大锡.巫歌文学的世界[M].集文堂,2011.
徐渊昊.城隍祭傩舞游戏[M].悦话堂,1991.
尹东焕.东海岸巫俗的持续与创造性继承[M].民俗苑,2010.
尹东焕.韩国的巫歌11[M].民俗苑,2007.
尹东焕.东海岸巫俗的持续与创造性继承[M].民俗苑,2010.
赵东一.傩舞的原理尽情释放[M].知识产业社,2006.
赵东一,林在海.韩国口碑文学大系7-7[M].韩国精神文化研究院,1981.
张正龙.江陵官奴假面剧研究[M].集文堂,1989.
张正龙.江陵端午祭[M].集文堂,2003.
张正龙.江陵端午祭现场论探究[M].国学资料院,2007.
郑镐敦.江陵端午祭白书[M].江陵文化院,1999.
郑文教、朴东锡.文化财保护法[M].民俗苑,2005.
〔日〕赤松智城、秋叶隆.朝鲜巫俗的研究(下)[M].朝鲜印刷株式会社,1938.
〔日〕秋叶隆(著),〔韩〕沈雨晟(译).朝鲜民俗志[M].东文选,1993.
〔日〕秋叶隆.朝鲜巫俗的现地研究[M].养德社,1950.
〔日〕秋叶隆.朝鲜民俗志[M].六三书院,1954.
〔日〕朝鲜总督府(编),江陵文化院(译).江陵生活状态调查[M].江陵文化院,2002.
〔英〕克里斯·罗杰克(著),崔锡浩(译).后现代主义与休闲[M].日新社,2006.

3. 韩文研究报告

安东大学地区社会发展研究所.2016年安东国际傩舞庆典调研报告[S].2016.
林在海.重要无形文化财的合理性指定和效率性管理方向[S].为重要无形财制度的改善而进行的讨论会,文化财厅,2004.
农村振兴厅.第2次农村振兴事业基本计划(2018~2022)[S].农村振兴厅,2018.
农村振兴厅.居民共同参与的村落创建[S].农村振兴厅,2019.
文化财管理局.江陵端午祭实测调查报告书[S].文化财管理局,1994.

任东权.重要无形文化财指定材料(江陵端午祭)[S].1966.
卞惠善.以人为本的村落创建推进战略[S].忠北研究院,2018.

(二)中国资料

1. 中文论文

岑贤安.论布洛陀神格的形成及演变[J].广西民族研究,2003(4).
陈宜坚.桂南"跳岭头"初探[J].灵山文史通讯,1985(1).
陈媛,刘畅.韩国江陵端午祭的文化内涵[J].文化遗产,2015(3).
程国辉.毛南族傩面具元素在环境艺术设计中的创新运用[J].大众文艺,2018(3).
程宗宁.仫佬族依饭节保护与传承研究[D].广西民族大学硕士毕业论文,2018.
楚夫.广西古老民间歌舞节——跳岭头[J].民族艺术,1990(1).
凤绍师,凤绍明.融水苗族芒哥文化起源及传承与发现[C].融水苗学研究文集,2014(4).
凤绍师,赵志勤.苗族人民的保护神——"芒哥"[C].融水苗学研究文集,2012(2).
冯智明,甘金凤.遗产化语境下的双重仪式展演与村落文化环境重构——桂北恭城县水滨村瑶族盘王节考察[J].百色学院学报,2018(1).
高丙中.对节日民俗复兴的文化自觉与社会再生产[J].江西社会科学,2006(2).
高静.从原形解构看韩国学术界对江陵端午祭的认识论转变[J].文化遗产,2016(3).
高静.中韩乡傩仪式中面具造型的美学解读——以中国广西"吉曼村跳芒蒿"与韩国庆北"河回村别神傩舞"为中心[J].民族论坛,2018(2).
高静.文化遗产的公共民俗化——韩国河回别神傩舞考察[J].民族艺术,2018(2).
高静.韩国东海岸别神祭的民俗学解读[J].民族论坛,2019(4).
高静.韩国"巫俗传统论"话语体系的百年建构历程[J].西南民族大学学报,2021(4).
高静.架桥求花:中韩祈子仪式的对比研究[J].北京民俗论丛,2020(8).
高寿福.韩国非物质文化遗产保护工作经验之我鉴[J].延边党校学报,2008(2).
顾乐真."梁吴"考略——广西师公土俗神考析之一[J].民族艺术,1993(1).
顾乐真.苗族芒蒿的文化审美意识[J].民族艺术,1993(2).
贺学君.韩国江陵端午考察[J].民族遗产,2008(0).
贾祯.广西融水苗族源流探析[C].融水苗学研究文集,2013(3).
康保成.《中华人民共和国非物质文化遗产法》形成的法律法规基础[J].民族艺术,2012(1).
李白."田祖""田畯"考[J].学术交流,2009(10).
李南.道教与密教中的女性崇拜[J].南亚研究,1998(1).
李干芬.仫佬族传统节日文化[J].广西民族研究,1994(4).
廖明君.植物崇拜与生殖崇拜[J].广西民族学院学报,1995(2).
林凤春.桂南"跳岭头"唱本研究[D].广西大学硕士论文,2007.
刘正爱.谁的文化,谁的认同?[J].民俗研究,2013(1).
卢纯.仫佬族依法节仪式中的祖先崇拜研究[D].云南大学硕士毕业论文,2011.
卢风.论消费主义价值观[J].道德与文明,2002(6).

吕瑞荣.神人和融的仪式——毛南族肥套仪式及其文化象征[D].云南大学博士论文,2013.
麻国钧.《扇鼓神谱》献艺六剧考论[J].戏曲研究,2010(81).
孟令法.中国文化遗产保护政策的历史演进[J].遗产,2019(1).
莫乔雅.仫佬族依饭节的文化内涵与当代传承[D].广西师范大学硕士毕业论文,2008.
潘桂娟、周鸿.空间视域下民族文化经济的发展问题研究——以广西仫佬族依饭节为例[J].改革与战略,2014(8).
覃桂清.苗族古代的生殖器崇拜[J].民间文学论坛,1986(3).
丘振声.壮族花图腾考[J].学术论坛,1994(1).
荣鑫.从生产到消费:资本主义拜物教批判的历史性反思[J].北方论丛,2014(1).
孙卫国.传说、历史与认同:檀君朝鲜与箕子朝鲜历史之塑造与演变[J].复旦学报(社会科学版),2008(5).
苑利.韩国文化遗产保护运动的历史与基本特征[J].民间文化论坛,2004(6).
王健.祠灵星与两汉农事祀典的几个问题[J].中国农史,2008(4).
王宁.叙述、文化定位和身份认同——霍米·巴巴的后殖民批评理论[J].外国文学,2002(6).
韦晓康、马婧杰.壮族蚂拐祭祀中的身体人类学意蕴解读[J].广西民族研究,2021(1).
延保全.中国傩面文化审美特征略论[J].民族艺术,1996(2).
杨树喆."花"为人魂观与壮族民间师公教的花婆圣母崇拜[J].民间文化,2000(11—12).
银浩.帝国意志的民间隐喻——仫佬族民间信仰若干问题研究[J].中外文化与文论,2015(31).
于欣、金涛.楚越文化交融的产物[J].民族艺术,1988(2).
张国强.韩国江陵端午祭研究[J].湖北民族学院学报(哲学社会科学版),2009(5).
周家金.苗族村落传统体育跳芒篙的调查研究[J].体育文化导论,2016(5).
周永忠."跳岭头"研究[D].中山大学博士论文,2008.
〔英〕柯林·坎贝尔(著).章戈浩(译).浪漫伦理与现代消费主义精神[J].西北师大学报(社会科学版),2006(43).

2. 中文专著
陈寿(撰),陈乃乾(点校).三国志[M].中华书局,1982.
范晔(撰),李贤等(注).后汉书[M].中华书局,1965.
崔枢华、何宗慧.标点注音《说文解字》[M].北京师范大学出版社,2000.
戴民强.融水苗族[M].广西民族出版社,2011.
戴民强.融水苗学研究文集选编[M].广西民族出版社,2016.
丁世良、赵放.中国地方志民俗资料汇编(中南卷)[M].北京图书馆出版社,1991.
陆游(撰),杨立英(注).老学庵笔记[M].三秦出版社,2002.
范成大(撰),严沛校(注).桂海虞衡志校注[M].广西人民出版社,1986.
顾乐真.广西傩文化撷拾[M].民族艺术杂志社,1997.
广西艺术研究所.广西傩艺术论文集[M].文化艺术出版社,1990.
广西壮族自治区编辑组.广西仫佬族毛南族社会历史调查[M].民族出版社,2009.

韩德明.与神共舞——毛南族傩文化札记[M].广西人民出版社,2006.
湖南省艺术研究所.沅湘傩文化之旅[M].时代文艺出版社,2000.
黄秋桂.壮族么文化研究[M].民族出版社,2006.
蓝凡、胡勖.中华舞蹈志(广西卷)[M].学林出版社,2004.
贾星文.融水苗族自治县地方志[M].生活·读书·新知三联书店,1998.
李乔.中国行业神崇拜[M].中国华侨出版公司,1990.
李路阳、吴浩.广西傩文化探幽[M].广西人民出版社,1993.
廖明君.壮族自然崇拜文化[M].广西人民出版社,2002.
林希元.钦州志(明嘉靖刻本影印版)[M].上海古籍出版社,1961.
蒙国荣.广西环江县毛南族的"还愿"仪式[M].财团法人施合郑民俗文化基金会,1993.
彭松、冯碧华.中国古代舞谱——拉班舞谱(3)[M].中国舞蹈出版社,1989.
融水苗族自治县安太乡志编写组.安太乡志[M].融水县印刷厂,1989.
《融水苗族自治县概括》编写组.融水苗族自治县概括[M].民族出版社,2009.
孙晓琴(图).王红旗(文).新绘神异全图山海经[M].昆仑山出版社,1996.
唐华.花山文化研究[M].广西人民出版社,2006.
韦秋桐、谭亚州.毛南族神话研究[M].广西人民出版社,1994.
王学典(编译).山海经[M].哈尔滨出版社,2007.
信春鹰(主编).中华人民共和国非物质文化遗产法释义[M].法律出版社,2011.
杨建锋.古希腊神话与传说[M].百花洲文艺出版社,2018.
杨树喆.师公·信仰·仪式——壮族民间师公教研究[M].广西人民出版社,2007.
应劭(著),吴树平(校释).风俗通义校释[M].天津古籍出版社,1980.
游修龄.中华农耕文化漫谈[M].浙江大学出版社,2014.
于春松.神仙传[M].东方出版社,2004.
余大喜.中国傩神谱[M].广西民族出版社,2000.
詹首谦.老子解说[M].光明日报出版社,2013.
张泽洪.文化传播与仪式象征:中国西南少数民族宗教与道教祭祀仪式比较研究[M].巴蜀书社,2008.
赵杏根.中国百神全书——民间神灵源流[M].南海出版公司,1993.
《中国民族民间舞蹈集成——广西卷》编辑部.中国民族民间舞蹈集成——广西卷(上)[M].中国ISBN中心出版社,1992.
周去非(撰),杨武泉(注).岭外代答校注[M].中华书局,1999.
周星.境界与象征:桥和民俗[M].上海文艺出版社,1998.
〔美〕戴维·哈维(著),阎嘉(译).后现代的状况:对文化变迁之缘起的探究[M].商务印书馆,2003.
〔美〕迪恩·麦坎内尔(著),张晓萍(译).旅游者:休闲阶层新论[M].广西师范大学出版社,2008.
〔日〕绫部恒雄(著),周星(译).文化人类学的十五种理论[M].贵州人民出版社,1988.
〔英〕柴尔德(著),周进楷(译).远古文化史[M].上海文艺出版社,1990.
〔英〕雷蒙德·威廉斯(著),王尔勃(译).马克思主义与文学[M].河南大学出版社,2008.

〔英〕罗杰克(著),张凌云(译).休闲理论原理与实践[M].中国旅游出版社,2010.
〔法〕克洛德·列维-斯特劳斯.面具之道[M].中国人民出版社,2008.

3. 手抄本经书
广福堂.安药一宗,手抄本,成书年份不详.
刘业秀.武坛清灯,书抄本,成书年份不详.
刘业秀.武坛夜灯,书抄本,成书年份不详.
潘法廉.南堂格游花科,手抄本,民国廿二年.
潘法廉.腾马书科上下部,手抄本,1952.
谭福军.过桌牡丹花家六官,手抄本,2019.
谭仁福.红黄筵开坛大供全集,手抄本,2019.
谭仁福.红筵架桥集,手抄本,2019.
邹达贵.超度大破酆都科,手抄本,成书年份不详.

4. 内部资料
罗城县政府.国家级非物质文化遗产代表作申报书：仫佬族依饭节[R].内部资料,2005.
罗城县政府.中国罗城首届仫佬族依饭文化节工作总结[R].内部资料,2009.
《罗城依饭节文化调研项目》课题组.罗城依饭节文化调研报告[R].内部资料,2015.
政协灵山县第六届委员会.灵山文史[M].内部文件,2005.

(三) 主要网络资料来源

韩国国立首尔大学中央图书馆数据库：https://library.snu.ac.kr/.
韩国国立中央图书馆数据库：https://www.nl.go.kr/.
韩国奎章阁原文检索服务数据库：https://kyudb.snu.ac.kr/book/list.do?mid=GMS&book_cate=GMS0109.
韩国高丽大学海外韩国学资料中心：https://library.snu.ac.kr/.
韩国DB学术论文数据库：https://www.dbpia.co.kr/.
韩国学术研究信息服务数据库：http://www.riss.kr/index.do.
韩国国立无形遗产数据库：https://www.nihc.go.kr/.
韩国国家KOSIS统计数据信息网：https://kosis.kr/search/search.do.
韩国高丽大学民族文化研究院官网：https://riks.korea.ac.kr/.
韩国国家法令信息中心官网：http://www.law.go.kr.
韩国文化财厅官网：https://www.cha.go.kr/main.html.
韩国国立海洋博物馆官网：https://blog.naver.com/museum4you/221202160421.
韩国河回村官网：http://www.hahoe.or.kr/.
韩国河回别神祭傩舞游戏保存会官网：http://hahoemask.co.kr/bbs/content.php?co_id=about.
韩国安东国际傩舞庆典官方网站：http://www.maskdance.com/home/sub7/sub1.asp.
中国非物质文化遗产网：https://www.ihchina.cn/zhengce_details/11571.